Andreas Buttler

Einführung in die betriebliche Altersversorgung

– Mit allen Änderungen durch das AVmG, das HZvNG und das BMF-Schreiben vom 5. August 2002 –

Andreas Buttler

Einführung in die betriebliche Altersversorgung

– Mit allen Änderungen
durch das AVmG, das HZvNG und das
BMF-Schreiben vom 5. August 2002 –

3. neu bearbeitete und erweiterte
Auflage

VVW
KARLSRUHE

Bibliografische Information Der Deutschen Bibliothek

Die Deutsche Bibliothek verzeichnet diese Publikation
in der Deutschen Nationalbibliografie;
detaillierte bibliografische Daten sind im Internet über
http://dnb.ddb.de abrufbar.

Satz Satz-Schmiede Bachmann Bietigheim
Druck Konkordia Druck GmbH Bühl

ISBN 3-89952-011-4
(ISBN 3-88487-939-1 2. Auflage 2001)

Vorwort zur 3. Auflage

Die betriebliche Altersversorgung bleibt in Bewegung. Noch nie zuvor haben sich so viele Arbeitgeber, Arbeitnehmer und Produktanbieter so intensiv mit dem Thema beschäftigt wie in den vergangenen Monaten. Und sie werden es weiterhin tun müssen, denn der Gesetzgeber hat bereits zum 1. 7. 2002 durch das Hüttenknappschaftliche Zusatzversicherungs-Neuregelungs-Gesetz weitere Änderungen für das Recht der betrieblichen Altersversorgung beschlossen. Kurz darauf hat auch das Bundesfinanzministerium in einem umfassenden Erlass zu zahlreichen Einzelfragen Stellung genommen.

Diese Änderungen, aber auch die Erfahrungen aus über einem Jahr Altersvermögensgesetz haben es notwendig gemacht, das vorliegende Buch vollständig neu zu bearbeiten. Sämtliche Kapitel wurden auf den neuesten Stand gebracht und teilweise wesentlich erweitert. So wird z. B. die „Riester-Förderung" in der betrieblichen Altersversorgung ausführlicher behandelt. Die Rückdeckung von Pensionszusagen mit Investmentfonds sowie die Versorgung von Gesellschafter-Geschäftsführern wurden als eigene Kapitel aufgenommen. Selbstverständlich wurden auch die Gesetzestexte im Anhang auf den neuesten Stand gebracht.

München, im September 2002

Vorwort zur 1. und 2. Auflage

Nie war die betriebliche Altersversorgung so spannend wie heute! Nach langem und zähen Ringen um die Rentenreform konnten sich die politischen Entscheidungsträger am 11. Mai 2001 doch noch auf einen Kompromiss einigen, der auch eine umfassende Reform der betrieblichen Altersversorgung beinhaltet.

Die Kernpunkte des neuen Betriebsrentenrechtes sind die kürzeren Unverfallbarkeitsfristen, das Recht der Arbeitnehmer auf Entgeltumwandlung und die Einführung von Pensionsfonds in Deutschland. Doch das neue Betriebsrentenrecht bringt nicht nur Vorteile für Arbeitgeber und Arbeitnehmer. Es führt vor allem auch zu einer drastischen Verkomplizierung. Nicht nur die Einführung eines weiteren Durchführungsweges, sondern auch die Unterscheidung verschiedener Zusagearten ist verwirrend und teilweise unvollständig. Hinzu kommen die umfangreichen Änderungen bei Steuer und Sozialversicherung, die ebenfalls zum Teil schwer nachvollziehbar, unvollständig und unsystematisch sind.

Das vorliegende Buch versucht einen zusammenhängenden Überblick über die gesetzlichen Regelungen zur betrieblichen Altersversorgung in Deutschland zu geben. Im Vordergrund stehen nicht die einzelnen Änderungen, sondern der Gesamtüberblick unter Berücksichtigung aller aktuellen Gesetzesänderungen. Damit wendet sich das Buch in erster Linie an Arbeitgeber, Arbeitnehmer und Berater, die sich erstmals mit der betrieblichen Altersversorgung beschäftigen oder die sich einen Überblick über die neuen gesetzlichen Rahmenbedingungen verschaffen wollen.

Bei der Darstellung wurde bewusst auf umfangreiche Literaturangaben und allzu theoretische Abhandlungen verzichtet. Die wichtigsten Gesetzestexte sind dennoch im Text oder Anhang abgedruckt.

München, im Mai 2001
München, im August 2001

Inhaltsverzeichnis

Abkürzungsverzeichnis

AG	Aktiengesellschaft
AltZertG	Altersvorsorgeverträge-Zertifizierungsgesetz
ArEV	Verordnung über die Bestimmung des Arbeitsentgelts in der Sozialversicherung (Arbeitsentgeltverordnung)
AVmG	Altersvermögensgesetz
BAFin	Bundesanstalt für Finanzdienstleistungsaufsicht
BAG	Bundesarbeitsgericht
BBG	Beitragsbemessungsgrenze
BetrAVG	Gesetz zur Verbesserung der betrieblichen Altersversorgung
BetrVG	Betriebsverfassungsgesetz
BFH	Bundesfinanzhof
BGB	Bürgerliches Gesetzbuch
BGH	Bundesgerichtshof
BMF	Bundesfinanzministerium
BSG	Bundessozialgericht
EGV	Vertrag zur Gründung der Europäischen Gemeinschaft
EStG	Einkommensteuergesetz
EStR	Einkommensteuer-Richtlinien
EuGH	Europäischer Gerichtshof
GewStG	Gewerbesteuergesetz
GG	Grundgesetz
GGF	Gesellschafter-Geschäftsführer
GmbH	Gesellschaft mit beschränkter Haftung
HZvNG	Hüttenknappschaftliches Zusatzversicherungs-Neuregelungs-Gesetz
KG	Kommanditgesellschaft
KStG	Körperschaftsteuergesetz
KStDV	Körperschaftsteuer-Durchführungsverordnung
KStR	Körperschaftsteuer-Richtlinien
LStR	Lohnsteuer-Richtlinien

OHG	Offene Handelsgesellschaft
PSVaG	Pensions-Sicherungs-Verein auf Gegenseitigkeit
TVG	Tarifvertragsgesetz
VAG	Versicherungsaufsichtsgesetz
VVaG	Versicherungsverein auf Gegenseitigkeit

1 Einführung

1.1 Der Begriff „betriebliche Altersversorgung"

1.1.1 Definition

Unter betrieblicher Altersversorgung versteht man alle Leistungen, die einem Arbeitnehmer zur

- Altersversorgung,
- Hinterbliebenenversorgung oder
- Invaliditätsversorgung

von seinem Arbeitgeber aus Anlass des Arbeitsverhältnisses zugesagt worden sind (§ 1 Abs. 1 BetrAVG). Dabei reicht es aus, dass die entsprechenden Leistungen den Arbeitnehmern verbindlich zugesagt wurden. Es ist nicht notwendig, dass auch bereits Leistungen gezahlt werden.

Auch Nicht-Arbeitnehmer (z. B. freiberuflich für ein Unternehmen Tätige) 01
können eine betriebliche Altersversorgung erhalten, wenn dies aus Anlass ihrer Tätigkeit für das Unternehmen geschieht. Der Unternehmer selbst ist allerdings ausgeschlossen, es sei denn, er ist (wie in einer GmbH) im Rahmen eines steuerlich anerkannten Arbeitsverhältnisses beschäftigt.

Die versprochenen Leistungen können als einmalige Kapitalzahlungen oder als regelmäßige, z. B. monatliche Rentenzahlungen geleistet werden. Der Zweck der Leistung muss aber immer die Versorgung des Arbeitnehmers beim Ausscheiden aus dem Arbeitsleben sein. Altersversorgungsleistungen werden deshalb in der Regel nur dann als betriebliche Altersversorgung anerkannt, wenn die Altersrente frühestens ab Alter 60 zu laufen beginnt.

Der Arbeitgeber kann die zugesagten Versorgungsleistungen entweder selbst erbringen (unmittelbare Pensionszusage) oder hiermit einen externen Versorgungsträger beauftragen. Als externe Versorgungsträger kommen Direktversicherung, Pensionskasse, Unterstützungskasse oder Pensionsfonds in Betracht, die im Allgemeinen als Durchführungswege bezeichnet werden. Wichtig ist aber, dass der Arbeitgeber auch bei der Durchführung über einen externen Versorgungsträger immer für die Erfüllung der zugesagten Leistungen gegenüber dem Arbeitnehmer haftet.

Versorgungszweck

02 In der Praxis wird ein Arbeitgeber mit der Einrichtung einer betrieblichen Altersversorgung neben dem Versorgungszweck auch andere Zwecke verfolgen, etwa die Belohnung von Betriebstreue oder besonderen Leistungen. Tritt dadurch allerdings der Versorgungsgedanke in den Hintergrund, so handelt es sich nicht mehr um betriebliche Altersversorgung.

Treueprämien und Jubiläumsgaben sind deshalb in der Regel nicht als betriebliche Altersversorgung anzusehen. Vorrangiges Ziel dieser Leistungen ist nicht die Versorgung, sondern die Belohnung der Betriebstreue des Arbeitnehmers. Das Gleiche gilt grundsätzlich für Gewinnbeteiligungen, die eine Belohnung für die Leistungen der Arbeitnehmer darstellen. Wird eine Gewinnbeteiligung jedoch nur als Aufwand für eine Zusage auf betriebliche Altersversorgung verwendet, so überwiegt wiederum der Versorgungsgedanke und es handelt sich um betriebliche Altersversorgung. Auch ein Weihnachtsgeld, das Pensionären regelmäßig gewährt wird, zählt zu den Leistungen der betrieblichen Altersversorgung.

03 Häufig *besteht* der Wunsch, die Höhe der betrieblichen Altersversorgung an die individuelle Leistung des Arbeitnehmers zu koppeln. Hierin liegt jedoch die Gefahr, dass der Versorgungsgedanke zu Gunsten einer individuellen Leistungsentlohnung verdrängt wird. Es sollte auch beachtet werden, dass bei der Formulierung der Leistungsanforderungen nicht gegen andere gesetzliche Vorschriften verstoßen wird. So dürfte eine Regelung, mit der die Höhe der betrieblichen Altersversorgung von der Anzahl der Krankheitstage des Mitarbeiters abhängig gemacht wird, wohl gegen das Lohnfortzahlungsgesetz verstoßen.

Durchaus üblich sind aber Regelungen, mit denen die betriebliche Altersversorgung von der Höhe des (hoffentlich leistungsgerechten) Gehaltes des einzelnen Arbeitnehmers oder von der Gewinnsituation des Unternehmens abhängig gemacht wird.

1.1.2 Zusagearten

Leistungszusagen

04 Bis einschließlich 1998 enthielt das BetrAVG keinerlei Hinweise oder Beschränkungen zur Ausgestaltung von Zusagen. Das Gesetz ging lediglich von „Leistungen der betrieblichen Altersversorgung“ aus. Die einzelnen Vorschriften waren so ausgestaltet, dass sie nur dann problemlos anwendbar waren, wenn der Arbeitgeber in seiner Zusage die spätere Leistung auch konkret benannt hatte, d. h., wenn er eine so genannte Leistungszusage erteilt

hatte. Bei einer reinen Leistungszusage wird die Leistung unabhängig vom erforderlichen Finanzierungsaufwand für die einzelnen Versorgungsfälle konkret benannt. Das kann entweder in Form eines festen Betrages oder z. B. eines bestimmten Prozentsatzes des letzten Gehaltes vor Rentenbeginn erfolgen.

Beitragsorientierte Leistungszusagen

Im Laufe der Zeit entwickelte sich die betriebliche Altersversorgung aber mehr und mehr von einer Zusatzbelohnung für erbrachte Betriebstreue zu einem Bestandteil des Entgeltes. Dementsprechend wurde es auch immer üblicher, Zusagen nicht auf konkrete Leistungen abzustellen, sondern sich am dafür zu erbringenden Aufwand zu orientieren. Da das Gesetz dies aber lange Zeit nicht ermöglichte, suchte man in der Praxis nach Auswegen. Häufig legten die Arbeitgeber zunächst den zu erbringenden Aufwand für eine betriebliche Altersversorgung fest und berechneten anschließend die daraus finanzierbare Leistung. Diese Leistung wurde dann formell zugesagt, um den Anforderungen des Gesetzes zu genügen.

Zum 1. 1. 1999 reagierte der Gesetzgeber erstmals auf diese Entwicklung in 05
der Praxis und nahm die so genannte *beitragsorientierte Leistungszusage* ins Gesetz auf. Seit diesem Zeitpunkt liegt betriebliche Altersversorgung auch dann vor, wenn der Arbeitgeber sich verpflichtet, bestimmte Beiträge in eine Anwartschaft auf Alters-, Invaliditäts- oder Hinterbliebenenversorgung umzuwandeln. Allerdings hatte diese Ergänzung des Gesetzes nur deklaratorische Wirkung. Denn die arbeitsrechtliche Behandlung unterschied sich nicht von der herkömmlichen Leistungszusage.

Erst mit der Novellierung des Betriebsrentengesetzes zum 1. 1. 2001 wurden für die beitragsorientierte Leistungszusage eigene Vorschriften (insbesondere zur Unverfallbarkeit) eingeführt, wodurch die Unterscheidung zur Leistungszusage an Bedeutung gewinnt. In der Praxis ist es allerdings sehr schwierig, zwischen diesen beiden Zusagearten zu unterscheiden. Denn schon allein aus wirtschaftlichen Gründen wird kein Arbeitgeber eine Leistungszusage erteilen, ohne sich vorher zumindest Gedanken über den hierfür zu erbringenden Aufwand bzw. Beitrag gemacht zu haben. Die Unterscheidung kann sich also nur danach richten, ob die Orientierung am Beitrag in der Zusage dokumentiert wurde oder nicht. Im Ergebnis hat der Arbeitgeber somit bei gleicher Zusage ein Wahlrecht zwischen diesen beiden Varianten der Leistungszusage. Auf Grund der arbeitgeberfreundlicheren Gestaltung der Vorschriften zur Unverfallbarkeit ist wohl davon auszugehen, dass die beitragsorientierte Leistungszusage die „normale“ Leistungszusage zukünftig nahezu vollständig verdrängen wird.

§ 1 Abs. 2 BetrAVG: Beitragsorientierte Leistungszusage und Beitragszusage mit Mindestleistung

(2) Betriebliche Altersversorgung liegt auch vor, wenn

1. der Arbeitgeber sich verpflichtet, bestimmte Beiträge in eine Anwartschaft auf Alters-, Invaliditäts- oder Hinterbliebenenversorgung umzuwandeln (beitragsorientierte Leistungszusage),
2. der Arbeitgeber sich verpflichtet, Beiträge zur Finanzierung von Leistungen der betrieblichen Altersversorgung an einen Pensionsfonds, eine Pensionskasse oder eine Direktversicherung zu zahlen und für Leistungen zur Altersversorgung das planmäßig zuzurechnende Versorgungskapital auf der Grundlage der gezahlten Beiträge (Beiträge und die daraus erzielten Erträge), mindestens die Summe der zugesagten Beiträge, soweit sie nicht rechnungsmäßig für einen biometrischen Risikoausgleich verbraucht wurden, hierfür zur Verfügung zu stellen (Beitragszusage mit Mindestleistung),

. . .

Beitragszusagen mit Mindestleistung

06 Die Betrachtung der betrieblichen Altersversorgung als Entgeltbestandteil führte in den vergangenen Jahren auch immer häufiger zur Forderung nach reinen *Beitragszusagen*. Hierbei verpflichtet sich der Arbeitgeber lediglich zur Zahlung eines bestimmten Beitrages an einen externen Versorgungsträger. Der Arbeitnehmer erhält sämtliche Leistungen, die der Versorgungsträger mit diesen Beiträgen erwirtschaftet. Allerdings trägt der Arbeitnehmer auch das Risiko, dass (z. B. auf Grund riskanter Kapitalanlagen) die tatsächliche Versorgungsleistung geringer ist als die vom Arbeitgeber eingezahlten Beiträge. Bei der reinen Beitragszusage haftet der Arbeitgeber nicht für dieses Risiko. Der Gesetzgeber konnte sich bisher nicht zur Zulassung dieser reinen Beitragszusagen entschließen.

Mit der Novellierung des BetrAVG wurde aber mit Wirkung ab 1. 1. 2002 die so genannte *Beitragszusage mit Mindestleistung* ins Gesetz eingefügt. Eine solche liegt vor, wenn der Arbeitgeber sich verpflichtet, Beiträge an einen Pensionsfonds, eine Pensionskasse oder eine Direktversicherung zu zahlen, und der Arbeitnehmer die sich daraus ergebende Versorgungsleistung erhält (eingezahlte Beiträge zuzüglich Erträge daraus). Zusätzlich muss der Arbeitgeber die Garantie übernehmen, dass zur Altersversorgung mindestens die Summe der zugesagten Beiträge zur Verfügung steht. Bei der Summe der Beiträge sind keine Zinsen zu berücksichtigen und Beitragsteile, die zur Finanzierung vorzeitiger Risiken (Todesfall oder Berufsunfähigkeit) verwendet werden, sind von der Mindestleistung abzuziehen. Der Arbeitgeber haftet also nur für die Summe der Beiträge, die zur Finanzierung der Altersleistung verwendet werden.

> Achtung: Die Beitragszusage mit Mindestleistung ist gesetzlich nur für Pensionsfonds, Pensionskassen und Direktversicherungen vorgesehen. Bei unmittelbaren Pensionszusagen und Unterstützungskassen existiert diese Möglichkeit nicht.

Erfreulicherweise hat der Gesetzgeber diese neue Möglichkeit nicht nur im Gesetz erwähnt, sondern auch die übrigen Vorschriften des Gesetzes zumindest teilweise hierauf abgestimmt.

Der Begriff „Beitragszusage mit Mindestleistung" verleitet fälschlicherweise zu der Annahme, dass der Arbeitgeber ausschließlich für den Erhalt der gezahlten Beiträge, also für eine Verzinsung mit 0 % Zins, haften muss. Das stimmt allerdings nicht bei der Zusage lebenslänglicher Renten. Denn bei einer Beitragszusage muss der Arbeitgeber zu Rentenbeginn lediglich das Versorgungskapital in Höhe der Beiträge zuzüglich Erträge, mindestens die Summe der Beiträge, zur Verfügung stellen. Die Beitragszusage endet also in diesem Zeitpunkt, nicht aber die Zusage des Arbeitgebers auf lebenslängliche Rentenzahlung. Wurde eine lebenslängliche Rente zugesagt, so trägt der Arbeitgeber ab Rentenbeginn zusätzlich das Risiko der Lebenslänglichkeit. Außerdem muss er zur Umrechnung des Versorgungskapitals in eine lebenslängliche Rente einen Rechnungszins festlegen, den er dadurch ebenfalls garantiert. Selbst wenn er das Zinsrisiko und das Risiko der Lebenserwartung auf einen externen Versorgungsträger überträgt, haftet er formell immer noch dafür.

1.1.3 Finanzierungsmöglichkeiten

Finanzierung durch den Arbeitgeber

In ihrer ursprünglichen Form war die betriebliche Altersversorgung eine zusätzliche Leistung des Arbeitgebers, über deren Gewährung und Umfang der Arbeitgeber auch allein entscheiden konnte. Sie wurde vom Arbeitgeber zusätzlich zum Barlohn finanziert. Die zunehmende Orientierung der Arbeitgeber am Aufwand für die Versorgung sowie die Betrachtung der betrieblichen Altersversorgung als Entgeltbestandteil machen den Begriff „Arbeitgeberfinanzierung" allerdings mehr und mehr überflüssig. Denn es ist offensichtlich, dass ein Arbeitgeber, der eine betriebliche Altersversorgung gewährt, den Aufwand hierfür bei den Gesamtkosten des Arbeitsplatzes berücksichtigen muss, z. B. durch Zahlung eines geringeren Barlohnes. 07

Auf Grund der unterschiedlichen Behandlung zwischen „Arbeitgeberfinanzierung“ und „Arbeitnehmerfinanzierung“ im Betriebsrentengesetz und in der Sozialversicherung ist es trotzdem zwingend notwendig, eine klare Abgrenzung zu finden. Von einer Finanzierung durch den Arbeitgeber ist immer dann auszugehen, wenn bereits bei Abschluss des Arbeitsvertrages eine betriebliche Altersversorgung zugesagt wird oder wenn eine betriebliche Altersversorgung ohne Veränderung der vertraglich vereinbarten Vergütung später eingerichtet wird.

Entgeltumwandlung

08 Eine wirtschaftliche Finanzierung durch den Arbeitnehmer liegt vor, wenn die betriebliche Altersversorgung durch Entgeltumwandlung finanziert wird. Bei der Entgeltumwandlung verzichtet der Arbeitnehmer für die Zukunft auf Entgeltansprüche und erhält dafür eine wertgleiche Versorgung. Durch die Entgeltumwandlung geht der Anspruch des Arbeitnehmers auf Zahlung des Lohnes endgültig unter und wird durch einen Versorgungsanspruch ersetzt. Der Arbeitgeber ist Träger der Versorgung und muss diese auch finanzieren, d. h. formell die Beiträge leisten. In der Vergangenheit gab es für die Entgeltumwandlung keine eigenständigen Vorschriften. Sie war auch im Gesetz nicht erwähnt, weshalb für sie dieselben betriebsrentenrechtlichen Vorschriften wie für eine arbeitgeberfinanzierte Versorgung galten.

Erst 1999 hat der Gesetzgeber die Entgeltumwandlung im BetrAVG erstmals erwähnt und seit 1. 1. 2001 gibt es auch gesonderte Vorschriften (insbesondere zur Unverfallbarkeit) hierfür. Das wiederum macht es notwendig, in jedem Einzelfall festzustellen, ob es sich um eine arbeitgeberfinanzierte Versorgung oder um eine Entgeltumwandlung handelt.

Im Übrigen hat der Gesetzgeber die Entgeltumwandlung mit dem AVmG nicht nur neu definiert. Es wurde darüber hinaus auch ab 1. 1. 2002 allen Arbeitnehmern das Recht eingeräumt, von ihren Arbeitgebern die Einrichtung einer Entgeltumwandlung zu verlangen (siehe hierzu Kapitel 2.1).

§ 1 Abs. 2 BetrAVG: Entgeltumwandlung und Arbeitnehmerbeiträge

(2) Betriebliche Altersversorgung liegt auch vor, wenn

...

3. künftige Entgeltansprüche in eine wertgleiche Anwartschaft auf Versorgungsleistungen umgewandelt werden (Entgeltumwandlung) oder
4. der Arbeitnehmer Beiträge aus seinem Arbeitsentgelt zur Finanzierung von Leistungen der betrieblichen Altersversorgung an einen Pensionsfonds, eine Pensionskasse oder eine Direktversicherung leistet und die Zusage des Arbeitgebers auch die Leistungen aus diesen Beiträgen umfasst; die Regelungen für Entgeltumwandlung sind hierbei entsprechend anzuwenden, soweit die zugesagten Leistungen aus diesen Beiträgen im Wege der Kapitaldeckung finanziert werden.

Finanzierung durch Arbeitnehmerbeiträge

In der Vergangenheit lag eine betriebliche Altersversorgung auch im Falle der Entgeltumwandlung nur dann vor, wenn der Arbeitgeber als Träger der Versorgung auch formell die entsprechenden Beitragszahlungen selbst geleistet hat. Das gilt auf Grund der Änderungen durch das HZvNG seit 1. 7. 2002 nicht mehr. Zukünftig liegt eine betriebliche Altersversorgung auch dann vor, wenn der Arbeitnehmer selbst Beiträge an einen Versorgungsträger zahlt und der Arbeitgeber sich bereit erklärt, die daraus resultierenden Leistungen in seine Versorgungszusage aufzunehmen. Das gilt allerdings nur für die Durchführungswege Direktversicherung, Pensionsfonds und Pensionskasse. Es ist fraglich, inwieweit diese neue Vorschrift in der Praxis von Bedeutung sein wird, da sich Arbeitgeber und Arbeitnehmer hierdurch freiwillig den Beschränkungen und Vorschriften des Betriebsrentengesetzes unterwerfen. 09

Der durch das HZvNG geänderte § 1 Abs. 2 Nr. 4 BetrAVG sieht außerdem vor, dass für eine durch Arbeitnehmerbeiträge finanzierte betriebliche Altersversorgung die Vorschriften für die Entgeltumwandlung anzuwenden sind. Das gilt allerdings nur für Zusagen, die ab 1. 1. 2003 erteilt werden und soweit diese im Wege der Kapitaldeckung finanziert werden.

Eine weitere Ausnahme enthält § 30 e Abs. 2 BetrAVG für beitragsorientierte Leistungszusagen oder echte Leistungszusagen aus Pensionskassen, die durch Arbeitnehmer- und Arbeitgeberbeiträge gemeinsam finanziert werden. Für diese gelten die Regelungen des § 1 b Abs. 5 Nr. 1 und 2 (Verwendung der Überschüsse nur zur Leistungsverbesserung, Recht zur Fortführung mit eigenen Beiträgen) sowie § 16 Abs. 5 BetrAVG (Anpassung mindestens 1 %) nicht. 10

1.2 Durchführungswege

Für die Einführung einer betrieblichen Altersversorgung bieten sich verschiedene Durchführungsformen an. Der Arbeitgeber kann grundsätzlich frei entscheiden, welchen Durchführungsweg er wählen will.

1.2.1 Pensionszusage

11 Bei der Pensionszusage verspricht der Arbeitgeber seinem Arbeitnehmer die Zahlung einer Alters-, Berufsunfähigkeit- und/oder Hinterbliebenenversorgung. Bei Eintritt des Versorgungsfalles hat der Arbeitnehmer einen direkten Anspruch gegen den Arbeitgeber. Hierfür kann der Arbeitgeber bereits in der Anwartschaftsphase, also während der Arbeitnehmer noch für ihn tätig ist, nach § 6 a EStG gewinnmindernde Pensionsrückstellungen bilden.

Die Bildung von Pensionsrückstellungen allein stellt bei Beginn der Altersrente das erforderliche Kapital nicht zur Verfügung. Zusätzlich wird der Betrieb durch mögliche vorzeitige Versorgungsfälle mit hohem finanziellen Risiko belastet. Um diese betriebsfremden Risiken abzusichern und um bei Eintritt des Versorgungsfalles das erforderliche Kapital zur Verfügung zu haben, empfiehlt sich der Abschluss einer Rückdeckungsversicherung gegebenenfalls in Kombination mit einer anderen Kapitalanlage.

Die Pensionszusage eignet sich aus steuerlichen Gründen nur für bilanzierende Untenehmen, also nicht für Kleinbetriebe und Freiberufler. Wegen des Verwaltungsaufwandes ist sie regelmäßig auch nicht für die Zusage niedriger Versorgungsleistungen an wenige Mitarbeiter geeignet.

1.2.2 Direktversicherung

12 Die Direktversicherung ist eine Lebensversicherung, die der Arbeitgeber auf das Leben seines Arbeitnehmers abschließt und bei der der Arbeitnehmer oder seine Hinterbliebenen hinsichtlich der Leistungen des Versicherers ganz oder teilweise bezugsberechtigt sind. Versicherungsnehmer und Beitragszahler ist der Arbeitgeber. Im Versorgungsfall zahlt der Versicherer die Leistungen direkt an den Arbeitnehmer bzw. seine Hinterbliebenen aus.

Die Beiträge des Arbeitgebers gehören zum steuerpflichtigen Arbeitslohn des Arbeitnehmers. Innerhalb der Grenzen des § 40 b EStG kann die anfallende Steuer allerdings vom Arbeitgeber pauschal mit 20 % abgegolten werden. Die Versorgungsleistungen selbst fließen dem Arbeitnehmer in der Regel steuerfrei zu.

Die Direktversicherung ist die in Klein- und mittelgroßen Betrieben am weitesten verbreitete Form der betrieblichen Altersversorgung. Sie zeichnet sich vor allem auch durch ihre einfache Abwicklung und steuerliche Behandlung aus.

1.2.3 Unterstützungskasse

Die Unterstützungskasse ist eine rechtlich selbstständige Versorgungseinrichtung, meist in der Rechtsform eines eingetragenen Vereins. Sie finanziert sich aus Zuwendungen eines oder mehrerer Trägerunternehmen, die ihre betriebliche Altersversorgung über die Unterstützungskasse abwickeln, sowie aus den Erträgen aus der Anlage ihres Vermögens. Die Unterstützungskasse gewährt den Arbeitnehmern ihrer Trägerunternehmen Versorgungsleistungen ohne Rechtsanspruch. Sie unterliegt deshalb nicht der Versicherungsaufsicht und ist auch in der Anlage ihres Vermögens frei. Die Kasse kann ihr Vermögen auch in Form einer Darlehensgewährung beim jeweiligen Trägerunternehmen anlegen. 13

Die steuerlich abzugsfähigen Zuwendungen des Trägerunternehmens an die Kasse sind eng begrenzt. Nur wenn die Unterstützungskasse zur Erfüllung ihrer Zusage Rückdeckungsversicherungen abschließt, sind die Zuwendungen des Trägerunternehmens in Höhe der Beiträge steuerlich voll abzugsfähig. Somit wird eine vollständige Vorfinanzierung der späteren Versorgungsleistungen möglich.

Die Einrichtung einer unternehmenseigenen Unterstützungskasse ist nur für größere Betriebe sinnvoll. Kleinere Unternehmen haben aber die Möglichkeit, ihre Versorgung über so genannte Gruppenunterstützungskassen abwickeln zu lassen. Gegen Gebühr übernehmen diese Gruppenkassen oft auch weitgehend den Verwaltungsaufwand.

1.2.4 Pensionskasse

Die Pensionskasse ist ein rechtlich selbstständiger Versicherungsverein auf Gegenseitigkeit. Sie gewährt den Arbeitnehmern ihres Trägerunternehmens und deren Hinterbliebenen einen Rechtsanspruch auf die zugesagten Leistungen. Die Finanzierung erfolgt über Zuwendungen des Trägerunternehmens und aus eigenen Vermögenserträgen. Im Rahmen der Vorschriften des § 4 c EStG ist in der Regel eine steuerbegünstigte volle Vorfinanzierung der zugesagten Leistungen während der Aktivenzeit des Arbeitnehmers möglich. Die Beiträge des Arbeitgebers an die Pensionskasse sind von den begünstigten Arbeitnehmern grundsätzlich als Einkünfte aus nichtselbstständiger Arbeit zu 14 versteuern. Innerhalb der Grenzen des § 3 Nr. 63 EStG bleiben die Beitragszahlungen allerdings steuerfrei. Darüber hinausgehende Beiträge können im Rahmen des § 40 b EStG vom Arbeitgeber pauschal mit 20 % versteuert werden.

Pensionskassen waren in der Vergangenheit vor allem in Großunternehmen weit verbreitet und in Branchen, in denen die betriebliche Altersversorgung tarifvertraglich geregelt ist, z. B. im Baugewerbe. Für kleine und mittelständische Unternehmen hatte die Pensionskasse in den vergangenen Jahren nahezu keine Bedeutung. Seit der Verabschiedung des AVmG wird sie allerdings steuerlich gefördert, was sicherlich zu einer weiteren Verbreitung führen wird.

1.2.5 Pensionsfonds

15 Der Pensionsfonds wurde mit dem AVmG zum 1. 1. 2002 erstmals als weiterer Durchführungsweg für die betriebliche Altersversorgung in Deutschland eingeführt. Es handelt sich um einen rechtlich selbstständigen Versorgungsträger, der seinen Versorgungsberechtigten einen Rechtsanspruch auf die Leistungen einräumt. Der Pensionsfonds unterliegt der Versicherungsaufsicht und ist daher mit der Pensionskasse oder einem Lebensversicherungsunternehmen vergleichbar. Allerdings sind die Anlagevorschriften des Pensionsfonds etwas liberaler, wodurch unter Umständen eine höhere Rendite erzielt werden kann.

Der Pensionsfonds wird durch Beitragszahlungen des Arbeitgebers finanziert, die im Rahmen des § 4 e EStG als Betriebsausgaben absetzbar sind. Die Beitragszahlungen sind beim Arbeitnehmer im Rahmen des § 3 Nr. 63 EStG von der Steuer befreit. Darüber hinausgehende Beiträge müssen als Arbeitslohn versteuert werden. Die Leistungen sind, soweit sie auf steuerfreien Einzahlungen beruhen, vom Arbeitnehmer als sonstige Einkünfte in voller Höhe zu versteuern.

1.3 Die Bedeutung der betrieblichen Altersversorgung

1.3.1 Betriebliche Altersversorgung als Teil des Drei-Säulen-Systems

16 Die betriebliche Altersversorgung ist heute ein wichtiger Bestandteil der sozialen Sicherung der Arbeitnehmer. Im Rahmen des allgemein anerkannten „Drei-Säulen-Systems" soll sie gemeinsam mit der gesetzlichen Rentenversicherung und der privaten Vorsorge zu einer angemessenen Gesamtversorgung beim Ausscheiden aus dem Arbeitsleben führen.

Um den erreichten Lebensstandard auch nach dem Ausscheiden aus dem Arbeitsleben einigermaßen zu sichern, ist eine Gesamtversorgung von mindestens 80 % des letzten Nettogehaltes erforderlich. Das sind, je nach Steuersatz, ca. 60 % des letzten Bruttogehaltes. Für die Aufteilung dieser Versorgung auf die drei Säulen gibt es weder feste Regeln noch gesetzliche Vorschriften.

Gesetzliche Vorsorge

Die gesetzliche Rentenversicherung war bisher die tragende Säule der Versorgung. Doch ihre Finanzierung im Umlageverfahren kann auf Grund der demographischen Entwicklung das derzeitige Versorgungsniveau zukünftig nicht mehr aufrechterhalten. Es sei denn, die Beiträge werden bis auf ca. 30 % des Bruttogehaltes erhöht. Um dies zu vermeiden, war der Gesetzgeber gezwungen, im AVmG drastische Einschränkungen bei der gesetzlichen Rente zu beschließen. 17

Die Regelaltersrente wird durch eine Reduzierung der Rentenanpassung und Veränderung der Bestimmung des zu Grunde liegenden Nettolohnes bis zum Jahr 2030 deutlich reduziert. Kann ein Durchschnitts-Arbeitnehmer, der nach 45 Jahren Berufstätigkeit im Alter von 65 Jahren in Rente geht, heute noch knapp 49 % seines letzten Bruttogehaltes an monatlicher Rente aus der gesetzlichen Rentenversicherung erwarten, so sind es zukünftig nur noch knapp 45 %. Bei vorzeitiger Berufs- bzw. Erwerbsunfähigkeit sieht es noch schlimmer aus. Denn bereits ab 1. 1. 2001 entfällt die bisherige Regelung für alle, die zu diesem Zeitpunkt jünger als 40 Jahre sind. Sie haben nur noch Anspruch auf eine so genannte Erwerbsminderungsrente, deren Anspruchsvoraussetzungen wesentlich strenger und deren Höhe deutlich unter dem bisherigen Niveau liegt, solange der Arbeitnehmer noch mehr als drei Stunden täglich arbeiten kann. Bei der Reform der Hinterbliebenenrente wirken sich insbesondere die deutlichen Verschlechterungen bei der so genannten kleinen Witwenrente aus.

Private Vorsorge

Um die Versorgung der Arbeitnehmer im Alter trotz der Einschränkungen bei der gesetzlichen Rente einigermaßen aufrechtzuerhalten, hat die Bundesregierung ein umfassendes Konzept zur steuerlichen Förderung der privaten Vorsorge beschlossen. 18

Seit dem Jahr 2002 kann jeder Arbeitnehmer jährlich bis zu 525 € in einen Altersvorsorgevertrag investieren und erhält hierfür eine Zulage oder kann den Gesamtbeitrag als Sonderausgaben geltend machen. Die förderfähigen Beträge steigen bis zum Jahr 2008 auf bis zu 2 100 € an. Voraussetzung für die Förderung ist ein zertifiziertes Altersvorsorgeprodukt, das bestimmten Kriterien gerecht wird. So darf die Leistung frühestens bei Erwerbsminderung, im Todesfall oder nach Vollendung des 60. Lebensjahres fällig werden, die Auszahlung der Altersleistung muss lebenslänglich erfolgen und der Vertrag muss eine Mindestleistung garantieren.

Ein Arbeitnehmer kann die genannte Förderung auch dann erhalten, wenn er aus individuell versteuertem Einkommen in eine Pensionskasse, einen Pensionsfonds oder eine Direktversicherung einzahlt. Diese für die Entwicklung der betrieblichen Altersversorgung vorteilhafte Lösung führt zukünftig mehr und mehr zu einer Aufweichung der Grenzen zwischen privater und betrieblicher Altersversorgung.

Betriebliche Altersversorgung

19 Um die Kürzungen bei der gesetzlichen Versorgung besser ausgleichen zu können wurde im AVmG auch die Förderung der betrieblichen Altersversorgung verbessert. Neben der bereits genannten Möglichkeit, die steuerliche Förderung der Privatvorsorge auch für die betriebliche Vorsorge zu nutzen, ist vor allem die Einführung der Pensionsfonds einschließlich deren steuerlicher Förderung von Bedeutung. Die neu eingeführte Form der Beitragszusage mit Mindestleistung ermöglicht es den Arbeitgebern zukünftig Versorgungsleistungen zuzusagen, die neben der Beitragszahlung mit nahezu keinen weiteren Verpflichtungen verbunden sind.

Außerdem wurde den Arbeitnehmern mit der Reform des Betriebsrentengesetzes auch ein Rechtsanspruch auf Gewährung einer betrieblichen Altersversorgung durch Entgeltumwandlung eingeräumt.

All diese Veränderungen werden zu einer deutlichen Stärkung der betrieblichen Altersversorgung führen. Sie beinhalten allerdings auch die Gefahr, dass die betroffenen Arbeitnehmer sich fälschlicherweise gut versorgt glauben, nur weil sie auf Grund der verbesserten Förderung nun privat oder betrieblich zusätzlich versorgt sind. Das trifft aber tatsächlich nur dann zu, wenn die Zusatzversorgung die Kürzungen bei der gesetzlichen Rente mehr als ausgleicht.

1.3.2 Verbreitung der betrieblichen Altersversorgung

Historische Entwicklung

Die betriebliche Altersversorgung blickt auf eine lange Geschichte zurück. 20
Bereits Mitte des 19. Jahrhunderts, also lange bevor 1891 erstmals eine gesetzliche Absicherung der Arbeiterschaft für den Invaliditätsfall eingeführt wurde, gewährten die ersten Betriebe ehemaligen Arbeitnehmern betriebliche Versorgungsleistungen. Zu den Pionierunternehmen gehörten unter anderem die Gute Hoffnungshütte, Krupp, Siemens und die Farbwerke Hoechst. Die zu dieser Zeit gewährten Leistungen sind allerdings mit der heutigen Gestaltung der betrieblichen Altersversorgung kaum vergleichbar. Sie dienten hauptsächlich dazu, die Arbeitnehmer für Notfälle abzusichern.

Hintergrund für die Einführung betrieblicher Versorgungsleistungen war die fortschreitende Industrialisierung und die damit verbundene Verlagerung der Arbeitstätigkeit aus dem häuslichen Bereich in die Fabriken. Die Folge war mehr und mehr die Auflösung der Großfamilie, die dem Einzelnen über Jahrhunderte hinweg Schutz in besonderen Notfällen, bei Krankheit und im Alter gewährte. Der Ursprung betrieblicher Versorgungsleistungen liegt also in der Verantwortung der Arbeitgeber für die soziale Absicherung ihrer Arbeitnehmer.

Die spätere Einführung der gesetzlichen Invaliditäts- und Alterssicherung änderte nichts an der Notwendigkeit betrieblicher Versorgungsleistungen. Die Sozialversicherung konnte den Versorgungsbedarf bei weitem nicht decken. Sie bezog sich außerdem zunächst nur auf die Arbeiterschaft. Erst zu Beginn des 20. Jahrhunderts (1911) wurden auch Angestellte einbezogen. Die Einführung der Sozialversicherung führte zu einer breiten Anerkennung und zunehmendem Verlangen der Arbeitnehmer nach kollektiven Vorsorgemaßnahmen. Sie wirkte deshalb auch positiv auf die Entwicklung der betrieblichen Altersversorgung.

Waren die Gründe für die Einführung betrieblicher Versorgungsleistungen ursprünglich ausschließlich dem Verantwortungsbewusstsein der Arbeitgeber gegenüber ihren Arbeitnehmern entsprungen, so wichen sie im Laufe der Zeit mehr und mehr rein wirtschaftlichen und personalpolitischen Motiven. Hierzu trug unter anderem auch die steuerliche Behandlung betrieblicher Versorgungsleistungen bei.

Einschränkungen durch das KStG 1934

Bis 1934 konnten Unternehmen zur Finanzierung von Versorgungsleistungen nicht rechtsfähige Unterstützungsfonds bilden, deren Vermögen im Unternehmen blieb. Die Dotierung des Fonds konnte als Betriebsausgabe geltend gemacht werden. Der Fonds selbst war steuerbefreit. Dadurch entwickelten sich diese Unterstützungsfonds nach und nach zu „Hausbanken" ihrer Unternehmen. Um die zunehmende Gefahr der Gewinnmanipulation zu beseitigen, wurde im KStG 1934 festgelegt, dass nur noch rechtsfähige Unterstützungsfonds von der Körperschaftsteuer befreit werden konnten. Die Fonds mussten also, um ihre Steuerbefreiung zu erhalten, aus dem Unternehmen ausgegliedert werden. Zusätzlich wurden die steuerlich anerkannten Dotierungen stark eingeschränkt.

Trotz dieser einschneidenden Maßnahmen nahm die Verbreitung der betrieblichen Altersversorgung stetig zu. So ergab sich z. B. eine zunehmende Notwendigkeit betrieblicher Vorsorge aus Inflation und Währungsreform, die einen Großteil der privaten Ersparnisse von Arbeitnehmern zur Altersvorsorge vernichteten. Die Bereitschaft der Arbeitgeber zu betrieblicher Altersversorgung wurde vor allem in der Zeit des Wiederaufbaus auch durch den Wunsch geprägt, den enormen Kapitalbedarf für Investitionen zumindest zum Teil durch interne Ansammlung von Versorgungsmitteln zu decken.

Verbreitung der betrieblichen Altersversorgung 1999

21 Im Sommer 1999 hat das ifo-Institut in München Unternehmen in Handel und Gewerbe über die Situation und Entwicklung der betrieblichen Altersversorgung befragt.

Aus der Studie geht hervor, dass die Verbreitung der betrieblichen Altersversorgung in den alten Bundesländern nach wie vor stagniert. In den neuen Bundesländern dagegen steigt sie deutlich an, allerdings von einem sehr niedrigen Niveau ausgehend.

In den alten Bundesländern stieg die Anzahl der Unternehmen mit betrieblicher Altersversorgung im verarbeitenden Gewerbe von 65 % im Jahr 1996 auf 68 % in 1999 an. Im Handel stieg die Verbreitung von 31 % auf 32 %. Der Anteil der Beschäftigten mit betrieblicher Altersversorgung sank allerdings im gleichen Zeitraum jeweils um 1 % auf 64 % im verarbeitenden Gewerbe und 28 % im Handel. Erfreulicherweise konnte festgestellt werden, dass von den Unternehmen mit betrieblicher Altersversorgung 5 % im verarbeitenden Gewerbe und 11 % im Handel ihre Versorgung während der letzten drei Jahre neu eingeführt haben.

In den neuen Bundesländern stieg die Zahl der Unternehmen mit betrieblicher Altersversorgung im verarbeitenden Gewerbe von 30 % auf 45 % (im Handel von 37 % auf 43 %). Der Anteil der begünstigten Mitarbeiter stieg im verarbeitenden Gewerbe von 10 % auf 16 % (im Handel von 17 % auf 20 %).

Zusammenfassend kommt das ifo-Institut zu dem Schluss, dass der Prozess der Stagnation in der betrieblichen Altersversorgung noch nicht überwunden ist. Allerdings berücksichtigt die Studie nicht die neuen Impulse, die der Gesetzgeber der betrieblichen Altersversorgung mit dem AVMG gegeben hat.

1.3.3 Nutzen einer betrieblichen Altersversorgung

Eine statistische Untersuchung in Bayern aus dem Jahr 1990 ergab, dass für 22
mehr als die Hälfte der Arbeitgeber die soziale Verantwortung gegenüber den Arbeitnehmern mit ausschlaggebend für die Einrichtung einer betrieblichen Altersversorgung war. Es ist also durchaus so, dass sich eine Vielzahl von Unternehmern ihrer besonderen Fürsorgepflicht bewusst ist. Betriebliche Altersversorgung ist aber kein Geschenk an die Arbeitnehmer. Sie ist eine Investition, die, richtig eingesetzt, auch dem Arbeitgeber eine Vielzahl von Vorteilen bringt.

Erfolgsbeteiligung des Arbeitnehmers

Die Einrichtung einer betrieblichen Altersversorgung ist eine Möglichkeit, 23
den Arbeitnehmer am Unternehmenserfolg zu beteiligen und damit die Partnerschaft zwischen Unternehmen und Mitarbeitern zu verdeutlichen. Das führt zu einer besseren Identifikation mit den Zielen des Unternehmens und letztendlich zu einer erhöhten Produktivität.

Verringerte Fluktuationskosten

Wenn ein erfahrener Mitarbeiter das Unternehmen verlässt, kostet die Neu- 24
besetzung der Stelle nicht selten bis zu einem Jahresgehalt – zusätzlich zu den organisatorischen Problemen durch den plötzlichen Weggang des Mitarbeiters. Betriebliche Altersversorgung fördert die Verbundenheit der Mitarbeiter mit ihrem Unternehmen und hilft dadurch, Fluktuationskosten zu sparen.

Vor allem in Dienstleistungsbetrieben ist es außerdem besonders wichtig, dass sich die Kunden des Unternehmens nicht zu häufig an neue Ansprechpartner gewöhnen müssen. Jeder Stellenwechsel birgt in solchen Betrieben die Gefahr, zusätzlich zum ausgeschiedenen Mitarbeiter auch einen Teil der betreuten Kunden zu verlieren.

Einen besonderen Vorteil bietet die betriebliche Altersversorgung bei neu eingestellten Mitarbeitern, deren Fluktuationswahrscheinlichkeit besonders hoch ist. Scheidet ein neuer Mitarbeiter nach kurzer Zeit wieder aus dem

Unternehmen aus, sind die Gehaltszahlungen und andere Zusatzleistungen in der Regel verloren. Eine betriebliche Altersversorgung dagegen kann dem Mitarbeiter beim Ausscheiden innerhalb von fünf Jahren wieder entzogen werden. Auch hierdurch entstehen nicht unerhebliche Kostenersparnisse.

Lohnnebenkosten sparen

25 Gehaltserhöhungen kosten das Unternehmen je nach Branche das 1,4- bis 2fache des eigentlichen Erhöhungsbetrages. Der Arbeitnehmer erhält von seiner Gehaltserhöhung nach Abzug aller Abgaben vielleicht nur die Hälfte ausgezahlt. Anders bei betrieblicher Altersversorgung. Der Arbeitgeber hat bei richtiger Gestaltung nur minimale Nebenkosten. Dem Arbeitnehmer fließen die Leistungen meist steuer- und sozialversicherungsfrei zu.

Attraktivität auf dem Arbeitsmarkt

26 Das Vorhandensein einer betrieblichen Altersversorgung gehört mittlerweile für viele Arbeitnehmer zu den Entscheidungskriterien bei der Wahl ihres Arbeitsplatzes. Vor allem auf dem Arbeitsmarkt für qualifizierte Fachkräfte stehen kleine und mittelständische Unternehmen immer häufiger im Wettbewerb mit Großbetrieben, die ihren Mitarbeitern in der Regel umfangreiche Versorgungsleistungen gewähren. Die Gewährung einer betrieblichen Altersversorgung ist ein wichtiger Bestandteil, um sich als attraktiver Arbeitgeber zu präsentieren.

Längerfristige Motivation

27 Die Motivationswirkung einer Gehaltserhöhung ist meist nur sehr kurzfristig. Schon nach einigen Monaten hat sich der Arbeitnehmer an sein höheres Gehalt „gewöhnt" und erwartet schon bald eine neue Anhebung. Eine betriebliche Altersversorgung jedoch kann so gestaltet werden, dass der Aufwand für den Arbeitgeber konstant bleibt oder sogar sinkt, während die Versorgungsleistungen für den Arbeitnehmer jährlich ansteigen. Somit kann dem Arbeitnehmer jedes Jahr wieder die Belohnung seiner Betriebstreue vor Augen geführt werden.

1.3.4 Wie kann der Arbeitgeber seinen Nutzen erhöhen?

Die Praxis zeigt leider immer wieder, dass zahlreiche Arbeitgeber hohe Beträge für die betriebliche Altersversorgung ihrer Mitarbeiter aufwenden, ohne die zuvor genannten Vorteile zu nutzen. Der Grund hierfür liegt meist in der fehlenden Vermarktung der gewährten Versorgungsleistungen. Die betriebliche Altersversorgung muss den Arbeitnehmern auch richtig „verkauft" werden. Hier einige Anregungen dazu:

Informationsveranstaltung bei Einführung

Umfragen haben ergeben, dass die betriebliche Altersversorgung für viele Arbeitnehmer einen hohen Stellenwert hat. Gleichzeitig können aber nur die wenigsten genaue Angaben über Art und Höhe ihrer Versorgungsansprüche machen. Wie soll aber ein Arbeitnehmer den Wert einer Leistung richtig einschätzen können, wenn er die Leistung gar nicht genau kennt? 28

Bei Einführung einer betrieblichen Altersversorgung muss also dringend auf eine ausführliche Information der Mitarbeiter besonderer Wert gelegt werden. Dabei ist es wichtig, den Mitarbeitern neben den versprochenen Leistungen auch den verfolgten Zweck und den regelmäßigen gesamten Aufwand des Unternehmens hierfür zu verdeutlichen. Hierzu bietet sich die Durchführung einer Informationsveranstaltung für alle begünstigten Mitarbeiter an.

Vergleichsrechnungen aufstellen

Bei richtiger Gestaltung der betrieblichen Altersversorgung ergeben sich auch für die Arbeitnehmer erhebliche Steuerersparnisse und geringere Sozialversicherungsbeiträge. Den Arbeitnehmern sollten Vergleichsrechnungen präsentiert werden, die ihnen zeigen, um welchen Betrag ihr Gehalt höher ausfallen müsste, um die versprochenen Versorgungsleistungen privat zu finanzieren. 29

Beispiel:
Vergleich Gehaltserhöhung und Direktversicherung

Ein Arbeitnehmer erhält von seinem Arbeitgeber eine Direktversicherung mit 100 € monatlichem Beitrag. Um diese Versicherung selbst zu finanzieren, müsste der Arbeitnehmer, bei einem Steuersatz von 30 % eine Gehaltserhöhung von über 200 € monatlich erhalten:

notwendige Gehaltserhöhung	201,20 €
abzüglich Sozialversicherung (20,3 %)	40,84 €
abzüglich Lohnsteuer (z. B. 30 %)	60,36 €
verbleibendes Nettoeinkommen	100,00 €

Einzelberatung der Arbeitnehmer

30 Durch die verschiedenen neuen steuerlichen Fördermöglichkeiten ist die Verwirrung der Arbeitnehmer über die günstigste Möglichkeit der Altersversorgung seit Verabschiedung des AVmG stark angestiegen. Insbesondere Arbeitgeber, die ihren Arbeitnehmern Wahlmöglichkeiten hinsichtlich der Durchführung der betrieblichen Altersversorgung bieten, sollten diesen unbedingt auch die Möglichkeit individueller Beratung eröffnen. Das unterstreicht die Mitarbeiterorientierung des Arbeitgebers, führt zu einer deutlich höheren Beteiligungsquote bei den Arbeitnehmern und zu einer stärkeren Anerkennung des Versorgungswerkes.

Versorgungszertifikate

31 Die persönliche Aushändigung eines Versorgungszertifikates kann zusätzlich die Bedeutung der betrieblichen Altersversorgung fördern und die angestrebte Partnerschaft zwischen Unternehmen und Mitarbeiter noch besser verdeutlichen. Auch wenn die betriebliche Altersversorgung durch eine Betriebsvereinbarung oder Gesamtzusage geregelt wird, sollte jeder einzelne Mitarbeiter eine schriftliche Zusage der Versorgungsleistungen erhalten. Das unterstreicht deren Individualität und die Verbindlichkeit des gegebenen Versorgungsversprechens.

Informationsbroschüre

32 Bei der Anwerbung neuer Mitarbeiter ist die betriebliche Altersversorgung ein wichtiger Bestandteil der Gehaltsverhandlung. Es muss deutlich gemacht werden, dass die betriebliche Altersversorgung ein zusätzlicher Entgeltbestandteil ist. Vielen Mitarbeitern ist nicht klar, welchen zusätzlichen Aufwand die betriebliche Altersversorgung für den Arbeitgeber bedeutet. Um den Wert der betrieblichen Altersversorgung besser zu verdeutlichen und ihn auch nach dem Bewerbungsgespräch nicht in Vergessenheit geraten zu lassen, bietet es sich an, dem Bewerber eine Informationsbroschüre auszuhändigen.

Regelmäßige „Kontoauszüge“

33 Um die begünstigten Arbeitnehmer immer wieder an ihre Versorgung zu „erinnern“, empfiehlt es sich regelmäßig, möglichst einmal jährlich, Kontoauszüge an die Mitarbeiter zu verteilen. Diese Auszüge sollten den aktuellen Versorgungsanspruch sowie den Zuwachs der Versorgung im vergangenen Jahr

enthalten. Außerdem sollte dem Mitarbeiter möglichst gezeigt werden, wie sich sein Anspruch weiterentwickeln kann, wenn er dem Betrieb treu bleibt.

> Beispiel:
> *Kontoauszug für eine Direktversicherung*
>
> | | |
> |---|---|
> | Versicherungsausweis Nr.: | 001 362 |
> | Versicherungsnehmer: | Firma Neureich GmbH |
> | Versicherte Person: | Max Muster, geb. 7. 8. 1966 |
>
> Sehr geehrter Herr Max Muster,
>
> wir freuen uns, Sie heute über den aktuellen Stand Ihrer Direktversicherung unterrichten zu können.
>
> *Der Stand Ihrer Direktversicherung zum 31. 12. 2002:*
>
> | | |
> |---|---|
> | – garantierte Versicherungssumme | 50 000,00 € |
> | – zuzüglich Überschussbeteiligung bis 31. 12. 2001 | 12 347,00 € |
> | – zuzüglich Überschussbeteiligung für 2002 | 1 172,00 € |
> | *Gesamtleistung* | *63 519,00 €* |
>
> *Die zukünftige Entwicklung Ihrer Direktversicherung:*
>
> Wenn Sie bis zum Ablauf der Versicherung am 31. 12. 2029 in unserem Unternehmen beschäftigt bleiben, erreicht die Gesamtleistung Ihrer Direktversicherung einschließlich der voraussichtlichen Überschussbeteiligung einen Betrag in Höhe von
>
> *103 681,00 €*
>
> Dieser Gesamtbetrag kann heute noch nicht garantiert werden. Er hängt vor allem von der tatsächlichen Entwicklung der Überschussbeteiligung Ihrer Direktversicherung ab.

Schaffung von Wahlmöglichkeiten

Die verschiedenen Leistungsarten einer betrieblichen Altersversorgung werden von den Arbeitnehmern unterschiedlich bewertet. Für einen ledigen Mitarbeiter ist z. B. die Gewährung einer Hinterbliebenenversorgung relativ unbedeutend, während diese für einen jungen Familienvater einen sehr hohen Wert darstellt. Der Berufsanfänger hat dagegen einen sehr hohen Bedarf an finanzieller Versorgung bei Berufsunfähigkeit, da er in den ersten fünf Jahren in der Regel keinen Schutz aus der gesetzlichen Rentenversicherung genießt. 34

Soweit es das Versorgungswerk zulässt, sollte deshalb den Arbeitnehmern eine Wahlmöglichkeit aus verschiedenen Versorgungsbausteinen gewährt werden. Alternativ sollten wenigstens für verschiedene Gruppen von Arbeitnehmern unterschiedliche, möglichst bedarfsgerechte Leistungspakete geschnürt werden.

Finanzielle Beteiligung der Mitarbeiter

Unter Umständen kann die Bedeutung der betrieblichen Altersversorgung im Betrieb auch gestärkt werden, wenn die Arbeitnehmer an den Kosten beteiligt werden. Es erhält dann nur derjenige eine Zusage auf Versorgungsleistungen, der auch bereit ist, einen Teil hiervon selbst zu finanzieren. Mit einer solchen Regelung kann sichergestellt werden, dass nur die Arbeitnehmer eine betriebliche Altersversorgung erhalten, die deren Wert auch wirklich schätzen. Allerdings sollte die Kostenbeteiligung nicht zu hoch angesetzt werden, um nicht den Eindruck zu erwecken, der Arbeitgeber gäbe nur einen kleinen Zuschuss.

2 Die arbeitsrechtlichen Rahmenbedingungen

In der Vergangenheit konnten die Arbeitgeber bis auf wenige Branchen, in denen die betriebliche Altersversorgung tarifvertraglich geregelt war, frei entscheiden, ob und in welchem Umfang sie eine betriebliche Versorgung gewähren wollten. Bis auf das neu eingeführte Recht der Arbeitnehmer auf Entgeltumwandlung gilt dies auch heute noch. Entschließt sich jedoch ein Arbeitgeber zur Gewährung einer betrieblichen Altersversorgung, dann ist er an die Vorschriften des BetrAVG gebunden. Dieses Gesetz, das auch Betriebsrentengesetz genannt wird, schränkt die Gestaltungsfreiheit des Arbeitgebers in einigen Punkten erheblich ein. Die Vorschriften des BetrAVG enthalten Mindestnormen zum Schutz der begünstigten Arbeitnehmer, von denen zu Ungunsten der Arbeitnehmer nicht abgewichen werden darf. Eine vertragliche Besserstellung der Arbeitnehmer über die gesetzlichen Normen hinaus ist aber jederzeit möglich.

2.1 Recht auf Entgeltumwandlung

In der Vergangenheit war die betriebliche Altersversorgung immer eine frei- 36
willige Leistung des Arbeitgebers. Mit Wirkung ab 1. 1. 2002 hat der Gesetzgeber diesen Grundsatz geändert. Der Arbeitnehmer kann nun von seinem Arbeitgeber die Einrichtung einer betrieblichen Altersversorgung durch Entgeltumwandlung verlangen.

§ 1 a BetrAVG: Anspruch auf Entgeltumwandlung

(1) Der Arbeitnehmer kann vom Arbeitgeber verlangen, dass von seinen künftigen Entgeltansprüchen bis zu 4 vom Hundert der jeweiligen Beitragsbemessungsgrenze in der Rentenversicherung der Arbeiter und Angestellten durch Entgeltumwandlung für seine betriebliche Altersversorgung verwendet werden. Die Durchführung des Anspruchs des Arbeitnehmers wird durch Vereinbarung geregelt. Ist der Arbeitgeber zu einer Durchführung über einen Pensionsfonds oder eine Pensionskasse (§ 1 b Abs. 3) bereit, ist die betriebliche Altersversorgung dort durchzuführen; andernfalls kann der Arbeitnehmer verlangen, dass der Arbeitgeber für ihn eine Direktversicherung (§ 1 b Abs. 2) abschließt. Soweit der Anspruch gel-

Fortsetzung nächste Seite

tend gemacht wird, muss der Arbeitnehmer jährlich einen Betrag in Höhe von mindestens einem Hundertsechzigstel der Bezugsgröße nach § 18 Abs. 1 des Vierten Buches Sozialgesetzbuch für seine betriebliche Altersversorgung verwenden. Soweit der Arbeitnehmer Teile seines regelmäßigen Entgelts für betriebliche Altersversorgung verwendet, kann der Arbeitgeber verlangen, dass während eines laufenden Kalenderjahres gleich bleibende monatliche Beträge verwendet werden.

(2) Soweit eine durch Entgeltumwandlung finanzierte betriebliche Altersversorgung besteht, ist der Anspruch des Arbeitnehmers auf Entgeltumwandlung ausgeschlossen.

(3) Soweit der Arbeitnehmer einen Anspruch auf Entgeltumwandlung für betriebliche Altersversorgung nach Absatz 1 hat, kann er verlangen, dass die Voraussetzungen für eine Förderung nach §§ 10 a, 82 Abs. 2 des Einkommensteuergesetzes erfüllt werden, wenn die betriebliche Altersversorgung über einen Pensionsfonds, eine Pensionskasse oder eine Direktversicherung durchgeführt wird.

2.1.1 Umfang des Rechtes

Bis zu 4 % der BBG

37 Das Recht des Arbeitnehmers auf Entgeltumwandlung besteht bis zu einem Betrag in Höhe von jährlich 4 % der BBG in der Rentenversicherung. Im Jahr 2002 sind das 2 160 € jährlich. Dieser Betrag gilt einheitlich für die alten und die neuen Bundesländer. Die Höhe des Umwandlungsanspruches ist auch nicht vom individuellen Gehalt des einzelnen Arbeitnehmers abhängig. Das heißt, auch ein teilzeitbeschäftigter Arbeitnehmer hat das Recht im Jahr 2002 bis zu 2 160 € pro Jahr aus seinem Entgelt umzuwandeln. Die Höhe des maximalen Umwandlungsanspruches steigt jährlich mit der Entwicklung der BBG in der Rentenversicherung an.

Das Recht auf Entgeltumwandlung ist ein gesetzlicher Mindestanspruch, der im BetrAVG festgeschrieben ist. Deshalb kann der Arbeitnehmer auch nicht wirksam, z. B. durch vertragliche Vereinbarung mit dem Arbeitgeber, auf dieses Recht verzichten. Er kann lediglich auf die Ausübung des Rechtes verzichten. Vom Recht auf Entgeltumwandlung kann lediglich per Tarifvertrag (§ 17 Abs. 3 BetrAVG) abgewichen werden. Es ist allerdings umstritten, ob dem Arbeitnehmer per Tarifvertrag sein Recht auf Entgeltumwandlung genommen werden darf, obwohl dies nach § 17 Abs. 3 BetrAVG formell möglich erscheint. In der Praxis werden aber ohnehin vermutlich nur tarifvertragliche Vereinbarungen zur Ausgestaltung dieses Rechtes Bedeutung erlangen.

Recht auf „Riester-Förderung"

Der Arbeitgeber ist auf Wunsch des Arbeitnehmers auch verpflichtet, die Entgeltumwandlung so zu gestalten, dass dieser die steuerliche Förderung der privaten Vorsorge nach § 10 a EStG nutzen kann. Das ist wiederum nur innerhalb der Durchführungswege Direktversicherung, Pensionskasse und Pensionsfonds möglich und nur dann, wenn der Arbeitnehmer die erforderlichen Beiträge aus individuell versteuertem Einkommen aufbringt (vgl. hierzu Kapitel 3.3). Auch von diesem Recht kann nur per Tarifvertrag abgewichen werden. 38

Durch die Ermöglichung der steuerlichen Förderung der Privatvorsorge innerhalb der betrieblichen Altersversorgung werden diese beiden Säulen der Altersversorgung miteinander vermischt. Viele Arbeitgeber befürchten insbesondere wegen der komplizierten „Riester-Förderung" einen erheblichen Verwaltungs- und Beratungsaufwand sowie die Gefahr einer Falschberatung, z. B. durch Mitarbeiter der Personalabteilung. In der Praxis wird deshalb häufig versucht, die „Riester-Förderung" über kollektive Verträge zur Privatvorsorge mit attraktiven Konditionen für die Arbeitnehmer anzubieten und die betriebliche Altersversorgung ohne Berücksichtigung der „Riester-Förderung" zu belassen. Das funktioniert allerdings nur, wenn das betriebliche Versorgungswerk so attraktiv ist, dass jeder einzelne Arbeitnehmer freiwillig auf die „Riester-Förderung" verzichtet oder sie über eine private Vorsorge nutzt.

Folgen bei bestehender Entgeltumwandlung

Der Anspruch auf Entgeltumwandlung besteht nur, soweit nicht bereits (aus der Vergangenheit) eine durch Entgeltumwandlung finanzierte betriebliche Altersversorgung existiert. Dabei ist es unerheblich, ob die bestehende Entgeltumwandlung die „Riester-Förderung" ermöglicht oder nicht. Entscheidend ist allein die Tatsache, dass es bereits eine Entgeltumwandlung gibt. 39

Eine bestehende Entgeltumwandlung liegt aber nicht vor, wenn der Arbeitgeber zwar schon eine Möglichkeit zur Entgeltumwandlung anbietet, der Arbeitnehmer sie aber bisher nicht nutzt. Die Begrenzung des Anspruches greift nur bei den Arbeitnehmern, die auch tatsächlich bereits an der Entgeltumwandlung teilnehmen.

Der Anspruch auf Entgeltumwandlung entfällt nur, soweit bereits eine Entgeltumwandlung besteht. Schöpft ein Arbeitnehmer die gesetzlichen Grenzen durch die bestehende Entgeltumwandlung nicht aus, so hat er in Höhe des Differenzbetrages noch einen zusätzlichen Rechtsanspruch auf Entgeltumwandlung.

Beispiel:
Recht auf Entgeltumwandlung im Jahr 2002

Ein Arbeitgeber bietet seinen Arbeitnehmern seit Jahren eine betriebliche Altersversorgung durch Entgeltumwandlung über eine Unterstützungskasse an. Arbeitnehmer A wandelt bereits seit einigen Jahren jährlich 2 000 € um. Arbeitnehmer B konnte sich bisher nicht zur Entgeltumwandlung entschließen. Auf Grund des neuen Rechtes auf Entgeltumwandlung verlangen nun beide vom Arbeitgeber die Möglichkeit einer Entgeltumwandlung bei der sie die „Riester-Förderung“ nutzen können.

Arbeitnehmer A hat Pech gehabt. Da er bereits 2000 € jährlich in das bestehende Modell investiert hat er nur noch einen Restanspruch aus seinem Recht auf Entgeltumwandlung in Höhe von 160 €. In dieser Höhe kann er auch eine „Riester-Förderung“ verlangen. Arbeitnehmer B hat dagegen in voller Höhe von 2 160 € einen Anspruch auf Entgeltumwandlung mit „Riester-Förderung“.

2.1.2 Durchführung des Rechtes

Wahl des Durchführungsweges

40 Grundsätzlich können sich Arbeitgeber und Arbeitnehmer frei einigen, über welchen Durchführungsweg die Entgeltumwandlung durchgeführt werden soll. Sofern die „Riester-Förderung“ ermöglicht werden soll, kommen aber nur Direktversicherung, Pensionskasse oder Pensionsfonds in Frage. Kommt eine Einigung nicht zu Stande, so kann der Arbeitgeber aus den oben genannten Durchführungswegen einen beliebigen wählen. Nur wenn der Arbeitgeber von sich aus gar kein Angebot macht, kann der Arbeitnehmer das Angebot einer Direktversicherung verlangen.

Der Arbeitgeber kann nicht nur den Durchführungsweg frei wählen, er entscheidet auch, mit welchem Produktanbieter, z. B. mit welcher Versicherungsgesellschaft, er zusammenarbeiten will. Die betroffenen Arbeitnehmer haben hierbei kein Mitspracherecht, solange der Arbeitgeber seine Entscheidung nach billigem Ermessen trifft. Selbstverständlich kann der Arbeitgeber seinen Arbeitnehmern auch mehrere Durchführungswege zur Auswahl stellen. Tut er dies, so ist er aber nur verpflichtet, bei einem der angebotenen Wege die „Riester-Förderung“ zu ermöglichen.

Kurz nach Einführung des Rechtes auf Entgeltumwandlung waren Bestrebungen der Tarifvertragsparteien erkennbar, den Arbeitgeber per Tarifvertrag zu bestimmten Durchführungswegen oder sogar zur Zusammenarbeit mit bestimmten Produktanbietern zu verpflichten. Derart weit reichende Eingriffe der Tarifvertragsparteien sind aber rechtlich sehr umstritten. Die bekannten Tarifverträge sehen deshalb Regelungen vor, die es einem Arbeitgeber auch ermöglichen, andere als die tarifvertraglichen Durchführungswege zu wählen.

Mindestumwandlungsbeträge

Der Arbeitnehmer ist nicht verpflichtet, die vollen 2 160 € zur Entgeltumwandlung auszuschöpfen. Um dem Arbeitgeber aber unnötige Verwaltungsarbeiten für sehr kleine Umwandlungsbeträge zu ersparen, hat der Gesetzgeber Mindestbeträge festgelegt. Die Entgeltumwandlung muss pro Jahr mindestens 1/160 der Bezugsgröße nach § 18 Abs. 1 SGB IV betragen. Das sind in 2002 pro Jahr 175,87 €. Bei monatlicher Umwandlung kann der Arbeitgeber verlangen, dass die Monatsbeträge während eines Kalenderjahres konstant bleiben. 41

Entgeltumwandlung aus Tariflohn

In der Vergangenheit tauchte immer wieder die Frage auf, ob eine Entgeltumwandlung auch aus tariflich gebundenen Lohnbestandteilen zulässig ist. Nach § 4 Abs. 4 TVG ist ein Verzicht auf tarifliche Rechte nur mit Billigung der Tarifparteien zulässig. Durch die Entgeltumwandlung verzichtet der Arbeitnehmer formell auf Gehalt und unter Umständen auf Ansprüche aus der gesetzlichen Rentenversicherung. Bei strenger Auslegung könnte hierin ein Verstoß gegen § 4 Abs. 4 TVG gesehen werden. 42

Der Gesetzgeber hat inzwischen reagiert und im neuen Betriebsrentengesetz ausdrücklich geregelt, dass Entgeltumwandlungen aus Tariflohn nur möglich sind, wenn dies durch Tarifvertrag vorgesehen oder durch Tarifvertrag zugelassen ist (§ 17 Abs. 5 BetrAVG), d. h., wenn der Tarifvertrag so genannte Tariföffnungsklauseln beinhaltet.

Die Entwicklung der vergangenen Monate hat gezeigt, dass derartige Tariföffnungsklauseln sehr schnell zum Standard in nahezu allen Tarifverträgen werden.

Besteht keine entsprechende Öffnungsklausel, kann ein Tarifangestellter auch sein Recht auf Entgeltumwandlung nicht durchsetzen, wenn er lediglich Tarifgehalt bezieht. Unabhängig davon können bei tarifgebundenen Arbeitnehmern über- und außertarifliche Entgeltbestandteile auf jeden Fall umgewandelt werden. Diese Gehaltsteile unterliegen eben nicht der Tarifbindung.

Nicht tarifgebundene Arbeitnehmer können jederzeit Entgelt in betriebliche Altersversorgung umwandeln. Das gilt selbst dann, wenn im Arbeitsvertrag eines solchen Arbeitnehmers auf die tariflichen Bestimmungen Bezug genommen wird. Denn allein durch die Bezugnahme auf den Tarifvertrag werden diese Entgeltbestandteile nicht zu Tariflohn.

In der Praxis taucht immer wieder die Frage auf, unter welchen Voraussetzungen eine Entgeltumwandlung diesem Tarifvorbehalt unterliegt. Ein Tarifvertrag gilt grundsätzlich für die beiderseitig Tarifgebundenen, d. h. für Arbeitnehmer, die Mitglied der tarifschließenden Gewerkschaft sind, und für Arbeitgeber, die Mitglied des tarifschließenden Arbeitgeberverbandes oder selbst Tarifpartner sind. Darüber hinaus ist ein Tarifvertrag auch für nicht Tarifgebundene wirksam, wenn dieser vom Bundesministerium für Arbeit und Sozialordnung für allgemein verbindlich erklärt wurde.

Entgeltumwandlung ohne Tariföffnungsklausel

43 Vereinbaren Arbeitgeber und Arbeitnehmer trotz Fehlens einer Tariföffnungsklausel die Umwandlung von tariflichem Entgelt in eine betriebliche Altersversorgung, so ist diese Vereinbarung unwirksam. Der Arbeitnehmer könnte seinen Barlohnanspruch auch nach der Entgeltumwandlung vom Arbeitgeber einklagen. Wesentlich problematischer sind aber die sozialversicherungsrechtlichen Folgen einer solchen „verbotenen" Entgeltumwandlung. Denn die Sozialversicherungsträger erkennen diese nicht an und erheben auf den Umwandlungsbetrag (gegebenenfalls auch rückwirkend) Sozialversicherungsbeiträge.

2.2 Wie wird eine betriebliche Altersversorgung eingerichtet?

2.2.1 Mögliche Anspruchsgrundlagen

44 Die Vorschriften des Betriebsrentengesetzes gelten nur für Leistungen der betrieblichen Altersversorgung, die den Arbeitnehmern rechtsverbindlich zugesagt worden sind. Es ist allerdings nicht erforderlich, dass die Leistungen schriftlich zugesagt und ausdrücklich als betriebliche Altersversorgung benannt wurden. Andernfalls wäre es ja möglich, die Vorschriften des Betriebsrentengesetzes zu umgehen, indem den begünstigten Arbeitnehmern einfach keine schriftliche Zusage erteilt wird oder die Leistungen einfach anders bezeichnet werden. Um dies zu verhindern, nennt das BetrAVG ausdrücklich auch die betriebliche Übung und den Grundsatz der Gleichbehandlung als Möglichkeit, eine betriebliche Altersversorgung einzurichten.

§ 1 b Abs. 1 BetrAVG

... Der Verpflichtung aus einer Versorgungszusage stehen Versorgungsverpflichtungen gleich, die auf betrieblicher Übung oder dem Grundsatz der Gleichbehandlung beruhen. ...

Vertragliche Zusagen

Die Einrichtung einer betrieblichen Altersversorgung durch eine einzelver- 45
tragliche Zusage kommt zu Stande, indem der Arbeitgeber seinen Mitarbeitern gegenüber eine entsprechende Erklärung abgibt. Hierfür ist grundsätzlich keine Schriftform notwendig. Die Zusage muss auch nicht jedem einzelnen Mitarbeiter gegeben werden. Es genügt der Aushang einer Versorgungsrichtlinie am Schwarzen Brett oder deren Verkündung anlässlich einer Betriebsversammlung. Hierdurch werden die Regelungen über die Versorgung der Mitarbeiter Bestandteil jedes einzelnen Arbeitsvertrages.

Gelegentlich kommt es zum Streit, ob der Arbeitgeber lediglich eine Versorgung in Aussicht stellen oder fest zusagen wollte. Nach der Rechtsprechung des BAG genügt es für das Vorliegen einer Versorgungszusage, dass sich der Arbeitgeber objektiv erkennbar hierzu verpflichten wollte. Es ist nicht notwendig, dass alle Regelungen ausführlich genannt wurden. So kann bereits in dem Versprechen anlässlich einer Betriebsfeier, eine betriebliche Altersversorgung einzuführen, eine verbindliche Zusage gesehen werden. Bei Streitigkeiten hinsichtlich der Gestaltung einer solchen Zusage sind die Vorschriften des BGB zur Vertragsauslegung und im Streitfall die Arbeitsgerichte heranzuziehen. Man sollte sich deshalb dringend vor Aussagen hüten, wie „unsere betriebliche Altersversorgung wird in Anlehnung an die Versorgung ... (des Branchenführers, der Branche, ...) ausgestaltet werden“, und auch keinesfalls voreilig irgendwelche Versorgungsgrundsätze (z. B. „wir werden alle Mitarbeiter gleich versorgen“) nennen. Derartige Aussagen werden Vertragsinhalt, wenn sie objektiv erkennbar als ernst gemeint anzusehen sind.

Betriebsvereinbarung

Neben der einzelvertraglichen Zusage auf Leistungen der betrieblichen Alters- 46
versorgung bietet sich in mitbestimmten Unternehmen auch der Abschluss einer Betriebsvereinbarung an. Die Betriebsvereinbarung wird zwar nicht Bestandteil der individuellen Arbeitsverträge, ihre Regelungen sind aber dennoch für alle Arbeitnehmer außer den leitenden Angestellten verbindlich. Durch eine entsprechende Vereinbarung mit dem Sprecherausschuss der leitenden Angestellten kann die Wirksamkeit der Betriebsvereinbarung für diesen Perso-

nenkreis erreicht werden. Der Abschluss einer Betriebsvereinbarung empfiehlt sich vor allem auch deshalb, weil zukünftige, eventuell notwendige Änderungen des Versorgungswerkes dann leichter umzusetzen sind.

Tarifvertrag

47 Ansprüche auf betriebliche Altersversorgung können sich auch unmittelbar aus dem Tarifvertrag ergeben. In der Praxis hat dies aber kaum Bedeutung. Zwar enthalten mittlerweile sehr viele Tarifverträge Regelungen zur betrieblichen Altersversorgung, in den meisten Fällen handelt es sich aber lediglich um Verpflichtungen des Arbeitgebers, seinen Mitarbeitern eine betriebliche Altersversorgung nach bestimmten Mindeststandards anzubieten. Einige Tarifverträge sehen für die Umsetzung dieser Verpflichtung auch Fristen vor. Bietet der Arbeitgeber bis zum festgelegten Zeitpunkt keine betriebliche Altersversorgung an, so können sich die Arbeitnehmer unmittelbar auf den Tarifvertrag berufen. In diesem Fall liegt dann tatsächlich eine tarifvertragliche Regelung vor. Tarifvertragliche Regelungen zur betrieblichen Altersversorgung werden nicht Inhalt der einzelnen Arbeitsverträge. Deshalb ist auch eine Änderung des Versorgungswerkes nur durch Kündigung und Neuabschluss eines Tarifvertrages möglich.

Betriebliche Übung

48 Eine besonders wichtige, oftmals unterschätzte Möglichkeit, Leistungen der betrieblichen Altersversorgung zuzusagen, ist die betriebliche Übung. Sie ist im Betriebsrentengesetz ausdrücklich erwähnt und der Versorgungszusage gleichgestellt.

Ein Versorgungswerk beruht auf einer betrieblichen Übung, wenn der Arbeitgeber über längere Zeit durch gleichmäßiges Verhalten zu erkennen gegeben hat, dass er unter bestimmten Voraussetzungen Versorgungsleistungen zusagt oder dass er bei Eintritt eines Versorgungsfalles Leistungen gewährt. Zahlt z. B. ein Arbeitgeber seit vielen Jahren allen Arbeitnehmern, die in den Ruhestand treten, eine Altersrente, so haben auch die noch aktiven Arbeitnehmer bei Eintritt in den Ruhestand einen derartigen Anspruch.

Der Arbeitgeber kann die Entstehung einer betrieblichen Übung durch einen eindeutigen und ausdrücklichen Freiwilligkeitsvorbehalt vermeiden. Wendet z. B. ein Arbeitgeber jedes Jahr einen bestimmten Betrag für die betriebliche Altersversorgung auf, so entsteht hieraus dann kein Rechtsanspruch aus betrieblicher Übung, wenn der Arbeitgeber jedes Jahr klar und unmissverständlich betont, dass sich aus der Zahlung kein Anspruch auf weitere Zahlungen ergibt. Eine solche Erklärung muss der Arbeitgeber gegenüber der Belegschaft oder den betroffenen Arbeitnehmern verkünden.

Auch ein neu eintretender Arbeitnehmer kann sich auf eine bestehende betriebliche Übung berufen. Allerdings kann der Arbeitgeber neu eintretende Arbeitnehmer von der betrieblichen Übung ausschließen, wenn er dies vor Beginn des Arbeitsverhältnisses ausdrücklich erklärt.

Gleichbehandlung

Ansprüche auf Leistungen der betrieblichen Altersversorgung können sich 49
auch aus dem Grundsatz der Gleichbehandlung ergeben. Allerdings handelt es sich hierbei weniger um Fragen der Einrichtung einer betrieblichen Altersversorgung als um die Frage, ob ein Mitarbeiter aus der Tatsache, dass einem Kollegen eine betriebliche Altersversorgung gewährt wird, auch für sich selbst einen Anspruch ableiten kann. Diese Frage wird in Kapitel 2.3 näher behandelt.

2.2.2 Mitbestimmungsrechte des Betriebsrates

Das Betriebsrentengesetz enthält keine Vorschriften über die Mitbestim- 50
mungsrechte bei der Einrichtung einer betrieblichen Altersversorgung. Es gelten deshalb die Vorschriften des BetrVG, insbesondere des § 87 Abs. 1 Nr. 8 und 10 BetrVG.

§ 87 BetrVG: Mitbestimmungsrechte

(1) Der Betriebsrat hat, soweit eine gesetzliche oder tarifliche Regelung nicht besteht, in folgenden Angelegenheiten mitzubestimmen:

...

8. Form, Ausgestaltung und Verwaltung von Sozialeinrichtungen, deren Wirkungsbereich auf den Betrieb, das Unternehmen oder den Konzern beschränkt ist;

...

10. Fragen der betrieblichen Lohngestaltung, insbesondere die Aufstellung von Entlohnungsgrundsätzen und die Einführung und Anwendung von neuen Entlohnungsmethoden sowie deren Änderung;

...

Mitbestimmungsfreie Entscheidungen

51 Der Arbeitgeber entscheidet grundsätzlich allein, ob er eine betriebliche Altersversorgung einrichten will oder nicht. Auch die Wahl des Durchführungsweges und die Auswahl der begünstigten Arbeitnehmer geschieht ohne Beteiligung des Betriebsrates. Das Gleiche gilt für die Festlegung des Dotierungsrahmens, also des Gesamtaufwandes, den der Arbeitgeber erbringen möchte. Selbst wenn der Arbeitgeber das Versorgungswerk zu einem späteren Zeitpunkt wieder schließen möchte, kann er dies (im Rahmen der gesetzlichen Möglichkeiten) ohne Zustimmung des Betriebsrates tun.

Mitbestimmung bei Unterstützungskassen

52 Unterstützungskassen, die ausschließlich Mitarbeiter oder ehemalige Mitarbeiter des eigenen Unternehmens bzw. Konzerns versorgen, unterliegen der Mitbestimmung nach § 87 Abs. 1 Nr. 8 BetrVG. Danach ist der Betriebsrat bei allen Fragen zu Form, Gestaltung und Verwaltung der Kasse hinzuzuziehen. Das Mitbestimmungsrecht beginnt bereits bei der Wahl der Rechtsform der Unterstützungskasse und deren organisatorischer Gestaltung. Aber auch bei der Verwaltung des Kassenvermögens ist der Betriebsrat hinzuzuziehen.

Besonders wichtig ist das Mitbestimmungsrecht bei der Gestaltung des Leistungsplanes einer Unterstützungskasse. Hier hat der Betriebsrat das Recht, an der Aufstellung der Grundsätze für die Verteilung der zur Verfügung stehenden Mittel auf die verschiedenen Mitarbeitergruppen beteiligt zu werden.

Bei einer Gruppenunterstützungskasse, über die mehrere Trägerunternehmen ihre betriebliche Altersversorgung abwickeln, gelten nur die eingeschränkten Mitbestimmungsrechte des § 87 Abs. 1 Nr. 10 BetrVG. Da das einzelne Trägerunternehmen nur einen beschränkten Einfluss auf die Handlungen der Kasse hat, kann der Betriebsrat im Wesentlichen auch nur über das Abstimmungsverhalten seines Trägerunternehmens bei Entscheidungen der Kasse mitbestimmen.

Mitbestimmung bei Pensionsfonds und Pensionskasse

53 Die Mitbestimmung bei Pensionsfonds und Pensionskassen richtet sich ebenfalls nach § 87 Abs. 1 Nr. 8 BetrVG, soweit sie nur Mitarbeiter oder ehemalige Mitarbeiter des eigenen Unternehmens bzw. Konzerns versorgen. Das heißt, der Betriebsrat hat auch bei der Verwaltung des Pensionsfonds, also bei der Geldanlage, ein Mitbestimmungsrecht. Der Pensionsfonds ist als

selbstständige Versorgungseinrichtung eine Sozialeinrichtung, solange er nicht auf Gewinnerzielung ausgerichtet ist.

Bei Pensionsfonds und Pensionskassen, die von mehreren Trägerunternehmen für die Durchführung der betrieblichen Altersversorgung genutzt werden, gelten wiederum nur die eingeschränkten Mitbestimmungsrechte des § 87 Abs. 1 Nr. 10 BetrVG. Der Betriebsrat kann in diesen Fällen nur bei der Leistungsplangestaltung, nicht aber bei der Verwaltung mitwirken.

Mitbestimmung bei Pensionszusage und Direktversicherung

Bei diesen beiden Durchführungswegen handelt es sich nicht um Sozialein- 54
richtungen im Sinne des BetrVG, weshalb nur die Mitbestimmung nach § 87 Abs. 1 Nr. 10 BetrVG greift. Der Betriebsrat hat das Recht, an der Gestaltung des Leistungsplanes mitzubestimmen. Auf die Verwaltung des Vermögens kann er keinen Einfluss nehmen. Das gilt auch für die Auswahl des Versicherungsunternehmens, bei dem die Direktversicherungen oder gegebenenfalls die Rückdeckungsversicherungen abgeschlossen werden sollen.

2.3 Müssen alle Arbeitnehmer eine betriebliche Altersversorgung bekommen?

2.3.1 Gleichbehandlung

Grundsätzlich kann der Arbeitgeber bei Einrichtung einer betrieblichen Al- 55
tersversorgung frei entscheiden, welche Mitarbeiter versorgt werden sollen. Bei der Auswahl der Versorgungsberechtigten muss der Arbeitgeber allerdings das so genannte Gleichbehandlungsgebot beachten. Dieser arbeitsrechtliche Grundsatz leitet sich aus Artikel 3 GG ab. Er besagt, dass es einem Arbeitgeber nicht erlaubt ist, einzelne Arbeitnehmer ohne sachlichen Grund von begünstigenden Regelungen auszuschließen und schlechter zu stellen. Die Einrichtung einer betrieblichen Altersversorgung muss dennoch nicht für alle Arbeitnehmer erfolgen. Es muss lediglich ein sachlicher Grund für die Begünstigung einzelner Personen oder Personengruppen vorliegen. Ein solcher ist gegeben, wenn allen Mitarbeitern ab einer gewissen Dauer der Betriebszugehörigkeit oder allen besonders qualifizierten Mitarbeitern eine betriebliche Altersversorgung gewährt wird. Ein Verstoß gegen den Gleichbehandlungsgrundsatz ist dagegen anzunehmen, wenn einzelne Arbeitnehmer willkürlich von der betrieblichen Altersversorgung ausgeschlossen werden oder wenn eine diskriminierende Unterscheidung vorgenommen wird.

56 Im Einzelfall kann es sehr schwierig sein festzustellen, ob eine sachgerechte Differenzierung vorliegt. So gibt es zur Unterscheidung nach Arbeitern und Angestellten hinsichtlich der Gewährung einer betrieblichen Altersversorgung sehr unterschiedliche Meinungen. Selbst wenn im Einzelfall ein sachlicher Grund vorliegt, muss zusätzlich geprüft werden, ob die Schlechterstellung der einen Gruppe und der sachliche Grund hierfür auch in einem angemessenen Verhältnis zueinander stehen.

Auch eine Unterscheidung zwischen Innendienst- und Außendienstmitarbeitern kann einen Verstoß gegen das Gleichbehandlungsgebot bedeuten. So hat das BAG mit Urteil vom 20. 7. 1993 (3 AZR 52/93) einem Unternehmen untersagt, Außendienstmitarbeitern deshalb keine Versorgungsleistungen zu gewähren, weil sie ein höheres Entgelt erhalten als die Innendienstmitarbeiter. Diese Rechtsprechung hat das BAG mit Urteil vom 9. 12. 1997 (3 AZR 661/96) bestätigt.

Beispiele:
Urteile zur Gleichbehandlung

BAG, Urteil vom 22. 11. 1994 – 3 AZR 349/94
Es verstößt gegen den arbeitsrechtlichen Gleichbehandlungsgrundsatz, Arbeitnehmer allein deshalb aus einem betrieblichen Versorgungswerk auszunehmen, weil sie in einem zweiten Arbeitsverhältnis stehen.

BAG, Urteil vom 13. 12. 1994 – 3 AZR 367/94
Arbeitnehmer, deren Arbeitsverhältnisse rechtswirksam auf ein Jahr beschränkt sind, dürfen von Zusagen auf Leistungen der betrieblichen Altersversorgung ausgenommen werden.

BAG, Urteil vom 25. 4. 1995 – 3 AZR 446/94
Wird beispielsweise ein Arbeitnehmer aus der betrieblichen Altersversorgung ausgenommen, erhält er aber ein wesentlich höheres laufendes Arbeitsentgelt, kann dies im Einzelfall seine Schlechterbehandlung bei der betrieblichen Altersversorgung sachlich rechtfertigen.

BAG, Urteil vom 17. 10. 1995 – 3 AZR 882/94
Die Vereinbarung einer Stückvergütung bei Fleischbeschautierärzten rechtfertigt den Ausschluss von der betrieblichen Altersversorgung, wenn die Tierärzte ihr Entgelt für die geleistete Arbeitsstunde in nicht unerheblichem Umfang selbst bestimmen können, die begünstigten Arbeitnehmer wegen eines festen Stundenlohnes diese Möglichkeit nicht haben. Die Möglichkeit, bedeutend höhere Verdienste je Arbeitsstunde erzielen zu können, ist ein Ausgleich für die fehlende Versorgungszusage.

Fortsetzung nächste Seite

BAG, Urteil vom 17. 2. 1998 – 3 AZR 783/96
Ein Arbeitgeber darf Außendienstmitarbeiter durch Zusagen auf Leistungen der betrieblichen Altersversorgung gegenüber Innendienstmitarbeitern bevorzugen, wenn er damit eine engere Bindung an das Unternehmen verfolgt. Da die Außendienstmitarbeiter zeit- und kostenintensiv geschult werden müssen und der Umsatz des Unternehmens von den persönlichen Kontakten der Mitarbeiter im Außendienst abhängt, ist eine Bevorzugung sachlich gerechtfertigt.

Ausschluss von Teilzeitbeschäftigten

In der Vergangenheit war es in zahlreichen Betrieben üblich, Teilzeitbeschäftigte von der betrieblichen Altersversorgung auszuschließen. Zumindest für Arbeitnehmer, die weniger als die Hälfte der üblichen Wochenstunden arbeiteten, wurde diese Differenzierung auch allgemein als sachgerecht angesehen. In mehreren Urteilen hat das BAG inzwischen diese Praxis verworfen (zuletzt: BAG, Urteil vom 16. 1. 1996 – 3 AZR 767/94). Eine verringerte Arbeitszeit ist allein noch kein Grund, einen Arbeitnehmer von der betrieblichen Altersversorgung auszuschließen. Unter diesem Gesichtspunkt erscheint es mittlerweile auch fraglich, ob es möglich ist, geringfügig Beschäftigte generell auszuschließen. Da geringfügig Beschäftigte seit April 1999 auch sozialversicherungspflichtig sind und das AVmG alle Pflichtversicherten erfasst, ist anzunehmen, dass die Gruppe der geringfügig Beschäftigten nicht ausgeschlossen werden kann. 57

Hierfür spricht auch die Argumentation des BAG in seinem Urteil vom 22. 2. 2000 (3 AZR 845/98). Hier ging es um einen Ausschluss geringfügig Beschäftigter aus einem Gesamtversorgungssystem. Nach Auffassung des Gerichtes hat ein Gesamtversorgungssystem das Ziel, die gesetzliche Rentenversicherung angemessen zu ersetzen. Nachdem geringfügig Beschäftigte aber zumindest bis 1. 4. 1999 gar nicht in der gesetzlichen Rentenversicherung versichert waren, sei es sachlich gerechtfertigt, sie auch vom „Ergänzungssystem“ der betrieblichen Altersversorgung auszunehmen, zumal das vorliegende Gesamtversorgungssystem sehr eng mit der gesetzlichen Altersversorgung verknüpft war. Das BAG lässt aber ausdrücklich offen, ob diese Argumentation auch nach Aufnahme der geringfügig Beschäftigten in den Kreis der gesetzlich Versicherten noch Gültigkeit hat. 58

Zusätzlich zu der Frage, ob ein sachlicher Grund vorliegt, der es ermöglicht, Teilzeitbeschäftigte von der betrieblichen Altersversorgung auszuschließen, ist zu prüfen, ob in dem Ausschluss nicht eine verbotene Diskriminierung auf Grund des Geschlechtes vorliegt. Das kann dann der Fall sein, wenn vom Ausschluss der Teilzeitkräfte in einem Betrieb wesentlich mehr Frauen als Männer betroffen sind. Allerdings ist es ohne weiteres möglich, den Teilzeitkräften geringere Versorgungsleistungen zuzusagen, z. B. entsprechend dem Verhältnis der Arbeitszeiten.

2.3.2 Gleichberechtigung

59 Die Diskriminierung auf Grund des Geschlechtes ist in der betrieblichen Altersversorgung ohnehin ein heikles Thema. So ist es selbstverständlich nicht möglich, für alle männlichen Mitarbeiter eine betriebliche Altersversorgung einzurichten, für die weiblichen nicht. Eine solche Bestimmung würde gegen das Lohngleichheitsgebot des Artikels 141 EGV (ex Artikel 119) verstoßen. Die Rechtsprechung geht aber noch weiter.

Auch die Vereinbarung unterschiedlicher Altersgrenzen bei Männern und Frauen ist eine sachlich nicht gerechtfertigte Differenzierung. Die Tatsache, dass auch in der gesetzlichen Rentenversicherung Frauen bisher ihre Rente bereits mit 60 Jahren beanspruchen können, Männer erst mit 65 Jahren, rechtfertigt dies nicht auch bei der betrieblichen Altersversorgung. Im Gegensatz zur gesetzlichen Rentenversicherung handelt es sich bei der betrieblichen Altersversorgung um einen Teil der Vergütung für die geleistete Arbeit. Eine Unterscheidung nach dem Geschlecht ist deshalb nicht möglich.

60 Im so genannten Barber-Urteil hat der EuGH entschieden, dass die Vereinbarung unterschiedlicher Altersgrenzen für Männer und Frauen bei der betrieblichen Altersversorgung gegen das Lohngleichheitsgebot verstößt. Allerdings galt dies nur für Leistungen, die auf Beschäftigungszeiten nach dem 17. 5. 1990 beruhen. Interessanterweise hat das BAG aber einige Jahre später (BAG, Urteil vom 18. 3. 1997) entschieden, dass es in der Vereinbarung unterschiedlicher Altersgrenzen während einer Übergangszeit keinen Verstoß gegen das Gleichbehandlungsgebot des Artikel 3 Abs. 3 GG sieht. Die Dauer des Übergangszeitraumes hat das Gericht nicht näher bestimmt. Artikel 119 EGV (neu Artikel 141) geht allerdings dem nationalen Recht vor. Das bedeutet, dass für Dienstzeiten bis zum 17. 5. 1990 ein früheres Rentenalter für Frauen kein Verstoß gegen die Gleichbehandlung darstellt. Für Dienstzeiten nach dem 17. 5. 1990 verstoßen unterschiedliche Altersgrenzen dagegen gegen das Lohngleichheitsgebot des Artikel 119 EGV.

61 Die Frage nach der Gleichberechtigung stellt sich natürlich auch immer dann, wenn bei versicherungsförmigen Durchführungswegen auf Grund der unterschiedlichen Sterblichkeit von Männern und Frauen unterschiedliche Beiträge gezahlt werden. Mit Urteil vom 22. 12. 1993 hat der EuGH hierzu entschieden, dass zur Prüfung, ob ein Verstoß gegen Art. 119 EGV (neu Artikel 141) vorliegt, auf die „vom Arbeitgeber gesetzte Entgelterwartung“ abzustellen ist. Hat der Arbeitgeber eine Leistungszusage erteilt, so müssen

die Leistungen für Männer und Frauen gleich sein, der hierfür erforderliche Beitragsaufwand kann voneinander abweichen. Steht jedoch die Zusage auf Zahlung eines Beitrages im Vordergrund, so muss der Arbeitgeber auch für Männer und Frauen den gleichen Beitrag aufweisen. Ergeben sich hieraus auf Grund der versicherungsmathematischen Rechnungsgrundlagen unterschiedliche Leistungen, so liegt kein Verstoß gegen das Lohngleichheitsgebot vor.

2.4 Wie kann eine bestehende betriebliche Altersversorgung verändert werden?

Betriebliche Versorgungswerke werden in der Regel in wirtschaftlich erfolgreichen Zeiten eines Unternehmens eingeführt. In der Vergangenheit wurden in Zeiten knapper Arbeitskräfte betriebliche Sozialleistungen zum Teil sehr großzügig „verteilt“. Insbesondere in Branchen, die heute kaum mehr Wachstum aufweisen, klagen viele Unternehmen über die Lasten der betrieblichen Altersversorgung, die sie vor vielen Jahren einmal eingerichtet haben. Deshalb ist es verständlich, dass zahlreiche Unternehmen intensiv darüber nachdenken, wie sie den Aufwand für ihre bestehende betriebliche Altersversorgung reduzieren können. 62

2.4.1 Grundsätze zur Veränderung von Versorgungswerken

Veränderung oder Verschlechterung

Zunächst muss die Frage untersucht werden, ob das Versorgungswerk nur anders als bisher gestaltet werden oder ob die Versorgung reduziert werden soll. Eine Umgestaltung der Versorgung unter Aufrechterhaltung der Ansprüche der Arbeitnehmer ist theoretisch jederzeit möglich. So kann z. B. der bisherige Durchführungsweg für die betriebliche Altersversorgung jederzeit sogar ohne Mitbestimmung des Betriebsrates verändert werden, sofern hierdurch die Ansprüche der Arbeitnehmer nicht berührt werden. 63

In der Praxis führt ein Wechsel des Durchführungsweges aber nahezu immer zu Veränderungen bei der Versorgung. Denn die einzelnen Durchführungswege haben unterschiedliche tarifliche und technische Restriktionen und werden steuerlich unterschiedlich behandelt. Soll z. B. eine Pensionszusage durch eine rückgedeckte Unterstützungskasse ersetzt werden, so sind mit Sicherheit nicht alle Einzelheiten der bisherigen Pensionszusage auch in der Unterstützungskasse darstellbar. Theoretisch würde es ausreichen, wenn die neue Versorgung insgesamt mindestens wertgleich mit der bisherigen Versorgung ist. In der Praxis wird ein solcher Wechsel, der mit Veränderungen der

Versorgung einhergeht, aber nur mit Zustimmung des Versorgungsberechtigten oder zumindest des Betriebsrates funktionieren.

64 Eine Reduzierung des Versorgungsniveaus kann grundsätzlich nicht einseitig durch den Arbeitgeber erfolgen. Selbst bei Zustimmung des Betriebsrates oder des betroffenen Arbeitnehmers unterliegt eine Reduzierung immer noch der gerichtlichen Billigkeitskontrolle. Die Arbeitsgerichte überprüfen in diesen Fällen anhand der so genannten „Drei-Stufen-Theorie“(siehe Kapitel 2.4.2), ob die vorgenommene Reduzierung angemessen ist.

65 Eine vollständige Einstellung der betrieblichen Altersversorgung ist nur bei einer wirtschaftlichen Notlage des Arbeitgebers möglich. Allerdings kann der Arbeitgeber das bestehende Versorgungswerk jederzeit und ohne Mitbestimmung des Betriebsrates für neu eintretende Mitarbeiter schließen.

Abhängigkeit von der Anspruchsgrundlage

66 Eine Reduzierung der Versorgung erfordert (außer bei wirtschaftlicher Notlage) stets die Mitwirkung der Beteiligten, also der Arbeitnehmer oder des Betriebsrates. Beruht die Versorgung auf einer Betriebsvereinbarung, so kann auch die Veränderung per Betriebsvereinbarung vorgenommen werden. Es muss also nicht mit jedem einzelnen Arbeitnehmer individuell über die Veränderung verhandelt werden.

Grundsätzlich vertritt der Betriebsrat nur die im Unternehmen tätigen Arbeitnehmer, nicht aber die Rentenbezieher. Um dies zu erreichen und somit auch eine Veränderung der Versorgung für bereits laufende Renten per Betriebsvereinbarung zu ermöglichen, sollte bereits im Arbeitsvertrag auf die jeweils gültige Fassung der Betriebsvereinbarung Bezug genommen werden.

67 Eine Veränderung der Versorgung durch Abschluss einer Betriebsvereinbarung ist unter bestimmten Voraussetzungen auch dann möglich, wenn die ursprüngliche Versorgung per Gesamtzusage erteilt wurde. Das ist dann der Fall, wenn die Gesamtzusage „betriebsvereinbarungsoffen“ war, d. h., wenn sie unter dem Vorbehalt einer späteren Änderung durch eine Betriebsvereinbarung stand.

Eine Gesamtzusage, die nicht betriebsvereinbarungsoffen gestaltet ist, kann nur mit Zustimmung jedes einzelnen Arbeitnehmers geändert werden. Es sei denn, die Neustrukturierung führt für alle Arbeitnehmer zu einer Verbesserung der Versorgung, was in der Praxis selten vorkommt.

Eine betriebliche Altersversorgung, die durch betriebliche Übung zu Stande kam, ist arbeitsrechtlich wie eine Gesamtzusage zu bewerten und deshalb nur unter den genannten Voraussetzungen änderbar.

Jede verschlechternde Änderung einer Versorgungszusage unterliegt außerdem einer arbeitsgerichtlichen Billigkeitskontrolle auf der Grundlage der so genannten „Drei-Stufen-Theorie".

2.4.2 „Drei-Stufen-Theorie"

Die Einschränkung oder Einstellung einer einmal zugesagten betrieblichen 68
Altersversorgung ist nur unter sehr strengen Voraussetzungen möglich.

Die Arbeitsgerichte überprüfen unter anderem, ob die wirtschaftliche Belastung des Arbeitgebers aus der betrieblichen Altersversorgung wirklich nicht mehr tragbar ist. Darüber hinaus unterliegt jede Kürzung dem Grundsatz der Verhältnismäßigkeit und des Vertrauensschutzes. Danach muss stets der geringst mögliche Eingriff gewählt werden und das Vertrauen rentennaher Jahrgänge auf die Versorgungsleistungen besonders berücksichtigt werden. Aus der arbeitsgerichtlichen Rechtssprechung haben sich im Laufe der Zeit drei verschiedene Eingriffsgründe und -möglichkeiten entwickelt.

Je stärker in den bereits erworbenen Besitzstand der Arbeitnehmer eingegrif- 69
fen werden soll, desto schwerwiegender müssen die Gründe hierfür sein. Die Rechtsprechung unterscheidet im Rahmen der so genannten „Drei-Stufen-Theorie" drei unterschiedliche Besitzstände, in die nur bei Vorliegen sachlicher, triftiger oder zwingender Gründe eingegriffen werden darf.

Sachliche Gründe

Liegen lediglich sachliche Gründe für eine Reduzierung der Versorgung vor, so kann der Arbeitgeber nur in den Teil der Versorgung eingreifen, für den der Arbeitnehmer noch keine Gegenleistung erbracht hat, den er sich also durch zukünftige Betriebstreue noch erdienen muss. Das sind z. B. zugesagte Erhöhungen der Versorgung, die sich aus der zukünftigen Betriebszugehörigkeit ergeben.

Allerdings ermöglicht nicht jeder sachliche Grund einen Eingriff in die Versorgung. Voraussetzung ist, dass der sachliche Grund eine erhebliche wirtschaftliche Belastung für den Arbeitgeber bedeutet. Das können z. B. unvorhersehbare Mehrbelastungen auf Grund einer Steuer- oder Rentenreform sein.

Triftige Gründe

Ein etwas weiter gehender Eingriff ist bei Vorliegen von triftigen Gründen möglich. In diesem Fall kann der Arbeitgeber auch in eine so genannte zeitanteilige Dynamik eingreifen. Diese Eingriffsstufe ist in der Praxis vor allem bei gehaltsabhängigen Versorgungen von Bedeutung, bei der sich der Arbeitnehmer mit jedem Dienstjahr einen bestimmten Prozentsatz des letzten Gehaltes vor Rentenbeginn als Versorgungsleistung erdient. Aus triftigen Gründen kann bei einer solchen Versorgung das zu Grunde liegende Gehalt eingefroren werden, d. h., zukünftige Gehaltssteigerungen erhöhen nicht mehr den Rentenanspruch. In den erdienten Prozentsatz des Gehaltes kann aber nicht eingegriffen werden.

Ein triftiger Grund liegt vor, wenn die Finanzierung der Versorgung langfristig die Substanz des Unternehmens gefährdet oder wenn sich das Unternehmen in einer schlechten wirtschaftlichen Lage befindet. Eine genauere Definition der triftigen Gründe gibt das BAG leider bisher nicht.

Zwingende Gründe

Will der Arbeitgeber in bereits erdiente unverfallbare Besitzstände des Arbeitnehmers eingreifen, so müssen hierfür zwingende Gründe vorliegen. Das ist z. B. der Fall, wenn der Arbeitgeber sich in einer schweren wirtschaftlichen Notlage befindet und hierdurch die Geschäftsgrundlage für die Versorgung weggefallen ist. Auch der Abbau einer planwidrig eingetretenen Überversorgung der Arbeitnehmer ist nach Ansicht des BAG ein zwingender Grund für eine Reduzierung der Versorgung. Denn das Vertrauen der Arbeitnehmer auf eine Gesamtversorgung aus gesetzlicher und betrieblicher Altersversorgung von über 100 % des letzten Nettogehaltes hält das BAG für nicht schutzwürdig.

Beispiel:
Eingriffsmöglichkeiten in Versorgungszusagen

Ein Arbeitgeber hat seinen Arbeitnehmern eine Zusage auf monatliche Altersrente ab dem 65. Lebensjahr gegeben. Die Höhe der Rente beträgt pro Jahr der Dienstzugehörigkeit 0,5 % des letzten Monatsgehaltes vor Eintritt in den Ruhestand. Arbeitnehmer A ist seit zehn Jahren im Unternehmen, sein aktuelles Monatsgehalt beträgt 4 000 €. Es sind folgende Eingriffe möglich:

- aus sachlichen Gründen:
  Die Anwartschaft von A wird auf den bereits erdienten Teil in Höhe von 5 % (10 * 0,5 %) seines letzten Gehaltes vor Eintritt in den Ruhestand eingefroren.
- aus triftigen Gründen:
  Die Anwartschaft des A wird auf den erdienten Teil in Höhe von 5 %, bezogen auf sein aktuelles Gehalt von 4 000 €, also 200 €, eingefroren.
- aus zwingenden Gründen:
  Auch der bereits erdiente Teil in Höhe von 200 € kann gekürzt werden.

2.5 Was geschieht bei vorzeitigem Ausscheiden von Arbeitnehmern?

2.5.1 Unverfallbarkeit dem Grunde nach

Der Gesetzgeber geht davon aus, dass eine betriebliche Altersversorgung als Belohnung für die Betriebstreue des Arbeitnehmers gewährt wird. Erbringt der Arbeitnehmer nur einen geringen Teil der erwarteten Betriebstreue, kann ihm das Versorgungsversprechen bei vorzeitigem Ausscheiden wieder entzogen werden. Nur wenn der Arbeitnehmer nach Erteilung der Zusage bis zu seinem Ausscheiden mehrere Jahre dem Betrieb angehörte, hat er auch einen so genannten unverfallbaren Anspruch auf die versprochene betriebliche Altersversorgung. 70

Unverfallbarkeitsfristen

Nach der bis zum 31. 12. 2000 gültigen Regelung behielt der Arbeitnehmer seinen Versorgungsanspruch dem Grunde nach, wenn er im Zeitpunkt des Ausscheidens mindestens 71

- 35 Jahre alt war und
- die Versorgungszusage mindestens zehn Jahre bestand
  oder
- die Betriebszugehörigkeit mindestens zwölf Jahre betrug und die Versorgungszusage mindestens drei Jahre bestand.

Für alle Zusagen, die ab dem 1. 1. 2001 erteilt wurden, gelten auf Grund der Änderungen des BetrAVG durch das AVmG wesentlich geringere Voraussetzungen für das Erreichen eines unverfallbaren Anspruches. Nach der neu gefassten Vorschrift behält ein Arbeitnehmer seinen Versorgungsanspruch dem Grunde nach, wenn er im Zeitpunkt des Ausscheidens mindestens

- 30 Jahre alt ist und
- die Versorgungszusage mindestens fünf Jahre bestanden hat.

Die bisherige Alternative, die eine Betriebszugehörigkeit von zwölf Jahren und einen Bestand der Zusage von drei Jahren vorsah, ist ersatzlos entfallen.

§ 1 b BetrAVG: Unverfallbarkeitsvoraussetzungen

(1) Einem Arbeitnehmer, dem Leistungen aus der betrieblichen Altersversorgung zugesagt worden sind, bleibt die Anwartschaft erhalten, wenn das Arbeitsverhältnis vor Eintritt des Versorgungsfalls, jedoch nach Vollendung des 30. Lebensjahres endet und die Versorgungszusage zu diesem Zeitpunkt mindestens fünf Jahre bestanden hat (unverfallbare Anwartschaft). ...

Ein gesetzlich unverfallbarer Anspruch entsteht also grundsätzlich nicht, wenn der Arbeitnehmer beim Ausscheiden das 30. Lebensjahr noch nicht vollendet hat, unabhängig von der bis dahin erbrachten Betriebstreue. Der Gesetzgeber geht davon aus, dass ein Arbeitnehmer in diesem Alter noch ausreichend Möglichkeiten hat, sich bei einem anderen Arbeitgeber eine betriebliche Altersversorgung zu erdienen.

72 Die Neuregelung gilt nur für Neuzusagen. Für Altzusagen, die vor dem 1. 1. 2001 erteilt worden sind, gelten grundsätzlich die alten Unverfallbarkeitsfristen. In diesen Fällen tritt Unverfallbarkeit jedoch auch dann ein, wenn die Zusage ab dem Inkrafttreten der Neuregelung fünf Jahre bestanden hat und bei Beendigung des Arbeitsverhältnisses das 30. Lebensjahr vollendet ist.

§ 30 f BetrAVG: Übergangsregelung für die Unverfallbarkeit

Soweit Leistungen der betrieblichen Altersversorgung vor dem 1. 1. 2001 zugesagt worden sind, ist § 1 b Abs. 1 mit der Maßgabe anzuwenden, dass die Anwartschaft erhalten bleibt, wenn das Arbeitsverhältnis vor Eintritt des Versorgungsfalles, jedoch nach Vollendung des 35. Lebensjahres endet und die Versorgungszusage zu diesem Zeitpunkt

1. mindestens zehn Jahre oder
2. bei mindestens zwölfjähriger Betriebszugehörigkeit mindestens drei Jahre

bestanden hat (unverfallbare Anwartschaft); in diesen Fällen bleibt die Anwartschaft auch erhalten, wenn die Zusage ab dem 1. 1. 2001 fünf Jahre bestanden hat und bei Beendigung des Arbeitsverhältnisses das 30. Lebensjahr vollendet ist. § 1 b Abs. 5 findet für Anwartschaften aus diesen Zusagen keine Anwendung.

Für die Praxis bedeutet diese komplizierte Übergangsregelung, dass für Altzusagen bei Ausscheiden bis zum 31. 12. 2005 generell die alte Unverfallbarkeitsregelung anzuwenden ist. Scheidet ein Arbeitnehmer mit einer Altzusage nach dem 1. 1. 2006 aus, so ist für ihn ausschließlich die Neuregelung anzuwenden.

Beispiel:
Unverfallbarkeit dem Grunde nach

Ein Arbeitgeber hat 1998 für alle Arbeitnehmer eine betriebliche Altersversorgung eingerichtet. Folgende Mitarbeiter scheiden aus dem Unternehmen aus:

Arbeitnehmer A	40 Jahre	Betriebseintritt 1990	Betriebsaustritt 2001
Arbeitnehmer B	37 Jahre	Betriebseintritt 1985	Betriebsaustritt 2002
Arbeitnehmer C	32 Jahre	Betriebseintritt 1990	Betriebsaustritt 2002
Arbeitnehmer D	40 Jahre	Betriebseintritt 1997	Betriebsaustritt 2007
Arbeitnehmer E	32 Jahre	Betriebseintritt 1995	Betriebsaustritt 2007

Ansprüche:
Für alle Arbeitnehmer liegt eine Altzusage vor. Daher gilt grundsätzlich die bisherige Regelung, es sei denn die Zusage hat ab 1. 1. 2001 bereits fünf Jahre bestanden und der Arbeitnehmer ist beim Ausscheiden mindestens 30 Jahre alt.

A ist beim Ausscheiden älter als 35 Jahre. Die betriebliche Altersversorgung besteht noch keine 10 Jahre. Die Betriebszugehörigkeit beträgt weniger als 12 Jahre. A hat deshalb keinen unverfallbaren Anspruch. Die Neuregelung gilt für ihn nicht, da die Zusage ab Inkrafttreten nicht fünf Jahre bestanden hat.

B ist beim Ausscheiden älter als 35 Jahre. Er gehörte dem Betrieb mehr als zwölf Jahre an. Die betriebliche Altersversorgung bestand für ihn bereits länger als drei Jahre. B hat deshalb einen unverfallbaren Anspruch.

C ist beim Ausscheiden noch keine 35 Jahre alt. Er hat deshalb nach der alten Regelung trotz seiner langen Betriebszugehörigkeit keinen unverfallbaren Anspruch. Die Zusage hat ab 1. 1. 2001 noch keine fünf Jahre bestanden, sodass er auch nach der Neuregelung keinen Anspruch hat.

D ist älter als 35 Jahre. Die betriebliche Altersversorgung besteht noch keine zehn Jahre. Die Betriebszugehörigkeit beträgt weniger als zwölf Jahre. Aber die Zusage hat ab Inkrafttreten der Neuregelung fünf Jahre bestanden. D hat deshalb einen unverfallbaren Anspruch.

E ist beim Ausscheiden noch keine 35 Jahre alt. Daher hat er nach der alten Regelung trotz seiner langen Betriebszugehörigkeit keinen unverfallbaren Anspruch. Da die Zusage ab 1. 1. 2001 aber fünf Jahre bestanden hat und E älter als 30 Jahre ist, hat er nach der Neuregelung einen unverfallbaren Anspruch.

Unverfallbarkeit bei Entgeltumwandlung

Wurde eine betriebliche Altersversorgung durch Entgeltumwandlung finanziert, so war es auch in der Vergangenheit bereits üblich, dem Arbeitnehmer eine vertragliche Unverfallbarkeit ab Beginn einzuräumen. Da das BetrAVG aber nicht zwischen der arbeitgeberfinanzierten Altersversorgung und der Entgeltumwandlung unterschied, galten grundsätzlich auch für Letztere die 73

Unverfallbarkeitsfristen. Mit der Einführung der Entgeltumwandlung in das BetrAVG wurde jetzt auch die gesetzliche Grundlage für die in der Praxis seit langem übliche Vorgehensweise geschaffen.

§ 1 b Abs. *5 BetrAVG*

(5) Soweit betriebliche Altersversorgung durch Entgeltumwandlung erfolgt, behält der Arbeitnehmer seine Anwartschaft, wenn sein Arbeitsverhältnis vor Eintritt des Versorgungsfalles endet; in den Fällen der Absätze 2 und 3

1. dürfen die Überschussanteile nur zur Verbesserung der Leistung verwendet werden,
2. muss dem ausgeschiedenen Arbeitnehmer das Recht zur Fortsetzung der Versicherung oder Versorgung mit eigenen Beiträgen eingeräumt und
3. muss das Recht zur Verpfändung, Abtretung oder Beleihung durch den Arbeitgeber ausgeschlossen werden.

Im Fall einer Direktversicherung ist dem Arbeitnehmer darüber hinaus mit Beginn der Entgeltumwandlung ein unwiderrufliches Bezugsrecht einzuräumen.

Alle Zusagen auf betriebliche Altersversorgung, die ab dem 1. 1. 2001 erteilt wurden und aus Entgeltumwandlung finanziert werden, sind ab Beginn gesetzlich unverfallbar. Für Altzusagen, die vor diesem Zeitpunkt erteilt wurden, gelten die alten gesetzlichen Unverfallbarkeitsfristen einschließlich der oben beschriebenen Übergangsregelung.

74 Für die externen Durchführungswege Pensionsfonds, Pensionskasse und Direktversicherung gelten darüber hinaus besondere Vorschriften. So darf der Arbeitgeber den Vertrag ab Ausscheiden nicht mehr beleihen oder verpfänden, sämtliche Überschüsse müssen zur Leistungserhöhung verwendet werden und der Arbeitnehmer muss den Vertrag nach seinem Ausscheiden privat weiterführen können. Bei einer Direktversicherung muss dem Arbeitnehmer außerdem mit Beginn der Entgeltumwandlung ein unwiderrufliches Bezugsrecht eingeräumt werden.

Die Unverfallbarkeitsfristen haben nur Bedeutung, wenn ein Mitarbeiter vor Eintritt des Versorgungsfalles aus dem Unternehmen ausscheidet. Tritt z. B. ein Versorgungsfall unmittelbar nach Einrichtung der betrieblichen Altersversorgung ein, so hat der Mitarbeiter, unabhängig von den Unverfallbarkeitsvoraussetzungen, sofort in voller Höhe einen Rechtsanspruch auf die zugesagten Leistungen.

Beispiel:
Unverfallbarkeit bei bestehendem Arbeitsverhältnis

Ein Arbeitgeber stellt zwei neue Mitarbeiter (A, B) ein und erteilt beiden sofort eine Zusage auf Alters- und Berufsunfähigkeitsrente. Mitarbeiter A scheidet nach zwei Jahren wieder aus dem Betrieb aus. Ein Jahr später verunglücken beide Arbeitnehmer und werden berufsunfähig. Der Arbeitgeber verweigert beiden die Gewährung von Leistungen mit dem Hinweis auf die Unverfallbarkeitsfristen.

Mitarbeiter A
Beim Ausscheiden nach zwei Jahren waren die Ansprüche von A noch verfallbar. Er hat deshalb keinen Anspruch auf Versorgungsleistungen.

Mitarbeiter B
B scheidet erst durch Eintritt der Berufsunfähigkeit aus dem Unternehmen aus. Da die Absicherung der Berufsunfähigkeit in der Versorgungszusage vorgesehen war, handelt es sich um einen Leistungsfall. B hat unabhängig von den Unverfallbarkeitsfristen Anspruch auf die volle Leistung aus der Versorgungszusage.

Betriebszugehörigkeit

Zur Betriebszugehörigkeit gehören auch Ausbildungszeiten sowie Unterbrechungen des Dienstverhältnisses zur Absolvierung des Grundwehrdienstes. Auch Unterbrechungen auf Grund einer Schwangerschaft bzw. Zeiten, in denen Elternzeit (früher: Erziehungsurlaub) in Anspruch genommen wird, gehören zur Betriebszugehörigkeit. 75

Vorschaltzeit

Für die Erfüllung der oben genannten Fristen ist grundsätzlich die Zeit ab Erteilung der Zusage maßgeblich. Es ist jedoch denkbar, dass ein Arbeitgeber durch bewusstes Hinausschieben des Zeitpunktes der Aufnahme in das Versorgungswerk versucht, die Unverfallbarkeitsfristen zu verlängern, um so den Arbeitnehmer stärker an das Unternehmen zu binden. In so einem Fall kann ein Umgehungsversuch angenommen werden, der dazu führt, dass die Unverfallbarkeitsfristen bereits mit der Erteilung des Versprechens auf spätere Aufnahme in das Versorgungswerk zu laufen beginnen. 76

Beispiel:
Zusage auf Abschluss einer Direktversicherung

Im Arbeitsvertrag eines Arbeitnehmers wurde hinsichtlich der betrieblichen Altersversorgung auf die betriebsinternen Regelungen verwiesen. Darin hieß es: „Wir [die Firma] schließen zu Gunsten unserer Betriebsangehörigen, wenn sie ununterbrochen zehn Jahre bei uns tätig sind …, bei … eine Lebensversicherung ab."

Das BAG sah in dem Versprechen, eine Direktversicherung abzuschließen, eine unmittelbare Versorgungszusage auf Leistungen der betrieblichen Altersversorgung. Die Fristen für die Unverfallbarkeit begannen demnach mit Erteilung der Zusage bzw. mit dem Beginn des Arbeitsverhältnisses.

(BAG, Urteil vom 19. 4. 1983 – AZR 24/81)

2.5.2 Unverfallbarkeit der Höhe nach

77 Ein mit unverfallbaren Ansprüchen ausgeschiedener Arbeitnehmer hat selbstverständlich nur Anspruch auf den Teil der Versorgung, den er sich bis zum Ausscheiden erdient hat. In der Vergangenheit richtete sich die Höhe dieses erdienten Anspruches ausschließlich nach der erbrachten Betriebstreue. Ausnahmen hiervon gab es lediglich für die Direktversicherung und die Pensionskasse. Durch die Aufnahme neuer beitragsorientierter Zusageformen in das BetrAVG passte diese Berechnungsweise anhand der Betriebstreue nicht mehr. Denn beitragsorientierte Versorgungszusagen sind eher als zusätzliches Entgelt anzusehen und nicht als Belohnung von Betriebstreue.

Deshalb wurden mit dem AVmG zwei weitere Berechnungsmethoden für die Ermittlung unverfallbarer Ansprüche in das BetrAVG eingeführt. Insgesamt gibt es nun die folgenden vier Berechnungsmethoden:

- ratierliches Verfahren
- erreichte Anwartschaft
- gezahlte Beiträge zuzüglich Erträge
- versicherungsvertragliches Verfahren

§ 2 BetrAVG: Höhe der unverfallbaren Anwartschaft

(1) Bei Eintritt des Versorgungsfalles wegen Erreichens der Altersgrenze, wegen Invalidität oder Tod haben ein vorher ausgeschiedener Arbeitnehmer, dessen Anwartschaft nach § 1 b fortbesteht, und seine Hinterbliebenen einen Anspruch mindestens in Höhe des Teiles, der ohne das vorherige Ausscheiden zustehenden Leistung, der dem Verhältnis der Dauer der Betriebszugehörigkeit zu der Zeit vom Beginn der Betriebszugehörigkeit bis zur Vollendung des 65. Lebensjahres entspricht; …

Ratierliches Verfahren

Bei der Berechnung der Höhe der unverfallbaren Ansprüche nach dem so genannten *ratierlichen Verfahren* (auch m/n-tel-Verfahren oder Pro-rata-temporis-Verfahren) wird der Vollanspruch herabgesetzt im Verhältnis der tatsächlich erbrachten Dienstzeit zur insgesamt möglichen Dienstzeit. 78

> Beispiel:
> *Ratierlicher Anspruch*
>
> Arbeitnehmer A bekommt zwei Jahre nach Eintritt in den Betrieb (mit 38 Jahren) eine Versorgungszusage auf Altersrente ab dem 65. Lebensjahr in Höhe von monatlich 1 000 €. Mit 50 Jahren scheidet A aus dem Betrieb aus. Sein ratierlicher Anspruch errechnet sich wie folgt:
>
> $$\text{Ratierlicher Anspruch} = \text{Vollanspruch} * \frac{\text{tatsächliche Dienstzeit}}{\text{mögliche Dienstzeit}}$$
>
> $$\text{Anspruch von A} = 1\,000{,}00\ € * \frac{14\ \text{Jahre}}{29\ \text{Jahre}} = 482{,}76\ €$$
>
> Im Alter von 65 Jahren kann A von seinem Arbeitgeber die Zahlung von monatlich 482,76 € verlangen.

Die Höhe des Anspruches richtet sich also nicht nach der Betriebszugehörigkeit ab Zusageerteilung, sondern nach der insgesamt erbrachten Betriebszugehörigkeit bis zum Ausscheiden. Erhält ein Arbeitnehmer erst mehrere Jahre nach seinem Betriebseintritt eine Versorgungszusage, so wirken sich diese Dienstjahre bei vorzeitigem Ausscheiden trotzdem anspruchssteigernd aus.

Die Berechnung der Höhe des Anspruches nach dem ratierlichen Verfahren gilt für herkömmliche Leistungszusagen bei allen Durchführungswegen.

Bei der Direktversicherung und der Pensionskasse gilt das ratierliche Verfahren zusätzlich auch bei beitragsorientierten Leistungszusagen. Das ratierliche Verfahren kann dazu führen, dass der durch die bis zum Ausscheiden gezahlten Beiträge finanzierbare Wert der Direktversicherung oder Pensionskasse nicht ausreicht, um den unverfallbaren Anspruch zu erfüllen. Für den fehlenden Differenzbetrag muss der Arbeitgeber in solchen Fällen selbst aufkommen. Um dieses Nachfinanzierungsrisiko zu vermeiden, kann der Arbeitgeber unter bestimmten Voraussetzungen statt des ratierlichen Verfahrens das so genannte versicherungsvertragliche Verfahren anwenden (siehe hierzu weiter unten). 79

80 Das ratierliche Verfahren war bis vor kurzem auch für beitragsorientierte Leistungszusagen aus Pensionsfonds anzuwenden. Diese Regelung resultierte aber offensichtlich aus einem redaktionellen Versehen im Rahmen der Einführung des AVmG. Sie wurde deshalb mit Wirkung ab 1. 7. 2002 durch das HZvNG wieder geändert. Für alle Mitarbeiter, die ab 1. 7. 2002 mit unverfallbaren Ansprüchen aus einem Unternehmen mit einer beitragsorientierten Leistungszusage aus einem Pensionsfonds ausscheiden, ist zur Berechnung der Höhe des Anspruches nun die so genannte erreichte Anwartschaft zu berechnen.

Erreichte Anwartschaft

81 Als erreichte Anwartschaft gilt die Anwartschaft, die aus den bis zum Ausscheiden umgewandelten Entgeltteilen finanziert werden kann. Die Höhe des Anspruches berücksichtigt somit (anders als beim ratierlichen Verfahren) nicht die Betriebszugehörigkeit des Arbeitnehmers vor Erteilung der Zusage. Hierdurch soll sichergestellt werden, dass dem Arbeitgeber beim unverfallbaren Ausscheiden keine Finanzierungslücke entsteht.

§ 2 Abs. 5 a BetrAVG

(5 a) Bei einer unverfallbaren Anwartschaft aus Entgeltumwandlung tritt an die Stelle der Ansprüche nach den Absätzen 1, 3 a oder 4 die vom Zeitpunkt der Zusage auf betriebliche Altersversorgung bis zum Ausscheiden des Arbeitnehmers erreichte Anwartschaft auf Leistungen aus den bis dahin umgewandelten Entgeltbestandteilen; dies gilt entsprechend für eine unverfallbare Anwartschaft aus Beiträgen im Rahmen einer beitragsorientierten Leistungszusage.

Diese Berechnungsmethode gilt zwingend für alle beitragsorientierten Leistungszusagen aus einer Pensionszusage oder einer Unterstützungskasse, die ab dem 1. 1. 2001 erteilt wurden, und unabhängig davon, ob es sich um arbeitgeberfinanzierte Versorgungen oder Entgeltumwandlungen handelt. Für ältere Zusagen gilt auch bei zukünftigem Ausscheiden weiterhin das ratierliche Verfahren. Sofern sich Arbeitgeber und Arbeitnehmer aber einig sind, können sie vereinbaren, dass die erreichte Anwartschaft auch für Altzusagen gilt (§ 30 g Abs. 1 BetrAVG).

82 Bei beitragsorientierten Leistungszusagen aus Pensionsfonds war bis vor kurzem grundsätzlich das ratierliche Verfahren anzuwenden. Dies wurde aber mit Wirkung ab 1. 7. 2002 durch das HZvNG geändert. Für alle Mitarbeiter, die nach diesem Termin ausscheiden, gilt nun ebenfalls die Berechnung der erreichten Anwartschaft als zwingende Vorschrift.

Leider hat der Gesetzgeber die Berechnung der erreichten Anwartschaft im Gesetz nicht näher definiert. Bei versicherungsgedeckten Durchführungswegen (z. B. rückgedeckter Unterstützungskasse) liegt es nahe, die erreichte Anwartschaft so zu definieren, dass bei Ausscheiden die entsprechende Versicherung beitragsfrei gestellt wird und der Arbeitnehmer einen Anspruch auf die spätere beitragsfreie Versicherungsleistung hat. Bisher ist arbeitsrechtlich nicht geklärt, ob eine derartige Vereinbarung zulässig ist. Die Zulässigkeit erscheint insbesondere dann fraglich, wenn ein Arbeitnehmer bereits kurze Zeit nach Vereinbarung der Entgeltumwandlung aus dem Unternehmen ausscheidet. Denn dann ist in der Versicherung auf Grund der anfänglichen Kosten nur ein minimaler Rückkaufswert vorhanden, der unter Umständen nicht einmal zur Bildung einer beitragsfreien Summe ausreicht. Praktische Probleme können sich auch bei Absicherung einer Berufsunfähigkeitsrente ergeben. Da bei einer Risikoversicherung kein (oder nur ein minimales) Deckungskapital gebildet wird, ist auch keine beitragsfreie Leistung möglich. Bei ausschließlicher Bezugnahme auf die Versicherung wäre somit die erreichte Anwartschaft auf Berufsunfähigkeitsrente stets null. 83

Gezahlte Beiträge zuzüglich Erträge

Für alle Beitragszusagen mit Mindestleistungen (nur bei Pensionsfonds, Direktversicherung und Pensionskasse möglich) gilt immer die Berechnungsmethode „gezahlte Beiträge zuzüglich Erträge“. Das gilt unabhängig davon, ob die Zusage vom Arbeitgeber oder durch Entgeltumwandlung finanziert wurde. 84

Bei dieser Berechnungsmethode errechnet sich der Anspruch des Arbeitnehmers aus den bis zum Ausscheiden zugesagten Beiträgen zuzüglich der bis zum Eintritt des Versorgungsfalles darauf erzielten Erträge. Sofern an Stelle von Erträgen Verluste entstanden sind, hat der Arbeitnehmer einen Mindestanspruch in Höhe der bis zum Ausscheiden zugesagten Beiträge abzüglich der Beitragsteile, die zur Finanzierung vorzeitiger Risiken verbraucht wurden.

> *§ 2 Abs. 5 b BetrAVG*
>
> (5 b) An die Stelle der Ansprüche nach den Absätzen 2, 3, 3 a und 5 a tritt bei einer Beitragszusage mit Mindestleistung das dem Arbeitnehmer planmäßig zuzurechnende Versorgungskapital auf der Grundlage der bis zu seinem Ausscheiden geleisteten Beiträge (Beiträge und die bis zum Eintritt des Versorgungsfalls erzielten Erträge), mindestens die Summe der bis dahin zugesagten Beiträge, soweit sie nicht rechnungsmäßig für einen biometrischen Risikoausgleich verbraucht wurden.

Da die Beitragszusage mit Mindestleistung erst durch das AVmG mit Wirkung ab 1. 1. 2002 ins Betriebsrentengesetz eingeführt wurde, erübrigt sich eine Übergangsvorschrift für die Berechnung der Höhe des Anspruchs. Die beschriebene Berechnungsmethode gilt deshalb für alle Beitragszusagen mit Mindestleistung.

Versicherungsvertragliches Verfahren

85 Wird eine Direktversicherung erst nach einigen Jahren der Betriebszugehörigkeit abgeschlossen, kann der ratierliche Anspruch bei vorzeitigem Ausscheiden wesentlich höher sein, als der bis zum Ausscheidezeitpunkt finanzierte Versicherungswert. Um den Arbeitgeber hierdurch nicht übermäßig zu belasten, hatte der Gesetzgeber bereits in der Vergangenheit eine Wahlmöglichkeit geschaffen, die auch nach der Reform des BetrAVG bestehen bleibt: das versicherungsvertragliche Verfahren.

§ 2 Abs. 2 BetrAVG: Höhe der unverfallbaren Anwartschaft

(2) . . . An die Stelle der Ansprüche nach Satz 1 tritt auf Verlangen des Arbeitgebers die von dem Versicherer auf Grund des Versicherungsvertrages zu erbringende Versicherungsleistung, wenn

1. spätestens nach drei Monaten seit dem Ausscheiden des Arbeitnehmers das Bezugsrecht unwiderruflich ist und eine Abtretung oder Beleihung des Rechts aus dem Versicherungsvertrag durch den Arbeitgeber und Beitragsrückstände nicht vorhanden sind,
2. vom Beginn der Versicherung, frühestens jedoch vom Beginn der Betriebszugehörigkeit an, nach dem Versicherungsvertrag die Überschussanteile nur zur Verbesserung der Versicherungsleistung zu verwenden sind und
3. der ausgeschiedene Arbeitnehmer nach dem Versicherungsvertrag das Recht zur Fortsetzung der Versicherung mit eigenen Beiträgen hat.

Der Arbeitgeber kann sein Verlangen nach Satz 2 nur innerhalb von drei Monaten seit dem Ausscheiden des Arbeitnehmers diesem und dem Versicherer mitteilen. Der ausgeschiedene Arbeitnehmer darf die Ansprüche aus dem Versicherungsvertrag in Höhe des durch Beitragszahlungen des Arbeitgebers gebildeten geschäftsplanmäßigen Deckungskapitals . . . weder abtreten noch beleihen. In dieser Höhe darf der Rückkaufswert auf Grund einer Kündigung des Versicherungsvertrages nicht in Anspruch genommen werden; im Falle einer Kündigung wird die Versicherung in eine prämienfreie Versicherung umgewandelt. § 176 Abs. 1 des Gesetzes über den Versicherungsvertrag findet insoweit keine Anwendung.

Auf Verlangen des Arbeitgebers wird dem Arbeitnehmer an Stelle des ratierlichen Anspruches die Versicherung mitgegeben, d. h., ihm wird die Versicherungsnehmereigenschaft übertragen. Der Anspruch wird somit auf den vorhandenen Wert der Versicherung begrenzt.

Um den Arbeitnehmer zu schützen bzw. um eine vorherige Aushöhlung der 86
Direktversicherung durch den Arbeitgeber zu verhindern, hat der Gesetzgeber jedoch einige Bedingungen für die Anwendung des so genannten versicherungsvertraglichen Verfahrens aufgestellt:

- Der Arbeitnehmer muss spätestens drei Monate nach dem Ausscheiden ein unwiderrufliches Bezugsrecht auf die Versicherungsleistung erhalten haben.
- Die Versicherung darf nicht abgetreten oder beliehen sein oder werden. Auch eine vorzeitige Kündigung durch den Arbeitnehmer muss ausgeschlossen sein.
- Sämtliche Überschussanteile müssen ab Versicherungsbeginn zur Erhöhung der Versicherungsleistung verwendet werden.
- Der Arbeitnehmer muss das Recht erhalten, die Versicherung mit eigenen Beiträgen weiterzuführen.

Das versicherungsvertragliche Verfahren gilt sinngemäß auch für eine Versorgung über eine Pensionskasse (§ 2 Abs. 3 BetrAVG).

Besonderheiten bei Entgeltumwandlung

Für Entgeltumwandlungen aus Pensionszusagen, Pensionsfonds und Unterstützungskassen enthält das neue BetrAVG ebenfalls eine gesonderte Berech- 87
nungsvorschrift (§ 2 Abs. 5 a BetrAVG). Diese explizite Regelung ist aber entbehrlich, denn sie entspricht exakt derjenigen für beitragsorientierte Leistungszusagen. Eine Versorgung, die aus der Umwandlung von Entgelt resultiert ist aber zwangsläufig beitragsorientiert oder eine Beitragszusage. Für Letztere gelten aber wiederum eigene Berechnungsvorschriften, weshalb sich die gesonderte Betrachtung der Entgeltumwandlung zur Berechnung der Höhe des unverfallbaren Anspruches erübrigt.

88 *Übersicht: Berechnungsverfahren für die Höhe des unverfallbaren Anspruches*

	Pensionszusage	*Unterstützungskasse*	*Pensionsfonds*	*Direktversicherung*	*Pensionskasse*
Leistungszusage	ratierliches Verfahren	ratierliches Verfahren	ratierliches Verfahren	ratierliches Verfahren oder versicherungsvertragl. Verfahren	ratierliches Verfahren oder versicherungsvertragl. Verfahren
beitragsorientierte Leistungszusage	erreichte Anwartschaft	erreichte Anwartschaft	erreichte Anwartschaft	ratierliches Verfahren oder versicherungsvertragl. Verfahren	ratierliches Verfahren oder versicherungsvertragl. Verfahren
Beitragszusage mit Mindestleistung	nicht möglich	nicht möglich	gezahlte Beiträge zuzüglich Erträge	gezahlte Beiträge zuzüglich Erträge	gezahlte Beiträge zuzüglich Erträge

2.5.3 Abfindung unverfallbarer Ansprüche

89 Vor allem bei relativ jungen Arbeitnehmern mit geringen unverfallbaren Ansprüchen, die auch erst in vielen Jahren fällig werden, ist die Aufrechterhaltung dieser Ansprüche für den Arbeitgeber mit einem unverhältnismäßig hohen Aufwand verbunden. Der Gesetzgeber hat deshalb die Möglichkeit geschaffen, solche Ansprüche durch eine einmalige Abfindung abzugelten. Eine Abfindung ist bei arbeitgeberfinanzierter betrieblicher Altersversorgung allerdings nur bis zu bestimmten Höchstgrenzen und teilweise nur mit Zustimmung des Arbeitnehmers möglich. Hierdurch soll sichergestellt werden, dass nur geringfügige Ansprüche abgefunden werden können. Höhere Ansprüche sollen dem Arbeitnehmer grundsätzlich erst bei Eintritt des Versorgungsfalles zufließen.

Im Einzelnen ist eine Abfindung in folgenden Abstufungen möglich:

- Fordert entweder der Arbeitgeber oder der Arbeitnehmer die Abfindung, ist sie nur zulässig, wenn der monatliche Rentenbetrag 1 % der monatlichen Bezugsgröße (nach § 18 SGB IV) bzw. die Kapitalleistung 12/10 der monatlichen Bezugsgröße nicht übersteigen.
- Sind sich Arbeitgeber und Arbeitnehmer über die Abfindung einig, kann eine Monatsrente bis zu 2 % der monatlichen Bezugsgröße bzw. eine Ka-

pitalleistung bis zu 24/10 der monatlichen Bezugsgröße abgefunden werden.

- Eine monatliche Rente bis zu 4 % der monatlichen Bezugsgröße bzw. eine Kapitalleistung bis zu 48/10 der monatlichen Bezugsgröße kann abgefunden werden, wenn sich Arbeitgeber und Arbeitnehmer einig sind *und* der Abfindungsbetrag in die gesetzliche Rentenversicherung, in eine Direktversicherung, in einen Pensionsfonds oder in eine Pensionskasse fließt.

Abfindungs-Höchstbeträge in 2002

Die Bezugsgrößen gemäß § 18 SGB IV sind in den alten und neuen Bundesländern unterschiedlich hoch. Für das Jahr 2002 betragen sie: 90

West: 2 345,00 €
Ost: 1 960,00 €

Demnach ergeben sich für 2002 folgende Abfindungs-Höchstbeträge:

Bis ... % der Bezugsgröße	*West*		*Ost*	
	monatliche Rente	Kapitalleistung	monatliche Rente	Kapitalleistung
1 % (12/10)	23,45 €	2 814,00 €	19,60 €	2 352,00 €
2 % (24/10)	46,90 €	5 628,00 €	39,20 €	4 704,00 €
4 % (48/10)	93,80 €	11 256,00 €	78,40 €	9 408,00 €

Abfindung bei Entgeltumwandlung

Für Entgeltumwandlungen wurden die Abfindungsmöglichkeiten durch das AVmG erweitert. Für alle Zusagen ab 1. 1. 2001, die auf einer Entgeltumwandlung beruhen, gilt folgende Abfindungsregelung: Abfindungen sind mit Zustimmung des Arbeitnehmers bis zu 4 % der monatlichen Bezugsgröße (bzw. 48/10 bei Kapital) möglich. Es ist nicht notwendig, dass der Abfindungsbetrag in einen anderen Durchführungsweg oder in die gesetzliche Rentenversicherung investiert wird. 91

§ 3 BetrAVG: Abfindung der Versorgungsanwartschaft

(1) Eine nach § 1 b Abs. 1 bis 3 und 5 unverfallbare Anwartschaft kann im Falle der Beendigung des Arbeitsverhältnisses nur nach den Sätzen 2 bis 6 abgefunden werden. Die Anwartschaft ist auf Verlangen des Arbeitgebers oder des Arbeitnehmers abzufinden, wenn der bei Erreichen der vorgesehenen Altersgrenze maßgebliche Monatsbetrag der laufenden Versorgungsleistung eins vom Hundert der monatlichen Bezugsgröße (§ 18 Viertes Buch Sozialgesetzbuch), bei Kapitalleistungen zwölf Zehntel der monatlichen Bezugsgröße nicht übersteigt. Die Anwartschaft kann nur mit Zustimmung des Arbeitnehmers abgefunden werden, wenn

1. ihr monatlicher Wert zwei vom Hundert der monatlichen Bezugsgröße, bei Kapitalleistungen vierundzwanzig Zehntel der monatlichen Bezugsgröße nicht übersteigt,
2. ihr monatlicher Wert vier vom Hundert der monatlichen Bezugsgröße, bei Kapitalleistungen achtundvierzig Zehntel der monatlichen Bezugsgröße nicht übersteigt und der Abfindungsbetrag vom Arbeitgeber unmittelbar zur Zahlung von Beiträgen zur gesetzlichen Rentenversicherung oder zum Aufbau einer Versorgungsleistung bei einer Direktversicherung oder Pensionskasse oder einem Pensionsfonds verwendet wird,
3. die Beiträge zur gesetzlichen Rentenversicherung erstattet worden sind oder
4. sie auf einer Entgeltumwandlung beruht und die Grenzwerte nach den Nummern 1 oder 2 nicht überschritten werden.

...

(2) Die Abfindung wird nach dem Barwert der nach § 2 bemessenen künftigen Versorgungsleistungen im Zeitpunkt der Beendigung des Arbeitsverhältnisses berechnet. Soweit sich der Anspruch auf die künftigen Versorgungsleistungen gegen ein Unternehmen der Lebensversicherung, einen Pensionsfonds oder eine Pensionskasse richtet, berechnet sich die Abfindung nach dem . . . Zeitwert gemäß § 176 Abs. 3 des Gesetzes über den Versicherungsvertrag. . . .

Abfindung bei § 10 a-EStG-Förderung

92 Wurde für Beiträge in einen Pensionsfonds, eine Pensionskasse oder eine Direktversicherung die Förderung des § 10 a EStG in Anspruch genommen, so dürfen die Leistungen ausschließlich in Form von Renten gezahlt werden. § 93 EStG legt fest, dass bei einem Verstoß hiergegen die steuerliche Förderung zurückzuzahlen ist. Um die Rückzahlung der steuerlichen Förderung zu vermeiden ist es deshalb notwendig, den Abfindungsbetrag

- in einen anderen Altersvorsorgevertrag oder
- in die gesetzliche Rentenversicherung oder
- in eine Direktversicherung oder
- in eine Pensionskasse einzuzahlen.

Höhe der Abfindung

Die Höhe der Abfindung entspricht dem Barwert des unverfallbaren Anspruches. Bei Direktversicherungen, Pensionsfonds und Pensionskassen ist statt des Barwertes der Zeitwert des Vertrages anzusetzen. Das ist das zum Ausscheidezeitpunkt vorhandene Versicherungsguthaben. 93

Abfindung trotz Abfindungsverbot

Das Abfindungsverbot gilt grundsätzlich nur für unverfallbare Anwartschaften. Bereits laufende Rentenleistungen können jederzeit abgefunden werden. Mit Urteil vom 14. 8. 1990 hat das BAG entschieden, dass § 3 BetrAVG auch nicht auf bestehende Arbeitsverhältnisse anzuwenden ist. Demnach könnte ein Arbeitnehmer, der einen größeren Geldbetrag benötigt, sich jederzeit seinen Anspruch auf die betriebliche Altersversorgung vom Arbeitgeber abfinden lassen. Ob diese, dem Zweck der betrieblichen Altersversorgung widersprechende Folge tatsächlich Bestand haben wird, ist fraglich. Vor allem, wenn die Abfindung in engem zeitlichen Zusammenhang mit dem Ausscheiden des Arbeitnehmers steht, besteht die Gefahr, dass im Zweifel ein Umgehungsversuch des Abfindungsverbotes angenommen wird. 94

Wird eine Abfindung trotz Abfindungsverbot vorgenommen, so liegt ein Gesetzesverstoß vor. Die Abfindung ist deshalb nach § 134 BGB nichtig. Der Arbeitnehmer kann bei Eintritt des Versorgungsfalles die Leistungen nochmals verlangen. Eine Rückforderung der gezahlten Abfindung durch den Arbeitgeber ist auf Grund § 817 BGB nicht möglich, da durch die Abfindung gegen ein gesetzliches Verbot verstoßen wurde (vgl. BAG, Urteil vom 23. 4. 1968).

Vor Zahlung einer Abfindung sollte deshalb stets genau geprüft werden, ob die gesetzlichen Voraussetzungen erfüllt sind. Insbesondere bei rückgedeckten Pensionszusagen besteht häufig der Wunsch, die Ansprüche des ausgeschiedenen Mitarbeiters durch Mitgabe der Rückdeckungsversicherung abzugelten. Hierbei ist zu beachten, dass die „Mitgabe der Versicherung“ arbeitsrechtlich eine Abfindung ist. Wenn der Wert der Versicherung nicht dem gesetzlich vorgeschriebenen Mindestbeitrag entspricht, kann der Mitarbeiter den Differenzbetrag auch später noch geltend machen.

2.5.4 Übernahme unverfallbarer Ansprüche

Wechselt ein Arbeitnehmer während seines Berufslebens mehrmals nach Erreichen der Unverfallbarkeit den Arbeitgeber, so erhält er im Alter auch mehrere relativ kleine Betriebsrenten. Um Arbeitgebern und Arbeitnehmern 95 die Möglichkeit zu geben, dies zu verhindern, hat der Gesetzgeber verschiedene Möglichkeiten zur Übernahme unverfallbarer Anwartschaften durch einen neuen Versorgungsträger geschaffen.

Übernahmemöglichkeiten

Eine unverfallbare Anwartschaft kann mit Zustimmung des alten und neuen Arbeitgebers sowie des Arbeitnehmers von dessen neuem Arbeitgeber, von einer Pensionskasse, von einem Lebensversicherungsunternehmen oder von einem öffentlich-rechtlichen Versorgungsträger übernommen werden. Die Übernahme der Versorgung durch eine Unterstützungskasse ist nur möglich, wenn auch die bisherige Versorgung über eine Unterstützungskasse gewährt wurde. Die Übernahme unverfallbarer Anwartschaften durch einen Pensionsfonds ist generell nicht möglich.

§ 4 BetrAVG: Übernahme

(1) Die Verpflichtung, bei Eintritt des Versorgungsfalles Versorgungsleistungen nach § 2 Abs. 1 bis 3 a zu gewähren, kann von jedem Unternehmen, bei dem der ausgeschiedene Arbeitnehmer beschäftigt wird, von einer Pensionskasse, von einem Unternehmen der Lebensversicherung oder einem öffentlich-rechtlichen Versorgungsträger mit Zustimmung des Arbeitnehmers übernommen werden. Eine vertragliche Schuldübernahme durch andere Versorgungsträger ist dem Arbeitnehmer gegenüber unwirksam. Bei einer Schuldübernahme durch ein Unternehmen der Lebensversicherung gilt § 2 Abs. 2 Satz 4 bis 6 entsprechend.

(2) Hat eine Unterstützungskasse einem vorzeitig ausgeschiedenen Arbeitnehmer Versorgungsleistungen nach § 2 Abs. 4 zu gewähren, kann diese Verpflichtung mit Zustimmung des Arbeitnehmers von den in Absatz 1 genannten Trägern oder von einer anderen Unterstützungskasse übernommen werden.

. . .

Übernahme bei Entgeltumwandlung

96 Bei einer betrieblichen Altersversorgung durch Entgeltumwandlung kann der Arbeitnehmer den bisherigen Arbeitgeber sogar zwingen, die Versorgung auf den neuen Arbeitgeber oder auf einen Versorgungsträger des neuen Arbeitgebers zu übertragen. Vorausgesetzt der neue Arbeitgeber ist zur Übernahme der Versorgung bereit. In diesem Fall muss der bisherige Arbeitgeber den Barwert der unverfallbaren Anwartschaft an den neuen Arbeitgeber bzw. den neuen Versorgungsträger zahlen. Mit Erteilung der Zusage durch den neuen Arbeitgeber erlischt die Versorgungsverpflichtung des alten Arbeitgebers.

Solche Übertragungen unverfallbarer Anwartschaften sind insbesondere bei der Direktversicherung bereits seit Jahren üblich. In der Praxis wird hierbei lediglich die Versicherungsnehmereigenschaft und Beitragszahlungspflicht auf den neuen Arbeitgeber übertragen.

§ 4 Abs. 4 BetrAVG: Übernahme

(4) Der Arbeitgeber ist verpflichtet, auf Verlangen des Arbeitnehmers frühestens ab Beendigung des Arbeitsverhältnisses den Barwert der nach § 1 b Abs. 5 unverfallbaren Anwartschaft auf einen neuen Arbeitgeber, bei dem der ausgeschiedene Arbeitnehmer beschäftigt ist, oder einen Versorgungsträger des neuen Arbeitgebers zu übertragen, wenn der neue Arbeitgeber dem Arbeitnehmer eine dem übertragenden Barwert wertmäßig entsprechende Zusage erteilt. Für die Höhe des Barwertes gilt § 3 Abs. 2 entsprechend mit der Maßgabe, dass an die Stelle des Zeitpunktes der Beendigung des Arbeitsverhältnisses der Zeitpunkt der Übertragung tritt. Mit der Erteilung der Zusage durch den neuen Arbeitgeber erlischt die Verpflichtung des alten Arbeitgebers.

Übernahme bei Liquidation

Soll ein Unternehmen liquidiert werden, so ist dies nur möglich, wenn zuvor 97
die Versorgungsverpflichtungen auf einen anderen Versorgungsträger übertragen werden. Da bei der Liquidation alle Mitarbeiter aus dem Unternehmen ausscheiden, sind für die Übertragung nur die unverfallbaren Anwartschaften relevant.

§ 4 Abs. 3 BetrAVG: Übernahme

(3) Wird die Betriebstätigkeit eingestellt und das Unternehmen liquidiert, kann eine Versorgungsleistung auf Grund einer Zusage oder einer unverfallbaren Anwartschaft nach § 1 b Abs. 1 oder eine Versorgungsleistung, die gemäß § 1 b Abs. 4 von einer Unterstützungskasse oder gemäß § 1 b Abs. 3 von einem Pensionsfonds erbracht wird oder zu erbringen ist, von einer Pensionskasse oder von einem Unternehmen der Lebensversicherung ohne Zustimmung des Versorgungsempfängers oder Arbeitnehmers übernommen werden, wenn sichergestellt ist, dass die Überschussanteile ab Rentenbeginn entsprechend § 16 Abs. 3 Nr. 2 verwendet werden. § 2 Abs. 2 Satz 4 bis 6 gilt entsprechend.

Direktversicherungen und Pensionskassenansprüche können in der Regel durch Wahl des versicherungsvertraglichen Verfahrens den Mitarbeitern einfach mitgegeben werden. Ansprüche aus Pensionszusagen, Unterstützungskassen und Pensionsfonds können auf eine Pensionskasse oder ein Unternehmen der Lebensversicherung übertragen werden. Die Übertragung kann theoretisch auch ohne Zustimmung des Arbeitnehmers vorgenommen werden. In der Praxis ist aber immer die Zustimmung der Betroffenen erforderlich. Denn in aller Regel kann die bisherige Versorgung von der übernehmenden Pensionskasse oder dem übernehmenden Versicherer nicht in allen Details abgebildet werden. Außerdem ist für den Abschluss der erforderlichen Versicherungsverträge die Mitwirkung und Zustimmung der Arbeitnehmer erforderlich.

Übernahmen im bestehenden Arbeitsverhältnis

98 Die oben genannten Regelungen und Einschränkungen gelten nur für die Übernahme von Versorgungsverpflichtungen gegenüber unverfallbar ausgeschiedenen Mitarbeitern. Solange das Arbeitsverhältnis noch besteht, kommt eine Übernahme der Verpflichtung ohnehin nicht in Betracht. Denn gemäß § 1 Abs. 1 BetrAVG haftet der Arbeitgeber unabhängig vom Durchführungsweg für die Erfüllung der Versorgungsverpflichtung. Dem Arbeitgeber steht es aber frei, den Durchführungsweg zu wechseln, und zwar auf einen beliebigen anderen Durchführungsweg.

Steuerliche Besonderheiten der Übernahme

99 Die Übernahme unverfallbarer Anwartschaften oder der Wechsel des Durchführungsweges scheitern häufig an den steuerlichen Restriktionen. Denn die verschiedenen Durchführungswege werden steuerlich nicht einheitlich behandelt. Wird z. B. von einem nachgelagert besteuerten auf einen vorgelagert besteuerten Durchführungsweg gewechselt, so löst dies eine sofortige Lohnsteuer auf den gesamten übertragenen Betrag aus. Von der sofortigen Steuerpflicht gibt es nur einige wenige Ausnahmen.

Nach § 3 Nr. 66 EStG sind z. B. Zahlungen eines Arbeitgebers oder einer Unterstützungskasse zur Übernahme bestehender Versorgungsverpflichtungen durch einen Pensionsfonds unter bestimmten Voraussetzungen steuerfrei. Nach § 3 Nr. 65 EStG bleiben Leistungen, die im Rahmen einer Unternehmensliquidation zur Übernahme der Versorgung an eine Pensionskasse oder einen Lebensversicherer gezahlt werden, steuerfrei. In beiden Fällen müssen dann aber die späteren Leistungen in voller Höhe versteuert werden.

2.6 Was ist bei Eintritt des Versorgungsfalles zu beachten?

2.6.1 Zahlung der Versorgungsleistungen

Tritt ein Versorgungsfall ein, so ist der Arbeitgeber verpflichtet, die versprochenen Versorgungsleistungen zu erbringen. Entsprechend dem gewählten Durchführungsweg muss er die Zahlungen selbst leisten oder er beauftragt hiermit einen externen Versorgungsträger. Als Versorgungsfälle sind je nach Zusage Todesfall, Berufsunfähigkeit oder Erreichen der Altersgrenze möglich. Es kann jedoch auch vorkommen, dass ein Arbeitnehmer vor Erreichen der vereinbarten Altersgrenze vorzeitig in Ruhestand geht.

Vorzeitiger Ruhestand

Bezieht ein Arbeitnehmer bereits vor Vollendung des 65. Lebensjahres Al- 100
tersrente aus der gesetzlichen Rentenversicherung, so hat er auch vorzeitig Anspruch auf die Leistungen aus der betrieblichen Altersversorgung. Voraussetzung ist allerdings, dass der Arbeitnehmer auch tatsächlich Altersrente in voller Höhe aus der gesetzlichen Rentenversicherung bezieht. Die Inanspruchnahme der im Rentenreformgesetz 1992 vorgesehenen Teilrente genügt nicht. Auch Vorruhestandszahlungen sowie Leistungen aus Befreiungsversicherungen begründen keinen Anspruch auf vorzeitige Leistungen der betrieblichen Altersversorgung.

> *§ 6 BetrAVG: Vorzeitige Altersleistung*
>
> Einem Arbeitnehmer, der die Altersrente aus der gesetzlichen Rentenversicherung vor Vollendung des 65. Lebensjahres als Vollrente in Anspruch nimmt, sind auf sein Verlangen nach Erfüllung der Wartezeit und sonstiger Leistungsvoraussetzungen Leistungen der betrieblichen Altersversorgung zu gewähren. Fällt die Altersrente aus der gesetzlichen Rentenversicherung wieder weg oder wird sie auf einen Teilbetrag beschränkt, so können auch die Leistungen der betrieblichen Altersversorgung eingestellt werden. . . .

Allerdings steht dem Arbeitnehmer die vorzeitige Leistung nicht in voller Höhe zu. Sofern in der Versorgungsordnung keine Regelungen zur Kürzung der Altersversorgung bei vorzeitigem Rentenbeginn enthalten sind, kommt nur eine ratierliche Kürzung in Betracht. Wie bei der Berechnung unverfallbarer Ansprüche wird dabei die bis zum tatsächlichen Rentenbeginn abgeleistete Dienstzeit zur insgesamt bis zum 65. Lebensjahr möglichen ins Verhältnis gesetzt und die volle Leistung entsprechend gekürzt. Diese Regelung berücksichtigt aber nur die geringere Betriebstreue des Arbeitnehmers. Die längere Rentenbezugsdauer bei einer lebenslänglichen Altersrente bleibt unberücksichtigt. Es empfiehlt sich deshalb, in die Versorgungsordnung eine Bestimmung zur Kürzung der Leistung bei vorgezogenem Rentenbeginn aufzunehmen. Allerdings unterliegt auch eine solche Regelung der gerichtlichen Billigkeitskontrolle. Benachteiligt sie den Arbeitnehmer übermäßig, führt das unter Umständen zur Ungültigkeit der Regelung und somit lediglich zur ratierlichen Kürzung.

101 Bei unverfallbar ausgeschiedenen Arbeitnehmern, die vorzeitig in Ruhestand gehen, kommt eine zweifache ratierliche Kürzung in Betracht, sofern in der Versorgungsordnung keine Regelung für diesen Fall getroffen wurde.

Der Unverfallbarkeitsfaktor des § 2 Abs. 1 BetrAVG, der sich aus dem Verhältnis der Dauer der tatsächlichen zur erreichbaren Betriebszugehörigkeit bis zum Erreichen des 65. Lebensjahres ergibt, ist mit der zum Zeitpunkt der vorgezogenen Inanspruchnahme erreichbaren Betriebsrente zu multiplizieren. Viele Versorgungsordnungen enthielten neben dieser zweifachen ratierlichen Kürzung einen zusätzlichen versicherungsmathematischen Abschlag. Diesen sah das BAG lange Zeit als zulässig an.

Diese ständige Rechtsprechung hat das BAG mit der Entscheidung vom 23. 1. 2001 aufgegeben. Danach ist eine dreifache Kürzung nicht mehr zulässig. Die Möglichkeit, bei der vorzeitigen Inanspruchnahme der Altersrente eine zweifache Kürzung vorzunehmen, bleibt jedoch bestehen. Dabei kann die zweite Kürzung, sofern vereinbart, in Form eines „echten" versicherungsmathematischen Abschlages erfolgen. In der Praxis ist eine Kürzung der monatlichen Altersrente um 0,5 % pro Monat der vorzeitigen Inanspruchnahme üblich. Sieht die Versorgungsordnung keine Regelung hinsichtlich der Kürzung vor, so ist eine zweite ratierliche Kürzung („untechnischer versicherungsmathematischer Abschlag") nach Ansicht des BAG möglich. Diese zweite ratierliche Kürzung kann ausnahmsweise ausgeschlossen sein, wenn der Versorgungszusage nicht zu entnehmen ist, dass die Betriebsrente allein wegen der vorzeitigen Inanspruchnahme gekürzt werden soll.

2.6.2 Anpassung laufender Leistungen

102 Leistungen der betrieblichen Altersversorgung verlieren für den Arbeitnehmer inflationsbedingt von Jahr zu Jahr an Wert. Solange der Arbeitnehmer noch aktiv tätig ist, muss er selbst über eine entsprechende Anpassung der Leistungen mit seinem Arbeitgeber verhandeln. Um ehemaligen Arbeitnehmern die Werterhaltung bereits laufender Renten zu sichern, hat der Gesetzgeber in § 16 BetrAVG dem Arbeitgeber eine Anpassungsprüfungspflicht auferlegt.

§ 16 BetrAVG: Anpassungsprüfung

(1) Der Arbeitgeber hat alle drei Jahre eine Anpassung der laufenden Leistungen der betrieblichen Altersversorgung zu prüfen und hierüber nach billigem Ermessen zu entscheiden; dabei sind insbesondere die Belange des Versorgungsempfängers und die wirtschaftliche Lage des Arbeitgebers zu berücksichtigen.

(2) Die Verpflichtung nach Absatz 1 gilt als erfüllt, wenn die Anpassung nicht geringer ist als der Anstieg

1. des Preisindexes für die Lebenshaltung von 4-Personen-Haushalten von Arbeitern und Angestellten mit mittlerem Einkommen oder
2. der Nettolöhne vergleichbarer Arbeitnehmergruppen des Unternehmens

im Prüfungszeitraum.

. . .

Der Arbeitgeber ist also verpflichtet, laufende Rentenleistungen alle drei Jahre zu überprüfen und über eine Erhöhung nach billigem Ermessen zu entscheiden. Zu den laufenden Renten gehören auch Hinterbliebenenrenten und Berufsunfähigkeitsrenten. Die Anpassungsprüfungspflicht bezieht sich ausschließlich auf laufende Leistungen, also nicht auf Anwartschaften aktiver Arbeitnehmer und auch nicht auf einmalige Kapitalzahlungen.

Bei der Entscheidung über eine Anpassung ist die wirtschaftliche Lage des Arbeitgebers und der Kaufkraftverlust der Renten zu berücksichtigen. Letzterer ist anhand der Entwicklung des „Preisindexes für 4-Personen-Haushalte von Arbeitern und Angestellten mit mittlerem Einkommen" zu bestimmen. Eine so ermittelte Anpassung muss jedoch nur bis zur so genannten „reallohnbezogenen Obergrenze" erfolgen (vgl. BAG, Urteil vom 14. 2. 1989). Danach müssen die Renten nur soweit angepasst werden, wie auch die Nettolöhne vergleichbarer Arbeitnehmer im Unternehmen gestiegen sind. Schließlich sollen die Rentner netto nicht besser gestellt sein als die aktiven Arbeitnehmer. Mit Einführung des § 16 Abs. 2 BetrAVG zum 1. 1. 1999 wurde diese Rechtsprechung bestätigt. 103

Die Anpassungspflicht kann umgangen werden, wenn ausschließlich Kapitalzahlungen versprochen werden. In der Vergangenheit wurde bei Renten-Direktversicherungen häufig auch empfohlen, bereits bei Vertragsabschluss die Kapitalabfindung statt der Rentenzahlung zu wählen. Dadurch wird die Anpassungspflicht des Arbeitgebers ausgeschlossen. Allerdings werden solche Vertragsgestaltungen seit einiger Zeit von der Finanzverwaltung nicht mehr als steuerbegünstigte Versicherungen anerkannt, da das Risiko der Langlebigkeit von vornherein ausgeschlossen wird. 104

Beispiel:

Ein ehemaliger Arbeitnehmer aus den alten Bundesländern bezog seit Dezember 1997 eine Rente in Höhe von 1 000,00 € aus der betrieblichen Altersversorgung. Die Bruttolöhne der vergleichbaren Arbeitnehmer im Unternehmen haben sich auf Grund von Tariferhöhungen um durchschnittlich 5 % jährlich erhöht. Im Dezember 2000 war der Arbeitgeber erstmals verpflichtet, eine Anpassungsüberprüfung vorzunehmen:

1. Kaufkraftverlust der Rente:
Die von den statistischen Landesämtern regelmäßig veröffentlichten Preisindizes (Basis 1995 = 100) betrugen im Überprüfungszeitraum:

Dezember 1997	103,5
Dezember 2000	107,2
Teuerungsrate (107,2 : 103,5)	3,6 %
neue monatliche Rente	1 036,00 €

2. Nettolohnanstieg vergleichbarer Arbeitnehmer
Die Bruttolöhne der vergleichbaren Arbeitnehmer im Unternehmen stiegen im Überprüfungszeitraum um durchschnittlich 5 %. Insgesamt also um 15,76 %. Die Nettolohnentwicklung lag zwischen 1997 und 2000 auf Grund geringerer Abgaben (Steuerentlastungsgesetz 1999/2000/2002) über der Bruttolohnsteigerung. Damit lag die Nettolohnsteigerung im Überprüfungszeitraum auf jeden Fall über 3,6 %.

3. Anpassungspflicht
Der Arbeitgeber ist verpflichtet, die monatliche Rente auf 1 036,00 € anzuheben, sofern er dies nicht auf Grund seiner schlechten wirtschaftlichen Lage verweigern kann.

Wirtschaftliche Lage des Arbeitgebers

105 Der Arbeitgeber kann eine Anpassung der Betriebsrenten ablehnen, wenn die wirtschaftliche Lage des Betriebes dies nicht zulässt. Eine Anpassung ist nur dann vorzunehmen, wenn davon auszugehen ist, dass sie auch in Zukunft aus den Erträgen des Unternehmens finanziert werden kann. Für eine Ablehnung der Anpassung auf Grund der schlechten wirtschaftlichen Situation des Arbeitgebers setzen die Arbeitsgerichte grundsätzlich sehr strenge Maßstäbe.

Beispiel:
Übermäßige Belastung des Arbeitgebers durch Anpassung
(BAG, Urteil vom 23. 4. 1985 – 3 AZR 156/83)

Leitsätze:

1. Die Anpassung von Betriebsrenten an die Kaufkraftentwicklung kann nach § 16 BetrAVG ganz oder teilweise abgelehnt werden, wenn und soweit dadurch eine übermäßige Belastung des Unternehmens verursacht würde.

2. Als übermäßig ist die Belastung dann anzusehen, wenn es mit einiger Wahrscheinlichkeit unmöglich sein wird, den Teuerungsausgleich aus dem Wertzuwachs des Unternehmens und dessen Erträgen in der Zeit nach dem Anpassungsstichtag aufzubringen.

3. Die dazu erforderliche Prognose muss auf die Unternehmensentwicklung der zurückliegenden Zeit gestützt werden. Hat sich die Anpassungsentscheidung verzögert oder findet eine gerichtliche Nachprüfung statt, so darf die positive oder negative Entwicklung nach dem Anpassungsstichtag nicht außer Betracht bleiben.

4. Die Einschränkung des Personalbestandes erlaubt für sich betrachtet keine Voraussagen für die Unternehmensentwicklung. Ebenso können negative Bilanzergebnisse in einzelnen zurückliegenden Jahren nur in Verbindung mit anderen Daten aussagekräftig sein.

5. Soweit das Unternehmen Versorgungsrückstellungen in seiner Bilanz ausweist, sind die steuerlichen und wirtschaftlichen Vorteile, die sich auf diese Weise erzielen lassen, bei der Anpassungsprüfung zu berücksichtigen.

Nachholung der Anpassung

Sind laufende Leistungen wegen der schlechten wirtschaftlichen Lage des 106
Unternehmens zu Recht nicht angepasst worden, muss der Arbeitgeber die Anpassung nicht nachholen.

§ 16 Abs. 4 BetrAVG: Anpassungsprüfung

(4) Sind laufende Leistungen nach Absatz 1 nicht oder nicht in vollem Umfang anzupassen (zu Recht unterbliebene Anpassung), ist der Arbeitgeber nicht verpflichtet, die Anpassung zu einem späteren Zeitpunkt nachzuholen. Eine Anpassung gilt als zu Recht unterblieben, wenn der Arbeitgeber dem Versorgungsempfänger die wirtschaftliche Lage des Unternehmens schriftlich dargelegt, der Versorgungsempfänger nicht binnen drei Kalendermonaten nach Zugang der Mitteilung schriftlich widersprochen hat und er auf die Rechtsfolgen eines nicht fristgemäßen Widerspruchs hingewiesen wurde.

Dies gilt allerdings nur für Anpassungen, die seit dem 1. 1. 1999 zu Recht unterblieben sind. Für frühere Unterlassungen verbleibt es bei der bisherigen Rechtsprechung des BAG, wonach unterbliebene Anpassungen zum nächstmöglichen Anpassungsprüfungsstichtag nachzuholen sind (BAG, Urteil vom 28. 4. 1992).

Ausnahmen von der „Drei-Jahres-Anpassung"

107 Die Anpassungsverpflichtung des § 16 BetrAVG wird seit vielen Jahren von Arbeitgebern und Arbeitgeberverbänden kritisiert, da sie zu unkalkulierbaren Risiken beim Arbeitgeber führt. Deshalb wurden bereits zum 1. 1. 1999, mit dem AVmG zum 1. 1. 2001 und mit dem HZvNG zum 1. 7. 2002 einige Ausnahmetatbestände geschaffen. Danach entfällt die „Drei-Jahres-Anpassung" in folgenden Fällen:

- *Garantieanpassung:* Die „Drei-Jahres-Anpassung" entfällt, wenn der Arbeitgeber sich verpflichtet, laufende Renten jährlich mindestens um 1 % anzupassen. Der Arbeitgeber kann sich dann aber nicht mehr auf eine wirtschaftlich schlechte Lage des Unternehmens berufen.

  Die Möglichkeit der vertraglich garantierten Anpassung von mindestens 1 % ist jedoch auf Neuzusagen, die ab dem 1. 1. 1999 erteilt wurden, beschränkt (§ 30 c Abs. 1 BetrAVG).

- *Überschussanpassung:* Bei Direktversicherung und Pensionskasse entfällt die Anpassungsverpflichtung, wenn ab Rentenbeginn alle Überschussanteile zur Erhöhung der laufenden Leistung verwendet werden.

  Diese Regelung gilt auch für Altzusagen.

- *Beitragszusagen mit Mindestleistung:* Bei Erteilung von Beitragszusagen mit Mindestleistung entfällt die Anpassungsverpflichtung vollständig. Das gilt auch, wenn die Beitragszusage durch Entgeltumwandlung finanziert wurde.

  Da es bislang keine Beitragszusagen mit Mindestleistung gab, erübrigt sich eine Übergangsvorschrift.

- *Entgeltumwandlung:* Wird eine betriebliche Altersversorgung durch Entgeltumwandlung finanziert, so entfällt die „Drei-Jahres-Anpassung" per Gesetz. Stattdessen ist der Arbeitgeber verpflichtet, die Mindestanpassung von 1 % p. a. zu gewähren. Werden bei einer Direktversicherung oder Pensionskasse (aber nicht beim Pensionsfonds) sämtliche Überschussanteile ab Beginn der Versicherung zur Leistungserhöhung verwendet, so gilt die Anpassungsverpflichtung ebenfalls als erfüllt. Der Arbeitgeber hat ein Wahlrecht zwischen diesen beiden Varianten.

Diese Sonderregelung für Entgeltumwandlungen gilt jedoch nur für Leistungen, die auf Zusagen beruhen, die ab dem 1. 1. 2001 erteilt werden (§ 30 c Abs. 3 BetrAVG).

- *Auszahlungspläne:* Wird an Stelle einer lebenslänglichen Rente ein so genannter Auszahlungsplan mit anschließender Restverrentung (siehe hierzu Kapitel 8) vereinbart, so besteht keine Verpflichtung zur Anpassung der Leistungen. Diese Vorschrift wurde zum 1. 7. 2002 durch das HZvNG in das BetrAVG aufgenommen.

§ 16 BetrAVG: Anpassungsprüfung

...

(3) Die Verpflichtung nach Absatz 1 entfällt, wenn

1. der Arbeitgeber sich verpflichtet, die laufenden Leistungen jährlich um wenigstens eins vom Hundert anzupassen,
2. die betriebliche Altersversorgung über eine Direktversicherung im Sinne des § 1 b Abs. 2 oder über eine Pensionskasse im Sinne des § 1 b Abs. 3 durchgeführt wird, ab Rentenbeginn sämtliche auf den Rentenbestand entfallende Überschussanteile zur Erhöhung der laufenden Leistungen verwendet werden ... oder
3. eine Beitragszusage mit Mindestleistungen erteilt wurde; Absatz 5 findet insoweit keine Anwendung.

...

(5) Soweit betriebliche Altersversorgung durch Entgeltumwandlung finanziert wird, ist der Arbeitgeber verpflichtet, die Leistungen mindestens entsprechend Absatz 3 Nr. 1 anzupassen oder im Falle der Durchführung über eine Direktversicherung oder eine Pensionskasse sämtliche Überschussanteile entsprechend Absatz 3 Nr. 2 zu verwenden.

(6) Eine Verpflichtung zur Anpassung besteht nicht für monatliche Raten im Rahmen eines Auszahlungsplans sowie für Renten ab Vollendung des 85. Lebensjahres im Anschluss an einen Auszahlungsplan.

2.7 Sind die Ansprüche im Insolvenzfall gesichert?

Eine betriebliche Altersversorgung ist für den begünstigten Mitarbeiter nur 108
von Wert, wenn er die versprochenen Leistungen auch mit ausreichender Sicherheit erhält. Um die Zahlung von Versorgungsleistungen auch bei Zahlungsunfähigkeit des Arbeitgebers sicherzustellen, wurde mit Einführung des Betriebsrentengesetzes der PSVaG gegründet. Jeder Arbeitgeber, der für

seine betriebliche Altersversorgung einen sicherungspflichtigen Durchführungsweg wählt, ist gesetzlich zur Mitgliedschaft beim PSVaG verpflichtet. Hierzu muss sich der Arbeitgeber unaufgefordert beim PSVaG melden, sobald die ersten sicherungspflichtigen Anwartschaften unverfallbar geworden sind.

2.7.1 Die Leistungen des PSVaG

109 Der PSVaG kommt bei Insolvenz des Arbeitgebers für alle laufenden Leistungen und gesetzlich unverfallbaren Anwartschaften auf. Die Versorgungsberechtigten haben dann einen direkten Anspruch gegen den PSVaG in Höhe der Leistungen, die der Arbeitgeber zu erbringen hätte. Rentner bekommen also weiterhin ihre laufenden Leistungen, Mitarbeiter, die mit unverfallbaren Ansprüchen ausscheiden, bekommen ihre Leistungen bei Eintritt des Versorgungsfalles.

§ 7 BetrAVG: Insolvenzsicherung

(1) Versorgungsempfänger, deren Ansprüche aus einer unmittelbaren Versorgungszusage des Arbeitgebers nicht erfüllt werden, weil über das Vermögen des Arbeitgebers oder über seinen Nachlass das Insolvenzverfahren eröffnet worden ist, und ihre Hinterbliebenen haben gegen den Träger der Insolvenzsicherung einen Anspruch in Höhe der Leistung, die der Arbeitgeber auf Grund der Versorgungszusage zu erbringen hätte, wenn das Insolvenzverfahren nicht eröffnet worden wäre. Satz 1 gilt entsprechend,

1. wenn Leistungen aus einer Direktversicherung auf Grund der in § 1 b Abs. 2 Satz 3 genannten Tatbestände nicht gezahlt werden und der Arbeitgeber seiner Verpflichtung nach § 1 b Abs. 2 Satz 3 wegen der Eröffnung des Insolvenzverfahrens nicht nachkommt,
2. wenn eine Unterstützungskasse oder ein Pensionsfonds die nach ihrer Versorgungsregelung vorgesehene Versorgung nicht erbringt, weil über das Vermögen oder den Nachlass eines Arbeitgebers, der der Unterstützungskasse oder dem Pensionsfonds Zuwendungen leistet (Trägerunternehmen), das Insolvenzverfahren eröffnet worden ist.

...

110 Der Schutz des Mitarbeiters durch den PSVaG ist nicht von der Beitragszahlung des Arbeitgebers abhängig. Der PSVaG kommt für die Versorgungsverpflichtungen auch dann auf, wenn der Arbeitgeber widerrechtlich keine Beiträge gezahlt hat. Mitarbeiter, die bei Eintritt der Insolvenz mit verfallbaren

Anwartschaften ausscheiden, können jedoch keinen Anspruch gegen den PSVaG geltend machen. Der PSVaG haftet außerdem nur für solche Anwartschaften, die auf Grund der gesetzlichen Regelungen unverfallbar sind (BAG, Urteil vom 26. 9. 1989). Einzelvertragliche Besserstellungen sind nicht geschützt.

Der PSVaG ist auch nicht verpflichtet, die Anpassung laufender Rentenleistungen nach § 16 BetrAVG vorzunehmen. Eine Ausnahme besteht lediglich für Anpassungen, die der Arbeitgeber vertraglich zugesichert hat. Das hat das BAG mit Urteil vom 5. 10. 1993 ausdrücklich bestätigt.

Zwei Jahre „Wartefrist"

Der PSVaG kommt grundsätzlich für gesetzlich unverfallbare Ansprüche auf. 111
Allerdings haftet der PSVaG nicht für Erhöhungen oder Verbesserungen von Zusagen, die in den letzten zwei Jahren vor Eintritt des Sicherungsfalls vereinbart wurden (§ 7 Abs. 5 BetrAVG). Hierdurch sollten Missbrauchsfälle vermieden werden. Durch die Einführung der sofortigen gesetzlichen Unverfallbarkeit bei Engeltumwandlung führte dies aber dazu, dass Entgeltumwandlungen in den ersten zwei Jahren trotz gesetzlicher Unverfallbarkeit keinen Insolvenzschutz genießen.

Mit der Einführung des HZvNG hat der Gesetzgeber nun reagiert. Versorgungszusagen, die ab 1. 1. 2002 erteilt wurden und die durch Entgeltumwandlung finanziert werden, genießen nun einen sofortigen Insolvenzschutz durch den PSVaG. Das gilt allerdings nicht unbegrenzt, sondern nur bis zu einem Umwandlungsbetrag von maximal 4 % der BBG in der Rentenversicherung. Für höhere Umwandlungsbeträge sowie für alle gesetzlich unverfallbaren Entgeltumwandlungen aus dem Jahr 2001 bleibt es bei der zweijährigen „Wartefrist".

Höhe der Leistungen des PSVaG

Der PSVaG wurde gegründet, um die Versorgung von Arbeitnehmern nicht 112
durch Insolvenz ihres Arbeitgebers zu gefährden. Da es nicht Sinn und Zweck des PSVaG ist, beliebige oder beliebig hohe Forderungen von Arbeitnehmern gegenüber dem Arbeitgeber abzusichern, kommt der PSVaG auch nur bis zu bestimmten Höchstgrenzen für Versorgungsleistungen auf.

Die maximale monatliche Rente, für die der PSVaG haftet, beträgt das 3fache der so genannten Bezugsgröße nach § 18 SGB IV. Das sind im Jahr 2002 Monatsrenten bis zu 7 035 € in den alten Bundesländern und bis zu 5 880 € in den neuen Bundesländern. Bei einmaligen Kapitalleistungen beträgt die Höchstgrenze das 120fache der maximalen Monatsrente bzw. das 10fache der Jahresrente. Zur Berechnung der Höchstgrenze ist die Bezugsgröße des Jahres maßgeblich, in dem die Leistung erstmals fällig wird.

§ 7 Abs. 3 BetrAVG: Insolvenzsicherung

(3) Ein Anspruch auf laufende Leistungen gegen den Träger der Insolvenzsicherung beträgt im Monat höchstens das Dreifache der im Zeitpunkt der ersten Fälligkeit maßgebenden monatlichen Bezugsgröße gemäß § 18 des Vierten Buches Sozialgesetzbuch. Satz 1 gilt entsprechend bei einem Anspruch auf Kapitalleistungen mit der Maßgabe, dass zehn vom Hundert der Leistung als Jahresbetrag einer laufenden Leistung anzusetzen sind.

113 Diese Höchstgrenzen gelten seit 1. 7. 2002 sowohl für arbeitgeberfinanzierte Versorgungen als auch für Entgeltumwandlungen. Die bis zum 1. 7. 2002 gültigen reduzierten Höchstbeträge für Entgeltumwandlungen wurden durch das HZvNG abgeschafft.

Sicherungsfälle

114 Der gesetzliche Insolvenzschutz soll den Arbeitnehmer gegen die Zahlungsunfähigkeit seines Arbeitgebers absichern. Der PSVaG tritt deshalb nicht nur im Insolvenzfall ein, sondern auch bei

- Abweisung des Insolvenzverfahrens mangels Masse,
- außergerichtlichem Vergleich,
- vollständiger Beendigung der Betriebstätigkeit, wenn ein Insolvenzverfahren mangels Masse offensichtlich nicht in Betracht kommt.

115 Die Liquidation (also die freiwillige Auflösung) eines Unternehmens ist kein Sicherungsfall. Versorgungsverpflichtungen müssen bei der Liquidation ebenso wie alle anderen Zahlungsverpflichtungen erfüllt werden, bevor der Betrieb im Handelsregister gelöscht werden kann.

2.7.2 Beitragspflicht des Arbeitgebers

Die Pflicht des Arbeitgebers zur Zahlung von Beiträgen an den PSVaG hängt vom gewählten Durchführungsweg ab. Nach § 10 Abs. 1 BetrAVG sind nur die folgenden Durchführungswege insolvenzsicherungspflichtig: 116

- Pensionszusagen
- Unterstützungskassen
- Direktversicherungen
- Pensionsfonds

Die Pensionskasse unterliegt somit generell nicht der Beitragspflicht zum PSVaG. Bei der Direktversicherung hat der Gesetzgeber dem Arbeitgeber außerdem eine Möglichkeit geschaffen, sich von der Beitragspflicht zu befreien. Voraussetzung ist, dass das Bezugsrecht des Arbeitnehmers ab Eintritt der Unverfallbarkeit unwiderruflich gestaltet wird und Abtretungen bzw. Beleihungen rückgängig gemacht werden. Somit ist sichergestellt, dass der Arbeitnehmer die Leistungen unwiderruflich vom Versicherer erhält. Der Insolvenzverwalter hat keinen Zugriff auf die Versicherung mehr. Ein gesetzlicher Insolvenzschutz ist damit nicht mehr nötig. Die meisten Versicherungsgesellschaften stellen zum Abschluss von Direktversicherungen Formulare zur Verfügung, in denen das unwiderrufliche Bezugsrecht ab Unverfallbarkeit standardmäßig vorgesehen ist.

§ 10 Abs. 1 BetrAVG: Beitragspflicht und Beitragsbemessung

(1) Die Mittel für die Durchführung der Insolvenzsicherung werden auf Grund öffentlich-rechtlicher Verpflichtung durch die Beiträge aller Arbeitgeber aufgebracht, die Leistungen der betrieblichen Altersversorgung unmittelbar zugesagt haben oder eine betriebliche Altersversorgung über eine Unterstützungskasse, eine Direktversicherung der in § 7 Abs. 1 Satz 2 und Abs. 2 Satz 1 Nr. 2 bezeichneten Art oder einen Pensionsfonds durchführen.

Höhe der Beiträge

Die Höhe der Beiträge ist ebenfalls vom gewählten Durchführungsweg abhängig. Bei der Pensionszusage ist der Wert der bis zum Stichtag gebildeten Pensionsrückstellungen anzusetzen. Bei der Unterstützungskasse ist das steuerlich zulässige Deckungskapital für die laufenden Leistungen zuzüglich dem 20fachen der möglichen jährlichen Reservepolsterzuwendung als Bemessungsgrundlage anzugeben. Bei Direktversicherungen mit widerruflichem Bezugsrecht oder Abtretungen bzw. Beleihungen ist der Wert der Versicherung anzusetzen. Für Pensionsfonds gilt die gleiche Beitragsbemessungsgrundlage 117 wie für Pensionszusagen. Das heißt, der Teilwert der Versorgung muss jedes Jahr durch ein versicherungsmathematisches Gutachten ermittelt werden.

§ 10 Abs. 3 BetrAVG: Beitragspflicht und Beitragsbemessung

(3) Die nach Absatz 2 erforderlichen Beiträge werden auf die Arbeitgeber nach Maßgabe der nachfolgenden Beträge umgelegt, soweit sie sich auf die laufenden Versorgungsleistungen und die nach § 1 b unverfallbaren Versorgungsanwartschaften beziehen (Beitragsbemessungsgrundlage); diese Beträge sind festzustellen auf den Schluss des Wirtschaftsjahres des Arbeitgebers, das im abgelaufenen Kalenderjahr geendet hat:

1. Bei Arbeitgebern, die Leistungen der betrieblichen Altersversorgung unmittelbar zugesagt haben, ist Beitragsbemessungsgrundlage der Teilwert der Pensionsverpflichtung (§ 6 a Abs. 3 EStG).
2. Bei Arbeitgebern, die eine betriebliche Altersversorgung über eine Direktversicherung mit widerruflichem Bezugsrecht durchführen, ist Beitragsbemessungsgrundlage das geschäftsplanmäßige Deckungskapital oder . . . die Deckungsrückstellung. Für Versicherungen, bei denen der Versicherungsfall bereits eingetreten ist, und für Versicherungsanwartschaften, für die ein unwiderrufliches Bezugsrecht eingeräumt ist, ist das Deckungskapital oder die Deckungsrückstellung nur insoweit zu berücksichtigen, als die Versicherungen abgetreten oder beliehen sind.
3. Bei Arbeitgebern, die eine betriebliche Altersversorgung über eine Unterstützungskasse durchführen, ist Beitragsbemessungsgrundlage das Deckungskapital für die laufenden Leistungen (§ 4 d Abs. 1 Nr. 1 a EStG) zuzüglich des Zwanzigfachen der nach § 4 d Abs. 1 Nr. 1 b Satz 1 EStG errechneten jährlichen Zuwendungen für Leistungsanwärter im Sinne von § 4 d Abs. 1 Nr. 1 b Satz 2 EStG.
4. Bei Arbeitgebern, soweit sie betriebliche Altersversorgung über einen Pensionsfonds durchführen, ist für die Beitragsbemessungsgrundlage die Nummer 1 entsprechend anzuwenden.

118 Der Arbeitgeber muss die Bemessungsgrundlage für den PSV-Beitrag jedes Jahr unaufgefordert an den PSVaG melden. Hierfür sind die vom PSVaG zur Verfügung gestellten Formulare zu verwenden. Die jährliche Meldung muss bis zum 30. 9. des auf den Bilanzstichtag folgenden Jahres erfolgen. Aus der Summe aller Bemessungsgrundlagen und den im selben Jahr vom PSVaG insgesamt erbrachten Leistungen errechnet dieser den erforderlichen Beitragssatz. Gleichzeitig mit der Erhebung des Beitrages für das vergangene Jahr kann der PSVaG einen Beitragsvorschuss für das laufende Jahr erheben. Der durchschnittliche Beitragssatz seit Bestehen des PSVaG beträgt 2,1 ‰.

PSV-Beitragssätze								
Jahr	1994	1995	1996	1997	1998	1999	2000	2001
Beitragssatz in ‰	2,3	2,6	2,8	2,7	1,2	2,8	2,1	2,5

Zukunft des Insolvenzschutzes

Das Schadenvolumen durch Unternehmensinsolvenzen wird nach Angaben des PSVaG im Jahr 2002 eine Rekordsumme erreichen. Der Beitragssatz für 2002 wird deshalb voraussichtlich bei 4 ‰ liegen.

Auf Grund der geänderten rechtlichen Rahmenbedingungen hat der PSVaG ein Gutachten zur Funktionsfähigkeit der Insolvenzsicherung in Auftrag gegeben. Die Gutachter kamen zum Ergebnis, dass Pensionskassen ein dem Pensionsfonds vergleichbares Risiko aufweisen. Es wird deshalb angeregt, auch die Pensionskasse in die gesetzliche Insolvenzsicherung einzubeziehen.

Bei einer rückgedeckten Unterstützungskasse könne das Unternehmen dagegen im Falle der Insolvenz nicht mehr auf das Vermögen der Kasse zugreifen. Die Versorgungsansprüche der Arbeitnehmer sind durch die Rückdeckungsversicherungen ausreichend gesichert. Nach Meinung der Gutachter ist deshalb die derzeitige Beitragspflicht bei der rückgedeckten Unterstützungskasse nicht zu rechtfertigen.

3 Die steuerlichen und sozialversicherungsrechtlichen Rahmenbedingungen

3.1 Steuerliche Rahmenbedingungen

3.1.1 Grundlagen

Einkommensteuer/Körperschaftsteuer

Betrieblich veranlasste Aufwendungen eines Arbeitgebers für die betriebliche Altersversorgung seiner Arbeitnehmer sind grundsätzlich in voller Höhe als Betriebsausgaben abzugsfähig. Der Zeitpunkt der Abzugsfähigkeit richtet sich allerdings nach der gewählten Durchführungsform. Bei Durchführung der betrieblichen Altersversorgung über externe Versorgungsträger (Direktversicherung, Unterstützungskasse, Pensionskasse, Pensionsfonds) sind in der Regel die gezahlten Beiträge abzugsfähig, teilweise aber nur in begrenzter Höhe und nur unter bestimmten Voraussetzungen. Soweit die Beiträge nicht abzugsfähig sind, können die später vom Arbeitgeber tatsächlich erbrachten Leistungen steuerlich geltend gemacht werden. 120

Kommt der Arbeitgeber selbst für die Versorgung der Arbeitnehmer auf (Pensionszusage), so kann er bereits Betriebsausgaben geltend machen, auch wenn noch keine tatsächlichen Zahlungen geleistet werden. Allerdings sind auch hierfür bestimmte Voraussetzungen zu erfüllen und Begrenzungen zu beachten. Soweit die bereits steuerlich geltend gemachten Aufwendungen geringer sind als die später tatsächlich geleisteten Zahlungen, kann der Arbeitgeber die Differenz bei Zahlung der Leistungen als Betriebsausgaben abziehen.

Betriebliche Altersversorgung

Voraussetzung für den Betriebsausgabenabzug ist natürlich, dass eine steuerlich anerkannte betriebliche Altersversorgung vorliegt. Über viele Jahre hinweg gab es hierfür keine exakte Definition. Mit der verstärkten Verbreitung von Entgeltumwandlungsmodellen kamen aber auch immer häufiger Fälle vor, in denen die betriebliche Altersversorgung entgegen ihrem eigentlichen Versorgungszweck zum Steuersparmodell für gut verdienende Arbeitnehmer genutzt wurde. 121

Die Finanzverwaltung hat hierauf erstmals mit Schreiben vom 4. 2. 2000 reagiert und einige Voraussetzungen zur Anerkennung einer betrieblichen Altersversorgung aufgestellt. Diese Voraussetzungen sind zwischenzeitlich weitgehend in ein umfassendes BMF-Schreiben zur privaten und betrieblichen Altersversorgung eingegangen, das am 5. 8. 2002 veröffentlicht wurde und das BMF-Schreiben vom 4. 2. 2000 aufhebt.

122 Um eine steuerlich anzuerkennende betriebliche Altersversorgung handelt es sich danach nur dann, wenn dem Arbeitnehmer aus Anlass seines Arbeitsverhältnisses vom Arbeitgeber Leistungen zur Absicherung mindestens eines biometrischen Risikos zugesagt werden. Es muss also eine Versorgung für den Todesfall oder für den Fall der Berufsunfähigkeit oder bei Eintritt in den Ruhestand zugesagt werden. Reine Sparvorgänge, bei denen nur Arbeitslohn einbehalten und zu einem späteren Zeitpunkt einschließlich Erträgen wieder ausgezahlt wird, gelten nicht als betriebliche Altersversorgung. Die Leistungen dürfen außerdem erst mit Eintritt des zugesagten Versorgungsfalles (Tod, Berufsunfähigkeit, Alter) fällig werden.

123 Hiervon gab es bisher nur eine Ausnahme. Die Abfindung gesetzlich unverfallbarer Anwartschaften im Rahmen des § 3 BetrAVG war die einzige steuerlich unbedenkliche Möglichkeit, Leistungen außerhalb der oben genannten Versorgungsfälle auszuzahlen, ohne die steuerliche Anerkennung als betriebliche Altersversorgung zu gefährden. Anwartschaften, die vertraglich, aber noch nicht gesetzlich unverfallbar waren, durften somit bei vorzeitigem Ausscheiden nicht abgefunden werden. Das ist insbesondere für Entgeltumwandlungen relevant, die vor dem 1. 1. 2001 vereinbart wurden und für die deshalb noch die alten gesetzlichen Unverfallbarkeitsfristen gelten.

Das BMF-Schreiben vom 5. 8. 2002 hebt diese restriktive, aber eindeutige Regelung mit Wirkung ab 1. 1. 2002 wieder auf und ersetzt sie durch eine ungenaue Regelung. Eine betriebliche Altersversorgung wird nun dann nicht anerkannt, „... wenn von vornherein eine Abfindung der Versorgungsanwartschaft, z. B. zu einem bestimmten Zeitpunkt oder bei Vorliegen bestimmter Voraussetzungen, vereinbart ist und dadurch nicht mehr von der Absicherung eines biometrischen Risikos ausgegangen werden kann“. Die Vereinbarung einer Abfindung ist also stets steuerunschädlich, wenn sie nicht zuvor vereinbart wurde. Wird die Abfindung bereits zu Beginn der Versorgung vereinbart, z. B. für den Fall des vorzeitigen Ausscheidens, so ist dies nur dann steuerunschädlich, wenn hierdurch nicht mehr von der Absicherung eines biometrischen Risikos ausgegangen werden kann. Unter welchen Voraussetzungen dies der Fall ist, lässt das BMF-Schreiben offen. Es kann wohl vermutet werden, dass das Vorliegen eines biometrischen Risikos anerkannt wird, wenn die Abfindung innerhalb der Grenzen des § 3 BetrAVG vereinbart wird, unabhängig davon, ob die Anwartschaft gesetzlich oder nur vertraglich unverfallbar war.

Hinterbliebenenversorgung

Eine Versorgung im Todesfall wird nur dann als betriebliche Altersversorgung 124
anerkannt, wenn die Leistung nur an steuerlich anerkannte Hinterbliebene gezahlt wird. Bei Vereinbarung einer Vererblichkeit der Anwartschaft liegt keine betriebliche Altersversorgung vor. Steuerlich anerkannte Hinterbliebene sind

- die Witwe bzw. der Witwer;
- die Kinder im Sinne des § 32 Abs. 3 und 4 Satz 1 Nr. 1 bis 3 EStG, das sind im Wesentlichen Kinder bis 18 Jahre bzw. während der Ausbildung bis 27 Jahre;
- der frühere Ehegatte;
- in Einzelfällen auch der Lebensgefährte bzw. die Lebensgefährtin.

Die Einschränkung der Hinterbliebenenversorgung gilt für alle Durchführungswege außer der Direktversicherung. Bei der Direktversicherung kann für die Todesfallleistung eine beliebige Person als Bezugsberechtigte eingesetzt werden.

Die Einschränkung des Hinterbliebenenbegriffs bereitet in der Praxis insbesondere bei Entgeltumwandlungen erhebliche Probleme. Ledige Personen sind verständlicherweise häufig nicht bereit, auf Entgelt zu verzichten und die „Gefahr" einzugehen, das investierte Geld im Todesfall „zu verlieren". Die Tatsache, dass das Risiko, im vorzeitigen Todesfall keine Leistungen zu erhalten, durch einen versicherungsmathematisch errechneten Zuschlag zur Altersleistung ausgeglichen wird, ist für den Laien anscheinend sehr schwer nachvollziehbar und wird häufig nicht akzeptiert. Die einzige Lösung in diesem Fall ist die Versorgung eines Lebensgefährten.

Leider lässt die Finanzverwaltung bisher offen, was sie im Detail unter der 125
Versorgung von Lebensgefährten in Einzelfällen versteht. Auch das neueste BMF-Schreiben hierzu vom 25. 7. 2002 klärt nicht alle Fragen. Es nennt lediglich Anhaltspunkte für das notwendig Vorliegen einer betrieblichen Veranlassung und einer ausreichenden Wahrscheinlichkeit für die Inanspruchnahme des Arbeitgebers aus der Versorgung. Solche Anhaltspunkte sind nach Ansicht des BMF eine schriftliche Bestätigung des Lebenspartners, dass er die in Aussicht gestellte Versorgung zur Kenntnis genommen hat, eine zivilrechtliche Unterhaltspflicht des Arbeitnehmers oder eine gemeinsame Haushaltsführung. Auf jeden Fall aber muss der versorgungsberechtigte Lebenspartner in der schriftlich erteilten Zusage namentlich mit Anschrift und

Geburtsdatum genannt werden. Sicherheitshalber sollte die Versorgung dieses Personenkreises nicht generell in die Versorgungsordnung aufgenommen, sondern für jeden einzelnen Fall individuell vereinbart werden.

Einkommensteuer/Lohnsteuer

126 Leistungen der betrieblichen Altersversorgung sind ein Bestandteil des Arbeitsentgeltes und deshalb grundsätzlich lohnsteuerpflichtig. Der Zeitpunkt der Steuerzahlung hängt davon ab, wann dem Arbeitnehmer die Leistungen zufließen.

Allerdings wird dieses steuerliche Grundprinzip durch verschiedene politisch bedingte Steuervergünstigungen durchbrochen.

127 Zahlt der Arbeitgeber Beiträge an einen externen Versorgungsträger, der den Versorgungsberechtigten einen Rechtsanspruch gewährt (Pensionskasse, Pensionsfonds, Direktversicherung), so liegt schon in der Beitragszahlung des Arbeitgebers ein lohnsteuerpflichtiger Zufluss beim Arbeitnehmer. Für Pensionskassen und Pensionsfonds hat der Gesetzgeber diese Einzahlungen aber bis zu bestimmten Grenzen von der Steuer befreit. Für Direktversicherungen und darüber hinausgehende Zahlungen an Pensionskassen gilt zwar die Steuerpflicht, allerdings unter bestimmten Voraussetzungen mit ermäßigten Steuersätzen. Für die steuerfreien Grenzen übersteigende Einzahlungen in Pensionsfonds gilt die volle Lohnsteuerpflicht.

Wird der Arbeitnehmer über eine Unterstützungskasse versorgt, die ihm definitionsgemäß keinen Rechtsanspruch gewährt, oder erteilt ihm der Arbeitgeber eine Pensionszusage, so liegt lohnsteuerlich kein Zufluss vor. Es fällt also keine Steuer an.

128 Die Besteuerung der späteren Versorgungsleistungen ist abhängig von der Besteuerung während der Anwartschaftsphase. Grundsätzlich gilt: Wurden die Einzahlungen bereits versteuert, so müssen die späteren Leistungen gar nicht oder nur mit dem so genannten Ertragsanteil versteuert werden. Waren die Einzahlungen steuerfrei, so müssen die späteren Leistungen in voller Höhe versteuert werden. Das gilt unabhängig davon, ob es sich um einmalige Kapitalleistungen oder lebenslängliche Renten handelt.

Steuerliche Vergünstigungen

Neben der steuerlichen Begünstigung einzelner Durchführungswege gibt es einige Steuervorteile, die unabhängig vom gewählten Durchführungsweg gelten. Es handelt sich hierbei vor allem um Vergünstigungen, die gewährt werden, wenn dem Arbeitnehmer einmalig ein größerer Betrag für die Altersversorgung steuerlich zufließt. Dabei ist es unerheblich, ob dieser Kapitalbetrag dem Arbeitnehmer direkt ausgezahlt oder an einen externen Versorgungsträger gezahlt wird:

- *Vergütung für eine mehrjährige Tätigkeit*
  Einmalige Versorgungsleistungen stellen in der Regel eine Vergütung für eine mehrjährige Tätigkeit des Arbeitnehmers dar. Sie sind deshalb gemäß § 34 EStG nur ermäßigt zu besteuern. Die Einkommensteuer auf Kapitalleistungen beträgt das Fünffache des Unterschiedsbetrages zwischen der Einkommensteuer für das um die Kapitalleistung verminderte zu versteuernde Einkommen und der Einkommensteuer für das verminderte Einkommen zuzüglich eines Fünftels der Kapitalleistung. Ziel dieser Vergünstigung ist es, die Progressionswirkung der einmaligen Zahlung zu reduzieren. Die Steuer selbst wird aber nicht auf fünf Jahre verteilt, sondern ist sofort fällig. 129

- *Entschädigung*
  Stellt die Kapitalzahlung eine Entschädigung für entgehende oder entgangene Einnahmen dar, so ist ebenfalls die oben beschriebene „Fünftelung" anzuwenden. Die Ermäßigung setzt allerdings voraus, dass dem Arbeitnehmer ein Schaden durch den Wegfall der Einnahmen entstanden ist, der durch die Kapitalzahlung ausgeglichen werden soll, und dass der Arbeitnehmer unter einem nicht unerheblichen rechtlichen, wirtschaftlichen oder tatsächlichen Druck der Abfindung zugestimmt hat. Hiervon kann nicht ausgegangen werden, wenn der Arbeitgeber auf Grund der Pensionszusage von vornherein die Wahl hat zwischen laufender Pensionszahlung oder einmaliger Kapitalabfindung (BFH, Urteil vom 27. 2. 1991). 130

- *Steuerfreie Abfindung*
  Einmalige Kapitalzahlungen anlässlich des Ausscheidens eines Mitarbeiters können auch als Abfindung für die mit der Auflösung des Dienstverhältnisses verbundenen Nachteile gezahlt werden. Die Auflösung muss allerdings vom Arbeitgeber veranlasst oder gerichtlich ausgesprochen worden sein. Sind die Bedingungen erfüllt, so sind je nach Alter und Dienstzugehörigkeit des Arbeitnehmers bis zu 12 271 € steuerfrei (§ 3 Nr. 9 EStG). Abfindungen sind allerdings nicht steuerfrei, wenn der Arbeitnehmer bereits einen Rechtsanspruch auf die abgefundene Leistung erworben hat. Das ist z. B. der Fall, wenn ein Arbeitnehmer mit unverfallbaren Ansprüchen oder anlässlich des Eintritts des Versorgungsfalles aus dem Unternehmen ausscheidet (BFH, Urteil vom 24. 2. 1991). 131

Gewerbeertragsteuer

132 Die Ermittlung des Gewerbeertrages richtet sich nach der einkommensteuerlichen Gewinnermittlung. Immer dann, wenn Betriebsausgaben geltend gemacht werden können, reduziert sich auch der Gewerbeertrag in entsprechender Höhe.

Wurde allerdings das für die betriebliche Altersversorgung angesammelte Versorgungskapital vom Arbeitgeber beliehen, so erfolgt unter Umständen eine Hinzurechnung der Hälfte der hierfür geleisteten Zinsen zum Gewerbeertrag. Das ist dann der Fall, wenn das aufgenommene Darlehen eine Dauerschuld im Sinne des § 8 GewStG darstellt. Allerdings handelt es sich hierbei nicht um eine Auswirkung der betrieblichen Altersversorgung, sondern auf Grund des Darlehensbedarfes des Arbeitgebers. Die Beleihung des Versorgungskapitals erfolgt in der Regel nur deshalb, weil hierfür günstigere Zinskonditionen genutzt werden können.

3.1.2 Steuerliche Besonderheiten bei der Entgeltumwandlung

133 Schon mit der letzten Reform des Betriebsrentengesetzes wurde die Entgeltumwandlung explizit in das Gesetz aufgenommen und als betriebliche Altersversorgung definiert. Auch steuerlich wird diese Form der Versorgung seit längerem von der Finanzverwaltung akzeptiert. Um allerdings die Nutzung der Entgeltumwandlung als reines Steuersparmodell ohne den Hintergrund der Verbesserung der Versorgungssituation zu verhindern, hat die Finanzverwaltung durch mehrere Erlasse die Voraussetzungen konkretisiert, unter denen sie Entgeltumwandlungen als betriebliche Altersversorgung steuerlich anerkennt. Von besonderer Bedeutung war in der Vergangenheit das BMF-Schreiben vom 4. 2. 2000, das inzwischen aber durch das neueste BMF-Schreiben vom 5. 8. 2002 aufgehoben wurde. Dieses neue BMF-Schreiben ist mit Wirkung ab 1. 1. 2002 anzuwenden.

Auszug aus dem BMF-Schreiben vom 5. 8. 2002:

Steuerliche Förderung der privaten Altersvorsorge und betrieblichen Altersversorgung

2. Entgeltumwandlung zu Gunsten betrieblicher Altersversorgung

Um durch Entgeltumwandlung finanzierte betriebliche Altersversorgung handelt es sich, wenn Arbeitgeber und Arbeitnehmer vereinbaren, künftige Arbeitslohnansprüche zu Gunsten einer betrieblichen Altersversorgung herabzusetzen (Um-

Fortsetzung nächste Seite

wandlung in eine wertgleiche Anwartschaft auf Versorgungsleistungen – Entgeltumwandlung – § 1 Abs. 2 Nr. 3 BetrAVG). Eine Herabsetzung von Arbeitslohnansprüchen zu Gunsten betrieblicher Altersversorgung ist steuerlich als Entgeltumwandlung auch dann anzuerkennen, wenn die in § 1 Abs. 2 Nr. 3 BetrAVG geforderte Wertgleichheit außerhalb versicherungsmathematischer Grundsätze berechnet wird. Entscheidend ist allein, dass die Versorgungsleistung zur Absicherung mindestens eines biometrischen Risikos (Alter, Tod, Invalidität) zugesagt und erst bei Eintritt des biologischen Ereignisses fällig wird.

Die Herabsetzung von Arbeitslohn (laufender Arbeitslohn, Einmal- und Sonderzahlungen) zu Gunsten der betrieblichen Altersversorgung wird aus Vereinfachungsgründen grundsätzlich auch dann als Entgeltumwandlung steuerlich anerkannt, wenn die Gehaltsänderungsvereinbarung bereits erdiente, aber noch nicht fällig gewordene Anteile umfasst. Dies gilt auch, wenn eine Einmal- oder Sonderzahlung einen Zeitraum von mehr als einem Jahr betrifft. Bei einer Herabsetzung laufenden Arbeitslohns zu Gunsten einer betrieblichen Altersversorgung hindert es die Annahme einer Entgeltumwandlung nicht, wenn der bisherige ungekürzte Arbeitslohn weiterhin Bemessungsgrundlage für künftige Erhöhungen des Arbeitslohns oder andere Arbeitgeberleistungen(wie z. B. Weihnachtsgeld, Tantieme, Jubiläumszuwendungen, betriebliche Altersversorgung) bleibt, die Gehaltsminderung zeitlich begrenzt oder vereinbart wird, dass der Arbeitnehmer oder der Arbeitgeber sie für künftigen Arbeitslohn einseitig ändern können.

Nur zukünftige Entgeltbestandteile

Die Umwandlung von Entgelt in betriebliche Altersversorgung macht aus steuerlichen Gründen nur dann Sinn, wenn die umgewandelten Entgeltbestandteile nicht der sofortigen individuellen Besteuerung unterliegen. Um dies zu erreichen, muss der Arbeitnehmer bereits auf das Gehalt verzichten, bevor er einen Rechtsanspruch darauf erworben hat. Die Finanzverwaltung spricht in diesem Zusammenhang von der Umwandlung künftigen Arbeitslohnes. 134

In der Vergangenheit war hierunter zu verstehen, dass der umzuwandelnde Arbeitslohn noch nicht fällig und noch nicht erdient sein durfte. Ein Arbeitnehmer konnte also Entgelt, für das er bereits teilweise gearbeitet hat, nicht mehr mit steuerlicher Wirkung umwandeln, auch wenn die Umwandlungsvereinbarung lange vor dem Auszahlungszeitpunkt getroffen wurde. Das führte dazu, dass die Umwandlung von Tantiemezahlungen zum Teil über ein Jahr im Voraus vereinbart werden musste.

Mit dem BMF-Schreiben vom 5. 8. 2002 hat sich die Finanzverwaltung nun zu einer Vereinfachung entschlossen. Entgeltumwandlungen werden jetzt auch dann steuerlich anerkannt, wenn die Vereinbarung Gehaltsteile erfasst, die zwar schon erdient, aber noch nicht fällig sind. Das gilt sowohl für die Umwandlung laufenden Arbeitslohnes als auch für Sonder- oder Einmalzahlungen. Laufende Gehälter und Sonderzahlungen können somit bis zum Fälligkeitstag umgewandelt werden.

Wertgleichheit nicht erforderlich

135 Nach § 1 Abs. 2 BetrAVG liegt eine betriebliche Altersversorgung auch vor, wenn künftige Entgeltansprüche in eine wertgleiche Anwartschaft auf Versorgungsleistungen umgewandelt werden. Die versicherungsmathematische Wertgleichheit von Umwandlungsbetrag und Versorgung ist also arbeitsrechtlich für die Anerkennung als betriebliche Altersversorgung notwendig. Das gilt aber nicht für die steuerliche Anerkennung einer Entgeltumwandlung. Hier ist allein entscheidend, dass die Versorgung mindestens ein biometrisches Risiko abdeckt (siehe auch Kapitel 3.1.1).

3.1.3 Steuerliche Förderung der Privatvorsorge

136 Seit dem Jahr 2002 kann jeder Arbeitnehmer jährlich bis zu 525 € in einen privaten Altersvorsorgevertrag investieren und erhält hierfür eine staatliche Zulage, die unter anderem von der Anzahl der Kinder abhängig ist. Die Zulage wird nicht an den Arbeitnehmer ausgezahlt, sondern unmittelbar in den Vorsorgevertrag eingezahlt.

Zulage oder Sonderausgabe

Am Jahresende überprüft das Finanzamt unaufgefordert, ob es für den Arbeitnehmer günstiger wäre, statt der Zulage den Gesamtbetrag (also Eigenbeitrag und Zulage) als Sonderausgaben geltend zu machen. Ist dies der Fall, so erhält er im Rahmen seiner Einkommensteuererklärung die Differenz zwischen bereits erhaltener Zulage und Steuervorteil aus dem Sonderausgabenabzug erstattet.

Die umfassende steuerliche Förderung der Beitragszahlungen führt dazu, dass die Leistungen aus solchen Verträgen beim Arbeitnehmer in voller Höhe steuerpflichtig sind (§ 22 Nr. 5 EStG).

137 Bei allen Arbeitnehmern, für die der Vorteil aus dem Sonderausgabenabzug größer ist als die Zulage, führt die so genannte „Riester-Förderung" somit zu einer nachgelagerten Besteuerung. Denn die Beiträge müssen aus versteuertem Gehalt bezahlt werden, können anschließend aber wieder als Sonderausgaben geltend gemacht werden. Zu einer nachgelagerten Besteuerung kommt es z. B. bei einem ledigen kinderlosen Arbeitnehmer bereits ab ei-

nem Jahreseinkommen von ca. 20 000 €, bei einem verheirateten Alleinverdiener mit zwei Kindern ab einem Jahreseinkommen von ca. 100 000 €.

Sofern die „Riester-Förderung" nur zu einer nachgelagerten Besteuerung führt, hat sie steuerlich gegenüber einer nachgelagert besteuerten betrieblichen Altersversorgung keinen Vorteil.

Voraussetzungen für die „Riester-Förderung"

Die förderfähigen Beträge beginnen im Jahr 2002 bei 525 € und steigen bis 138
zum Jahr 2008 auf bis zu 2 100 € an. Voraussetzung für die Förderung ist ein zertifiziertes Altersvorsorgeprodukt, das bestimmten Kriterien gerecht wird, die in § 1 AltZertG geregelt sind. So darf die Leistung frühestens bei verminderter Erwerbsfähigkeit im Sinne der gesetzlichen Rentenversicherung, im Todesfall oder nach Vollendung des 60. Lebensjahres fällig werden, die Auszahlung der Altersleistung muss lebenslänglich erfolgen und der Vertrag muss eine Mindestleistung garantieren.

„Riester-Förderung" in der betrieblichen Altersversorgung

Die Förderung der privaten Vorsorge kann auch bei bestimmten Durchfüh- 139
rungswegen der betrieblichen Altersversorgung in Anspruch genommen werden. Das gilt unabhängig davon, ob die Versorgung durch Entgeltumwandlung, durch Arbeitgeberbeiträge oder durch die neue Möglichkeit der Eigenbeiträge finanziert wird. Im Rahmen seines Rechtes auf Entgeltumwandlung kann ein Arbeitnehmer von seinem Arbeitgeber sogar verlangen, dass ihm die Möglichkeit geboten wird, die Förderung des § 10 a EStG zu nutzen.

Die Förderung kann nur für die Durchführungswege Pensionskasse, Pensi- 140
onsfonds oder Direktversicherung in Anspruch genommen werden und auch nur dann, wenn die Beiträge aus dem individuell versteuerten Einkommen des Arbeitnehmers geleistet werden. Die genannten Durchführungswege sind auch ohne Zertifizierung förderfähig. Vorausgesetzt, sie gewähren dem Arbeitnehmer eine lebenslängliche Altersversorgung, eine Rente bei verminderter Erwerbsfähigkeit oder eine Rente an Hinterbliebene. Anders als bei der zertifizierten Privatvorsorge ist es nicht notwendig, dass für die Erwerbsminderungsrente die Bedingungen der gesetzlichen Rentenversicherung erfüllt werden, und auch die Höhe des Beitrages zur Finanzierung der Erwerbsminderungs- und Hinterbliebenenrente ist nicht begrenzt. Die Voraussetzung einer lebenslänglichen Altersrente gilt auch dann als erfüllt, wenn der Vertrag (z. B. eine Renten-Direktversicherung) ein Wahlrecht auf Zahlung einer einmaligen Kapitalabfindung beinhaltet. Erst wenn der Arbeitnehmer das Kapi-

talwahlrecht tatsächlich ausübt, liegt eine steuerschädliche so genannte schädliche Verwendung (§ 93 EStG) vor. In diesem Fall müssen die erhaltenen Zulagen sowie die zusätzlichen Steuervorteile zurückgezahlt werden.

Eine schädliche Verwendung liegt ebenfalls vor, wenn unverfallbare Ansprüche abgefunden werden, wenn Todesfallleistungen einer Direktversicherung an beliebige Personen ausgezahlt oder wenn verfallbare Ansprüche vom Arbeitgeber widerrufen werden.

Die Förderung nach § 10 a EStG setzt auch bei der betrieblichen Altersversorgung voraus, dass die zu gewährende Zulage während des laufenden Jahres in den Vertrag eingezahlt werden kann. Da Versicherungsprodukte oder versicherungsähnliche Produkte in der Regel auf der Basis von einmaligen Jahresbeiträgen oder gleich bleibenden Monatsbeiträgen kalkuliert sind, scheiden die meisten herkömmlichen Tarife vermutlich aus. Im Ergebnis wäre es durchaus denkbar, dass auch für die betriebliche Altersversorgung dieselben Tarife genutzt werden müssen, die auch für die Privatvorsorge von Versicherungsunternehmen angeboten werden.

141 Die Besteuerung der „Riester-Förderung“ innerhalb der betrieblichen Altersversorgung geschieht unabhängig vom gewählten Durchführungsweg und entspricht exakt der steuerlichen Behandlung der privaten „Riester-Förderung“. Die Beiträge sind also zunächst aus individuell versteuertem und sozialversicherungspflichtigem Gehalt zu finanzieren, können aber anschließend als Sonderausgabe geltend gemacht werden. Die Leistungen sind in voller Höhe nach § 22 Nr. 5 EStG zu versteuern.

Zu berücksichtigen ist auch, dass die „Riester-Förderung“ in der betrieblichen Altersversorgung im Rahmen des Rechtes auf Entgeltumwandlung zu einer Kürzung der steuerfreien Entgeltumwandlung in Pensionsfonds und Pensionskassen führt. Denn die Steuerfreiheit nach § 3 Nr. 63 EStG bis zu 4 % der BBG in der Rentenversicherung gilt nicht, soweit der Arbeitnehmer sein Recht auf eine Entgeltumwandlung mit „Riester-Förderung“ in Anspruch nimmt (siehe hierzu auch Kapitel 7.3.1).

Private oder betriebliche „Riester-Förderung“?

142 In der Praxis taucht immer wieder die Frage auf, ob die „Riester-Förderung“ besser als die herkömmliche betriebliche Altersversorgung ist, und falls ja, ob die „Riester-Förderung“ besser über Privatverträge oder besser innerhalb der betrieblichen Altersversorgung in Anspruch genommen werden sollte.

In allen Fällen, in denen die „Riester-Förderung“ nur zu einer nachgelagerten Besteuerung führt, ist der Verzicht hierauf zu Gunsten einer nachgelagert besteuerten betrieblichen Altersversorgung sicherlich vorteilhaft. Denn Letztere führt zumindest noch bis zum Jahr 2008 zu einer zusätzlichen Ersparnis an Sozialversicherungsbeiträgen (siehe hierzu Kapitel 3.2). In den Fällen, in denen die Zulage größer ist als der Steuervorteil aus dem Sonderausgabenabzug ist im Einzelfall zu prüfen, ob dieser Betrag höher ist als die potenzielle Sozialversicherungsersparnis. Zusätzlich sind natürlich im Vorteilhaftigkeitsvergleich auch eventuelle Renditeunterschiede der jeweiligen Produkte sowie Verwaltungskosten zu berücksichtigen. Denn insbesondere die jährliche Beantragung der „Riester-Förderung" ist mit einem nicht unerheblichen Verwaltungsaufwand verbunden.

Um sich dieses Verwaltungsaufwandes möglichst zu entledigen, bieten viele 143
Arbeitgeber ihren Arbeitnehmern inzwischen private „Riester-Verträge" an mit attraktiven Konditionen auf Grund kollektiver Vereinbarungen mit den Produktanbietern. So können die Arbeitnehmer den Preisvorteil eines gemeinsamen Abschlusses nutzen, ohne dass der Arbeitgeber mit zusätzlicher Verwaltungsarbeit belastet wird. Durch ein solches Angebot auf Privatverträge kann der Arbeitgeber allerdings nicht das Recht der Arbeitnehmer auf Entgeltumwandlung mit „Riester-Förderung" abgelten. Im Einzelfall kann er deshalb immer noch von seinen Arbeitnehmern zum Angebot einer Direktversicherung mit „Riester-Förderung" gezwungen werden.

3.2 Sozialversicherungsrechtliche Rahmenbedingungen

Die sozialversicherungsrechtliche Beurteilung von Beiträgen und Leistungen 144
der betrieblichen Altersversorgung orientierte sich in der Vergangenheit sehr stark an der steuerlichen Behandlung der einzelnen Durchführungswege. Durch die starke Zunahme von Entgeltumwandlungsmodellen in Verbindung mit nachgelagert besteuerten Durchführungswegen sahen die Sozialversicherungsträger ihre Beitragsbasis aber mehr und mehr gefährdet. Deshalb wurden immer wieder Versuche unternommen, die Definition des „sozialversicherungspflichtigen Arbeitsentgeltes" vom Begriff des „steuerpflichtigen zugeflossenen Arbeitslohnes" abzukoppeln, um dadurch die Beitragseinnahmen abzusichern.

Mit dem AVmG wurde die beitragsrechtliche Behandlung der betrieblichen Altersversorgung zum Teil völlig neu geregelt. Insbesondere für Entgeltumwandlungen ergeben sich hierdurch drastische Änderungen, die allerdings durch lange Übergangsfristen zumindest für einige Jahre wieder entschärft werden. Die Darstellung der Änderungen wird zusätzlich dadurch erschwert, dass die Änderungen in verschiedenen Sozialgesetzbüchern erfolgt sind und teils durch Ausnahmetatbestände, teils durch Übergangsregelungen wieder vorübergehend außer Kraft gesetzt werden. Deshalb wird im Folgenden auch auf eine ausführliche Darstellung der gesetzlichen Grundlage verzichtet.

Arbeitgeberfinanzierung – vor Eintritt des Leistungsfalles

145 Die Beitragspflicht zur Renten-, Kranken-, Arbeitslosen- und Pflegeversicherung ist vom gewählten Durchführungsweg abhängig. Eine arbeitgeberfinanzierte Versorgung über *Pensionszusagen* oder *Unterstützungskassen* ist unabhängig von der Höhe der Versorgung beitragsfrei in der Sozialversicherung. Erfolgt die Versorgung über einen *Pensionsfonds*, so sind nur Beiträge bis zu 4 % der BBG in der Rentenversicherung beitragsfrei. Darüber liegende Beiträge des Arbeitgebers unterliegen in voller Höhe der Sozialversicherungspflicht. Übernimmt allerdings ein Pensionsfonds eine unmittelbare Pensionszusage oder eine Versorgungsverpflichtung von einer Unterstützungskasse, so bleiben auch die steuerfreien Beträge im Rahmen des § 3 Nr. 66 EStG von der Sozialversicherung frei.

Beiträge, die an eine *Direktversicherung* gezahlt werden, sind bis zur Höhe der Pauschalierungsgrenze des § 40 b EStG beitragsfrei. Höhere Beträge sind ebenfalls beitragspflichtig.

Zahlungen an eine *Pensionskasse* sind bis zur Höhe von 4 % der BBG beitragsfrei. Darüber hinaus sind weitere 1 752 € beitragsfrei, sofern diese übersteigenden Beträge im Rahmen des § 40 b EStG pauschal versteuert werden. Insgesamt können somit im Jahr 2002 bis zu 3 912 € sozialversicherungsfrei in eine Pensionskasse gezahlt werden.

Entgeltumwandlung – vor Eintritt des Versorgungsfalles

146 Ab 1. 1. 2009 sind sämtliche Beträge, die durch Entgeltumwandlung in eine betriebliche Altersversorgung investiert werden in der Sozialversicherung beitragspflichtig. Das gilt ohne Ausnahme für alle Durchführungswege. Während der Übergangszeit bis zum 31. 12. 2008 gelten die folgenden Regelungen:

Umwandlungsbeträge, die in eine *Unterstützungskasse*, eine *Pensionszusage* oder in einen *Pensionsfonds* investiert werden, bleiben bis 31. 12. 2008 bis zu einer Höhe von 4 % der BBG beitragsfrei.

Steuerfreie Einzahlungen in eine *Pensionskasse* (d. h. bis zu 4 % der BBG) bleiben bis 2008 ebenfalls beitragsfrei. Für zusätzliche Einzahlungen im Rahmen der Pauschalierungsgrenzen des § 40 b EStG gelten bis 2008 die gleichen Vorschriften wie für die *Direktversicherung* durch Entgeltumwandlung. Danach sind Einzahlungen in eine pauschalversteuerte Direktversicherung oder Pensionskasse durch Entgeltumwandlung dann beitragsfrei, wenn der Umwandlungsbetrag aus Sonderzahlungen des Arbeitgebers finanziert wurde.

Übersicht: *Sozialversicherungsrechtliche Behandlung der verschiedenen Durchführungswege*		
Durchführungsweg	*Arbeitgeberfinanzierung*	*Entgeltumwandlung*
Pensionszusage	beitragsfrei	bis 2008: beitragsfrei bis 4 % der BBG ab 2009: beitragspflichtig
Unterstützungskasse	beitragsfrei	bis 2008: beitragsfrei bis 4 % der BBG ab 2009: beitragspflichtig
Pensionsfonds	beitragsfrei bis 4 % der BBG	bis 2008: beitragsfrei bis 4 % der BBG ab 2009: beitragspflichtig
Direktversicherung	beitragsfrei im Rahmen des § 40 b EStG	bis 2008: beitragsfrei bei Sonderzahlungen im Rahmen des § 40 b EStG ab 2009: beitragspflichtig
Pensionskasse	beitragsfrei bis 4 % der BBG darüber: beitragsfrei im Rahmen des § 40 b EStG	bis 2008: beitragsfrei bis 4 % der BBG und darüber im Rahmen des § 40 b EStG ab 2009: beitragspflichtig

Kombination von Durchführungswegen

Werden mehrere Durchführungswege nebeneinander gewählt, so können auch die Grenzen für die Sozialversicherungsfreiheit teilweise nebeneinander genutzt werden. Das ist dann der Fall, wenn die Sozialversicherungsfreiheit in unterschiedlichen Vorschriften geregelt ist. Für die Praxis kann in 3 Gruppen unterschieden werden:

1. Gruppe: Pensionszusage und Unterstützungskasse
2. Gruppe: steuerfreie Zuwendungen an Pensionskasse und Pensionsfonds
3. Gruppe: nach § 40 b EStG geförderte Beiträge an Pensionskasse und Direktversicherung

Innerhalb jeder Gruppe gelten die jeweiligen Grenzen für die Sozialversicherungsfreiheit insgesamt nur einmal. Bei Kombination mehrerer Gruppen können die Grenzen dagegen für jede Gruppe in voller Höhe genutzt werden.

Nach Eintritt des Versorgungsfalles

148 Nach Eintritt des Versorgungsfalles sind Versorgungsbezüge aus einer betrieblichen Altersversorgung beitragsfrei in der Renten- und Arbeitslosenversicherung.

Laufende Renten der betrieblichen Altersversorgung sind gemäß § 226 in Verbindung mit § 229 SGB V in der gesetzlichen Krankenversicherung jedoch beitragspflichtig, wenn der Rentner in der gesetzlichen Krankenversicherung pflichtversichert ist. Der Beitragssatz für Beiträge aus den Versorgungsbezügen beträgt die Hälfte des allgemeinen Beitragssatzes der zuständigen Krankenkasse. Beitragspflicht entsteht nur, wenn die monatlichen Einnahmen aus den beitragspflichtigen Versorgungsbezügen insgesamt 1/20 der monatlichen Bezugsgröße übersteigen (§ 226 SGB V).

Mit der Beitragspflicht in der gesetzlichen Krankenversicherung ist auch die Beitragspflicht in der gesetzlichen Pflegeversicherung verbunden. Allerdings ist hier der volle Beitragssatz zu zahlen.

Die Beitragspflicht für laufende Renten gilt für alle Durchführungswege. Auch wenn eine Direktversicherung als Rentenversicherung abgeschlossen wird, sind die fälligen Leistungen sozialversicherungspflichtig, selbst wenn bereits die Beitragszahlungen sozialversicherungspflichtig waren.

Wird an Stelle einer laufenden Rente eine Kapitalabfindung gezahlt, so wird 1/120 der Kapitalleistung als monatlicher Zahlbetrag angenommen, längstens jedoch für 120 Monate. Die Beiträge müssen längstens für zehn Jahre entrichtet werden.

Eine Kapitalabfindung liegt nicht vor, wenn von Beginn an nur eine einmalige Kapitalzahlung vereinbart wurde. Das ist beim Abschluss von Kapital-Direktversicherungen der Fall. Nach einem gemeinsamen Rundschreiben der Spitzenverbände der Krankenkassen vom 15. 12. 1988 bleiben solche Leistungen in der gesetzlichen Krankenversicherung beitragsfrei. Nach einem Urteil des BSG vom 30. 3. 1995 liegt eine Kapitalabfindung auch dann nicht vor, wenn bei einer Renten-Direktversicherung der Versicherungsnehmer noch vor Fälligkeit der ersten Rente die Kapitalauszahlung beantragt.

4 Die Direktversicherung

Bei der Direktversicherung erfüllt der Arbeitgeber sein Versorgungsversprechen, indem er eine Lebensversicherung auf das Leben seines Arbeitnehmers abschließt, bei der der Arbeitnehmer oder seine Hinterbliebenen hinsichtlich der Leistungen ganz oder teilweise bezugsberechtigt ist. 149

Versicherungsarten

Folgende Versicherungsarten sind möglich:

- Kapitalversicherung auf den Todes- und Erlebensfall
- fondsgebundene Lebensversicherung
- Kapitalversicherung nur auf den Todesfall
- Rentenversicherung
- selbstständige Berufsunfähigkeitsversicherung
- Unfallversicherung mit Prämienrückgewähr

Stellung des Arbeitnehmers

Die Direktversicherung muss auf das Leben des Arbeitnehmers abgeschlossen werden. Angehörige können lediglich mitversichert werden, etwa über eine Hinterbliebenenzusatzversicherung, die bei Rentenversicherungen üblich ist. 150

Das Bezugsrecht auf die Versicherungsleistungen muss dem Arbeitnehmer oder seinen Hinterbliebenen zustehen. Der Begriff der Hinterbliebenen ist bei der Direktversicherung steuerlich weiter gefasst als bei den anderen Durchführungswegen. Das Bezugsrecht im Todesfall kann beliebigen Personen zustehen. Es ist unerheblich, ob das Bezugsrecht widerruflich oder unwiderruflich ist. Üblicherweise wird bei Abschluss zunächst ein widerrufliches Bezugsrecht vereinbart, damit der Arbeitgeber bei vorzeitigem Ausscheiden des Mitarbeiters diesem die Versicherung wieder entziehen kann. Üblich sind auch Vereinbarungen, nach denen das Bezugsrecht nach Eintritt der Unverfallbarkeit automatisch unwiderruflich wird. Das empfiehlt sich insbesondere dann, wenn beim Ausscheiden von Mitarbeitern mit unverfallbaren Ansprüchen diesen die Versicherung mitgegeben werden soll (versicherungsvertragliches Verfahren). Außerdem entfällt bei einem unwiderruflichen Bezugsrecht die Beitragspflicht zum PSVaG.

Auch die Einräumung eines teilweisen oder gespaltenen Bezugsrechtes zu Gunsten des Arbeitnehmers ist möglich. So ist es denkbar, dass der Arbeitnehmer nur die garantierten Leistungen aus der Versicherung bekommen soll und der Arbeitgeber die Überschüsse erhält. Auch ein Bezugsrecht des Arbeitgebers für den Todesfall des Arbeitnehmers kommt in der Praxis gelegentlich vor, z. B. wenn der Arbeitnehmer unverheiratet ist. Ein teilweises oder gespaltenes Bezugsrecht wirkt sich allerdings auf die steuerliche Behandlung der Versicherung beim Arbeitgeber aus.

Stellung des Arbeitgebers

151 Eine Direktversicherung liegt nur vor, wenn der Arbeitgeber Versicherungsnehmer des Vertrages ist. Er ist damit der Vertragspartner des Versicherungsunternehmens und Verfügungsberechtigter über die abgeschlossene Versicherung. Üblicherweise zahlt der Arbeitgeber auch die Beiträge zur Versicherung. Das bedeutet aber nicht, dass er auch wirtschaftlich die Beiträge tragen muss. Es ist durchaus möglich, den Arbeitnehmer durch Auszahlung eines entsprechend geringeren Barlohnes mit dem Aufwand für die Direktversicherung indirekt zu belasten (Entgeltumwandlung). Seit der Neuregelung durch das HZvNG zum 1. 7. 2002 ist es auch möglich, dass der Arbeitnehmer selbst als Beitragszahler auftritt. Eine solche Konstruktion ist derzeit aber noch unüblich und erfordert außerdem, dass der Arbeitgeber die daraus finanzierten Leistungen ausdrücklich in die Versorgung einbezieht. Deshalb wird auch in den folgenden Ausführungen stets von einer Beitragszahlung durch den Arbeitgeber ausgegangen.

4.1 Steuerliche Behandlung beim Arbeitgeber

4.1.1 Vor Eintritt des Versorgungsfalles

Beitragszahlung

152 Beiträge zu Direktversicherungen sind als Ausgaben des Arbeitgebers für die Zukunftssicherung seiner Arbeitnehmer voll als Betriebsausgaben abzugsfähig. Der Abzug erfolgt in dem Jahr, in dem die Beiträge gezahlt werden (R 26 Abs. 3 EStR). Das gilt auch, wenn das Versicherungsjahr vom Wirtschaftjahr des Arbeitgebers abweicht oder wenn Einmalbeiträge gezahlt werden.

Aktivierung

Der sich im Laufe der Zeit aufbauende Wert der Direktversicherung gehört grundsätzlich zum Vermögen desjenigen, dem auch das Bezugsrecht zusteht. Sofern dem Arbeitnehmer oder seinen Hinterbliebenen das Bezugsrecht auf die Versicherungsleistungen eingeräumt wurde, zählt die Direktversicherung gemäß § 4 b EStG also nicht zum Betriebsvermögen. Sie erscheint deshalb nicht in der Bilanz und muss nicht gewinnerhöhend aktiviert werden. Ob das Bezugsrecht widerruflich oder unwiderruflich ist, hat keine Bedeutung. Bei einem widerruflichen Bezugsrecht tritt die Aktivierungspflicht erst ein, wenn der Widerruf tatsächlich ausgeübt wird. Der Wert einer zu aktivierenden Direktversicherung entspricht dem geschäftsplanmäßigen Deckungskapital zuzüglich dem Guthaben aus der Überschussbeteiligung (R 26 Abs. 3 EStR). 153

Teilweises oder gespaltenes Bezugsrecht

Wurde ein teilweises oder ein gespaltenes Bezugsrecht festgelegt, so muss der dem Arbeitgeber zustehende Teil der Versicherungsleistung in der Bilanz aktiviert werden. Das bereitet in der Regel keine Probleme, wenn dem Arbeitnehmer ausschließlich die garantierten Leistungen zustehen. Die dem Arbeitgeber zustehenden Überschussanteile müssen aktiviert werden, sofern sie nicht sofort mit den Beiträgen verrechnet werden. 154

Schwieriger wird es, wenn z. B. der Arbeitnehmer lediglich die Erlebensfallleistung und der Arbeitgeber die Leistung im Falle eines vorzeitigen Todes erhalten soll. Der Arbeitgeber muss dann den Teil des Deckungskapitals aktivieren, der auf das Todesfallrisiko entfällt. Eine derartige Aufteilung wird vom Versicherer aber in der Regel nicht vorgenommen. Es wird deshalb in der Praxis darauf ankommen, mit der Finanzverwaltung eine Aufteilung „auszuhandeln".

Beleihung, Abtretung

Gelegentlich kommt es vor, dass der Arbeitgeber z. B. zur Überwindung kurzfristiger Liquiditätsengpässe die Direktversicherungen beleiht oder die Versicherungen zum Zwecke der Absicherung betrieblicher Kredite an eine Bank abtritt. Hierzu ist er als Versicherungsnehmer jederzeit berechtigt, solange das Bezugsrecht des Arbeitnehmers nicht unwiderruflich ist. Eine Beleihung oder auch eine Abtretung der Versicherung führt nicht zur Aktivierungspflicht, wenn der Arbeitgeber sich dem Arbeitnehmer gegenüber verpflichtet, ihn bei Eintritt des Versorgungsfalles so zu stellen, als wäre die Abtretung oder Beleihung nicht erfolgt (§ 4 b EStG). Diese so genannte Sicherstellungserklärung 155 soll garantieren, dass es sich bei der Beleihung um ein „echtes Darlehen" handelt und nicht nur um eine Umgehung der Bezugsrechtsregelung zu Lasten des Arbeitnehmers. Andernfalls könnte der Arbeitgeber eine Aktivierung der Versicherung vermeiden, indem er dem Arbeitnehmer ein Bezugsrecht einräumt. Durch Beleihung der Versicherung wäre dieses Bezugsrecht aber gegenstandslos, da der Versicherer bei Fälligkeit der Leistungen das gewährte Policendarlehen mit der Versicherungsleistung verrechnet.

Nicht bilanzierende Unternehmen

156 Eine Aktivierung des Versicherungswertes kommt grundsätzlich nur für bilanzierende Unternehmen in Betracht. Bei Arbeitgebern, die ihren Gewinn gemäß § 4 Abs. 3 EStG als Überschuss der Betriebseinnahmen über die Betriebsausgaben ermitteln, ist eine Aktivierung der Versicherung nicht möglich.

Es ist allerdings fraglich, ob für eine aktivierungspflichtige Versicherung die Beiträge noch als Betriebsausgaben geltend gemacht werden können, wenn die Bildung des Aktivwertes im Gegenzug nicht erfolgt bzw. nicht erfolgen kann. Bei Ansprüchen aus Direktversicherungen handelt es sich wegen der Langfristigkeit in der Regel um Anlagevermögen. Gemäß § 4 Abs. 3 Satz 4 EStG dürfen die Anschaffungskosten für nicht abnutzbare Wirtschaftsgüter des Anlagevermögens erst bei Veräußerung bzw. Entnahme dieses Wirtschaftsgutes als Betriebsausgabe geltend gemacht werden. Das soll verhindern, dass durch die bloße Umschichtung von Vermögenswerten Betriebsausgaben erzeugt werden. Stehen dem Arbeitgeber z. B. die Überschussanteile aus einer Direktversicherung zu, so können die Anschaffungskosten hierfür erst bei Fälligkeit der Versicherung geltend gemacht werden. Als Anschaffungskosten gilt der Teil der Beiträge, der zur Finanzierung der Überschüsse führt. Wie dieser Teil allerdings zu ermitteln ist, ist nicht gesetzlich geregelt und wird in der Praxis wohl auch erhebliche Schwierigkeiten bereiten.

Einfacher ist es hingegen, wenn die dem Arbeitgeber zustehenden Überschussanteile sofort mit den fälligen Beiträgen verrechnet werden. Der Arbeitgeber kann dann die tatsächlich gezahlten Beiträge als Betriebsausgaben geltend machen.

4.1.2 Bei Eintritt des Versorgungsfalles

157 Bei Eintritt des Versorgungsfalles, also bei Fälligkeit der Direktversicherung, werden die Leistungen in der Regel vom Versicherer direkt an den Arbeitnehmer ausgezahlt. Dies hat für den Arbeitgeber keine steuerlichen Auswir-

kungen. Fließt die Versicherungsleistung jedoch zum Teil an den Arbeitgeber, ist sie grundsätzlich steuerpflichtig. Die Steuerpflicht wirkt sich aber nur aus, soweit die zufließende Leistung noch nicht aktiviert wurde. Bei nicht bilanzierenden Unternehmen können zum Zeitpunkt der Auszahlung der Versicherungsleistung an den Arbeitgeber die hierfür aufgewendeten Beiträge als Betriebsausgaben geltend gemacht werden.

Zusammenfassung: *Steuerliche Auswirkungen der Direktversicherung*		
Bilanzierende Unternehmen		
	Gewinnminderung	Gewinnerhöhung
vor Eintritt des Versorgungsfalles	Versicherungsbeiträge in voller Höhe	Aktivierung, soweit der Arbeitgeber bezugsberechtigt ist
bei bzw. nach Eintritt des Versorgungsfalles	–	Differenz zwischen Aktivwert und Auszahlung an den Arbeitgeber
Nicht bilanzierende Unternehmen		
	Gewinnminderung	Gewinnerhöhung
vor Eintritt des Versorgungsfalles	Versicherungsbeiträge soweit der Arbeitnehmer bezugsberechtigt ist	–
bei bzw. nach Eintritt des Versorgungsfalles	Versicherungsbeiträge die zur Finanzierung der Leistungen an den Arbeitgeber dienten	Auszahlung an den Arbeitgeber

4.2 Steuerliche Behandlung beim Arbeitnehmer

4.2.1 Vor Eintritt des Versorgungsfalles

Direktversicherungsbeiträge des Arbeitgebers zählen zum steuerpflichtigen 158
Arbeitslohn, soweit dem Arbeitnehmer auch auf die entsprechenden Versicherungsleistungen ein Bezugsrecht eingeräumt wird.

Die Steuer fällt an, sobald der Arbeitgeber die Beiträge an den Versicherer zahlt, unabhängig von der Fälligkeit oder vom Zeitraum, für den sie gezahlt werden. Deshalb sind auch Einmalbeiträge in dem Lohnzahlungszeitraum, in dem sie geleistet werden, zu versteuern.

Ein lohnsteuerlicher Zufluss liegt auch vor, wenn z. B. eine bestehende Versicherung auf einen neuen Mitarbeiter übertragen wird. In dem Zeitpunkt, in dem der neue Mitarbeiter das Bezugsrecht auf die Versicherungsleistung erhält, fließt ihm das vorhandene Deckungskapital inklusive der vorhandenen Überschüsse zu und muss versteuert werden.

Die Höhe der anfallenden Lohnsteuer berechnet sich grundsätzlich nach den individuellen Verhältnissen des Arbeitnehmers. Unter bestimmten Voraussetzungen kann der Arbeitgeber jedoch die anfallende Lohnsteuer pauschal mit 20 % abgelten (siehe hierzu Kapitel 4.2.2).

Wenn der Direktversicherungsbeitrag vom Arbeitnehmer individuell versteuert und hiervon Sozialversicherungsbeiträge bezahlt wurden, so kann für den Beitrag auch die steuerliche Förderung der Privatvorsorge nach § 10 a EStG in Anspruch genommen werden. Vorausgesetzt, die Leistungen werden als lebenslängliche Renten ausgezahlt. Die Beiträge können dann als Sonderausgaben geltend gemacht werden, oder der Arbeitnehmer erhält eine Zulage, wenn dies günstiger für ihn ist (siehe auch Kapitel 3.1.3).

4.2.2 Lohnsteuerpauschalierung

159 Gemäß § 40 b EStG kann der Arbeitgeber die Lohnsteuer von Beiträgen für eine Direktversicherung pauschal mit 20 % abgelten. Beitragsschuldner der pauschalen Lohnsteuer gegenüber dem Finanzamt ist der Arbeitgeber. Wie bei der tariflichen Lohnsteuer ist auch auf die pauschale Lohnsteuer der Solidaritätszuschlag in Höhe von zurzeit noch 5,5 % zu zahlen. Die Gesamtbelastung beträgt dadurch 21,1 %.

Der Arbeitgeber ist grundsätzlich nicht verpflichtet, die Pauschalierung der Lohnsteuer durchzuführen. Das gilt auch dann, wenn der Arbeitnehmer sich verpflichtet, den Versicherungsbeitrag und die Steuer wirtschaftlich zu tragen, der Arbeitgeber also nicht belastet wird. In der Praxis wird der Arbeitgeber in diesem Fall aber der Pauschalierung zustimmen. Verweigert der Arbeitgeber seine Zustimmung, so kann der Arbeitnehmer die Pauschalierung nicht eigenständig, z. B. im Rahmen seines Lohnsteuerjahresausgleichs, durchführen.

Die Pauschalierung der Lohnsteuer setzt außerdem eine Beitragszahlung durch den Arbeitgeber voraus. Dies ist ein weiterer Grund, warum die neue Möglichkeit, betriebliche Altersversorgung auch durch Eigenbeiträge des Arbeitnehmers zu finanzieren, bei der Direktversicherung vermutlich kaum Bedeutung erlangen wird.

Steuerfreiheit der Pauschalsteuer

Genau wie der Direktversicherungsbeitrag kann auch die pauschale Lohnsteuer vom Arbeitgeber als Betriebsausgabe geltend gemacht werden. Die vom Arbeitgeber zusätzlich geleistete Pauschalsteuer muss vom Arbeitnehmer nicht versteuert werden. In der Regel erscheinen deshalb weder der Beitrag noch die Pauschalsteuer auf der Lohnabrechnung des Arbeitnehmers. In Höhe der Pauschalsteuer fließt also dem Arbeitnehmer ein geldwerter Vorteil zu, der nicht zu versteuern ist. 160

Beispiel:
Zu versteuerndes Einkommen

Ein lediger Arbeitnehmer mit einem zu versteuernden Jahreseinkommen von 40 000 € hat eine arbeitgeberfinanzierte Direktversicherung mit 2 000 € Jahresbeitrag zuzüglich 20 % Pauschalsteuer.

Seine Steuerrechnung:

Gehalt	40 000,00 €
Direktversicherung	2 000,00 €
Pauschalsteuer	400,00 €
Gesamteinkommen	42 400,00 €

Zu versteuern

Individuell	40 000,00 €
Pauschal	2 000,00 €
insgesamt zu versteuern	42 000,00 €
steuerfreies Einkommen	400,00 €

Voraussetzungen für die Pauschalierung

Die Voraussetzungen für die Lohnsteuerpauschalierung sind im Wesentlichen in § 40 b EStG sowie in R 129 LStR geregelt. 161

Voraussetzungen für die Lohnsteuerpauschalierung

- Vorliegen eines ersten Dienstverhältnisses
- Mindestendalter 60 Jahre
- keine Abtretung oder Beleihung durch den Arbeitnehmer
- keine vorzeitige Kündigung durch den Arbeitnehmer
- Mindestlaufzeit fünf Jahre
- maximal 1 752 € Jahresbeitrag,
- maximal 2 148 € Jahresbeitrag bei Durchschnittsberechnung

Erstes Dienstverhältnis

162 Während für die Abzugsfähigkeit der Beiträge beim Arbeitgeber die betriebliche Veranlassung ausreicht, verlangt § 40 b EStG, dass die Versicherung für einen *Arbeitnehmer* abgeschlossen wurde. Es muss also ein lohnsteuerpflichtiges Arbeitsverhältnis vorliegen. Die Lohnsteuerpauschalierung ist außerdem nur aus dem ersten Arbeitsverhältnis möglich. Hierdurch soll vermieden werden, dass Arbeitnehmer mit mehreren Beschäftigungsverhältnissen den Steuervorteil mehrfach nutzen. Das Vorliegen einer Lohnsteuerkarte ist jedoch keine Voraussetzung für die Lohnsteuerpauschalierung. So ist die Pauschalierung z. B. auch bei geringfügig Beschäftigten, die ohne Lohnsteuerkarte tätig sind, möglich.

Mindestendalter 60 Jahre

163 Im Erlebensfall dürfen dem Arbeitnehmer aus der Versicherung vor dem 60. Lebensjahr keine Leistungen zufließen. Das 60. Lebensjahr beginnt mit Ablauf des Tages an dem der Arbeitnehmer seinen 59. Geburtstag feiert. Die Erlebensfallleistung kann also auch schon mit 59 Jahren fällig werden. Da für das vertragliche Endalter aber das versicherungstechnische Alter maßgebend ist, empfiehlt sich in der Praxis der generelle Abschluss auf ein Endalter von mindestens 60 Jahren. Der Versicherte ist somit bei Fälligkeit mindestens 59 Jahre und sechs Monate alt.

Es dürfen auch keine anderweitigen Vereinbarungen getroffen werden, die dazu führen, dass die Leistung vorher fällig wird. Werden z. B. die Überschussanteile zur Verkürzung der Laufzeit verwendet, darf auch hierdurch die Fälligkeit nicht vor Vollendung des 59. Lebensjahres liegen.

Ausschluss der Abtretung oder Beleihung

Eine Abtretung oder Beleihung der Versicherung durch den Arbeitnehmer ist versicherungsrechtlich nicht möglich, da der Arbeitnehmer nur versicherte Person des Vertrages ist. Denkbar wäre jedoch eine Abtretung oder Beleihung eines dem Arbeitnehmer eingeräumten unwiderruflichen Bezugsrechtes. Da hierdurch die geforderte Mindestlaufzeit bis zum Alter von 60 Jahren umgangen werden könnte, fordert R 129 Abs. 6 LStR den vertraglichen Ausschluss dieser wirtschaftlichen Verwertungsmöglichkeit durch den Arbeitnehmer. Eine Beleihung der Direktversicherung durch den Arbeitgeber ist hingegen möglich. 164

Ausschluss der vorzeitigen Kündigung

Um eine wirtschaftliche Verwertung der Direktversicherung vor dem 60. Lebensjahr zu verhindern, muss auch eine vorzeitige Kündigung des Versicherungsvertrages durch den Arbeitnehmer ausgeschlossen sein. In R 129 Abs. 6 LStR wird hierfür folgende Vereinbarung zwischen Arbeitgeber und Versicherungsgesellschaft vorgeschlagen: 165

„Es wird unwiderruflich vereinbart, dass während der Dauer des Dienstverhältnisses eine Übertragung der Versicherungsnehmereigenschaft und eine Abtretung von Rechten aus diesem Vertrag auf den versicherten Arbeitnehmer bis zu dem Zeitpunkt, in dem der versicherte Arbeitnehmer sein 59. Lebensjahr vollendet, insoweit ausgeschlossen ist, als die Beiträge vom Versicherungsnehmer (Arbeitgeber) entrichtet worden sind."

Mindestlaufzeit fünf Jahre

Kapitalversicherungen werden im Rahmen des § 40 b EStG nur anerkannt, wenn sie eine Mindestlaufzeit von fünf Jahren aufweisen. Bei Rentenversicherungen mit Kapitalwahlrecht darf die Kapitalabfindung frühestens nach fünf Jahren möglich sein. Für Rentenversicherungen ohne Kapitalwahlrecht gilt diese Mindestlaufzeit nicht. Werden im Rahmen eines Gruppenvertrages auf Grund des arbeitsrechtlichen Gleichbehandlungsgrundsatzes auch ältere Arbeitnehmer versichert, so sieht die Finanzverwaltung von der geforderten Mindestlaufzeit ab. 166

Maximal 1 752 € Jahresbeitrag

Die Möglichkeit der Lohnsteuerpauschalierung wird in § 40 b Abs. 1 EStG auf maximal 1 752 € Jahresbeitrag je Arbeitnehmer begrenzt. Die Beschrän- 167 kung gilt unabhängig von der Zahlweise der Beiträge, also auch für Einmalbeiträge. Übersteigt der gezahlte Beitrag diese Grenzen, so unterliegen die übersteigenden Beträge beim Arbeitnehmer der individuellen Besteuerung.

Durch die Begrenzung des pauschalierungsfähigen Beitrages soll sichergestellt werden, dass diese Steuervergünstigung nicht nur für einige wenige Führungskräfte genutzt wird. Stattdessen soll die betriebliche Altersversorgung auf breiter Ebene gefördert werden. Für die Einhaltung des Grenzbetrages ist es nicht notwendig, dass die Beiträge nur für einen Direktversicherungsvertrag bezahlt werden. Die Begrenzung gilt je Arbeitnehmer, nicht je Versicherungsvertrag. Es können also auch Direktversicherungsbeiträge für mehrere Verträge eines Arbeitnehmers – auch bei unterschiedlichen Versicherern – der Lohnsteuerpauschalierung unterworfen werden, wenn der Grenzbetrag insgesamt nicht überschritten wird.

Durchschnittsberechnung

168 Sind mehrere Arbeitnehmer gemeinsam in einem Direktversicherungsvertrag versichert, können für einzelne Arbeitnehmer bis zu 2 148 € pro Jahr pauschal besteuert werden, wenn der jährliche Aufwand im Durchschnitt nicht mehr als 1 752 € pro Arbeitnehmer beträgt. Arbeitnehmer mit mehr als 2 148 € Jahresbeitrag fallen aus dieser so genannten Durchschnittsberechnung heraus. Für sie können dann nur 1 752 € pauschal besteuert werden. Die übersteigenden Beiträge unterliegen der individuellen Steuer.

Beispiel:
Durchschnittsberechnung

Ein Arbeitgeber schließt für seine Arbeitnehmer im Jahr 2002 Direktversicherungen mit folgenden Jahresbeiträgen ab:

Arbeitnehmer A	450,00 € (< 1 752 €)
Arbeitnehmer B	1 300,00 € (< 1 752 €)
Arbeitnehmer C	1 850,00 € (> 1 752 € und < 2 148 €)
Arbeitnehmer D	2 250,00 € (> 2 148 €)

D ist bei der Durchschnittsberechnung nicht zu berücksichtigen. Für ihn können 1 752 € pauschal versteuert werden, 498 € müssen individuell besteuert werden.

Aus den Beiträgen für A, B und C ergibt sich ein durchschnittlicher Aufwand von 1 200 €. Die Beiträge von A, B und C können deshalb in voller Höhe pauschal versteuert werden.

Für die Durchschnittsberechnung ist Voraussetzung, dass mehrere Arbeitnehmer gemeinsam in *einem* Direktversicherungsvertrag versichert sind. Es genügt allerdings gemäß R 129 Abs. 9 LStR ein so genannter Rahmenvertrag, der bereits ab zwei versicherten Personen möglich ist. Die Versicherungen können auch bei unterschiedlichen Gesellschaften bestehen. In der Praxis fertigen die Versicherungsgesellschaften bei Bedarf die Rahmenverträge an und tauschen meist auch die erforderlichen Daten mit den anderen beteiligten Gesellschaften direkt aus. Die Erstellung des Rahmenvertrages ist somit für den Kunden in der Regel nur eine Formsache. 169

Beispiel:
Rahmenvertrag

zwischen

A-Versicherungsgesellschaft,
B-Versicherungsgesellschaft
und der
Firma XYZ

1. Im Rahmen dieses Vertrages vereinbaren die unterzeichnenden Parteien für die in der Anlage zu diesem Vertrag aufgeführten Arbeitnehmer der Firma die gemeinsame Versicherung gemäß § 40 b Abs. 2 Satz 2 EStG.

2. Die Vertragsparteien bestätigen, dass die zu diesem Rahmenvertrag gehörenden Direktversicherungen die Voraussetzungen für die Lohnsteuerpauschalierung nach § 40 b EStG und R 129 LStR erfüllen.

3. Die versicherten Personen sowie die einzelnen Vertragsdaten (Versicherungsnummer, Geburtsdatum, Tarif, Endalter, Zahlweise, Beitragshöhe, Bezugsrecht) sind in den beigefügten Verzeichnissen bzw. in den jeweiligen Versicherungsscheinen festgehalten.

4. Arbeitnehmer, für die erst später Direktversicherungen abgeschlossen werden, können auf Antrag in diesen Rahmenvertrag einbezogen werden. Arbeitnehmer, für die mehr als 2 148 € jährlich an Beitrag geleistet werden, werden nicht von diesem Vertrag erfasst.

Musterstadt, den . . .

A-Versicherung B-Versicherung Firma

Lohnsteuerpauschalierung für ausscheidende Mitarbeiter

170 Für Direktversicherungsbeiträge, die ein Arbeitgeber aus Anlass der Beendigung des Dienstverhältnisses erbringt, vervielfältigt sich gemäß § 40 b Abs. 2 EStG der Betrag von 1 752 € mit der Anzahl der Kalenderjahre, in denen das Dienstverhältnis zum Arbeitgeber bestanden hat. Der vervielfältigte Betrag vermindert sich jedoch um die in den letzten sieben Jahren vor dem Ausscheiden erbrachten pauschalbesteuerten Beiträge.

Beispiel:
Vervielfältigung

Arbeitnehmer A war vom 1. 8. 1972 bis zum 31. 7. 2002 bei seinem Arbeitgeber beschäftigt. In den letzten 15 Jahren wurden für ihn jährlich umgerechnet 500 € für eine Direktversicherung aufgewendet und pauschal versteuert. Der pauschal besteuerungsfähige Aufwand für eine Direktversicherung anlässlich des Ausscheidens errechnet sich wie folgt:

Betriebszugehörigkeit

1972 (einschl.) bis 2002 (einschl.) = 31 Jahre

Vervielfältigung

31 Jahre * 1 752 €	54 312,00 €
abzgl. 7 Jahre * 500 €	3 500,00 €
pauschalierungsfähig	50 812,00 €

Erstattung der pauschalen Lohnsteuer

171 Die Pauschalierung der Lohnsteuer ist auch dann möglich, wenn der Arbeitnehmer nur ein widerrufliches Bezugsrecht auf die Versicherungsleistung hat. Sobald jedoch feststeht, dass der Arbeitnehmer die Versicherungsleistung ganz oder teilweise nicht erhält, liegt steuerlich eine Arbeitslohnrückzahlung vor, die zu einer Erstattung der pauschalen Lohnsteuer führt (R 129 Abs. 14 LStR). Scheidet ein Mitarbeiter kurze Zeit nach Abschluss der Direktversicherung aus dem Unternehmen aus, kann ihm der Arbeitgeber den Anspruch auf die betriebliche Altersversorgung entziehen. Mit dem Widerruf des Bezugsrechtes verliert der Arbeitnehmer Ansprüche, für die (pauschale) Lohnsteuer bezahlt wurde. Gleichzeitig fließen dem Arbeitgeber Leistungen zu, für die er zuvor Betriebsausgaben geltend gemacht hat.

Die Finanzverwaltung verlangt in derartigen Fällen nicht eine rückwirkende Änderung der Besteuerung, sondern geht von einer Arbeitslohnrückzahlung des Arbeitnehmers an den Arbeitgeber aus. Der Arbeitgeber muss zum Zeitpunkt des Widerrufs eine Betriebseinnahme in Höhe des ihm zufließenden Versicherungswertes (Deckungskapital zuzüglich Überschüsse) buchen. Gleichzeitig kann er die für diesen Betrag zu Unrecht bezahlte pauschale Lohnsteuer zurückfordern. Das geschieht in der Regel durch Verrechnung mit den im selben Kalenderjahr pauschalierungsfähigen Beiträgen. Übersteigt die Arbeitslohnrückzahlung die pauschalbesteuerungsfähigen Beiträge, hat der Arbeitgeber einen direkten Erstattungsanspruch gegen das Finanzamt.

Beispiel:
Arbeitslohnrückzahlung

Ein Arbeitgeber schließt für seine fünf Arbeitnehmer Direktversicherungen ab, mit einem Jahresbeitrag von je 500 €. Nach fünf Jahren scheidet ein Arbeitnehmer aus dem Unternehmen aus. Der Arbeitgeber widerruft daraufhin das Bezugsrecht und kündigt die Versicherung. Den Rückkaufswert in Höhe von 1 500 € lässt er sich auszahlen.

Besteuerung beim Arbeitgeber:

– Direktversicherungsbeiträge (4 * 500 €)	2 000,00 €
– abzgl. Arbeitslohnrückzahlung	1 500,00 €
– zu pauschalierender Beitrag	500,00 €
– Pauschalsteuer (20 %)	100,00 €
– Gesamtaufwand	600,00 €

Eine Arbeitslohnrückzahlung kann auch dann vorliegen, wenn der Arbeitgeber dem Arbeitnehmer nur ein teilweises Bezugsrecht, z. B. nur auf die garantierten Leistungen, einräumt. Er kann dann trotzdem zunächst die gesamten Beiträge der pauschalen Lohnsteuer unterwerfen. Sobald dem Arbeitgeber jedoch Gewinnanteile gutgeschrieben oder ausgezahlt werden, muss dieser entsprechende Betriebseinnahmen buchen. Die auf diesen Betrag „zu Unrecht" bezahlte pauschale Lohnsteuer erhält der Arbeitgeber (wie beim Widerruf des Bezugsrechtes) zurück.

In der Praxis tauchen gelegentlich Modelle auf, die gezielt darauf spekulieren, 172
eine höhere Erstattung an pauschaler Lohnsteuer zu erhalten, als zuvor gezahlt wurde. Das könnte z. B. der Fall sein, wenn der Arbeitgeber das Bezugsrecht auf die Überschussanteile erhält und die gesamten Überschussanteile höher sind als die gezahlten Beiträge. Um diesen Missbrauch zu vermeiden, sieht R 129 Abs. 15 LStR vor, dass der Arbeitgeber den Lohnsteuererstattungsanspruch nur geltend machen kann, sofern dadurch keine unangemessenen steuerlichen Vorteile erzielt werden.

Kirchensteuerpauschalierung

173 Von lohnsteuerpauschalierten Direktversicherungsbeiträgen ist auch eine pauschale Kirchensteuer zu erheben. Die Höhe der pauschalen Kirchensteuer schwankt je nach Bundesland zwischen 5 % und 9 % der pauschalen Lohnsteuer. Sie ist meist 1 % niedriger als die individuelle Kirchensteuer. Schuldner der pauschalen Kirchensteuer ist der Arbeitgeber.

Der Arbeitgeber kann wählen, ob er die pauschale oder die individuelle Kirchensteuer abführen will. Entscheidet er sich für die Pauschalierung, muss er die Steuer für alle Arbeitnehmer abführen, unabhängig davon, ob diese einer erhebungsberechtigten Religionsgemeinschaft angehören oder nicht.

Beispiel:
Pauschale oder individuelle Kirchensteuer

Ein Arbeitgeber schließt für zehn Mitarbeiter Direktversicherungen ab. Acht dieser Mitarbeiter sind kirchensteuerpflichtig, zwei gehören keiner Kirche an. Die individuelle Kirchensteuer beträgt 8 %, die pauschale 7 %.

1. Möglichkeit

DV-Beitrag 10 * 500 €	5 000,00 €
pauschale Lohnsteuer 10 * 20 % von 500 €	1 000,00 €
pauschale Kirchensteuer 10 * 7 % von 100 €	70,00 €
Gesamtaufwand	6 070,00 €

2. Möglichkeit

DV-Beitrag 10 * 500 €	5 000,00 €
pauschale Lohnsteuer 10 * 20 % von 500 €	1 000,00 €
individuelle Kirchensteuer 8 * 8 % von 100 €	64,00 €
Gesamtaufwand	6 064,00 €

Bemessungsgrundlage für die Kirchensteuer ist die pauschale Lohnsteuer. Je nach Steuersatz ergibt sich somit folgende prozentuale Gesamtbelastung des Versicherungsbeitrages mit Kirchensteuer und 20 % pauschaler Lohnsteuer:

174

Gesamtbelastung aus Kirchensteuer und pauschaler Lohnsteuer					
Kirchensteuer in %	5	6	7	8	9
Pauschale Lohnsteuer in %	20,0	20,0	20,0	20,0	20,0
Gesamtbelastung in %	21,0	21,2	21,4	21,6	21,8
Gesamtbelastung in Euro bei 1 752 € Jahresbeitrag	367,92	371,42	374,93	378,43	381,94

4.2.3 Bei Eintritt des Versorgungsfalles

Nach § 22 Nr. 5 EStG sind Leistungen aus Direktversicherungen in voller Höhe steuerpflichtig, wenn für die entsprechenden Beiträge die Förderung nach § 10 a EStG in Anspruch genommen wurde. Sofern die Beitragszahlung des Arbeitgebers vom Arbeitnehmer aber bereits versteuert wurde, müssen bei Fälligkeit der Leistungen nur noch die darin enthaltenen Zinserträge versteuert werden. Das gilt unabhängig davon, ob die Beiträge individuell oder im Rahmen von § 40 b EStG (siehe hierzu Kapitel 4.2.2) pauschal versteuert wurden. 175

Leistungen auf Grund von Beiträgen ohne „Riester-Förderung"

Diese Zinserträge bleiben gemäß § 20 Abs. 1 Nr. 6 EStG in Verbindung mit § 10 Abs. 1 Nr. 2 b EStG aber steuerfrei, wenn es sich um folgende Versicherungen handelt: 176

- Risikoversicherungen, die nur für den Todesfall eine Leistung vorsehen;
- Rentenversicherungen ohne Kapitalwahlrecht;
- Rentenversicherungen mit Kapitalwahlrecht, gegen laufende Beitragsleistung, wenn das Kapitalwahlrecht nicht vor Ablauf von zwölf Jahren ausgeübt werden kann. Eine laufende Beitragsleistung liegt vor, wenn die Beitragszahlung für mindestens fünf Jahre vereinbart wird;
- Kapitalversicherungen gegen laufende Beitragsleistung mit einer Mindestvertragsdauer von zwölf Jahren. Hierunter fallen auch fondsgebundene Lebensversicherungen.

Bei Kapitalversicherungen oder Rentenversicherungen mit Kapitalwahlrecht, die eine Laufzeit von weniger als zwölf Jahren haben, gegen Einmalbeitrag abgeschlossen wurden oder vor Ablauf von zwölf Jahren aufgelöst werden, müssen bei Auszahlung der Leistungen die gesamten Zinserträge voll versteuert werden. Die Versicherungsgesellschaften sind in solchen Fällen verpflichtet, von den entsprechenden Erträgen 25 % Kapitalertragsteuer einzubehalten und an das zuständige Finanzamt abzuführen. Die einbehaltene Steuer wird dem steuerpflichtigen Arbeitnehmer auf seine individuelle Steuerschuld angerechnet.

177 Bei der Besteuerung von Rentenversicherungen ohne Kapitalwahlrecht (bzw. bei denen das Kapitalwahlrecht frühestens nach zwölf Jahren möglich ist) ist zu unterscheiden zwischen den Zinserträgen, die vor Beginn der Rentenzahlungen erwirtschaftet wurden, und denen, die nach Beginn der Zahlungen durch die Verzinsung des vorhandenen Deckungskapitals entstanden sind. Zinserträge aus der Anwartschaftszeit sind grundsätzlich steuerfrei, auch bei einer Laufzeit von weniger als zwölf Jahren oder bei Einmalbeiträgen. Die in den laufenden Rentenzahlungen enthaltenen Zinserträge, die nach Beginn der Leistungen erwirtschaftet werden, sind dagegen grundsätzlich steuerpflichtig. Die Höhe dieser Zinserträge wird gemäß § 22 Nr. 1 Satz 3 a EStG pauschal über den so genannten Ertragsanteil ermittelt.

178

Ertragsanteil für lebenslange Renten gemäß § 22 EStG						
Alter bei Rentenbeginn	60	61	62	63	64	65
Ertragsanteil in %	32	31	30	29	28	27

Je höher das Alter bei Beginn der Rente ist, desto niedriger ist der Anteil, der versteuert werden muss. Der zu versteuernde Ertragsanteil ist nur abhängig vom Rentenbeginnalter. Er bleibt über die gesamte Laufzeit der Rente konstant.

Beispiel:

Ein verheirateter Rentner bekommt seit seinem 65. Lebensjahr neben seiner Rente aus der gesetzlichen Rentenversicherung (1 250 €) Leistungen aus einer Renten-Direktversicherung in Höhe von monatlich 500 €. Sowohl die GRV-Rente als auch die DV-Rente werden nur mit dem Ertragsanteil von 27 % besteuert.

Fortsetzung nächste Seite

Berechnung der Steuerschuld ab 1. 1. 2002:	
GRV-Rente (27 %)	4 050,00 €
DV-Rente (27 %)	1 620,00 €
steuerpflichtig	5 670,00 €
abzügl. Werbungskostenpauschale	– 102,00 €
abzügl. Sonderausgabenpauschale	– 72,00 €
zu versteuerndes Einkommen	5 496,00 €

Das zu versteuernde Einkommen liegt unterhalb des Grundfreibetrages von 7 235 € ab 1. 1. 2002. Es fällt deshalb keine Steuer an.

4.2.4 Entgeltumwandlung

Die pauschal versteuerte Direktversicherung ist der Durchführungsweg der auch in der Vergangenheit bereits am häufigsten zur Entgeltumwandlung angewendet wurde. Seit 1. 1. 2002 gehört die Direktversicherung außerdem zu den drei Durchführungswegen, mit denen ein Arbeitgeber dem Recht auf Entgeltumwandlung seiner Arbeitnehmer entsprechen kann.

Nach § 10 a EStG geförderte Direktversicherung

Um dem Recht auf Entgeltumwandlung zu entsprechen, muss der Arbeitgeber dem Arbeitnehmer eine Direktversicherung durch Entgeltumwandlung anbieten, die die Voraussetzungen für die Förderung nach § 10 a EStG erfüllt. Auf den ersten Blick erscheint es sehr vorteilhaft, dass eine Direktversicherung nicht der Zertifizierungspflicht unterliegt wie private Altersvorsorgeverträge. Auf Grund des komplizierten Zulageverfahrens und der verzögerten Auszahlung der Zulage kommen in der Praxis aber vermutlich nur sehr wenige nicht zertifizierte Versicherungsprodukte hierfür in Betracht. Zu beachten ist auch, dass ein Arbeitnehmer die Förderung des § 10 a EStG für seinen nicht berufstätigen Ehegatten nur dann erhält, wenn für den Ehegatten ein eigener Vertrag besteht. Eine Direktversicherung ist aber nur für den Arbeitnehmer, nicht für den Ehegatten möglich. 179

Nach § 40 b EStG geförderte Direktversicherung

Versicherungsnehmer, Beitragszahler und Schuldner der pauschalen Lohnsteuer ist bei einer nach § 40 b EStG geförderten Direktversicherung grundsätzlich der Arbeitgeber. Es ist jedoch nicht notwendig, dass der Arbeitgeber auch wirtschaftlich die Belastung trägt. Gemäß R 129 Abs. 5 LStR ist die 180

Lohnsteuerpauschalierung auch dann möglich, wenn der Arbeitgeber die Versicherungsbeiträge an Stelle des Barlohnes zahlt. Selbst die Pauschalsteuer kann durch Umwandlung von Gehaltsteilen finanziert werden. Der Arbeitgeber vereinbart einfach mit seinem Arbeitnehmer eine Reduzierung des Bruttogehaltes in Höhe des Versicherungsbeitrages und der Pauschalsteuer. Der Mitarbeiter verzichtet also zu Gunsten von Versicherungsschutz auf Gehaltsteile. In der Praxis kommt es auch vor, dass Arbeitgeber die Vorsorgebereitschaft ihrer Mitarbeiter belohnen, indem sie die pauschale Lohnsteuer übernehmen. Der Barlohn des Arbeitnehmers wird dann nur um den Direktversicherungsbeitrag gekürzt.

Steuerfreiheit der Pauschalsteuer

181 Durch eine Direktversicherung durch Entgeltumwandlung hat der Arbeitnehmer die Möglichkeit, jährlich bis zu 1 752 € aus seiner vollen Versteuerung herauszunehmen und dafür nur 20 % Pauschalsteuer zu zahlen. Hierdurch ergibt sich eine Steuerersparnis von bis zu 511 € jährlich. In der Vergangenheit ergab sich ein zusätzlicher Vorteil, wenn auch die pauschale Lohn- und Kirchensteuer durch Entgeltumwandlung finanziert wurden. Denn die durch Barlohnkürzung finanzierte Steuer stellte selbst keinen zusätzlichen Arbeitslohn dar. Der individuell zu versteuernde Barlohn wurde um den Direktversi-

Beispiel:

Ein lediger Arbeitnehmer verwendet im Rahmen der Entgeltumwandlung jährlich 1 752 € für eine Direktversicherung. Sein individueller Steuersatz liegt bei 25 %. Die Kirchensteuer wird zur Vereinfachung vernachlässigt.

	alte Regelung	*neue Regelung*
zu versteuerndes Einkommen	20 000,00 €	20 000,00 €
abzgl. Entgeltumwandlung:		
jährlicher Umwandlungsbetrag	1 752,00 €	1 752,00 €
pauschale Lohnsteuer	350,40 €	350,40 €
Barlohn brutto	17 897,60 €	17 897,60 €
individuell zu versteuern	17 897,60 €	18 248,00 €
pauschal versteuert	1 752,00 €	1 752,00 €
insgesamt versteuert	19 649,60 €	20 000,00 €

In der Vergangenheit bestand der steuerliche Vorteil einer Direktversicherung durch Entgeltumwandlung somit nicht nur aus der Differenz zwischen individueller und pauschaler Steuer auf den Betrag, sondern zusätzlich aus der vollen gesparten Steuer auf die Pauschalsteuer selbst.

cherungsbeitrag und um die Pauschalsteuer gekürzt. Der Pauschalbesteuerung wurde aber nur der Direktversicherungsbeitrag unterworfen. Die Pauschalsteuer selbst blieb steuerfrei. Diese Möglichkeit der zusätzlichen Steuerersparnis wurde durch das BMF-Schreiben vom 10. 1. 2000 gestrichen. Demnach kann der Arbeitnehmer die Pauschalsteuer nicht mehr zusammen mit dem Umwandlungsbetrag von seinem zu versteuernden Einkommen abziehen.

Ersparnis an Sozialversicherungsbeiträgen

Zusätzlich zur Steuerersparnis können Arbeitgeber und Arbeitnehmer durch 182
die Entgeltumwandlung jeweils ihre Anteile an den Sozialversicherungsbeiträgen sparen, wenn die Umwandlung aus Sonderzahlungen erfolgt. Beiträge zu pauschal versteuerten Direktversicherungen sind nämlich in der Sozialversicherung beitragsfrei, wenn sie zusätzlich zum Arbeitsentgelt gezahlt werden oder ausschließlich aus Sonderzahlungen (Weihnachtsgeld, Urlaubsgeld) geleistet werden (§ 2 ArEV). Diese Sonderregelung gilt allerdings nur noch bis zum 31. 12. 2008 (siehe hierzu auch Kapitel 3.2).

Schriftliche Vereinbarung

Die Entgeltumwandlung sollte zwischen Arbeitgeber und Arbeitnehmer unbe- 183
dingt schriftlich vereinbart werden. Um die vom Arbeitnehmer wirtschaftlich finanzierte Direktversicherung diesem auch ab Beginn zu sichern, war in der Vergangenheit ein sofortiges unwiderrufliches Bezugsrecht auf die Versicherungsleistungen notwendig. Andernfalls wäre die Versicherung z. B. bei Insolvenz des Arbeitgebers in die Masse gefallen und der Arbeitnehmer hätte nur seine gesetzlich unverfallbaren Ansprüche gegenüber dem PSVaG geltend machen können. Durch die neue gesetzliche Regelung der sofortigen Unverfallbarkeit bei Entgeltumwandlungen besteht diese Notwendigkeit nur noch, wenn die Versorgungsleistungen die Höchstbeträge des gesetzlichen Insolvenzschutzes übersteigen.

Beispiel:
Zusatzvereinbarung zum Arbeitsvertrag

Vereinbarung
zwischen
Firma XY und Herrn Max Muster

Das Herrn Muster gewährte Bruttogehalt in Höhe von 2 000 € wird mit Wirkung vom 1. 11. 2002 folgendermaßen aufgeteilt:

1 878,40 €	monatliche Barvergütung
100,00 €	monatlicher Direktversicherungsbeitrag, entsprechend dem beigefügten Versicherungsantrag
21,60 €	pauschale Lohn- und Kirchensteuer auf den oben genannten Versicherungsbeitrag

Soweit das monatliche Gehalt Bemessungsgrundlage für sonstige Vergütungen ist, wird der Arbeitnehmer so gestellt, als ob eine Aufteilung des Gehaltes nicht erfolgt wäre. Diese Regelung gilt auch für den Fall, dass Gehaltserhöhungen in bestimmter Relation zu den vorherigen Bezügen festgesetzt werden.

Die Anrechnung von Leistungen aus der Direktversicherung mit Gehaltsvereinbarung auf andere künftige betriebliche oder gesetzliche Versorgungsbezüge ist ausgeschlossen.

Sollten sich die bei Abschluss dieser Vereinbarung maßgeblichen Verhältnisse nachhaltig ändern, werden sich die Vertragsparteien bemühen, die Vereinbarung den veränderten Verhältnissen anzupassen. Für den Fall, dass eine Anpassung nicht möglich ist, kann die Vereinbarung mit einer Frist von drei Monaten gekündigt werden.

Diese Vereinbarung ist Bestandteil des Arbeitsvertrages und des Direktversicherungsvertrages.

Musterstadt, den 1. 10. 2002

Arbeitgeber Arbeitnehmer

Auch um den Arbeitnehmer bei zukünftigen prozentualen Gehaltserhöhungen nicht schlechter zu stellen, sind entsprechende Vereinbarungen sinnvoll. Soweit das Bruttogehalt Bemessungsgrundlage für Vergütungen ist, sollte der Arbeitnehmer so gestellt werden, als wäre die Entgeltumwandlung nicht erfolgt. Die meisten Versicherungsgesellschaften stellen bei Abschluss von Direktversicherungen durch Entgeltumwandlung entsprechende Formulierungsvorschläge zur Verfügung, in denen diese Vereinbarung berücksichtigt ist.

4.3 Weitere Gestaltungsmöglichkeiten

Abgekürzte Beitragszahlung

Die Einrichtung einer betrieblichen Altersversorgung bedeutet für den Arbeitgeber eine langjährige Verpflichtung, aus der er nur schwer wieder herauskommt. Während der Abschluss von Direktversicherungen für neu eintretende Mitarbeiter jederzeit eingestellt werden kann, ist eine nachträglich Einstellung der Beitragszahlung bei bereits abgeschlossenen Versicherungen kaum möglich. Viele Arbeitgeber scheuen sich zu Recht, eine so lang dauernde Verpflichtung einzugehen. Sie suchen nach einer Möglichkeit, die Verpflichtung zur Beitragszahlung zunächst auf einige wenige Jahre zu begrenzen. 184

Nahezu alle Versicherungsgesellschaften bieten Direktversicherungen mit abgekürzter Beitragszahlungsdauer an. Das sind Tarife, die zwar bis zum Rentenalter des Arbeitnehmers laufen, deren Beitragszahlungsdauer aber vertraglich auf einige wenige Jahre festgelegt ist. Der Arbeitgeber verpflichtet sich bei Abschluss eines solchen Vertrages also nur für eine ganz bestimmte Anzahl von Jahren zur Zahlung der Beiträge. Nach Ablauf dieser Frist kann er erneut entscheiden, ob und für welchen Zeitraum er weiterhin Beiträge zahlen möchte.

Beispiel:

Ein Arbeitgeber will für einen männlichen 30-jährigen Mitarbeiter eine Direktversicherung abschließen. Die Versicherung soll im Alter von 65 Jahren des Arbeitnehmers fällig werden. Der Arbeitgeber möchte sich aber zunächst nur für zehn Jahre zur Zahlung eines monatlichen Beitrages von 100 € verpflichten. Nach Ablauf der zehn Jahre verpflichtet sich der Arbeitgeber für weitere zehn Jahre. Anschließend stellt er die Beitragszahlung ein. Die Versicherungsleistungen entwickeln sich wie folgt:

Jahr	monatlicher Beitrag	garantierte Leistung im Todesfall	voraussichtliche Leistung einschl. Überschüsse im Alter 65 Jahre
1 – 10	100 €	ca. 28 000 €	ca. 99 700 €
11 – 20	100 €	ca. 48 000 €	ca. 147 750 €
21 – 35	0 €	ca. 48 000 €	ca. 147 750 €

Die Beitragszahlungsdauer sollte mindestens fünf Jahre betragen. Das ist die steuerlich erforderliche Mindestdauer, damit die Versicherungsleistungen dem Arbeitnehmer später steuerfrei ausgezahlt werden. Eine Mindestdauer der Beitragszahlung ist außerdem wichtig, um bei regelmäßig freiwilliger Verlängerung der Beitragszahlung nicht in die „betriebliche Übung" zu geraten.

Gewinnabhängige Beitragszahlung

185 Die Ablehnung einer sehr langen Verpflichtungsdauer hängt meist mit der Ungewissheit der wirtschaftlichen Entwicklung des Betriebes zusammen. Verständlicherweise befürchten viele Arbeitgeber, in wirtschaftlich schwachen Jahren durch die betriebliche Altersversorgung zusätzlich erhebliche Belastungen tragen zu müssen. Hinzu kommt der Wunsch, die Arbeitnehmer in ertragsstarken Jahren am Erfolg des Betriebes teilhaben zu lassen, dafür aber in schlechteren Jahren auch Einsparungen zu ermöglichen.

Um dies zu erreichen, bietet sich der Abschluss von Direktversicherungen mit variabler Beitragszahlung an. Die Höhe der Beiträge richtet sich hier nach einer Kennzahl des Betriebes, z. B. dem Gewinn. Ist der Gewinn hoch, zahlt der Arbeitgeber auch hohe Direktversicherungsbeiträge. Ist er niedrig, sind auch die Beitragszahlungen niedrig. Je nach Wunsch des Arbeitgebers kann zusätzlich ein gewinnunabhängiger Sockelbeitrag vereinbart werden. Das ist ein Mindestbeitrag, der unabhängig von der Gewinnsituation des Arbeitgebers immer bezahlt wird. Wegen der steuerlichen Grenzen für die Lohnsteuerpauschalierung empfiehlt sich auch die Vereinbarung eines Höchstbeitrages, der auch bei hervorragender Gewinnsituation nicht überschritten wird. Die Versicherungssumme baut sich entsprechend der geleisteten Beiträge Jahr für Jahr auf.

Beispiel:
Gewinnabhängige Beiträge

Ein Unternehmen schließt für zehn Mitarbeiter Direktversicherungen ab. Der Beitragsaufwand für alle Mitarbeiter beträgt 10 % des Unternehmensgewinns, der über 50 000 € liegt. Der Gesamtbeitrag wird gleichmäßig auf alle versicherten Mitarbeiter verteilt.

Vers.-Jahr	Unternehmensgewinn vor Steuern	Beitrag pro Mitarbeiter	Versicherungssumme bei einem 35-Jährigen ca.	insgesamt erreichte Versicherungssumme ca.
1	112 500 €	625 €	1 365 €	1 365 €
2	130 000 €	800 €	1 705 €	3 070 €
3	85 000 €	350 €	728 €	3 798 €
4	50 000 €	0 €	0 €	3 798 €
5	100 000 €	500 €	989 €	4 787 €
usw.				

Ohne weitere Beitragszahlung ergibt sich im Alter 65 eine mögliche Ablaufleistung von ca. 16 900 €.

Planmäßige Beleihung

Gelegentlich wird der Abschluss von Direktversicherungen auch als Möglichkeit angeboten, mit der betrieblichen Altersversorgung Geld zu verdienen. Da hierbei nicht die Versorgung der Mitarbeiter im Vordergrund steht, sondern die Erzielung von Steuervorteilen für den Arbeitgeber, wird diese Gestaltungsvariante im Folgenden nicht ausführlich behandelt. Es soll lediglich das Prinzip verdeutlicht und auf einige Gefahren hingewiesen werden. 186

In der Regel basieren diese Modelle auf Verträgen mit einer fünfjährigen Beitragszahlungsdauer und so genannten ungezillmerten Tarifen. Das sind Tarife, die bereits im ersten Jahr nach Abschluss hohe Rückkaufswerte bieten. Das Prinzip dieser Beleihungsmodelle ist ganz einfach. Der Arbeitgeber schließt eine Direktversicherung ab und zahlt den ersten Beitrag. Gleichzeitig nimmt der Arbeitgeber in Höhe des Rückkaufswertes ein Policendarlehen beim Versicherer auf, sodass der gezahlte Beitrag fast vollständig wieder zurückfließt. Trotzdem kann der Arbeitgeber den Versicherungsbeitrag und auch die gezahlten Darlehenszinsen als Betriebsausgabe geltend machen. Da Policendarlehen in der Regel zu einem günstigen Zins gewährt werden, gehen diese Beleihungsmodelle davon aus, dass der Arbeitgeber die so gewonnene Liquidität mit einer höheren Verzinsung anlegen kann, als er Zinsen für das Policendarlehen zahlt. Diese Zinsdifferenz reicht bei einer genügend langen Laufzeit aus, bei Fälligkeit der Versicherung das Policendarlehen zurückzuzahlen und zusätzlich einen Liquiditätsgewinn für den Arbeitgeber zu verbuchen.

Beispiel:

Ein Arbeitgeber schließt für einen 35-jährigen Arbeitnehmer eine Direktversicherung mit abgekürzter Beitragszahlung, Jahresbeitrag 1 500 €, Endalter 65 Jahre ab. Der Rückkaufswert der Versicherung wird zu 7 % Zins vollständig beliehen. Die gewonnene Liquidität kann im Unternehmen mit einer Verzinsung von 8 % nach Steuern investiert werden. Der Steuersatz des Arbeitgebers beträgt 38 %.

(1)	(2)	(3)	(4)	(5)	(6)
Jahr	Beitrag	Rückkaufswert	Betriebsausgabe	Liquiditäts-Gewinn	Liquidität kumuliert
1	1 500 €	1 350 €	1 500 €	420 €	420 €
2	1 500 €	2 795 €	1 595 €	456 €	910 €
3	1 500 €	4 340 €	1 696 €	494 €	1 477 €

Fortsetzung nächste Seite

(1)	(2)	(3)	(4)	(5)	(6)
Jahr	Beitrag	Rückkaufs-wert	Betriebs-ausgabe	Liquiditäts-Gewinn	Liquidität kumuliert
4	1 500 €	5 994 €	1 804 €	535 €	2 130 €
5	1 500 €	7 763 €	1 920 €	579 €	2 880 €
6		8 307 €	543 €	207 €	3 317 €
7		8 888 €	581 €	221 €	3 803 €
8		9 511 €	622 €	236 €	4 344 €
9		10 176 €	666 €	253 €	4 944 €
10		10 889 €	712 €	271 €	5 611 €
11		11 651 €	762 €	290 €	6 349 €
12		12 466 €	816 €	310 €	7 167 €
13		13 339 €	873 €	332 €	8 072 €
...	...	...	...	...	...
26		32 145 €	2 103 €	799 €	32 944 €
27		34 395 €	2 250 €	855 €	36 435 €
28		36 803 €	2 408 €	915 €	40 265 €
29		39 379 €	2 576 €	979 €	44 465 €
30		42 136 €	2 757 €	1 047 €	49 070 €

(3) Beispielhafte Entwicklung des Rückkaufswertes der Versicherung
(4) Betriebsausgabe = Beitrag + 7 % des Rückkaufswertes/Policendarlehens vom Vorjahr
(5) Liquiditätsgewinn = Zuwachs Policendarlehen (=aktuell – Vorjahr) – Betriebsausgabe * 62 %
(6) Liquidität kumuliert = Vorjahreswert + 8 % + Liquiditätsgewinn aktuelles Jahr

Am Ende des 30. Jahres hat der Arbeitgeber eine kumulierte Liquidität von 49 070 €, aber nur ein Policendarlehen in Höhe von 42 136 €. Nach Rückzahlung des Darlehens verbleibt somit ein Liquiditätsgewinn von 6 934 €.

187 Im obigen Beispiel hat der Abschluss der Direktversicherung den einzigen Zweck, dem Arbeitgeber ein günstiges Darlehen zu verschaffen. Wenn diese Modellrechnung auch verlockend aussehen mag, so sind mit ihr doch einige Risiken verbunden. Das Modell geht davon aus, dass der Arbeitgeber ein Policendarlehen zu 7 % aufnimmt und hiermit eine Verzinsung von 14,5 % (= netto 8 %) erwirtschaftet. Es ist jedoch äußerst fraglich, ob es dem Arbeitgeber gelingen wird, in jedem Jahr die gewonnene Liquidität sofort zu die-

sem hohen Zinssatz zu investieren. Wenn doch, so stellt sich die Frage, warum der Arbeitgeber den komplizierten und teuren Weg über die betriebliche Altersversorgung geht, um an ein günstiges Darlehen zu kommen.

Das Modell berücksichtigt außerdem nicht, dass nicht alle Mitarbeiter noch eine restliche Dienstzugehörigkeit von 30 Jahren haben. Bei einem kürzeren Betrachtungszeitraum fällt der Liquiditätsgewinn aber wesentlich niedriger aus. Aus Gründen der Gleichbehandlung und auch der Motivation kann es wohl nicht sinnvoll sein, nur den sehr jungen Mitarbeitern eine betriebliche Altersversorgung zu gewähren. Beim Eintritt vorzeitiger Versorgungsfälle liegt die gewonnene Liquidität unter Umständen weit unter dem aufgenommenen Darlehen, das zurückgezahlt werden muss.

Bei einer planmäßigen Beleihung der Direktversicherung gehen außerdem zahlreiche Vorteile der Direktversicherung als Durchführungsweg verloren. So müssen ab Unverfallbarkeit PSV-Beiträge gezahlt werden, das versicherungsvertragliche Verfahren ist nicht mehr ohne weiteres möglich, das Unternehmen ist nicht mehr vollständig von den Versorgungsrisiken befreit und vor allem der Verwaltungsaufwand steigt erheblich an.

4.4 Vor- und Nachteile der Direktversicherung

Minimaler Verwaltungsaufwand

Der wohl größte Vorteil der Direktversicherung liegt in der Minimierung des Verwaltungsaufwandes im Zusammenhang mit der betrieblichen Altersversorgung. Der Arbeitgeber muss lediglich die Beiträge zahlen und die pauschale Lohnsteuer abführen. Alle anderen Arbeiten sind entweder weitgehend standardisiert oder werden vom Versicherer üblicherweise übernommen. So hilft das Versicherungsunternehmen in der Regel bei der Einrichtung der betrieblichen Altersversorgung, kümmert sich um die Abwicklung beim vorzeitigen Ausscheiden von Mitarbeitern und zahlt schließlich auch die Leistungen direkt an die ehemaligen Mitarbeiter aus. Auch die Erstellung regelmäßiger Kontoauszüge für die Mitarbeiter wird gelegentlich von Versicherungsunternehmen übernommen. 188

Recht auf Entgeltumwandlung erfüllbar

Mit dem Angebot einer Direktversicherung kann der Arbeitgeber das Recht der Arbeitnehmer auf Entgeltumwandlung erfüllen. Er ist nicht verpflichtet, noch weitere Durchführungswege anzubieten, selbst wenn diese für die Arbeitnehmer steuerlich vorteilhafter wären. 189

Alle Zusagearten möglich

Über den Durchführungsweg Direktversicherung sind alle drei Zusagearten (Leistungszusage, beitragsorientierte Leistungszusage, Beitragszusage mit Mindestleistung), die im neuen Betriebsrentengesetz vorgesehen sind, möglich.

Kein Bilanzausweis

190 Im Jahresabschluss des Arbeitgebers tauchen lediglich die Beitragszahlung zur Direktversicherung und die Abführung der Pauschalsteuer als Personalaufwand in der Gewinn- und Verlustrechnung auf. Die Versorgungsverpflichtung selbst und auch die Verpflichtung zur weiteren Beitragszahlung erscheinen nicht in der Bilanz des Unternehmens. Damit ist nicht für jeden externen Betrachter des Jahresabschlusses sofort erkennbar, dass eine betriebliche Altersversorgung besteht. Das kann insbesondere bei beabsichtigtem Verkauf des Unternehmens oder bei der Aufnahme von Fremdkapital von Bedeutung sein.

Darüber hinaus spart das Unternehmen den Aufwand für die bilanzielle Bewertung der Versorgungsverpflichtung. Allerdings verzichtet das Unternehmen gleichzeitig auch auf die Liquiditätsvorteile, die es z. B. bei der Bildung von Pensionsrückstellungen über viele Jahre hinweg genießt. Denn während bei der Direktversicherung nur tatsächlich gezahlte Beträge steuerlich geltend gemacht werden, kann ein Arbeitgeber bei der direkten Versorgungszusage bereits Aufwand (= Pensionsrückstellungen) verbuchen, auch wenn noch keine Zahlungen geleistet wurden.

Versorgung junger Mitarbeiter möglich

Die Gewährung einer Direktversicherung ist nicht an ein bestimmtes Alter des begünstigten Mitarbeiters gebunden. Sie ermöglicht somit auch die steuerlich wirksame Versorgung sehr junger Mitarbeiter.

Versicherungsvertragliches Verfahren beim Ausscheiden

191 Die Möglichkeit, bei vorzeitigem Ausscheiden von Mitarbeitern das versicherungsvertragliche Verfahren anzuwenden, dient der besseren Kalkulierbarkeit der Versorgung. Der Arbeitgeber kann sich hierdurch absichern, bei vorzeitigem Ausscheiden von Mitarbeitern keine zusätzlichen Zahlungen leisten zu müssen. Zusätzlich spart die Wahl des versicherungsvertraglichen Verfahrens die Berechnung der Höhe der unverfallbaren Ansprüche.

Das versicherungsvertragliche Verfahren ist zwar praktischer als die ratierliche Berechnung des unverfallbaren Anspruches, aber nicht immer auch billiger für den Arbeitgeber. Da der ratierliche Anspruch des Arbeitnehmers erst bei Eintritt des Versorgungsfalles geleistet werden muss, kann es unter Umständen günstiger sein, die Beitragszahlung einzustellen und das Bezugsrecht des Arbeitnehmers zu widerrufen. Durch die Verzinsung des vorhandenen Versicherungsguthabens baut sich bis zum Ablauf der Versicherung im Einzelfall mehr Kapital auf, als zur Auszahlung des ratierlichen Anspruches erforderlich ist. Allerdings gehört die Versicherung während der beitragsfreien Zeit zum Betriebsvermögen und muss bei bilanzierenden Unternehmen aktiviert werden.

Private Weiterführung möglich

Ein großer Vorteil der Direktversicherung bzw. des versicherungsvertraglichen Verfahrens ist die Möglichkeit, den Versicherungsschutz bei vorzeitigem Ausscheiden privat weiterzuführen. Das ist insbesondere dann wichtig, wenn auf Grund zwischenzeitlicher Verschlechterung des Gesundheitszustandes kein Neuabschluss mehr möglich ist. Diese Gefahr besteht vor allem bei der Absicherung gegen Berufsunfähigkeit.

Übertragung bei Wechsel des Arbeitgebers

Die Direktversicherung ist in der Praxis der einzige Durchführungsweg, bei 192
dem der Arbeitnehmer bei einem Wechsel des Arbeitgebers die Versicherung problemlos beim neuen Arbeitgeber weiterführen kann. Das ist selbst dann möglich, wenn der neue Arbeitgeber seine Direktversicherungen alle innerhalb eines Gruppenvertrages bei einem anderen Versicherer führt. Denn für diesen Fall gibt es zwischen nahezu allen deutschen Versicherungsgesellschaften ein so genanntes Übertragungsabkommen. Danach sind die beteiligten Versicherer bereit, das vollständige Deckungskapital der Direktversicherung ohne Kosten auf den neuen Versicherer zu übertragen.

Beliebige Personen als Hinterbliebene

Die Direktversicherung ist der einzige Durchführungsweg, bei dem eine fällige Todesfallleistung nicht nur an den eng begrenzten Kreis der Hinterbliebenen ausgezahlt werden darf. Das Bezugsrecht im Todesfall kann einer beliebigen Person gewährt werden.

Keine PSV-Beiträge

193 Bei der Direktversicherung kann die Zahlung der PSV-Beiträge vermieden werden. Auf Grund der ohnehin niedrigen Beiträge entsteht hierdurch zwar keine große Kostenentlastung, aber das Unternehmen wird von zusätzlichem Verwaltungsaufwand befreit. Voraussetzung hierfür ist allerdings die Einräumung eines unwiderruflichen Bezugsrechtes ab Eintritt der Unverfallbarkeit. Das wiederum verhindert die Anwendung der ratierlichen Berechnung bei unverfallbar ausscheidenden Mitarbeitern, da das Bezugsrecht nicht einseitig widerrufen werden kann. Die Vermeidung der PSV-Beitragspflicht kommt also in der Praxis nur in Betracht, wenn sich der Arbeitgeber für das versicherungsvertragliche Verfahren entschieden hat.

Beleihungsmöglichkeit

194 Solange das Bezugsrecht des Arbeitnehmers noch widerruflich ist, kann der Arbeitgeber die Versicherung jederzeit beleihen. Ein solches Policendarlehen kann dem Arbeitgeber helfen, kurzfristige Liquiditätsengpässe zu überwinden. Außerdem sind die Zinsen für ein solches Darlehen in der Regel relativ günstig. Sie bewegen sich meist im Bereich der Konditionen für Hypothekendarlehen.

Policendarlehen sind unproblematisch, solange der Arbeitnehmer noch keinen unverfallbaren Anspruch und deshalb auch nur ein widerrufliches Bezugsrecht hat. Sobald das Bezugsrecht des Arbeitnehmers aber unwiderruflich ist, sind zusätzliche Beleihungen nur noch mit Zustimmung des Arbeitnehmers möglich. Außerdem sind ab Eintritt der Unverfallbarkeit für den beliehenen Teil der Versicherung wiederum PSV-Beiträge zu zahlen.

Flexible Gestaltung

Die Direktversicherung bietet vielfältige Gestaltungsmöglichkeiten. Nahezu die gesamte Tarifpalette der Lebensversicherungsunternehmen kann auch als Direktversicherung Verwendung finden. Die Leistungen können in Form von Kapitalzahlungen oder lebenslänglichen Renten erbracht werden. Hinzu kommt die Möglichkeit einer einmaligen, laufenden oder variablen Beitragszahlung, der Abschluss verschiedener Zusatzversicherungen usw. Es ist auch denkbar, den Arbeitnehmern bestimmte Wahlrechte einzuräumen, sodass jeder Arbeitnehmer den Versicherungsschutz erhält, den er für sich benötigt.

§ 10 a-EStG-Förderung möglich

Ein Arbeitgeber ist nicht verpflichtet, seinen Arbeitnehmern die Möglichkeit der Pauschalversteuerung nach § 40 b EStG einzuräumen. Die Arbeitnehmer können aber verlangen, dass der Arbeitgeber die Direktversicherung so ausgestaltet, dass die Arbeitnehmer die Möglichkeit haben, die Förderung des § 10 a EStG in Anspruch zu nehmen. Es sei denn, der Arbeitgeber bietet zusätzlich eine Pensionskasse oder einen Pensionsfonds mit Förderung nach § 10 a EStG an. 195

Pauschalbesteuerung nach § 40 b EStG

Die Beiträge zur Direktversicherung können im Rahmen der Grenzen und Voraussetzungen des § 40 b EStG mit 20 % pauschal versteuert werden. Insbesondere bei gut verdienenden Arbeitnehmern kommt es hierdurch zu einer erheblichen Steuerersparnis. Der Vorteil für den Arbeitnehmer aus der Lohnsteuerpauschalierung bedeutet für den Arbeitgeber aber den entsprechenden Nachteil aus der Belastung mit der Lohnsteuer, sofern diese Belastung nicht durch Entgeltumwandlung finanziert wird. 196

Keine nachgelagerte Besteuerung

Die Direktversicherung ist der einzige Durchführungsweg ohne Möglichkeit einer nachgelagerten Besteuerung. Allerdings muss berücksichtigt werden, dass umgekehrt die anderen Durchführungswege auch kein Wahlrecht zu einer vorgelagerten Besteuerung haben. Außerdem ist die nachgelagerte Besteuerung im Gegensatz zur Besteuerung nach § 40 b EStG keine steuerliche Vergünstigung. Denn sie führt dazu, dass sämtliche Erträge aus den steuerfrei eingezahlten Beiträgen in der Leistungsphase besteuert werden müssen. Bei der Besteuerung der Direktversicherung nach § 40 b EStG dagegen werden bereits die eingezahlten Beiträge steuerlich begünstigt. Zusätzlich werden Kapitalleistungen in der Regel steuerfrei ausgezahlt und Rentenleistungen nur mit dem Ertragsanteil versteuert. 197

Einschränkung der Leistungshöhe

Die steuerliche Förderung der Direktversicherung gilt nur bis zu einem jährlichen Aufwand von maximal 1 752 € pro Arbeitnehmer bzw. 2 148 € bei Durchschnittsbildung. Vor allem für ältere Arbeitnehmer reichen diese Beträge allerdings oft nicht aus, um eine angemessene Altersversorgung zu finanzieren.

Keine steuerfreie Übernahme von Versorgungswerken

198 Wenn ein Arbeitgeber von einem bestehenden Versorgungswerk, z. B. einer Unterstützungskasse oder einer unmittelbaren Pensionszusage, auf den Durchführungsweg Direktversicherung wechseln will, so ist dieser Vorgang beim Arbeitnehmer voll steuerpflichtig. Deshalb scheiden solche Übernahmen in der Praxis aus.

5 Die Pensionszusage

Bei der Pensionszusage erteilt der Arbeitgeber seinem Arbeitnehmer das Versprechen, ihm bei Berufsunfähigkeit, im Alter oder im Todesfall den Hinterbliebenen Versorgungsleistungen zu zahlen. Der Arbeitgeber ist selbst Träger der Versorgung. Er muss dafür sorgen, dass ihm im Leistungsfall die notwendigen Mittel zur Verfügung stehen, um dem Arbeitnehmer die versprochenen Leistungen zu zahlen. Der Arbeitgeber muss die Versorgungsleistungen auch selbst an den Arbeitnehmer zahlen. Das gilt auch dann, wenn eine Rückdeckungsversicherung abgeschlossen wurde. Eine solche Versicherung stellt lediglich dem Arbeitgeber die notwendigen finanziellen Mittel zur Erfüllung der Versorgungsverpflichtung zur Verfügung. Die Verpflichtung zur Zahlung der Versorgungsleistungen bleibt beim Arbeitgeber. 199

Der Arbeitnehmer kann die ihm zugesagte Versorgung im Leistungsfall nur vom Arbeitgeber verlangen. Auf die Leistung aus der Rückdeckungsversicherung hat er keinen direkten Anspruch. Selbst wenn der Arbeitgeber die Zahlung verweigert, kann sich der Arbeitnehmer nicht an die Versicherungsgesellschaft wenden. Der Abschluss einer Rückdeckungsversicherung dient nur der finanziellen Absicherung des Arbeitgebers. Für den Arbeitnehmer stellt sie keine zusätzliche Sicherheit dar.

5.1 Steuerliche Behandlung beim Arbeitgeber

5.1.1 Vor Eintritt des Versorgungsfalles

Pensionsrückstellungen

Mit der Erteilung einer Pensionszusage geht der Arbeitgeber eine Verbindlichkeit gegenüber seinem Arbeitnehmer ein. Diese Verbindlichkeit muss in der Bilanz des Unternehmens unter der Bezeichnung Pensionsrückstellungen ausgewiesen werden. Die Bildung bzw. Erhöhung von Pensionsrückstellungen (= Passivierung) bedeutet einen Aufwand, der durch die Arbeitsleistung des Arbeitnehmers verursacht wurde. Das Unternehmen kann deshalb hierfür Betriebsausgaben steuerlich geltend machen, obwohl noch keine Zahlungen an den Arbeitnehmer geleistet wurden. In Höhe der auf diese Betriebsausgabe gesparten Steuern hat das Unternehmen zunächst einen Liquiditätsgewinn. 200

Da sich der Arbeitnehmer den Anspruch auf die vollen Versorgungsleistungen erst nach und nach erdient, bauen sich auch die Pensionsrückstellungen erst allmählich auf. Sie erreichen ihren maximalen Stand bei Eintritt des Versorgungsfalles, also z. B. bei Beginn der Altersrente des Arbeitnehmers. Nach Eintritt des Versorgungsfalles, also nach Rentenbeginn, verringert sich die Verbindlichkeit gegenüber dem Arbeitnehmer allmählich durch die laufende Rentenzahlung. Dementsprechend müssen auch die Pensionsrückstellungen nach und nach wieder aufgelöst werden. Die Auflösung bedeutet eine Verringerung der Verbindlichkeiten, die sich gewinnerhöhend auswirkt, obwohl das Unternehmen hierdurch keine Einnahmen hat. In Höhe der auf diese Gewinnerhöhung anfallenden Steuer wird dem Unternehmen deshalb Liquidität entzogen. Bis zur vollständigen Auflösung der Pensionsrückstellungen bei Wegfall der Verpflichtung fließt somit die anfänglich gewonnene Liquidität wieder aus dem Unternehmen heraus. Bis dahin hat die Liquidität dem Unternehmen aber oft jahrzehntelang zur Verfügung gestanden und konnte erhebliche Zinserträge erwirtschaften.

Beispiel:

Einem 40-jährigen neu eintretenden Arbeitnehmer wird eine Pensionszusage auf jährliche Altersrente von 10 000 € ab dem 65. Lebensjahr erteilt. Unter Berücksichtigung eines Unternehmenssteuersatzes von 38 % ergeben sich für den Arbeitgeber aus der Bildung der Pensionsrückstellungen folgende Auswirkungen:

(1)	*(2)*	*(3)*	*(4)*
Alter	*Pensionsrückstellungen*	*Gewinnminderung*	*Liquiditätserhöhung*
41	1 571 €	1 571 €	597 €
42	3 239 €	1 668 €	634 €
43	5 012 €	1 773 €	674 €
44	6 897 €	1 885 €	716 €
45	8 901 €	2 004 €	762 €
...	...	...	...
50	21 047 €	2 750 €	1 045 €
...	...	...	...
55	37 930 €	3 857 €	1 466 €
...	...	...	...

Fortsetzung nächste Seite

(1)	(2)	(3)	(4)
Alter	*Pensionsrückstellungen*	*Gewinnminderung*	*Liquiditätserhöhung*
60	62 118 €	5 603 €	2 129 €
...	...	...	...
65	98 234 €	8 505 €	3 232 €
...	...	...	...
70	84 778 €	– 2 703 €	– 1 027 €
...	...	...	...
75	71 016 €	– 2 769 €	– 1 052 €
Tod des Arbeitnehmers	0	– 71 016 €	– 26 986 €

Spaltenerläuterung:

(2) Teilwert der Zusage
(3) Jährliche Veränderung des Teilwertes (negative Zahlen: Gewinnerhöhung)
(4) Gewinnminderung/-erhöhung * 38 % Steuersatz (= Steuerersparnis)

Bis zum 65. Lebensjahr fließt dem Arbeitgeber durch die Bildung der Rückstellungen jährlich Liquidität zu, danach fließt Liquidität ab. Bis zum Tod des Arbeitnehmers bauen sich die Rückstellungen wieder auf null ab. Dementsprechend wird dem Arbeitgeber auch die gewonnene Liquidität wieder vollständig entzogen. Allerdings konnte der Arbeitgeber in obigem Beispiel immerhin 35 Jahre lang mit der Liquidität „arbeiten".

Voraussetzungen für die Bildung von Pensionsrückstellungen

Um einen Missbrauch der liquiditätserhöhenden Bildung von Rückstellungen 201
zu verhindern, nennt der Gesetzgeber in § 6 a EStG einige Voraussetzungen, die in R 41 EStR näher erläutert werden. Danach dürfen Pensionsrückstellungen nur gebildet werden, wenn der begünstigte Arbeitnehmer einen Rechtsanspruch auf die zugesagte Leistung hat. Die Zusage muss schriftlich erteilt worden sein und eindeutige Angaben zu Art, Form, Voraussetzungen und Höhe der in Aussicht gestellten künftigen Leistungen aufführen. Außerdem darf sie keinen schädlichen Widerrufsvorbehalt enthalten. Als schädliche Vorbehalte werden Formulierungen wie „jederzeitiger Widerruf vorbehalten" oder „freiwillig und ohne Rechtsanspruch" angesehen, unabhängig davon, ob sie arbeitsrechtlich relevant sind. Als unschädlich gelten dagegen Vorbehalte, nach denen ein Widerruf nur bei geänderten Verhältnissen unter Ab-

wägung der berechtigten Interessen des Pensionsberechtigten und des Unternehmens möglich ist. Hierunter fallen auch Widerrufsvorbehalte auf Grund grober Treuepflichtverletzungen, die im Übrigen auch zu einer fristlosen Kündigung berechtigen würden.

Pensionsrückstellungen dürfen außerdem nur gebildet werden, wenn der begünstigte Arbeitnehmer ein bestimmtes Mindestalter erreicht hat.

§ 6 a Abs. 2 ESTG Pensionsrückstellungen

(2) Eine Pensionsrückstellung darf erstmals gebildet werden

1. vor Eintritt des Versorgungsfalls für das Wirtschaftsjahr, in dem die Pensionszusage erteilt wird, frühestens jedoch für das Wirtschaftsjahr, bis zu dessen Mitte der Pensionsberechtigte das 28. Lebensjahr vollendet, oder für das Wirtschaftsjahr, in dessen Verlauf die Pensionsanwartschaft gemäß den Vorschriften des Gesetzes zur Verbesserung der betrieblichen Altersversorgung unverfallbar wird,

...

202 Für Pensionszusagen, die bis zum 31. 12. 2000 erteilt wurden, gilt ein Mindestalter von 30 Jahren. Das heißt, mit der Rückstellungsbildung darf erst am Ende des Wirtschaftsjahres begonnen werden, bis zu dessen Mitte der Versorgungsberechtigte das 30. Lebensjahr vollendet hat. Die Altersgrenze von 30 Jahren gilt für einen Versorgungsberechtigten auch nach dem 31. 12. 2001 weiter, und zwar auch dann, wenn z. B. im Jahr 2001 eine weitere Zusage erteilt wird. Denn laut Gesetz ist für die Altersgrenze nur der Zeitpunkt maßgeblich, an dem der Versorgungsberechtigte erstmals eine Zusage erhalten hat.

Beispiel:

Die Arbeitnehmer A und B sind beide am 1. 9. 1974 geboren. A erhält im Dezember 2000 eine Pensionszusage, B erst im Januar 2001.

Rückstellungen am 31. 12. 2000	keine, denn A ist erst 27 Jahre alt und B hat noch keine Zusage
Rückstellungen am 31. 12. 2001	keine, denn beide werden erst in der zweiten Jahreshälfte 28 Jahre
Rückstellungen am 31. 12. 2002	nur für B, denn für A gilt weiterhin die Altersgrenze von 30 Jahren, da er seine Zusage im Jahr 2000 erhalten hat.

Für Versorgungsberechtigte, die erstmals ab dem 1. 1. 2001 eine Pensionszusage erhalten haben, dürfen bereits ab Vollendung des 28. Lebensjahres Rückstellungen gebildet werden.

Wird eine Versorgung durch Entgeltumwandlung ab dem 1. 1. 2001 vereinbart, so gelten hierfür gar keine Altersgrenzen. Das heißt, Rückstellungen können unabhängig vom Alter gebildet werden, da die Anwartschaft auch ab Beginn gesetzlich unverfallbar ist. 203

Der Arbeitgeber hat grundsätzlich kein Wahlrecht hinsichtlich der Bildung von Pensionsrückstellungen. Sind alle Voraussetzungen erfüllt, so ist er auch verpflichtet, die Pensionsrückstellungen zu bilden. Lediglich für so genannte Altzusagen, die vor dem 1. 1. 1987 erteilt worden sind, besteht keine Passivierungspflicht. In der Praxis ist diese Pflicht aber ohne Bedeutung. Wünscht ein Arbeitgeber keine Rückstellungsbildung, so muss er nur gezielt gegen eine der Voraussetzungen verstoßen.

Höhe der Pensionsrückstellungen bei Arbeitgeberfinanzierung

Der Gesetzgeber geht davon aus, dass die Pensionszusage eine Belohnung für die gesamte Betriebszugehörigkeit des Arbeitnehmers ist. Die Bildung der Pensionsrückstellungen ist deshalb auf die gesamte Betriebszugehörigkeit (ab Alter 28 Jahre) bis zum voraussichtlichen Ausscheidetermin des Arbeitnehmers zu verteilen. 204

Die Höhe der Pensionsrückstellungen entspricht in jedem Wirtschaftsjahr dem so genannten Teilwert. Das ist – vereinfacht und mathematisch nicht ganz korrekt ausgedrückt – der Barwert des vom Arbeitnehmer durch seine Betriebszugehörigkeit bereits erdienten Teiles der Versorgung. Die Berechnung des Teilwertes ist in § 6 a EStG gesetzlich geregelt und hängt ab vom

> *§ 6 a Abs. 3 EStG Pensionsrückstellungen*
>
> (3) Eine Pensionsrückstellung darf höchstens mit dem Teilwert der Pensionsverpflichtung angesetzt werden. Als Teilwert einer Pensionsverpflichtung gilt
>
> 1. vor Beendigung des Dienstverhältnisses des Pensionsberechtigten der Barwert der künftigen Pensionsleistungen am Schluss des Wirtschaftsjahrs abzüglich des sich auf denselben Zeitpunkt ergebenden Barwerts betragsmäßig gleich bleibender Jahresbeträge, bei einer Entgeltumwandlung im Sinne von § 1 Abs. 2 des Gesetzes zur Verbesserung der betrieblichen Altersversorgung mindestens jedoch der Barwert der gemäß der Vorschriften des Gesetzes zur Verbesserung der betrieblichen Altersversorgung unverfallbaren künftigen Pensionsleistungen am Schluss des Wirtschaftsjahrs. ...

Geschlecht des Arbeitnehmers, den zugesagten Leistungen, dem Alter des Arbeitnehmers bei Betriebseintritt und der bereits zurückgelegten Betriebszugehörigkeit.

Auch wenn eine Pensionszusage erst einige Jahre nach Betriebseintritt erteilt wird, kann im Jahr der Zusage der gesamte Teilwert unter Berücksichtigung der bereits zurückgelegten Jahre der Betriebszugehörigkeit passiviert werden. In den kommenden Jahren wird dann jeweils der Differenzbetrag zwischen dem Teilwert des laufenden Wirtschaftsjahres und dem Teilwert des vergangenen Jahres als Aufwand gebucht.

205 Vom Ansatz der Pensionsrückstellungen mit dem Teilwert kann der Arbeitgeber nur in einigen wenigen Ausnahmefällen abweichen. Das ist unter anderem bei erstmaliger Rückstellungsbildung der Fall. Hier hat der Arbeitgeber die Möglichkeit, die Erstrückstellung auf drei Jahre gleichmäßig zu verteilen. Eine gleichmäßige Verteilung auf drei Jahre ist auch möglich, wenn sich der Teilwert in einem Jahr um mehr als 25 % erhöht. Diese Ausnahmeregelungen sollen den Arbeitgeber vor einer übermäßigen Belastung in einzelnen Wirtschaftsjahren befreien.

Höhe der Pensionsrückstellungen bei Entgeltumwandlung

206 Für Pensionszusagen durch Engeltumwandlung, die seit dem 1. 1. 2001 vereinbart wurden, gelten abweichende Vorschriften zur Rückstellungsbildung. Vor Eintritt des Versorgungsfalles ist zunächst der oben genannte Teilwert zu berechnen. Auf Grund der geänderten Vorschriften zur Unverfallbarkeit der Höhe nach bei Entgeltumwandlungen sind die derart berechneten Teilwerte aber unter Umständen deutlich niedriger als der unverfallbare Anspruch des Mitarbeiters. Deshalb ist zusätzlich der Barwert des unverfallbaren Anspruches zu berechnen. Ist dieser höher, so ist der Barwert als Teilwert anzusetzen.

Der Barwert ist insbesondere bei den so genannten Einmalbeitragsmodellen deutlich höher als der herkömmliche Teilwert. Denn bei Finanzierung der Versorgung über eine einmalige Entgeltumwandlung erdient der Arbeitnehmer sich die Versorgung nicht erst über viele Jahre hinweg, sondern der gesamte Anspruch ist bereits ausfinanziert und auch gesetzlich unverfallbar.

5.1.2 Bei Eintritt des Versorgungsfalles

207 Bei Eintritt des Versorgungsfalles, also ab dem Jahr, in dem mit der Zahlung der Versorgungsleistungen begonnen wird, werden die Pensionsrückstellungen auf ihren vollen versicherungsmathematischen Barwert angehoben. Der Bar-

wert der Versorgung ist bei Eintritt des Versorgungsfalles am höchsten. Er sinkt anschließend mit jeder Rentenzahlung und mit zunehmendem Alter des Arbeitnehmers. Dadurch werden auch die Rückstellungen nach und nach aufgelöst.

Der Ansatz der Pensionsrückstellungen mit dem Barwert gilt auch bei Eintritt 208
vorzeitiger Versorgungsfälle. Je früher ein Versorgungsfall eintritt, desto größer ist der Unterschied zwischen dem bereits passivierten Teilwert und dem zu passivierenden Barwert der Verpflichtung. Für einen männlichen 30-jährigen Arbeitnehmer z. B., der eine Versorgungszusage auf 1 000 € monatliche Alters- und Berufsunfähigkeitsrente sowie 60 % Witwenrente hat, konnten bisher ca. 1 700 € an Rückstellungen gebildet werden. Wird dieser Arbeitnehmer kurz darauf berufsunfähig, müssen die Rückstellungen auf über 160 000 € angehoben werden. Die Anhebung kann auf maximal drei Jahre gleichmäßig verteilt werden.

Zahlung der Versorgungsleistungen

Neben der Auflösung der Pensionsrückstellungen muss der Arbeitgeber ab 209
Eintritt des Versorgungsfalles auch die laufenden Renten zahlen. Die gezahlten Versorgungsleistungen können in voller Höhe als Betriebsausgaben geltend gemacht werden, da im Gegenzug die Rückstellungen gewinnerhöhend aufgelöst werden. Allerdings sind die Betriebsausgaben für die Rentenzahlungen in den ersten Jahren nach Rentenbeginn wesentlich höher als die Auflösungsbeträge der Rückstellungen. In den ersten 15 bis 20 Jahren können deshalb ca. 2/3 der gezahlten Versorgungsleistungen steuerlich geltend gemacht werden, obwohl der Aufwand für die Versorgungszusage bereits während der Anwartschaftsphase über die Rückstellungsbildung voll berücksichtigt wurde.

Beispiel:

Ein männlicher Rentner erhält pro Jahr 10 000 € an Altersrente. Für den Arbeitgeber ergeben sich folgende steuerlichen Auswirkungen nach Rentenbeginn:

(1) Alter des Arbeitnehmers	(2) jährliche Rentenzahlung	(3) Auflösung der Rückstellungen	(4) Betriebsausgabe (2) – (3)
66	10 000 €	2 711 €	7 283 €
67	10 000 €	2 682 €	7 318 €
68	10 000 €	2 675 €	7 325 €
69	10 000 €	2 685 €	7 315 €
70	10 000 €	2 703 €	7 297 €
...	...	...	...

Zahlt der Arbeitgeber an Stelle von laufenden Versorgungsleistungen eine einmalige Kapitalabfindung, so sind die Rückstellungen sofort vollständig gewinnerhöhend aufzulösen. Allerdings kann im Gegenzug die gezahlte Kapitalabfindung als Betriebsausgabe geltend gemacht werden. Wenn die Abfindung in Höhe des Rückstellungsbetrages gezahlt wird, heben sich Gewinnerhöhung und Gewinnminderung gegeneinander auf. Die Auszahlung erfolgt dann ohne steuerliche Wirkung.

Hierbei handelt es sich allerdings um keinen steuerlichen Nachteil der Pensionszusage. Denn die erforderlichen Betriebsausgaben wurden ja bereits während der Anwartschaftszeit des Arbeitnehmers steuerlich geltend gemacht. Die Kapitalabfindung ist lediglich eine Art Rückzahlung der Verbindlichkeiten.

Beispiel:

Ein 65-jähriger Arbeitnehmer, der unmittelbar vor dem Beginn der Altersrente steht, hat einen Anspruch auf jährliche Altersrente von 10 000 €. Hierfür hat der Arbeitgeber bereits Pensionsrückstellungen in Höhe von 98 234 € gebildet. Der Arbeitnehmer soll statt der laufenden Rente eine einmalige Kapitalabfindung in Höhe des Barwertes der Versorgung von 98 234 € erhalten.

Steuerliche Auswirkung beim Arbeitgeber:

Gewinnmindernde Abfindung	– 98 234,00 €
Gewinnerhöhende Auflösung der Rückstellungen	+ 98 234,00 €
Auswirkung auf den Gewinn	0,00 €

Auswirkung auf die Liquidität des Arbeitgebers:

Die Kapitalabfindung wirkt sich in voller Höhe von 98 234 € liquiditätsmindernd aus.

5.2 Steuerliche Behandlung beim Arbeitnehmer

5.2.1 Vor Eintritt des Versorgungsfalles

210 Eine Besteuerung beim Arbeitnehmer kommt nur dann in Betracht, wenn ihm Leistungen aus der Versorgungszusage zugeflossen sind. Das ist bei einer Pensionszusage während der Anwartschaftsphase nicht der Fall. Die Bildung von Pensionsrückstellungen beim Arbeitgeber wirkt sich für den Arbeitnehmer nicht aus. Das Gleiche gilt, wenn der Arbeitgeber eine Rückdeckungsversicherung abgeschlossen hat. Der Arbeitnehmer ist weder verfügungs- noch bezugsberechtigt hinsichtlich der Versicherungsleistung und ist deshalb auch nicht bereichert. Damit fehlt es während der Anwartschafts-

phase an den Grundlagen für eine Besteuerung beim Arbeitnehmer. Eine Steuerpflicht tritt immer erst ein, wenn der Versorgungsfall eingetreten ist und der Arbeitnehmer tatsächlich Leistungen erhält.

5.2.2 Bei Eintritt des Versorgungsfalles

Da der Arbeitnehmer während der Anwartschaftsphase keine Steuer für die Versorgungszusage gezahlt hat, muss er die erhaltenen Leistungen in voller Höhe versteuern. Dabei ist es unerheblich, ob es sich um einmalige Kapitalzahlungen oder regelmäßige Rentenzahlungen handelt. Nach § 19 Abs. 1 EStG sind Versorgungsleistungen wie Einkünfte aus nichtselbstständiger Arbeit zu versteuern. Der Arbeitgeber ist deshalb auch verpflichtet, die anfallende Lohnsteuer einzubehalten und an das Finanzamt abzuführen. 211

Versorgungsfreibetrag

Für Versorgungsleistungen, die ein Arbeitnehmer im Alter oder bei Berufsunfähigkeit erhält bzw. seine Hinterbliebenen im Todesfall, gewährt der Gesetzgeber einen so genannten Versorgungsfreibetrag (§ 19 Abs. 2 EStG). Für Versorgungsleistungen im Alter wird der Freibetrag allerdings nur gewährt, wenn der ehemalige Arbeitnehmer das 63. Lebensjahr bereits vollendet hat. Bekommt ein Arbeitnehmer im Rahmen der flexiblen Altersgrenze bereits ab dem 60. Lebensjahr eine Altersrente aus der betrieblichen Altersversorgung, so muss er diese zunächst voll versteuern. Ab dem 63. Lebensjahr kann er dann den Freibetrag beanspruchen. 212

Die Höhe des Freibetrages ist von der Höhe der Versorgungsleistungen abhängig. 40 % der Versorgungsbezüge bleiben steuerfrei, maximal aber 3 072 €. Der maximal mögliche Versorgungsfreibetrag wird somit bei 7 680 € jährlicher Versorgungsbezüge gewährt. Der Abzug des Freibetrages ist sowohl bei laufenden Rentenzahlungen als auch bei einmaligen Kapitalleistungen möglich.

Steuerfreie Versorgungsleistungen

Obwohl die Versorgungsleistungen aus einer Pensionszusage bis auf den Versorgungsfreibetrag voll steuerpflichtig sind, fällt in der Praxis oftmals gar keine Steuer an. Das liegt sowohl an dem im Alter regelmäßig niedrigeren Einkommen als auch an den verschiedenen steuerlichen Vergünstigungen, die ein ehemaliger Arbeitnehmer im Alter genießt. 213

So wird die gesetzliche Altersrente nicht in voller Höhe, sondern nur mit ihrem so genannten Ertragsanteil versteuert. Ein 65-jähriger Arbeitnehmer versteuert bei Eintritt in den Ruhestand von seiner gesetzlichen Rente nur 27 %. Zusätzlich sorgen die seit 1. 1. 2001 deutlich angehobenen Grundfreibeträge 2002: 7 235 €) für eine deutliche Entlastung. Neben dem Versorgungsfreibetrag erhält ein Betriebsrentner außerdem den Arbeitnehmer-Pauschbetrag, den Sonderausgaben-Pauschbetrag sowie eine Vorsorgepauschale. Ingesamt können die folgenden Abzugsbeträge bzw. steuerlichen Vergünstigungen vom Arbeitnehmer geltend gemacht werden.

214

Übersicht:
Steuerliche Abzugsbeträge im Jahr 2002 in Euro

	Ledige	Zusammenveranlagte (Alleinverdiener)
Grundfreibetrag, § 32 a Abs. 1 und 5 EStG	7 235	14 470
Arbeitnehmer-Pauschbetrag, § 9 a Satz 1 Nr. 1 EStG	1 044	1 044
Versorgungs-Freibetrag, § 19 Abs. 2 EStG	max. 3 072	max. 3 072
Vorsorgepauschale, § 10 c Abs. 3 EStG	max. 1 134	max. 2 268
Sonderausgaben-Pauschbetrag, § 10 c Abs. 1 EStG	36	72

Beispiel:

Der ledige Rentner A bezieht seit seinem 65. Lebensjahr neben seiner gesetzlichen Rente von monatlich 750 € eine Rente von seinem Arbeitgeber in Höhe von monatlich 250 €. Weitere Einkünfte hat A nicht.

Berechnung der Steuerschuld im Jahr 2002:

Sozialversicherungsrente	9 000,00 €	
Ertragsanteil 27 %	2 430,00 €	
abzügl. Werbungskostenpauschale	102,00 €	
steuerpflichtig		2 328,00 €
Betriebsrente	3 000,00 €	
abzügl. Versorgungsfreibetrag (40 %)	1 200,00 €	
abzüglich Arbeitnehmer-Pauschbetrag	1 044,00 €	
steuerpflichtig		756,00 €
abzügl. Sonderausgaben-Pauschbetrag		36,00 €
abzügl. Vorsorgepauschale (Betriebsrente – 40 %) * 20 %, abgerundet auf den nächsten durch 54 teilbaren Betrag		324,00 €
Zu versteuerndes Einkommen (abgerundet)		2 724,00 €

Das zu versteuernde Einkommen liegt unterhalb des Grundfreibetrages in Höhe von 7 235 €. Es entsteht deshalb keine Steuerschuld.

Unter Berücksichtigung der genannten Vergünstigungen kann ein Rentner, 215
der neben der betrieblichen Altersversorgung und der gesetzlichen Rentenversicherung über kein weiteres Einkommen verfügt, erhebliche Versorgungsleistungen trotz grundsätzlicher Steuerpflicht steuerfrei erhalten.

Übersicht:
Steuerfreie Betriebsrenten

Ein ehemaliger Arbeitnehmer, der seit seinem 65. Lebensjahr neben der Sozialversicherungsrente und der Betriebsrente keine weiteren Einnahmen hat, kann im Jahr 2002 folgende monatliche Renten aus einer Pensionszusage steuerfrei erhalten:

monatliche Sozialversicherungsrente	maximale steuerfreie Betriebsrente Ledige	Zusammenveranlagte
0,00 €	1 043,00 €	1 743,00 €
750,00 €	849,00 €	1 549,00 €
1 250,00 €	714,00 €	1 414,00 €

Werden an Stelle von laufenden Versorgungsleistungen einmalige Kapitalzahlungen versprochen, so kann in der Regel die Steuervergünstigung für Einkünfte für eine mehrjährige Tätigkeit in Anspruch genommen werden (vgl. hierzu Kapitel 3.1.1). Hierdurch ergeben sich auch für einmalige Kapitalleistungen hohe steuerfreie Beträge. Vorausgesetzt, der Arbeitnehmer erhält das Versorgungskapital erst in dem Jahr, in dem er neben der gesetzlichen Rente keine sonstigen Einnahmen mehr hat.

5.2.3 Entgeltumwandlung

216 Die Pensionszusage durch Entgeltumwandlung, auch bekannt unter dem Begriff „aufgeschobene Vergütung“ oder „deferred Compensation“, wird in der Praxis bereits seit einigen Jahren erfolgreich durchgeführt und von der Finanzverwaltung anerkannt.

Neben der Verbesserung der Versorgungssituation der Arbeitnehmer ist einer der Hauptvorteile dieses Versorgungsweges die nachgelagerte Besteuerung. Im Gegensatz zu den anderen nachgelagert besteuerten Durchführungswegen kennt die Pensionszusage keine Obergrenzen. Das ist insbesondere für gut verdienende Arbeitnehmer wichtig, die hohe Beträge umwandeln möchten. Denn durch die Entgeltumwandlung nehmen diese Arbeitnehmer die entsprechenden Beträge aus der vollen Besteuerung heraus bzw. verlagern diese in spätere Jahre, in denen sie auf einen niedrigeren Steuersatz hoffen.

217 In der Praxis sind vor allem so genannte Einmalbeitragsmodelle sehr weit verbreitet. Bei diesen entscheidet sich der Arbeitnehmer jeweils nur für ein Jahr zur Umwandlung von Entgelt. Das hat den Vorteil, dass der Arbeitnehmer die Umwandlungsbeträge jährlich an seine finanzielle Situation anpassen kann ohne sich für die Zukunft zu verpflichten. In der Vergangenheit beinhalteten diese Einmalbeitragsmodelle einen wichtigen Vorteil für den Arbeitgeber. Denn auch bei der Entgeltumwandlung musste bei vorzeitigem Ausscheiden der unverfallbare Anspruch nach dem ratierlichen Verfahren berechnet werden. Das führte zu erheblichen Nachfinanzierungsrisiken, insbesondere wenn der betreffende Arbeitnehmer dem Betrieb schon lange angehörte. Durch die Umwandlung von Einmalbeträgen kann dieses Risiko vermieden werden, da die Vesorgungszusage durch den einmaligen Umwandlungsbetrag vollständig ausfinanziert ist. Das heißt, bei vorzeitigem Ausscheiden des Arbeitnehmers erhält dieser die volle Versorgungsleistung. Durch die jetzt mit dem AVmG vorgenommene Begrenzung des unverfallbaren Anspruches auf die erreichte Anwartschaft hat das Nachfinanzierungsrisiko für die Entgeltumwandlung allerdings keine Bedeutung mehr.

Ein weiterer Nachteil der Einmalbeitragsmodelle für den Arbeitgeber wurde ebenfalls durch das AVmG zumindest entschärft. Durch die einmalige Beitragszahlung kam es bei der Rückdeckung der Versorgung (siehe auch Kapitel 5.3) von Anfang an zu sehr hohen Aktivwerten, während sich die Rückstellungen unabhängig von der Finanzierungsart erst nach und nach aufbauten. Hierdurch kam es meist zu zusätzlichen Steuerbelastungen der Arbeitgeber in den ersten Jahren der Laufzeit. Zukünftig dürfen die Pensionsrückstellungen bei Entgeltumwandlung in Höhe des Barwertes der erreichten Anwartschaft gebildet werden.

Die Ermittlung der wertgleichen Zusage aus dem Einmalbeitrag erfolgt häufig 218
so, dass der Umwandlungsbetrag als Beitrag in eine Rückdeckungsversicherung (oder z. B. in einen Investmentfonds) eingezahlt wird. Der Arbeitnehmer erhält dann eine Zusage vom Arbeitgeber in Höhe der Versicherungsleistungen. Problematisch ist allerdings, dass die Leistungen konkret genannt werden müssen, da sonst keine Rückstellungen hierfür gebildet werden können. Sagt der Arbeitgeber eine Leistung in Höhe der Ablaufleistung der Rückdeckungsversicherung zu, so muss er diesen Betrag auch leisten, wenn der Versicherer die unverbindlich in Aussicht gestellte Ablaufleistung nicht erbringt. Verspricht der Arbeitgeber nur die garantierte Leistung (und zahlt aber im Leistungsfall trotzdem die Gesamtleistung aus), so kann er auch nur für den garantierten Teil Rückstellungen bilden. In der Praxis sind zwei Lösungen üblich. Manche Arbeitgeber erteilen eine Zusage in Höhe von z. B. 80 % der voraussichtlichen Ablaufleistung in der Annahme, dass der Versicherer seine Prognosen vermutlich nicht um mehr als 20 % nach unten korrigieren wird. Bei der zweiten Lösung erteilt der Arbeitgeber zunächst ein Versorgungsversprechen in Höhe der garantierten Versicherungsleistungen und erhöht diese jährlich um die tatsächlich angefallene Überschussbeteiligung. Dieses Modell beinhaltet zwar die geringstmöglichen Risiken für den Arbeitgeber, startet aber ebenfalls mit deutlich niedrigeren Rückstellungen.

5.3 Rückgedeckte Pensionszusage

Die Bildung von Pensionsrückstellungen allein stellt im Versorgungsfall 219
nicht die notwendige Liquidität zur Zahlung der Leistungen zur Verfügung. Vor allem bei Eintritt vorzeitiger Versorgungsfälle (Berufsunfähigkeit oder Todesfall) kommen auf das Unternehmen enorme finanzielle Belastungen zu, die kaum planbar sind. Der Beginn der Altersrente ist zwar planbar, dennoch ist es wichtig, bereits frühzeitig neben der Rückstellungsbildung auch Kapital anzusammeln, das im Versorgungsfall verfügbar ist.

5.3.1 Rückdeckung mit Versicherungen

220 Der Abschluss von Versicherungen ist die in der Praxis am weitesten verbreitete Form der Finanzierung von Pensionszusagen, insbesondere in kleineren Unternehmen.

Die Rückdeckungsversicherung ist eine Lebensversicherung, die der Arbeitgeber auf das Leben des versorgungsberechtigten Arbeitnehmers abschließt. Die Versicherungsleistungen werden dabei so bestimmt, dass bei Eintritt des Versorgungsfalles (Tod, Berufsunfähigkeit oder Erreichen der Altersgrenze) die benötigten finanziellen Mittel durch die Versicherung zur Verfügung gestellt werden. Versicherungsnehmer, Beitragszahler und Bezugsberechtigter der Versicherung ist der Arbeitgeber. Ihm fließen im Leistungsfall auch sämtliche Zahlungen aus der Versicherung zu. Der Arbeitnehmer ist lediglich die versicherte Person des Vertrages. Er hat darüber hinaus keinerlei Rechte an der Versicherung. Deshalb hat der Abschluss einer Rückdeckungsversicherung auch keine steuerliche Auswirkung beim Arbeitnehmer.

Die Rückdeckung einer Pensionszusage ist in verschiedenen Variationen möglich. Bei einer vollen oder kongruenten Rückdeckung wird die Versicherung so abgeschlossen, dass sie bei allen möglichen Versorgungsfällen die benötigten Leistungen zur Verfügung stellt. Der Arbeitgeber wird dadurch von den finanziellen Risiken der Versorgungszusage völlig befreit.

Häufig wird allerdings auch die Zusage einer lebenslänglichen Altersrente mit einer Kapitalversicherung rückgedeckt. Die Versicherung stellt dann bei Rentenbeginn den versicherungsmathematischen Barwert der Versorgungsverpflichtung zur Verfügung. In diesem Fall trägt der Arbeitgeber selbst das Risiko, dass dieses Kapital für die lebenslängliche Leistung nicht ausreicht. Es sei denn, er hat sich gegenüber dem Arbeitnehmer die einmalige Abfindung der Versorgungsverpflichtung vorbehalten.

221 Bei einer teilweisen Rückdeckung werden in der Regel nur die vorzeitigen Versorgungsfälle abgesichert. Die Ansammlung des Kapitals zur Finanzierung der Altersversorgung erfolgt innerhalb des Unternehmens oder bei einem anderen externen Anlageinstitut.

Die folgenden Ausführungen und Beispiele gehen jeweils von einer vollen Rückdeckung der Versorgungszusage mittels einer kapitalbildenden Lebensversicherung aus.

Steuerliche Behandlung der Rückdeckungsversicherung

222 Die Beiträge, die der Arbeitgeber für die Rückdeckungsversicherung bezahlt, können in voller Höhe als Betriebsausgaben geltend gemacht werden. Da

dem Arbeitgeber das Bezugsrecht aus der Versicherung zusteht, gehört deren Wert zum Betriebsvermögen. Die Versicherung muss in der Bilanz als Aktivposten aufgeführt (= aktiviert) werden. Die Aktivierung der Rückdeckungsversicherung wirkt sich gewinnerhöhend aus.

Die Höhe des Aktivwertes entspricht dem geschäftsplanmäßigen Deckungskapital der Versicherung einschließlich der vorhandenen Überschüsse, also dem vorhandenen Versicherungswert. Da der Wert der Versicherung in den ersten Jahren der Laufzeit auf Grund der Verrechnung der Abschlusskosten des Vertrages sehr gering ist, gibt es für diese Zeit eine Sonderregelung. In den ersten fünf Jahren der Vertragslaufzeit steigt das Deckungskapital jedes Jahr um ein Fünftel des Deckungskapitals am Ende des fünften Jahres. Es erfolgt also eine gleichmäßige Verteilung der Wertentwicklung innerhalb der ersten fünf Jahre. Die zu aktivierenden Überschüsse sind allerdings in der tatsächlich vorhandenen Höhe zu berücksichtigen.

Werden nur die vorzeitigen Risiken Tod oder Berufsunfähigkeit über eine Rückdeckungsversicherung abgesichert, so ist die Aktivierungspflicht nahezu ohne Bedeutung, solange noch kein Versorgungsfall eingetreten ist. Meist werden die Überschüsse solcher Verträge zur sofortigen Beitragsreduzierung oder zur pauschalen Erhöhung der Versicherungsleistung verwendet. Der Versicherungsschutz selbst ist in der Regel kein aktivierungsfähiger Vermögenswert. Sobald aber ein Versorgungsfall eingetreten ist, der Versicherungsanspruch also realisiert wurde, ist dieser Anspruch gegen das Versicherungsunternehmen vom Arbeitgeber in voller Höhe zu aktivieren.

Der jährliche Zuwachs des Aktivwertes wirkt sich gewinnerhöhend aus. Bei Fälligkeit der Versicherung muss die Differenz zwischen dem bereits ausgewiesenen (und versteuerten) Aktivwert und der Versicherungsleistung gewinnerhöhend verbucht werden. Im Gegenzug zur Aktivierung und damit Versteuerung der Versicherungsleistung können die Beiträge steuerlich geltend gemacht werden. Hierdurch ergibt sich eine Versteuerung sämtlicher Erträge aus der Rückdeckungsversicherung. Im Gegensatz zur privaten Lebensversicherung und zur Direktversicherung gibt es keine Sonderregelungen, um die Steuerfreiheit der Erträge zu erreichen.

Beispiel:
Aktivierung des Versicherungsanspruches

Ein 40-jähriger Mann erhält eine Zusage auf eine jährliche Altersrente in Höhe von 10 000 € ab Alter 65. Zur Absicherung schließt der Arbeitgeber eine Rückdeckungsversicherung mit einer Ablaufleistung in Höhe des versicherungsmathematischen Barwertes der Altersrente (98 234 €) ab.

Der Jahresbeitrag für die Versicherung beträgt 2 270 €. Die steuerlichen Auswirkungen entwickeln sich folgendermaßen:

(1)	(2)	(3)	(4)	(5)
Alter des Arbeitnehmers	Beitrag	Aktivwert	Zunahme Aktivwert (= Differenz zum Vorjahr)	Gewinnerhöhung (+) bzw. -minderung (-) (4) – (2)
41	2 270 €	2 043 €	2 043 €	– 227 €
42	2 270 €	4 168 €	2 125 €	– 145 €
43	2 270 €	6 377 €	2 210 €	– 60 €
44	2 270 €	8 676 €	2 298 €	28 €
45	2 270 €	11 066 €	2 390 €	120 €
...	...	...	...	...
50	2 270 €	29 058 €	3 300 €	1 030 €
...	...	...	...	...
60	2 270 €	70 267 €	4 885 €	2 615 €
...	...	...	...	...
65	2 270 €	98 234 €	6 392 €	4 122 €
Summe	56 750 €		98 234 €	41 484 €

Nach Auszahlung der vollen Versicherungsleistung erlischt die Versicherung. Die steuerliche Behandlung des zugeflossenen Kapitals hängt deshalb davon ab, wie der Arbeitgeber die Auszahlungssumme verwendet. Bei Abschluss einer Rentenversicherung zur Rückdeckung ist auch nach Leistungsbeginn jedes Jahr der Wert der Versicherung zu aktivieren.

Steuerliche Behandlung der rückgedeckten Pensionszusage

223 Die Aktivierung des Rückdeckungsanspruches führt vor allem bei einer vollständigen Rückdeckung zu Steuerzahlungen, obwohl dem Arbeitgeber aus

der Erhöhung des Versicherungswertes keine liquiden Mittel direkt zufließen. Hierdurch verringern sich die Liquiditätsvorteile, die der Arbeitgeber aus der Bildung der Pensionsrückstellungen erzielt. Allerdings entlastet sich der Arbeitgeber durch die Versicherung auch von der finanziellen Verpflichtung, die hinter den Pensionsrückstellungen steht.

Beispiel:

Einem 40-jährigen neu eintretenden Arbeitnehmer wird eine Pensionszusage auf jährliche Altersrente von 10 000 € ab dem 65. Lebensjahr erteilt. Die Zusage wird mit einer Kapitallebensversicherung rückgedeckt, die als Ablaufleistung den versicherungsmathematischen Barwert der Zusage erbringt (98 234 €). Der Jahresbeitrag für die Versicherung beträgt 2 270 €. Unter Berücksichtigung eines Unternehmenssteuersatzes von 38 % ergeben sich für den Arbeitgeber folgende Auswirkungen:

(1)	*(2)*	*(3)*	*(4)*	*(5)*	*(6)*
Alter	*Erhöhung Rückstellung*	*Erhöhung Aktivwert*	*Versicherungsbeitrag*	*Gewinnminderung (2) – (3) + (4)*	*Liquiditätsminderung (4) – (5) * 0,38*
41	1 571 €	2 043 €	2 270 €	1 798 €	1 587 €
42	1 668 €	2 125 €	2 270 €	1 813 €	1 581 €
43	1 773 €	2 210 €	2 270 €	1 833 €	1 573 €
44	1 885 €	2 298 €	2 270 €	1 857 €	1 564 €
45	2 004 €	2 390 €	2 270 €	1 884 €	1 554 €
...	...	...	...	...	...
50	2 750 €	3 300 €	2 270 €	1 720 €	1 616 €
...	...	...	...	...	...
60	5 603 €	4 885 €	2 270 €	2 988 €	1 135 €
...	...	...	...	...	...
65	8 505 €	6 392 €	2 270 €	4 383 €	604 €
Summe	98 234 €	98 234 €	56 750 €	56 750 €	35 185 €

Im obigen Beispiel ist die jährliche Steigerung des Aktivwertes ab Beginn der Zusage höher als die Steigerung der Pensionsrückstellungen. Dadurch entsteht in den ersten Jahren eine Liquiditätsbelastung für den Arbeitgeber, die höher ist als die Nettobelastung aus dem Versicherungsbeitrag. Gegen Ende der Laufzeit steigen allerdings die Rückstellungen stärker an als der Aktivwert, wodurch die anfängliche Liquiditätsbelastung wieder ausgeglichen wird.

Denn im Alter 65 Jahre gleichen sich Rückstellungen und Aktivwert exakt aus. Die gesamte Liquiditätsbelastung entspricht somit der Nettobelastung aus der Summe der zu zahlenden Versicherungsbeiträge.

224 Wird eine Pensionszusage erst nach einigen Jahren der Betriebszugehörigkeit erteilt, so können relativ hohe Erstrückstellungen gebildet werden. Hierdurch kommt es dann in der Regel im ersten Jahr zu einem deutlichen Liquiditätsüberschuss, der sich aber bis zum Alter 65 Jahre ebenfalls wieder abbaut.

Pensionszusage und Rückdeckungsversicherung sind vom Arbeitgeber grundsätzlich getrennt zu bilanzieren. Die steuerlichen Gesamtauswirkungen einer rückgedeckten Pensionszusage lassen sich deshalb durch eine einfache Addition der jeweiligen Auswirkungen ermitteln.

Übersicht:
Steuerliche Behandlung der rückgedeckten Pensionszusage

	Gewinnerhöhung	Gewinnminderung
Vor Eintritt des Versorgungsfalles	– Erhöhung des Aktivwertes	– Versicherungsbeiträge – Erhöhung der Pensionsrückstellungen
Bei Eintritt des Versorgungsfalles	– Differenz zwischen Aktivwert und Versicherungsleistung	– Noch bezahlte Versicherungsbeiträge – Auffüllung der Rückstellungen auf den Barwert
Während der Rentenzahlung	– Auflösung der Rückstellungen	– Bezahlte Renten

5.3.2 Rückdeckung mit Investmentfonds

225 Bei dieser Rückdeckungsvariante wird der reine Sparvorgang von der Risikoabsicherung getrennt. Die vorzeitigen Versorgungsleistungen Tod und Berufsunfähigkeit werden über Risikoversicherungen rückgedeckt.

Das notwendige Kapital für die Altersrente wird über Investmentfonds rückgedeckt. Depotinhaber und Verfügungsberechtigter über das Fondsvermögen ist ausschließlich der Arbeitgeber. Er entscheidet auch grundsätzlich über die Anlagestrategie des Depots.

Steuerliche Behandlung inländischer Investmentfonds

Im Unterschied zur Rückdeckungsversicherung ist der Kauf von Investmentanteilen keine Betriebsausgabe und somit steuerlich nicht wirksam. Es handelt sich lediglich um einen Aktivtausch, also eine „Umbuchung" von Bankguthaben in „Fondsguthaben".

Das Fondsguthaben ist in der Bilanz des Arbeitgebers zu aktivieren, allerdings nicht mit seinem aktuellen Kurswert, sondern nur mit den Anschaffungskosten. Wertsteigerungen des Fonds wirken sich in der Bilanz des Unternehmens nicht aus bzw. erst bei Verkauf der Fondsanteile. Somit kann das Unternehmen über die Jahre erhebliche stille Reserven bilden.

Ein großer Vorteil einer Rückdeckung mit Investmentfonds resultiert aus dem Steuersenkungsgesetz 2001. Seit dem Jahr 2001 sind Dividenden und Veräußerungsgewinne steuerlich begünstigt. Nur Zinserträge sind grundsätzlich voll steuerpflichtig. Zu beachten ist allerdings, dass die steuerliche Begünstigung nur für inländische Investmentfonds gilt. Der Umfang der steuerlichen Begünstigung ist abhängig von der Gesellschaftsform des Arbeitgebers.

Bei Personengesellschaften ist das so genannte Halbeinkünfteverfahren anzuwenden. Dabei sind ausgeschüttete und thesaurierte Dividendenerträge des Investmentfonds nur zur Hälfte einkommensteuerpflichtig. Sie unterliegen allerdings in voller Höhe der Gewerbesteuer. Kursgewinne von Aktienanlagen bleiben bis zur Ausschüttung steuerfrei. Bei Ausschüttung bleiben diese ebenso wie bei Verkauf der Investmentfondsanteile zur Hälfte steuerfrei. 226

Bei Kapitalgesellschaften sind sowohl die Kursgewinne als auch die Dividendenerträge von Aktienanlagen des Investmentfonds körperschaftsteuerfrei. Das gilt unabhängig davon, ob diese Erträge thesauriert oder ausgeschüttet werden. Allerdings ist auch hier auf die Dividenden Gewerbesteuer zu zahlen. Selbst bei Verkauf der Fondsanteile, also bei Realisierung der Kursgewinne, bleiben die Wertsteigerungen aus Aktien steuerfrei. Fazit: Die Anlage in reinen Aktienfonds führt in der Kapitalgesellschaft zu völliger Körperschaftsteuerfreiheit der Erträge.

Versicherungs- oder Fondsrückdeckung

Die Rückdeckung mit Investmentfonds kann auf keinen Fall die Absicherung vorzeitiger Versorgungsfälle durch entsprechende Versicherungen ersetzen. Fraglich ist aber, ob der Sparprozess zur Finanzierung der Altersleistung besser über kapitalbildende Versicherungen oder über Investmendfonds erfolgen sollte. Die Antwort ist entscheidend von der individuellen Renditeerwartung und der individuellen Risikoeinschätzung der beiden Anlageformen abhängig. 227

Aus steuerlicher Sicht sind in Kapitalgesellschaften Aktienfonds derzeit sicherlich die vorteilhafteste Anlage, da nahezu alle Erträge steuerfrei sind. Rentenfonds die weitgehend nur Zinserträge erzeugen, sind dagegen steuerlich uninteressant.

Neben steuerlichen und Renditekriterien spielen in der Praxis aber auch die Fragen der Gestaltung der Versorgung sowie die Abwicklung eine bedeutende Rolle. Die Rückdeckung mit Investmentfonds erfordert z. B. eine zusätzliche Abstimmung der Versicherungen für vorzeitige Versorgungsfälle mit der Fondsrückdeckung. Denn je höher der jeweils aktuelle Kurswert des Fonds ist, desto niedriger ist der zusätzliche Versicherungsbedarf zur Finanzierung der Todesfallleistung.

Zur Bildung von Rückstellungen muss eine konkrete Versorgungsleistung zugesagt werden. Eine garantierte Leistung gibt es aber zumindest bei Aktienfonds üblicherweise nicht. Da die Wertsteigerung insbesondere bei den steuerlich attraktiven Aktienfonds sehr stark schwankt und sehr schwer vorausgesehen werden kann, ist auch eine enge Verknüpfung mit der Pensionszusage – wie bei einer Rückdeckungsversicherung üblich – schwerer möglich.

In der Praxis gibt es bei der Rückdeckung mit Investmentfonds eine Vielzahl von Gestaltungsvarianten deren Darstellung den Rahmen einer Einführung in dieses Thema sprengen würde. Deshalb werden im Folgenden stellvertretend zwei Modelle kurz vorgestellt.

Rückdeckungsmodell für Entgeltumwandlung

228 Das Modell geht davon aus, dass ein Arbeitnehmer zunächst einmalig nur für ein Jahr Entgelt umwandelt. Die Gesamtversorgung des Arbeitnehmers im Alter setzt sich somit aus der Summe der Versorgungsbausteine der einzelnen Jahre zusammen. Das hat den Vorteil, dass Arbeitnehmer und Arbeitgeber jedes Jahr neu entscheiden können, ob und in welcher Höhe sie erneut umwandeln wollen.

Der Umwandlungsbetrag wird vom Arbeitgeber in ein Investmentdepot, z. B. in einen Aktienfonds, eingezahlt. Der Arbeitnehmer erhält eine Zusage auf lebenslängliche Altersrente, die aus dem einmaligen Umwandlungsbetrag finanzierbar ist. Somit ist sichergestellt, dass der Arbeitgeber ein biometrisches Risiko trägt, das wiederum Voraussetzung für die steuerliche Anerkennung der Zusage ist. Zur Umrechnung des Umwandlungsbetrages in die zugesagte Rente ist ein Rechnungszins erforderlich, den der Arbeitgeber als Mindestverzinsung garantiert. Je höher der Mindestzins, desto höher sind die Steuervorteile des Arbeitgebers aus der Rückstellungsbildung. Aber umso höher ist auch das Risiko des Arbeitgebers, dass der Fonds diese Verzinsung nicht erwirtschaftet. In der Praxis wird häufig ein Mindestzins von 3,25 % angesetzt.

Die umgewandelten Gehaltsteile zuzüglich der Mindestverzinsung ergeben den zu Beginn des Rentenalters vorhandenen garantierten Kapitalstock und somit die garantierte Mindestrente. Für den Arbeitnehmer stellt die Garantieverzinsung lediglich eine Mindestleistung dar. Im Versorgungsfall erhält er den vollen Kurswert bzw. die aus dem vollen Kurswert finanzierbare Rente.

Stirbt der Arbeitnehmer vor Rentenbeginn, so erhält die Witwe ein Todesfallkapital in Höhe des Kurswertes des Fonds zu diesem Zeitpunkt, aber mindestens in Höhe des zu diesem Zeitpunkt garantierten Versorgungskapitals.

Beispiel:

Ein 40-jähriger Arbeitnehmer einer GmbH wandelt einmalig 10 000 € zu Gunsten einer Pensionszusage um. Hierfür erhält er im Alter 65 Jahre eine garantierte Rente von 1 823 € oder wahlweise eine Kapitalabfindung von 22 246 €. Grundlage für diese Berechnung ist ein Rechnungszins von 3,25 %. Der Umwandlungsbetrag wird in einen Aktienfonds investiert.

Ist zu Rentenbeginn der tatsächliche Fondswert höher als das garantierte Kapital, so erhält er den gesamten Fondswert bzw. die daraus finanzierbare Rente. Im Beispiel sind dies bei einer Fondsrendite von 8 % 68 485 €.

Steuerliche Auswirkungen vor Rentenbeginn

Alter	Fondswert bei 8 % p. a. in Euro	Zuführung zur Pensionsrückstellung in Euro	Steuerpflichtige Erträge[1] in Euro	Steuerersparnis bei 39 % Steuersatz[2] in Euro
40	10 000	4 787	0	– 2 033
41	10 800	278	0	109
42	11 664	294	0	115
43	12 597	311	0	121
44	13 605	328	0	128
45	14 693	347	0	135
...	...	...	...	...
60	46 610	788	0	307
61	50 338	833	0	325
62	54 365	882	0	344
63	58 715	934	0	364
64	63 412	991	0	386
65	68 485	Insgesamt 18 267		Insgesamt 3 244

1 Die Gewerbesteuerpflicht der Dividenden wurde vernachlässigt.
2 Die entgangene Betriebsausgabe aus dem nicht gezahlten Gehalt ist hierbei berücksichtigt.

Bis zum Rentenbeginn spart der Arbeitgeber in diesem Beispiel 3 244 € an Steuern. Wählt der Arbeitnehmer zu Rentenbeginn die Kapitalabfindung, so muss der Arbeitgeber die Rückstellungen gewinnerhöhend auflösen und kann die Auszahlung des Fondswertes in voller Höhe als Betriebsausgaben geltend machen. Hierdurch ergibt sich für den Arbeitgeber nochmals eine zusätzliche Steuerersparnis von 19 585 €. Wird der Umwandlungsbetrag, was sicherlich sinnvoll ist, nicht in einen reinen Aktienfonds investiert, so reduziert sich die Steuerersparnis des Arbeitgebers, da die Fondserträge dann teilweise steuerpflichtig sind.

Rückdeckungsmodell für Leistungszusagen

229 Dieses Rückdeckungsmodell geht von Leistungszusagen aus, bei denen die Versorgungsleistung des Arbeitnehmers unabhängig vom Fondswert zugesagt wird. Die Anlage in Investmentfonds hat hier das Ziel, dem Arbeitgeber die Finanzierung der Versorgung durch eine hohe Rendite und steuerliche Vorteile zu „erleichtern“. In kleineren Unternehmen findet dieses Modell hauptsächlich für die so genannte Gesellschafter-Geschäftsführer-Versorgung Anwendung.

Neben der Frage der Absicherung vorzeitiger Versorgungsfälle stellt sich die Frage, welche Beiträge der Arbeitgeber regelmäßig in einen Investmentfonds einzahlen muss, um hieraus ab Rentenbeginn die späteren Versorgungsleistungen finanzieren zu können. Hierzu wird zunächst das zum Rentenbeginn notwendige Vermögen errechnet, das benötigt wird, um die Rentenzahlungen inklusive zugesagter Steigerungen hieraus finanzieren zu können. Das notwendige Vermögen entspricht dem Barwert der Altersrente zum Rentenbeginn. Der Barwert einer Rente ist das nach versicherungsmathematischen Grundsätzen berechnete notwendige Kapital, das im Durchschnitt ausreicht, um die zukünftigen Leistungen erbringen zu können. Die Barwertberechnung erfolgt in der Regel unter Berücksichtigung der Heubeck Sterbetafeln 1998 und einem Rechnungszins von 6 %.

Im nächsten Schritt wird der Betrag ermittelt, den das Unternehmen jährlich als „Sparbeitrag“ investieren muss, um das notwendige Vermögen anzusparen. Die Höhe des Sparbeitrages ist abhängig von der erwarteten Verzinsung der Einzahlungen in den Investmentfonds. Diese wiederum hängt von der gewählten Anlagestrategie ab.

Ab Rentenbeginn werden die laufenden Rentenleistungen aus dem angesparten Kapital finanziert. Beinhaltet die erteilte Zusage auch die Absicherung vorzeitiger Risiken (Berufsunfähigkeit und Tod), werden diese Risiken in der Anwartschaftsphase über Versicherungen abgedeckt.

Beispiel:

Ein 45-jähriger Arbeitnehmer erhält nach fünf Jahren Betriebszugehörigkeit eine Pensionszusage von 3 000 € monatlicher Altersrente ab Alter 65. Zur Finanzierung der Altersrente benötigt die GmbH bei Rentenbeginn ein Kapital in Höhe von 421 383 €. Die geschätzte Ertragserwartung des Aktienfonds beträgt 8 %. Hieraus errechnet sich ein jährlicher Sparbeitrag von 8 526 €. Zu Rentenbeginn steht ein Vermögen von 421 383 € zur Verfügung, das den gebildeten Pensionsrückstellungen entspricht.

Steuerliche Auswirkungen vor Rentenbeginn

Alter	Zuführung zur Pensionsrückstellung in Euro	Sparbeiträge in Euro	8 % Wertsteigerung des Fonds in Euro	Steuerpfl. Erträge in Euro	Steuerersparnis bei 39 % Steuersatz in Euro	Liquidität (+ Gewinn/- Verlust) in Euro
45	52 314	8 526	0	0	20 402	11 876
46	10 518	8 526	682	0	4 102	- 4 424
47	11 120	8 526	1 419	0	4 337	- 4 189
48	11 763	8 526	2 214	0	4 587	- 3 939
49	12 450	8 526	3 074	0	4 855	- 3 671
50	13 186	8 526	4 002	0	5 143	- 3 383
...	...	...	...	...	...	...
60	25 011	8 526	18 520	0	9 754	1 228
61	26 939	8 526	20 684	0	10 506	1 980
62	29 085	8 526	23 021	0	11 343	2 817
63	31 478	8 526	25 544	0	12 276	3 750
64	34 152	8 526	28 270	0	13 319	4 793
Insg.	421 383	170 520	250 862		164 340	- 6 182

Hinweis: Die Gewerbesteuerpflicht der Dividenden wurde vernachlässigt

Bis zum Rentenbeginn des Arbeitnehmers fließen insgesamt 6 182 € an Liquidität aus dem Unternehmen. Das heißt, die Versorgungsverpflichtung in Höhe von 421 383 € hat das Unternehmen nur 6 182 € gekostet. Auch hier gilt allerdings, dass diese Versorgung in der Praxis sicherlich nicht mit reinen Aktienfonds rückgedeckt wird, wodurch sich der tatsächliche Liquiditätsabfluss je nach gewählter Anlagestrategie erhöht.

5.4 Weitere Gestaltungsmöglichkeiten

230 Die Pensionszusage bietet eine nahezu unendliche Zahl von Gestaltungsmöglichkeiten, mit ebenso vielen Möglichkeiten zur Rückdeckung der eingegangenen Verpflichtung. Deshalb sollen hier nur die wichtigsten und am häufigsten vorkommenden Varianten kurz vorgestellt werden.

Festbetragszusage

Die Festbetragszusage ist sozusagen die Grundform der Pensionszusage. Der Arbeitnehmer erhält eine Zusage auf einen festgelegten Versorgungsbetrag, z. B. 500 € monatliche Altersrente. Diese Form der Zusage ist für den Arbeitgeber am besten kalkulierbar, da sich die Höhe des Anspruches so lange nicht ändert, bis sich der Arbeitgeber hierzu entschließt. Allerdings verliert diese Zusageform im Laufe der Zeit auch erheblich an Motivationswirkung, da ihr realer Wert für den Arbeitnehmer durch den Kaufkraftverlust permanent abnimmt.

Festbetragszusage mit regelmäßiger Steigerung

Um die Motivationswirkung auf Dauer zu erhalten empfiehlt es sich, in Festbetragszusagen Steigerungsbeträge vorzusehen, etwa eine Erhöhung der Anwartschaft auf monatliche Altersrente um 10 € pro zurückgelegtem Dienstjahr. Eine derartige Zusage ist für den Arbeitgeber ebenfalls gut kalkulierbar. Die Zusage von Steigerungsbeträgen bietet außerdem den Vorteil, dass diese bei der Berechnung der Pensionsrückstellungen bereits berücksichtigt werden können.

Gehaltsabhängige Zusage

Bei dieser Zusageform wird dem Arbeitnehmer eine Versorgung in Prozent seines letzten Gehaltes oder eines Durchschnittsgehaltes der letzten Jahre vor Rentenbeginn versprochen. Üblich ist es auch, zusätzlich eine Abhängigkeit von der Dienstzugehörigkeit vorzusehen.

Für den Arbeitnehmer ist eine solche Zusage nicht nur inflations-, sondern auch karrieregeschützt. Mit jeder Gehaltssteigerung steigt automatisch auch seine Versorgung an. Für den Arbeitgeber beinhaltet eine solche Zusage allerdings erhebliche Kalkulationsprobleme. Die Höhe der Versorgung steigt unabhängig vom Alter des Arbeitnehmers mit jeder Gehaltssteigerung. Der Finanzierungszeitraum wird aber mit zunehmendem Alter immer kürzer, der finanzielle Aufwand zur Finanzierung jeder Rentensteigerung immer höher.

Hinzu kommt, dass der Arbeitgeber die Steigerung auf Grund der zukünftigen Gehaltserhöhungen bei der Berechnung der Rückstellungen noch nicht berücksichtigen darf, da deren Eintritt noch ungewiss ist.

Gehaltsabhängige Zusage mit fest vereinbarter Steigerung der Anwartschaft

Das Verbot, die gehaltsabhängigen zukünftigen Steigerungen bei der Rückstellungsberechnung zu berücksichtigen, bedeutet für den Arbeitgeber einen erheblichen finanziellen Nachteil. Deshalb bietet es sich an, zumindest einen Teil der voraussichtlichen Steigerungen des Gehaltes in der Pensionszusage fest zuzusagen. Wird z. B. vereinbart, dass der Anspruch auf Altersrente mit dem Gehalt steigt, mindestens aber pro Jahr um 2 %, so kann diese fest zugesagte Steigerung bei der Rückstellungsberechnung bereits berücksichtigt werden.

Zusage fester Steigerungen in der Rentenphase

Laufende Renten muss der Arbeitgeber gemäß § 16 BetrAVG alle drei Jahre 231
einer Anpassungsprüfung unterziehen und sie an die Kaufkraftentwicklung anpassen. Auch diese Anpassungspflicht darf bei der Berechnung der Rückstellungen nicht berücksichtigt werden. Es sei denn, in der Pensionszusage wurde eine regelmäßige Erhöhung fest vereinbart. Sofern der Arbeitgeber die Zahlung lebenslänglicher Renten beabsichtigt, empfiehlt es sich deshalb, eine moderate Rentensteigerung ab Rentenbeginn in die Zusage aufzunehmen und hierfür zusätzliche Rückstellungen zu bilden. Außerdem kann bei einer garantierten jährlichen Anpassung von mindestens 1 % auch jede weiter gehende Anpassungsverpflichtung vermieden werden.

Gesamtversorgungszusagen

Bei dieser Zusageform wird dem Arbeitnehmer eine Gesamtversorgung ein- 232
schließlich der Leistungen aus der gesetzlichen Rentenversicherung versprochen. Die Differenz zwischen gesetzlicher Rente und versprochener Gesamtversorgung zahlt der Arbeitgeber im Leistungsfall direkt an den Arbeitnehmer. Auf Grund der Unsicherheit und Unkalkulierbarkeit der Leistungshöhe der gesetzlichen Rentenversicherung ist von dieser Zusageform dringend abzuraten.

5.5 Vor- und Nachteile der rückgedeckten Pensionszusage

Liquiditätsgewinn durch Rückstellungsbildung

233 Durch die Möglichkeit, steuerlich Aufwand geltend zu machen, obwohl noch keine Versorgungsleistungen gezahlt werden, profitiert der Arbeitgeber zunächst aus der Gewährung der betrieblichen Altersversorgung. In Höhe der Steuerersparnis auf den gebuchten Aufwand entsteht ein Liquiditätsgewinn, der erst nach Eintritt des Versorgungsfalles durch die Auflösung der Rückstellungen nach und nach wieder verloren geht. Durch diesen Liquiditätsgewinn wird die Belastung des Arbeitgebers aus der Beitragszahlung zur Rückdeckung erheblich verringert.

Pflicht zum Bilanzausweis

234 Die Nutzung der Vorteile aus der Rückstellungsbildung birgt den Nachteil in sich, die Versorgungsverpflichtung in der Bilanz ausweisen zu müssen. So können auch externe Betrachter leicht sehen, ob und in welcher Höhe ein Arbeitgeber Pensionsverpflichtungen übernommen hat. Die Aktivierung der Rückdeckungsversicherung führt allerdings dazu, dass sofort erkennbar ist, dass der Arbeitgeber für diese Verpflichtung finanzielle Vorsorge getroffen hat.

Verfügbarkeit über die Rückdeckung und Beleihung

Auch wenn der Abschluss einer Rückdeckung grundsätzlich das Ziel hat, die Versorgungsverpflichtung auszufinanzieren, ist es gut zu wissen, dass der Arbeitgeber über den vorhandenen Wert jederzeit verfügen kann. Er kann ihn bei Bedarf auch beleihen oder abtreten.

Beliebige Leistungshöhe und flexible Gestaltung

Im Gegensatz zu allen anderen Durchführungswegen ist die steuerliche Behandlung der Pensionszusage unabhängig von der Höhe der Versorgung. Es gibt also keine Obergrenzen, sofern die betriebliche Veranlassung der Versorgung erkennbar ist. Auch hinsichtlich der Gestaltung der Versorgungszusage hat der Arbeitgeber weiter gehende Freiheiten als bei allen anderen Durchführungswegen.

Nachgelagerte Besteuerung

Während der Anwartschaftszeit ist das Versorgungsversprechen nicht steuerpflichtig. Nach Leistungsbeginn muss die Versorgungsleistung zwar voll versteuert werden, aber durch die verschiedenen Freibeträge wird die Steuerbelastung in der Regel stark verringert oder es fällt sogar gar keine Steuer an. Im Gegensatz zur nachgelagerten Besteuerung bei den anderen Durchführungswegen (bei Inanspruchnahme der entsprechenden Steuerförderung) handelt es sich bei Versorgungsbezügen aus einer Pensionszusage um nachträgliche Einnahmen aus nichtselbstständiger Arbeit. Und für diese gibt es höhere Freibeträge, die zu einer niedrigeren Steuerbelastung führen.

Keine § 10 a-EStG-Förderung

Da es sich bei Pensionszusagen nicht um einen externen Versorgungsträger handelt, besteht auch keine Möglichkeit, für die Pensionszusagen-Versorgung die Förderung der Privatvorsorge nach § 10 a EStG in Anspruch zu nehmen. Allerdings wirkt sich dies nur bei Geringverdienern mit Kindern aus. In den meisten Fällen ist der Sonderausgabenabzug ohnehin günstiger als die Zulagenförderung. Und durch den Sonderausgabenabzug wird lediglich eine nachgelagerte Besteuerung erreicht, die für Pensionszusagen ohnehin gilt.

Keine Lohnsteuerpauschalierung

Auch die Lohnsteuerpauschalierung des § 40 b EStG ist bei Pensionszusagen nicht möglich. Auch wenn dies in der Praxis selten als Nachteil gesehen wird, gibt es doch zahlreiche Fälle, in denen eine pauschale Besteuerung der Beiträge verbunden mit steuerfreien Leistungen deutlich günstiger ist als die nachgelagerte Besteuerung. Wird z. B. bei einem individuellen Steuersatz von 40 % eine Todesfallversicherung über 100 000 € abgeschlossen, so fließt die Versicherungsleistung im Todesfall steuerfrei zu. Um aus einer Pensionszusage die gleiche Nettoleistung zu erhalten, hätte man 167 000 € an Versicherungssumme abschließen müssen. Der Beitrag hierfür wäre um 67 % höher gewesen als für die Direktversicherung. Das ist deutlich mehr als die Pauschalsteuerbelastung des Beitrages.

Recht auf Entgeltumwandlung nicht erfüllbar

Mit dem Angebot einer Pensionszusage durch Entgeltumwandlung kann der 235
Arbeitgeber das diesbezügliche Recht der Arbeitnehmer nicht abgelten. Auf Verlangen der Arbeitnehmer muss der Arbeitgeber zusätzlich die Entgeltum-

wandlung über eine Pensionskasse, einen Pensionsfonds oder eine Direktversicherung anbieten.

Versorgung junger Mitarbeiter nur eingeschränkt möglich

Die Pensionszusage eignet sich nicht für die Versorgung sehr junger Mitarbeiter. Pensionsrückstellungen dürfen nämlich erst gebildet werden, wenn ein Versorgungsberechtigter mindestens 28 Jahre alt ist. Davon ausgenommen sind nur Pensionszusagen, die durch Entgeltumwandlung finanziert werden und deshalb auch schon vor Alter 28 Jahre gesetzlich unverfallbar sind.

Keine Beitragszusagen

Über eine Pensionszusage sind nur reine Leistungszusagen oder beitragsorientierte Leistungszusagen möglich. Beitragszusagen mit Mindestgarantie sind im BetrAVG für die Pensionszusage nicht vorgesehen.

Aktivierungspflicht der Rückdeckungsversicherung, Bilanzausgleich

Die Pflicht zur Aktivierung der Rückdeckungsversicherung bedeutet eine Versteuerung sämtlicher Erträge aus der Versicherung. Hierdurch geht die durch die Rückstellungsbildung gewonnene Liquidität teilweise wieder verloren.

Allerdings belastet der Ausweis von Pensionsrückstellungen ohne einen entsprechenden Gegenposten auf der Aktivseite der Bilanz unter Umständen die Kreditwürdigkeit des Unternehmens oder erschwert den Unternehmensverkauf. Die Aktivierung der Rückdeckungsversicherung sorgt hier für den entsprechenden bilanziellen Ausgleich. Sie zeigt auch dem externen Betrachter, dass die Versorgungsverpflichtung ausfinanziert ist und somit kein zusätzliches betriebsfremdes Risiko getragen werden muss. Bei Eintritt vorzeitiger Versorgungsfälle bietet die Versicherung den bilanziellen Gegenposten zu den drastisch ansteigenden Pensionsrückstellungen.

Niedrige Aktivwerte bei Investmentfonds

236 Im Gegensatz zu einer Versicherungsrückdeckung sind Investmentfonds nur mit den Anschaffungskosten zu aktivieren und deren Erträge nur teilweise steuerpflichtig. Das schont die Liquidität des Unternehmens. Allerdings fehlt auch der bilanzielle Ausgleichsposten zu den Rückstellungen.

Verwaltungsaufwand, PSV-Beiträge, kein versicherungsvertragliches Verfahren

Die Pensionszusage ist ohne Zweifel der verwaltungsaufwendigste Durchführungsweg. Zusage und Versicherung müssen jedes Jahr neu bilanziert werden, die Leistungen müssen selbst an die Versorgungsberechtigten ausgezahlt und die Lohnsteuer hiervon einbehalten und an das Finanzamt abgeführt werden. Beim Ausscheiden von Mitarbeitern gibt es – außer im Rahmen der Abfindungsmöglichkeit – nicht die Möglichkeit der Mitgabe der Versicherung. Stattdessen müssen die unverfallbaren Ansprüche berechnet und bis zum Rentenbeginn des ausgeschiedenen Mitarbeiters aufrechterhalten werden. Für unverfallbare Anwartschaften gibt es keine Möglichkeit, die PSV-Beitragspflicht zu vermeiden.

Keine private Weiterführung möglich

Scheidet ein Mitarbeiter mit einer rückgedeckten Pensionszusage bei seinem Arbeitgeber aus, so kann er die für ihn bestehende Versicherung nicht ohne weiteres privat weiterführen. Sofern die Ansprüche noch verfallbar sind, müsste der Mitarbeiter die Versicherung dem Arbeitgeber „abkaufen". Bestehen bei Ausscheiden aber bereits unverfallbare Ansprüche, so benötigt der Arbeitgeber die Versicherung weiterhin zur Rückdeckung dieser Ansprüche und kann sie somit nicht auf den Arbeitnehmer übertragen.

Steuerfreie Übernahme von Versorgungswerken

Die Übernahme einer bestehenden Versorgungszusage oder eines kompletten Versorgungswerkes ist über Pensionszusagen relativ problemlos möglich. Insbesondere ist die Übernahme bei den betroffenen Arbeitnehmern nicht lohnsteuerpflichtig.

6 Die Gruppenunterstützungskasse

Die Unterstützungskasse ist eine mit Sondervermögen ausgestattete, rechtlich selbstständige Einrichtung, die von einem oder mehreren Arbeitgebern (Trägerunternehmen) getragen wird. Die Kasse gewährt den Zugehörigen dieser Arbeitgeber Versorgungsleistungen ohne Rechtsanspruch. Je nach Anzahl der Trägerunternehmen wird unterschieden zwischen Einzel-, Konzern- oder Gruppenunterstützungskassen. 237

Die Kasse finanziert ihre Leistungen aus den Zuwendungen, die jedes Trägerunternehmen freiwillig an die Kasse erbringt. Die Zuwendungen sind beim Trägerunternehmen in begrenztem Umfang als Betriebsausgaben abzugsfähig.

Die Unterstützungskasse selbst ist eine juristische Person, meist in der Rechtsform eines eingetragenen Vereins. Sie verfügt über ein eigenes Vermögen, das sich aus den Zuwendungen des bzw. der Trägerunternehmen und aus der Anlage der ihr zugeflossenen Mittel bildet. Die Kasse erbringt aus ihrem Vermögen Versorgungsleistungen an die Arbeitnehmer des Trägerunternehmens.

Beteiligung an einer Gruppenunterstützungskasse

Durch die Beteiligung an einer Gruppenunterstützungskasse können auch kleinere Betriebe, für die die Gründung einer eigenen Unterstützungskasse zu aufwändig wäre, diesen Durchführungsweg nutzen. Zahlreiche Versicherungs- und Beratungsunternehmen, die sich mit betrieblicher Altersversorgung beschäftigen, haben inzwischen Kooperationen mit solchen Gruppenunterstützungskassen. Der Arbeitgeber wird zunächst Mitglied der Kasse. Anschließend wird in einem Leistungsplan mit der Kasse vereinbart, welche Mitarbeiter welche Leistungen von der Kasse erhalten sollen. Die Unterstützungskasse erteilt die entsprechenden Versorgungszusagen an die Mitarbeiter. Zur Finanzierung dieser Zusagen leistet das Unternehmen Zuwendungen an die Kasse, die innerhalb der Grenzen des § 4 d EStG als Betriebsausgaben abgezogen werden können. Neben den Zuwendungen zur Finanzierung der Versorgungsleistungen muss das Trägerunternehmen in der Regel Mitgliedsbeiträge oder Gebühren an die Unterstützungskasse zahlen. Sie dienen der Deckung von Verwaltungskosten der Kasse. 238

Die Unterstützungskasse führt für jedes Trägerunternehmen ein gesondertes Teilvermögen. Es errechnet sich aus den Zuwendungen dieses Unternehmens, zuzüglich den darauf erzielten Vermögenserträgen, abzüglich der bereits erbrachten Versorgungsleistungen an Zugehörige dieses Unternehmens. Die Berechnung des Teilvermögens ist notwendig, weil hiervon auch die möglichen Zuwendungen eines Trägerunternehmens abhängen. Auch bei Insolvenz eines einzelnen Trägerunternehmens ist die Bestimmung des Teilvermögens wichtig. Der PSVaG, der die unverfallbaren Anwartschaften übernimmt, hat dann einen Anspruch gegen die Unterstützungskasse auf einen Betrag in Höhe des Teils des Kassenvermögens, der auf dieses Trägerunternehmen entfällt (§ 9 BetrAVG).

Leistungen ohne Rechtsanspruch

239 Die Unterstützungskasse erteilt ihren Versorgungsberechtigten auf Grund ihrer Definition keinen Rechtsanspruch auf die zugesagten Leistungen. Die Versorgungsberechtigten werden hierdurch allerdings nicht benachteiligt. Auf Grund höchstrichterlicher Arbeitsrechtsprechung besteht ein faktischer Anspruch des Arbeitnehmers auf die zugesagten Unterstützungskassenleistungen. Aus dem arbeitsrechtlichen Grundverhältnis, also dem Arbeitsvertrag, besteht ein Rechtsanspruch gegenüber dem Arbeitgeber. Bleiben die Leistungen der Unterstützungskasse aus, ist der Arbeitgeber verpflichtet, die zugesagte Versorgung sicherzustellen.

Auch bei Insolvenz des Trägerunternehmens besteht für unverfallbare Ansprüche und laufende Renten eine Absicherung durch den PSVaG in Köln. Der Arbeitgeber muss deshalb auch für Unterstützungskassenzusagen ab Eintritt der Unverfallbarkeit Beiträge an den PSVaG zahlen.

Pauschaldotierte oder rückgedeckte Unterstützungskasse

240 Unterstützungskassen sind grundsätzlich in der Anlage ihres Vermögens frei. Allerdings sind die steuerlich abzugsfähigen Zuwendungen (Dotierungen) des Arbeitgebers an die Unterstützungskasse von der Art der Vermögensanlage abhängig.

Eine vollständige Ausfinanzierung der Versorgungsleistungen ist in der Regel nur möglich, wenn die Unterstützungskasse zur Finanzierung ihrer Versorgungsversprechen Rückdeckungsversicherungen abschließt. Der Arbeitgeber kann einer solchen rückgedeckten Unterstützungskasse die zur Zahlung der Versicherungsbeiträge benötigten Beträge zuwenden.

Schließt die Unterstützungskasse keine Rückdeckungsversicherungen ab, sondern legt ihr Vermögen anderweitig an, so sind die Zuwendungen in der Regel wesentlich niedriger. Es gelten pauschale Regelungen für die Dotierung, die nur die Bildung eines so genannten Reservepolsters erlauben. In der Praxis ist deshalb die pauschaldotierte Gruppenunterstützungskasse von geringerer Bedeutung als die rückgedeckte Gruppenunterstützungskasse.

6.1 Steuerliche Behandlung der Unterstützungskasse

6.1.1 Voraussetzungen für die Steuerfreiheit

Unterstützungskassen sind juristische Personen des privaten Rechts und damit grundsätzlich voll körperschaftsteuerpflichtig. Unter bestimmten Voraussetzungen können sie jedoch von der Körperschaftsteuer befreit werden. 241

Übersicht:
Voraussetzungen für die Steuerbefreiung einer Unterstützungskasse

- Leistungsempfänger der Kasse sind nur Zugehörige oder Arbeitnehmer des Trägerunternehmens
- Mehrzahl der Leistungsempfänger ist nicht Unternehmer oder Gesellschafter
- keine Zuschusspflicht der Leistungsempfänger
- Mitwirkungsrecht der Leistungsempfänger
- Beschränkung der Leistungshöhe
- Verwendung des Kassenvermögens nur für satzungsgemäße Zwecke
- zulässiges Kassenvermögen um nicht mehr als 25 % überschritten

Leistungsempfänger der Kasse sind nur Zugehörige oder Arbeitnehmer des Trägerunternehmens

Das KStG unterscheidet hinsichtlich der Steuerbefreiung der Kasse nicht zwischen Leistungsempfängern und Leistungsanwärtern. Beide gehören zu den Leistungsempfängern. 242

Eine Unterstützungskasse darf als Leistungsempfänger nur Zugehörige und frühere Zugehörige des wirtschaftlichen Geschäftsbetriebes sowie Arbeitnehmer und arbeitnehmerähnliche Personen aufnehmen. Auch die Angehörigen der genannten Personenkreise dürfen Leistungsempfänger der Unterstützungskasse sein.

Arbeitnehmerähnliche Personen sind solche, deren Tätigkeit für das Unternehmen von gewisser Dauer ist und die vom Unternehmen sozial abhängig sind. Dies können z. B. Heimarbeiter oder Handelsvertreter sein.

Für Zugehörige des wirtschaftlichen Geschäftsbetriebes des Trägerunternehmens ist es nicht notwendig, dass eine soziale Abhängigkeit besteht. Zu den Zugehörigen des wirtschaftlichen Geschäftsbetriebes gehören daher auch Einzelunternehmer, Personengesellschafter oder Gesellschafter von Kapitalgesellschaften. Es spielt keine Rolle, ob sie im Unternehmen mitarbeiten oder ausschließlich am Kapital beteiligt sind. Sie alle können in den Kreis der Leistungsberechtigten einer steuerbefreiten Unterstützungskasse aufgenommen werden.

Mehrzahl der Leistungsempfänger ist nicht Unternehmer oder Gesellschafter

243 Eine Unterstützungskasse darf als Leistungsempfänger neben Arbeitnehmern und arbeitnehmerähnlichen Personen auch sonstige Zugehörige des Trägerunternehmens, auch den Unternehmer selbst, aufnehmen. Allerdings dürfen für den Unternehmer keine Zuwendungen als Betriebsausgaben geltend gemacht werden. Die Kasse kann lediglich Teile ihres Vermögens, die nicht zur Versorgung der übrigen Leistungsberechtigten benötigt werden, für den berechtigten Unternehmer verwenden. Die Möglichkeiten hierzu sind allerdings durch die Begrenzung der Zuwendungen und des steuerlich zulässigen Kassenvermögens stark eingeschränkt.

Für einen geschäftsführenden GmbH-Gesellschafter können hingegen auch mit steuerlicher Wirkung Zuwendungen geleistet werden. Um die Steuerbefreiung der Kasse zu erhalten, dürfen sich die Leistungsempfänger aber nicht in der Mehrzahl aus Unternehmern oder Gesellschaftern zusammensetzen (§ 1 KStDV). Es muss also stets mindestens die Hälfte aller Leistungsempfänger Arbeitnehmer oder arbeitnehmerähnliche Personen sein. Auch bei der Bemessung der Leistungshöhe dürfen die Gesellschafter nicht einseitig bevorzugt werden (Abschn. 6 Abs. 4 KStR). Wie groß die Differenz zwischen Unternehmer- und Arbeitnehmerversorgung sein darf, ist nicht festgelegt. Es kommt also darauf an, für jeden Einzelfall eine sachliche, möglichst objektive Begründung für den Unterschied zu finden.

Keine Zuschusspflicht der Leistungsempfänger

244 Um den sozialen Charakter der Unterstützungskasse zu erhalten, dürfen die Leistungsempfänger weder zu laufenden Beiträgen noch zu sonstigen Zuschüssen verpflichtet werden (§ 3 KStDV). Es steht ihnen allerdings jederzeit offen, freiwillige Zuwendungen an die Kasse zu leisten, ohne die Steuerfreiheit zu gefährden.

Auf Grund der genannten Vorschriften war es lange Zeit fraglich, ob Unterstützungskassenzusagen auch durch Entgeltumwandlungen finanziert werden können. Die Finanzverwaltung hat aber inzwischen entschieden, dass eine Entgeltumwandlung zu Gunsten einer Unterstützungskassen-Versorgung keine Leistungsverpflichtung des Arbeitnehmers an die Unterstützungskasse darstellt.

Mitwirkungsrecht der Leistungsempfänger

245 Den Leistungsempfängern oder den Arbeitnehmervertretungen des Betriebes muss satzungsgemäß und tatsächlich das Recht zustehen, an der Verwaltung sämtlicher Beträge, die der Kasse zufließen, beratend mitzuwirken (§ 3 Nr. 2 KStDV, Abschn. 6 Abs. 7 KStR). Es genügt nicht, allein in die Satzung eine entsprechende Bestimmung aufzunehmen. Das Mitwirkungsrecht darf auch tatsächlich nicht eingeschränkt werden. Es erstreckt sich auf die Verwaltung sämtlicher zufließender Beträge, also sowohl auf die erhaltenen Zuwendungen als auch auf die Vermögenserträge der Kasse. Die beratende Mitwirkung der Leistungsberechtigten beschränkt sich auf das Recht, informiert zu werden und hierzu Stellung nehmen zu können. Ein Mitbestimmungsrecht bei Entscheidungen der Kasse steht den Leistungsberechtigten nicht zu.

Das Mitwirkungsrecht muss nicht jedem einzelnen Versorgungsberechtigten eingeräumt werden. Es genügt, wenn bei der Kasse ein Beirat gebildet wird, der sich aus Arbeitnehmern aller Trägerunternehmen zusammensetzt. Der Beirat muss allerdings die Gesamtheit der Betriebzugehörigen der Trägerunternehmen repräsentieren, d. h., er muss unmittelbar oder mittelbar von diesen gewählt worden sein. In der Praxis hat meist jedes Trägerunternehmen das Recht, ein Mitglied in den Beirat zu entsenden. Der Arbeitgeber verpflichtet sich gegenüber der Kasse, seinen Arbeitnehmern die Möglichkeit zur Wahl eines Beiratsmitgliedes einzuräumen.

Beschränkung der Leistungshöhe

246 Für laufende Leistungen und Sterbegelder aus Unterstützungskassen sind in §§ 2 und 3 KStDV Höchstgrenzen festgelegt: Danach dürfen an 88 % der Leistungsempfänger maximal folgende Beträge jährlich gezahlt werden:

als Altersrente	jährlich 25 769 €
als Witwenrente	jährlich 17 179 €
als Waisenrente	jährlich 5 154 € für jede Halbwaise
	jährlich 10 308 € für jede Vollwaise
als Sterbegeld	jährlich 7 669 € Gesamtleistung

An weitere 8 % der Leistungsempfänger dürfen mit Ausnahme des Sterbegeldes folgende höhere Beträge geleistet werden:

als Altersrente	jährlich 38 654 €
als Witwenrente	jährlich 25 769 €
als Waisenrente	jährlich 7 731 € für jede Halbwaise
	jährlich 15 461 € für jede Vollwaise

Für die restlichen 4 % besteht keine Begrenzung hinsichtlich der Leistungshöhe. Diese Grenzen sind von der Unterstützungskasse insgesamt, also nicht von jedem einzelnen Trägerunternehmen, einzuhalten. In der Praxis verlangen aber die meisten Gruppenunterstützungskassen die Einhaltung von jedem einzelnen Unternehmen.

Soll ein Arbeitnehmer mehr als 25 769 € an jährlicher Altersrente erhalten, so müssen mindestens acht weitere Arbeitnehmer (= 88,9 %) mit geringeren Leistungen versorgt werden. Ist für einen Arbeitnehmer eine Versorgungsleistung von mehr als 38 654 € vorgesehen, so müssen mindestens 22 weitere (= 88 %) weniger als 25 769 € und zwei weitere (= 8 %) weniger als 38 654 € erhalten. Die steuerlichen Höchstbeträge sind allerdings so hoch, dass sie für die Versorgung von Arbeitnehmern in der Praxis kaum Bedeutung haben.

Werden anstatt laufender Renten einmalige Kapitalabfindungen gezahlt, müssen die genannten Grenzen von den zu kapitalisierenden Renten einge-

Beispiel:

Eine Unterstützungskasse gewährt ihren Leistungsempfängern anstatt laufender Altersrenten einmalige Kapitalbeträge in unterschiedlicher Höhe, zahlbar im Alter 65. Der Kreis der Leistungsberechtigten setzt sich folgendermaßen zusammen:

8 männl. Anwärter 110 000 €
1 männl. Anwärter 140 000 €
1 männl. Anwärter 280 000 €

Umrechnung der Kapitalbeträge in Jahresrenten:
(Rentenbarwertfaktor bei 5,5 % Zins: 10,192)

8 Anwärter je	10 793 €
1 Anwärter	13 736 €
1 Anwärter	27 473 €

Die steuerlichen Höchstgrenzen sind eingehalten, da
9 Anwärter (= 90 %) weniger als 25 769 € und
1 Anwärter (= 10 %) weniger als 38 654 € erhalten.

halten werden. Hierbei ist ein Zinsfuß von 5,5 % zu Grunde zu legen (Abschn. 6 Abs. 16 KStR). Dem Leistungsempfänger darf durch die Kapitalisierung also nicht mehr zufließen, als er aus der laufenden Rente voraussichtlich bekommen würde. Wird einem männlichen Arbeitnehmer im Alter von 65 Jahren anstatt einer laufenden Rente von jährlich 25 769 € eine einmalige Kapitalzahlung versprochen, so darf diese nicht mehr als 262 638 € betragen, um die Steuerbefreiung der Kasse zu erhalten.

Die oben genannten Höchstbeträge führen nicht nur zu einer Beschränkung der Leistungshöhe, sondern auch zu einer weiteren Einschränkung der Leistungsempfänger. Denn als Versorgungsberechtigte im Todesfall kommen lediglich Witwen/Witwer sowie Waisen in Frage. Alle anderen Personen, also auch die Lebensgefährten, dürfen lediglich ein Sterbegeld von maximal 7 669 € erhalten. Umgekehrt gilt aber auch für die Unterstützungskasse die allgemeine Definition der Hinterbliebenen in der betrieblichen Altersversorgung. Deshalb kann das Sterbegeld auch nicht an beliebige Personen ausgezahlt werden, sondern im Ergebnis nur an Lebensgefährten im Einzelfall.

Verwendung des Kassenvermögens nur für satzungsgemäße Zwecke

Die Unterstützungskasse muss sicherstellen, dass ihr Vermögen und ihre Ein- 247
künfte ausschließlich, unmittelbar und auf Dauer für die Zwecke der Kasse gesichert sind. Diese Zweckbindung muss sich sowohl aus der Satzung als auch aus der tatsächlichen Geschäftsführung ergeben (§ 5 Abs. 1 Nr. 3 c KStG). Sie muss allerdings nicht beachtet werden, soweit das Kassenvermögen überdotiert ist. Durch die Zweckbindung soll verhindert werden, dass der Unterstützungskasse aus rein steuerlichen Erwägungen heraus Beträge zugewendet werden, um sie dort steuerfrei zu „parken“ und sie bei Bedarf wieder ans Unternehmen zurückzuübertragen. Eine Rückübertragung ist grundsätzlich nur bei Überdotierung möglich, oder wenn das Trägerunternehmen Leistungen der Kasse übernimmt.

Die Zweckbindung gilt auch dann als erfüllt, wenn die Kasse Leistungen auf Grund der Unverfallbarkeitsbestimmungen des Betriebsrentengesetzes erbringt, die in der Satzung nicht ausdrücklich genannt werden. Hat z. B. eine Unterstützungskasse als alleinigen Zweck die Erbringung von Alters-, Invaliditäts- und Hinterbliebenenleistungen, so ist die Zweckbindung des Vermögens auch dann erfüllt, wenn einem unverfallbar ausscheidenden Arbeitnehmer eine Abfindung gemäß § 3 BetrAVG gewährt wird.

Um das Vermögen der Kasse für die satzungsgemäßen Zwecke zu sichern, muss es angelegt werden. Die Anlage kann auch beim Trägerunternehmen erfolgen, indem die Kasse ihre Mittel gegen angemessene Verzinsung dem

Trägerunternehmen als Darlehen zur Verfügung stellt. Voraussetzung ist, dass die wirtschaftliche Leistungsfähigkeit des Betriebes in ausreichendem Maße für die Sicherheit der Mittel bürgt (Abschn. 6 Abs. 10 KStR). Allerdings darf sich die Unterstützungskasse durch die planmäßige Beleihung ihres Vermögens keinen weiteren Zweck setzen, um ihre Steuerpflicht nicht zu gefährden.

248 Die Zweckbindung des Kassenvermögens gilt auch bei Auflösung der Unterstützungskasse. In der Satzung muss deshalb festgelegt sein, dass das Vermögen der Kasse bei ihrer Auflösung nur den Leistungsempfängern bzw. deren Angehörigen zugute kommen darf oder für ausschließlich gemeinnützige oder mildtätige Zwecke verwendet wird (§ 1 Nr. 2 KStDV).

Der Zweck, für den das Kassenvermögen verwendet werden soll, muss grundsätzlich genau bestimmt werden. In der Regel wird eine Unterstützungskasse ihr Vermögen ausschließlich zur Versorgung der Leistungsempfänger verwenden. Bei Auflösung der Kasse wird das Vermögen also auf die Leistungsempfänger verteilt. Hierbei ist die Begrenzung der Leistungen nicht zu beachten. Die für die Steuerbefreiung der Unterstützungskasse geltenden maximalen Versorgungsleistungen beziehen sich ausdrücklich nicht auf Leistungen, die der Versorgungsberechtigte anlässlich der Auflösung der Unterstützungskasse erhält.

Segmentierung des Kassenvermögens

249 Für die Beurteilung der Körperschaftsteuerfreiheit kommt es ausschließlich auf die Verhältnisse bei der Kasse insgesamt an. Es spielt keine Rolle, wie viele Trägerunternehmen die Kasse hat. Übersteigen z. B. die Versorgungsleistungen für Mitarbeiter eines Trägerunternehmens die festgelegten Höchstwerte, so ist dies steuerlich unbedeutend, wenn genügend andere Mitarbeiter anderer Trägerunternehmen entsprechend niedrige Versorgungen haben, sodass die Höchstwerte in der Kasse insgesamt eingehalten werden. Große Gruppenunterstützungskassen bieten deshalb in der Praxis häufig auch die Möglichkeit, einzelne Gesellschafter-Geschäftsführer zu versorgen.

Zahlreiche Unterstützungskassen nehmen trotz dieser steuerlich eindeutigen Regelung eine Segmentierung der Kasse für jedes Trägerunternehmen vor. Das heißt, jedes Trägerunternehmen muss die Voraussetzungen zur Steuerfreiheit der Unterstützungskasse in seinem Teilvermögen selbst erfüllen.

Zulässiges Kassenvermögen um nicht mehr als 25 % überschritten

Die Steuerbefreiung der Unterstützungskasse ist an das zulässige Kassenvermögen gebunden, das wiederum von der Anzahl und Höhe der Versorgungsverpflichtungen und von der Art der Zuwendungen abhängt. Die Steuerbefreiung der Kasse geht aber erst verloren, wenn das tatsächliche Vermögen der Kasse das zulässige Vermögen um mehr als 25 % übersteigt. Durch diesen Toleranzspielraum soll vermieden werden, dass bereits bei geringen Überschreitungen, z. B. durch unvorhergesehenes Ausscheiden von Zugehörigen mit verfallbaren Ansprüchen, die Kasse ihre Steuerbefreiung verliert. 250

6.1.2 Steuerpflicht der Unterstützungskasse

Partielle Steuerpflicht bei Überdotierung

Sobald das tatsächliche Vermögen der Kasse das zulässige Kassenvermögen am Ende des Wirtschaftsjahres um mehr als 25 % übersteigt, ist die Kasse überdotiert und wird partiell steuerpflichtig. Die Steuerpflicht erstreckt sich aber nur auf den überdotierten Teil des Kassenvermögens. Es ist also nur der Anteil des Einkommens der Kasse steuerpflichtig, der auf den überdotierten Teil entfällt. Die partielle Steuerpflicht beginnt am Anfang des Wirtschaftsjahres, an dessen Ende die Überdotierung festgestellt wurde, und gilt jeweils für einen Veranlagungszeitraum. 251

Beispiel:

Die Vermögensverhältnisse einer steuerbefreiten Unterstützungskasse sollen am 31. 12. folgendermaßen aussehen:

zulässiges Kassenvermögen	150 000,00 €
tatsächliches Kassenvermögen	250 000,00 €
Einkommen der Kasse	20 000,00 €

Überdotierung:

zulässiges Kassenvermögen	150 000,00 €
zuzüglich 25 %	37 500,00 €
insgesamt	187 500,00 €
tatsächliches Kassenvermögen	250 000,00 €
überdotiertes Vermögen	*62 500,00 €*

Fortsetzung nächste Seite

Partielle Steuerpflicht:

Anteil des überdotierten Vermögens am Gesamtvermögen
62 500 : 250 000 = 25 %

Steuerpflichtiges Einkommen *5 000,00 €*
20 000 * 25 %

Aufhebung der Zweckbindung bei Überdotierung

252 Eine Unterstützungskasse, die überdotiert und dadurch partiell steuerpflichtig ist, unterliegt mit ihrem überdotierten Teil nicht mehr der Zweckbindung (§ 6 Abs. 6 KStG). Der überdotierte Teil kann also auch für nicht satzungsgemäße Zwecke verwendet werden. Die übrigen Voraussetzungen für die Steuerbefreiung der Kasse gelten aber weiterhin. So darf die Verwendung des überdotierten Vermögens nicht dazu führen, dass den Leistungsempfängern zu hohe laufende Leistungen zufließen und dadurch der soziale Charakter der Kasse gefährdet ist.

Die überdotierten Vermögensteile können auch an die Trägerunternehmen zurückübertragen werden. Mit der Rückübertragung muss nicht bis zum Ende des Wirtschaftsjahres gewartet werden. Sie kann erfolgen, sobald die Überdotierung eintritt. Hierdurch kann von vornherein eine partielle Steuerpflicht vermieden werden, die ja erst am Ende des Jahres festgestellt wird. In der Praxis sehen zahlreiche Unterstützungskassen die automatische sofortige Rückübertragung von überdotierten Vermögensteilen an ihre Trägerunternehmen vor. Da für die Zuwendungen Betriebsausgaben geltend gemacht wurden, sind die Rückzahlungen an die Trägerunternehmen von diesen auch steuerpflichtig.

Die Vermögensbindung der Kasse an satzungsgemäße Zwecke wird erst aufgehoben, wenn die Gruppenunterstützungskasse insgesamt überdotiert ist. Einem einzelnen Trägerunternehmen, dessen Teilvermögen überdotiert ist, kann also nur Vermögen rückübertragen werden, wenn die Kasse insgesamt überdotiert ist. Umgekehrt können allerdings auch einem unterdotierten Trägerunternehmen Beträge erstattet werden, wenn die Kasse insgesamt überdotiert ist. Die Rückübertragungsmöglichkeit auf ein Trägerunternehmen hängt also erheblich von den Verhältnissen bei den anderen Trägerunternehmen ab.

Überdotierung bei der rückgedeckten Gruppenunterstützungskasse

Die Überdotierung einer Gruppenunterstützungskasse ist zumindest bei den großen im Markt tätigen rückgedeckten Gruppenunterstützungskassen praktisch kaum möglich. Denn bei diesen Kassen entspricht das tatsächliche Kassenvermögen normalerweise exakt dem zulässigen Wert. Zu einer Überdotierung kann es in der Regel nur kommen, wenn Versorgungsverpflichtungen entfallen, z. B. weil ein Arbeitnehmer stirbt, ohne dass es Hinterbliebene gibt, oder wenn ein Arbeitnehmer mit verfallbaren Ansprüchen ausscheidet. In einem solchen Fall liegt in der Kasse noch das für den nicht mehr vorhandenen Mitarbeiter gebildete Vermögen, obwohl es für ihn kein zulässiges Kassenvermögen mehr gibt. Zu einer Überdotierung der Kasse käme es aber nur, wenn dieses übrige Vermögen mehr als 25 % des gesamten Kassenvermögens ausmachen würde, ein eher theoretischer Fall. 253

Das hat allerdings auch zur Folge, dass dieses übrige Vermögen in der Regel nicht an das Trägerunternehmen ausgezahlt werden kann. Es kann lediglich innerhalb des Teilvermögens dieses Trägerunternehmens von der Unterstützungskasse z. B. zur Zahlung der Versicherungsbeiträge für die übrigen Mitarbeiter verwendet werden.

Volle Steuerpflicht

Während eine Unterstützungskasse wegen zu hohen Vermögens nur partiell steuerpflichtig wird, entfällt die Steuerbefreiung insgesamt bei Verstoß gegen eine der übrigen Voraussetzungen. Auch die volle Steuerpflicht tritt in der Regel mit Beginn des Wirtschaftsjahres ein, an dessen Ende der Verstoß festgestellt wird, und gilt zunächst für ein Jahr. Sind am Ende des folgenden Jahres die Voraussetzungen für die Steuerbefreiung wieder erfüllt, entfällt die Steuerpflicht. 254

Ein Verstoß gegen die Zweckbindung des Kassenvermögens führt jedoch zu einer rückwirkenden Steuerpflicht. In § 5 KStG wird nämlich verlangt, dass die Zweckbindung auf Dauer, also auch zukünftig, gesichert ist. Stellt sich nachträglich heraus, dass diese Voraussetzung nicht erfüllt ist, entfällt auch die Steuerbefreiung nachträglich. Allerdings beschränkt sich die rückwirkende Steuerpflicht gemäß § 61 Abs. 3 Abgabenordnung auf die vergangenen zehn Jahre.

Ein Verstoß gegen die Zweckbindung des Kassenvermögens kann schon vorliegen, wenn die Kasse einem ausscheidenden Arbeitnehmer eine zu hohe Abfindung gewährt oder wegen falscher Berechnung der Überdotierung nicht überdotiertes Vermögen an ein Trägerunternehmen zurückzahlt. Auch eine planmäßige Darlehensgewährung an ein Trägerunternehmen ohne

Überprüfung der Sicherheiten kann bereits einen Verstoß gegen die Zweckbindung bedeuten. Bei der Auswahl einer geeigneten Gruppenunterstützungskasse sollte auf das vorhandene Know-how der Verwaltung und des Managements geachtet werden. Beide zusammen gewährleisten langfristig die Steuerfreiheit der Kasse.

6.2 Steuerliche Behandlung beim Arbeitgeber

6.2.1 Zuwendungen an pauschaldotierte Unterstützungskasse

255 Die pauschaldotierte Unterstützungskasse ist die Grundform des Durchführungsweges Unterstützungskasse. Auf Grund des fehlenden Rechtsanspruches und der Freiheit in der Vermögensanlage hat der Gesetzgeber die steuerlich abzugsfähigen Zuwendungen des Trägerunternehmens an die Unterstützungskasse in § 4 d EStG stark eingeschränkt, um einen Missbrauch zu vermeiden. Insbesondere die Möglichkeit, das Kassenvermögen dem Trägerunternehmen als Darlehen zu gewähren, beinhaltet die Gefahr, dass die Kasse als Finanzierungsinstrument ihres Trägerunternehmens missbraucht wird. Ein weiterer Grund für die Beschränkung ist die Tatsache, dass ein Trägerunternehmen nicht verpflichtet ist, regelmäßige Zuwendungen zu leisten. Ohne Begrenzung wäre es möglich, die Zuwendungen ausschließlich an die Ertragslage anzupassen und damit Gewinne beliebig zu verschieben.

Die Höhe der steuerlich abzugsfähigen Dotierungen richtet sich deshalb nicht nach versicherungsmathematischen Grundsätzen, sondern nach den pauschalen Regelungen des § 4 d EStG, der die Zuwendungsmöglichkeiten stark einschränkt. Diese Abzugsbeschränkungen führen in der Regel dazu, dass die versprochenen Versorgungsleistungen nicht während der Aktivenzeit des Arbeitnehmers ausfinanziert werden können. Das ist vom Gesetzgeber so gewollt. Die Finanzierung der Unterstützungskassen-Leistungen soll erst erfolgen, wenn tatsächlich Leistungen gezahlt werden. Zuvor soll lediglich ein Reservepolster gebildet werden, um der Kasse wenigstens eine Zeit lang die Erfüllung ihrer Verpflichtung zu ermöglichen, auch wenn das Trägerunternehmen seine Zuwendungen nicht rechtzeitig leistet.

Zuwendungen zum Reservepolster

256 Der Arbeitgeber kann jedes Jahr Zuwendungen an die Unterstützungskasse zum Aufbau eines Reservepolsters leisten. Die Zuwendung richtet sich nach Art und Höhe der jedem einzelnen Arbeitnehmer erteilten Versorgungszusage. Bisher waren Zuwendungen nur für Leistungsanwärter möglich, die am Ende des Wirtschaftsjahres der Zuwendung das 30. Lebensjahr vollendet hat-

ten. Bei Zusagen, die bereits vor 2001 erteilt wurden, bleibt es auch zukünftig bei diesem Mindestalter. Wurde eine betriebliche Altersversorgung aber ab dem 1. 1. 2001 erstmals erteilt, so können Zuwendungen bereits ab Vollendung des 28. Lebensjahres mit steuerlicher Wirkung geleistet werden. Vorausgesetzt, es besteht eine schriftliche Versorgungszusage. Gewährt die Kasse einem mindestens 28-jährigen Versorgungsberechtigten eine Altersversorgung, kann der Arbeitgeber der Kasse pro Jahr 25 % der zugesagten Jahresrente zuwenden. Dabei ist es unerheblich, ob daneben eine Anwartschaft auf Hinterbliebenen- oder Invaliditätsversorgung besteht. Gewährt die Kasse einem Arbeitnehmer ausschließlich Invaliditäts- oder Hinterbliebenenversorgung, beträgt der zuwendungsfähige Prozentsatz jeweils 6 %. Erhalten einzelne Personengruppen Altersversorgungsleistungen aus der Kasse, andere ausschließlich Invaliditäts- bzw. Hinterbliebenenleistungen, sind die Prozentsätze für die verschiedenen Personengruppen getrennt anzuwenden.

An Stelle des Versorgungsversprechens an jeden einzelnen Leistungsanwär- 257
ter kann der Berechnung der Zuwendungen auch der Durchschnittsbetrag der von der Kasse an Leistungsempfänger des Trägerunternehmens bereits gewährten Leistungen zu Grunde gelegt werden. Für jeden Leistungsanwärter kann dann, unabhängig von seiner individuellen Zusage, eine Zuwendung geleistet werden, die sich danach richtet, welche Versorgungsleistungen die heutigen Rentner des Trägerunternehmens von der Kasse erhalten. Bei Anwendung dieser Durchschnittsberechnung können aber nur für diejenigen Leistungsanwärter Zuwendungen geleistet werden, die am Ende des Wirtschaftsjahres bereits das 50. Lebensjahr vollendet haben.

Jedes Trägerunternehmen kann frei entscheiden, nach welcher Methode es die Reservepolsterzuwendungen berechnen möchte. An die Wahl einer Methode ist das Trägerunternehmen aber fünf Jahre lang gebunden. Es kann also nicht in jedem Jahr neu entschieden werden, nach welcher Methode die Berechnung erfolgen soll.

Gewährt eine Unterstützungskasse an Stelle laufender Leistungen einmalige 258
Kapitalzahlungen, so können diese in lebenslänglich laufende Leistungen umgedeutet werden. Voraussetzung ist allerdings, dass es sich bei der einmaligen Zahlung um eine Versorgungsleistung handelt. Davon kann ausgegangen werden, wenn die Kapitalleistung mindestens 6 136 € beträgt. Bei der Umrechung gelten 10 % des Kapitalbetrages als Jahresbetrag einer lebenslänglich laufenden Leistung.

Beispiel:
Reservepolsterzuwendungen

Zum Kreis der Leistungsberechtigten einer Unterstützungskasse gehören die folgenden Personen, die von der Unterstützungskasse eine Zusage auf Altersrente ab dem 65. Lebensjahr erhalten haben:

Fall 1:
10 Anwärter (28 Jahre) monatliche Rente 100,00 €
5 Anwärter (50 Jahre) monatliche Rente 100,00 €
1 Rentner monatliche Rente 100,00 €

Reservepolsterzuwendung:
1. Mögl.: Anzahl der Anwärter * 25 % * Versorgungsversprechen an Anwärter p. a.
15 * 25 % * 1 200,00 € = *4 500,00 €*

2. Mögl.: Anwärter (mind. 50 Jahre) * 25 % * durchschn. Kassenleistung
5 * 25 % * 1 200,00 € = *1 500,00 €*

Fall 2:
10 Anwärter (30 Jahre) monatliche Rente 100,00 €
5 Anwärter (50 Jahre) monatliche Rente 100,00 €
1 Rentner monatliche Rente 1 000,00 €

Reservepolsterzuwendung:
1. Mögl.: 15 * 25 % * 1 200,00 € = *4 500,00 €*

2. Mögl.: 5 * 25 % * 12 000,00 € = *15 000,00 €*

Die Reservepolsterzuwendungen werden außerdem durch das zulässige Kassenvermögen begrenzt.

Zuwendungen bei Eintritt des Versorgungsfalles

259 Bei Eintritt des Versorgungsfalles, also bei Beginn der lebenslänglich laufenden Leistungen, kann der Kasse das hierfür erforderliche Deckungskapital zugewendet werden (§ 4 d Abs. 1 Nr. 1 a EStG). Das Trägerunternehmen ist aber nicht verpflichtet, das volle Deckungskapital sofort zuzuwenden. Die Zuwendungen können auch, entsprechend der jeweiligen Ertragslage des Unternehmens, in einem späteren Wirtschaftsjahr in einem Betrag oder auf mehrere Wirtschaftsjahre verteilt erfolgen.

Die Höhe des Deckungskapitals errechnet sich nach der dem EStG als Anlage 1 beigefügten Tabelle. Sie enthält entsprechend dem Geschlecht und dem erreichten Alter des Leistungsempfängers Vervielfältiger, mit denen die jährlichen Leistungen multipliziert werden.

Anlage 1 zu § 4 d Abs. 1 EStG:
Vervielfältiger für lebenslänglich laufende Leistungen

Erreichtes Alter (Jahre)	Vervielfältiger für Männer	Vervielfältiger für Frauen
...	...	...
40 bis 46	14	15
47 und 48	14	14
49 bis 52	13	14
53 bis 56	13	13
57 und 58	13	12
59 und 60	12	12
61 bis 63	12	11
64	11	11
65 bis 67	11	10
68 bis 71	10	9
...	...	...

Für die Bestimmung des Vervielfältigers ist das Alter bei Beginn der Leistungen maßgeblich. Die Vervielfältiger sind unabhängig davon anzuwenden, ob es sich bei den laufenden Leistungen um reine Altersrenten, Altersrenten mit Witwenrentenanwartschaften, Witwenrenten oder lebenslängliche Invalidenrenten handelt. Aus Vereinfachungsgründen wird nicht nach der Art der laufenden Leistungen unterschieden.

Das Deckungskapital kann grundsätzlich auch dann in voller Höhe zugewendet werden, wenn für den betreffenden Leistungsempfänger bereits ein Reservepolster gebildet wurde. Allerdings ist eine Zuwendung nur möglich, solange das zulässige Kassenvermögen noch nicht überschritten wurde.

Begrenzung durch das zulässige Kassenvermögen

Die Zuwendungsmöglichkeiten zum Deckungskapital und zum Reservepolster gelten nur, soweit das einem Trägerunternehmen zugeordnete Teilvermögen der Kasse bestimmte Grenzen nicht überschreitet. Diese Grenzen sind in § 4 d EStG durch das zulässige Kassenvermögen bestimmt (§ 4 d Abs. 1 Nr. 1 EStG). Die Begrenzung der Zuwendungsmöglichkeiten soll eine Überfinanzierung der Kasse durch die stark vereinfachten Zuwendungsregelungen vermeiden. Je länger ein Trägerunternehmen seine möglichen Zuwendungen hinauszögert, umso größer ist die Gefahr, dass zum gewünschten Zeitpunkt keine Zuwendungen mehr möglich sind, weil die Unterstützungskasse durch anderweitige Einkünfte – vor allem Zinserträge – die Grenze ihres zulässigen Vermögens bereits erreicht hat. 260

Das für ein Trägerunternehmen zulässige Kassenvermögen einer pauschaldotierten Unterstützungskasse besteht aus dem Deckungskapital für alle am Schluss des Wirtschaftjahres laufenden Leistungen zuzüglich dem Achtfachen der Zuwendungen zum Reservepolster dieses Unternehmens. Bei der Wahl des Vervielfältigers zur Ermittlung des Deckungskapitals für laufende Leistungen ist das erreichte Alter am jeweiligen Bilanzstichtag maßgebend. Das zulässige Deckungskapital verringert sich also mit zunehmendem Alter eines Versorgungsberechtigten.

261 Das zulässige Reservepolster beträgt das Achtfache der möglichen Zuwendung des Jahres, für das die Berechnung erfolgt. Die Höhe des zulässigen Reservepolsters wird jedes Jahr neu berechnet und kann unter Umständen sehr starken Schwankungen unterliegen. Sinken in einem Wirtschaftsjahr die gewährten Leistungen der Kasse, so verringern sich die Zuwendungsmöglichkeiten. Zusätzlich verringert sich dadurch das höchstzulässige Reservepolster, wodurch es zu einer nochmaligen Einschränkung der Zuwendungen kommen kann.

Das zulässige Kassenvermögen ist am Schluss jedes Wirtschaftsjahres zu berechnen und mit dem tatsächlich vorhandenen Vermögen zu diesem Zeitpunkt zu vergleichen. Liegt das tatsächliche Vermögen über dem zulässigen, sind keine Zuwendungen mehr möglich. Liegt es darunter, können die zulässigen Zuwendungen geleistet werden, solange dadurch das zulässige Vermögen nicht überschritten wird.

262 Beim Vergleich des zulässigen mit dem tatsächlichen Kassenvermögen zur Errechnung der Zuwendungsmöglichkeiten kommt es nicht auf die Zusammensetzung des Vermögens an. Entscheidend ist ausschließlich der Gesamtbetrag des jeweiligen Vermögens. Eine Einschränkung der Zuwendungsmöglichkeiten auf Grund eines zu hohen Kassenvermögens kann deshalb nicht den Zuwendungen des Deckungskapitals oder den Zuwendungen zum Reservepolster zugeordnet werden. Es ist völlig unerheblich, welche Zuwendungsart eingeschränkt wird, da auch für die Zuwendungen nur ein Gesamtbetrag errechnet wird. Die verschiedenen Teilbeträge sind reine Rechengrößen. Dadurch kann es dazu kommen, dass bei Wegfall einer laufenden Leistung, für die das Deckungskapital bereits voll zugewendet, aber noch nicht verbraucht war, die Zuwendungen zum Reservepolster eingeschränkt werden. Bei Wegfall einer laufenden Leistung verringert sich nämlich das zulässige Kassenvermögen um den Betrag des wegfallenden Deckungskapitals, während das tatsächliche Vermögen unverändert bleibt. Sinkt der zulässige Wert des Kassenvermögens dadurch unter den tatsächlichen Vermögenswert, sind in diesem Jahr keine Reservepolster- bzw. Deckungskapitalzuwendungen möglich, unabhängig davon, ob die Zuwendungen zum Reservepolster bereits ausgeschöpft waren oder nicht.

Beispiel:
Zuwendungen zur pauschaldotierten Unterstützungskasse

Ein Arbeitgeber versorgt über eine Unterstützungskasse die folgenden Arbeitnehmer bzw. ehemaligen Arbeitnehmer. Für die drei Alt-Rentner wurde das Deckungskapital bereits voll zugewendet. Der Neu-Rentner bezieht erst seit zwei Monaten Rente. Für ihn wurde noch kein Deckungskapital zugewendet.

10 Anwärter (28 bis 40 Jahre alt)	jährliche Rente 1 200,00 €
3 Alt-Rentner (64, 67, 69 Jahre)	jährliche Rente 1 200,00 €
1 Neu-Rentner (60 Jahre)	jährliche Rente 1 200,00 €
Vorhandenes Teil-Kassenvermögen	62 000,00 €

Berechnung der Zuwendung:	
Reservepolster: 10 * 25 % * 1 200 €	3 000,00 €
Deckungskapital: 12 * 1 200 €	14 400,00 €
Gesamtzuwendung	17 400,00 €
Zulässiges Teil-Kassenvermögen:	
Reservepolster: 8 * 3 000 €	24 000,00 €
Deckungskapital	
für 60-Jährigen (12 * 1 200 €)	14 400,00 €
für 64-Jährigen (11 * 1 200 €)	13 200,00 €
für 67-Jährigen (11 * 1 200 €)	13 200,00 €
für 69-Jährigen (10 * 1 200 €)	12 000,00 €
zulässiges Kassenvermögen	76 800,00 €
Begrenzung der Zuwendung:	
Zulässiges Vermögen	76 800,00 €
Tatsächliches Vermögen	62 000,00 €
Zuwendungsgrenze	14 800,00 €

Auf Grund der Begrenzung durch das zulässige Kassenvermögen kann von der eigentlich möglichen Zuwendung nur ein Betrag von 14 800 € geleistet werden.

Pauschaldotierte Unterstützungskasse als „Pensionsfonds"

Bei der Diskussion in den vergangenen Jahren um die Einführung von Pensionsfonds wurde immer wieder die weitgehende Freiheit der Vermögensanlage gefordert. Der seit 1. 1. 2002 als fünfter Durchführungsweg der betrieblichen Altersversorgung neu eingeführte Pensionsfonds erfüllt diese Forderung nur sehr bedingt. Zumindest für die Leistungsphase stellt deshalb die pauschaldotierte Unterstützungskasse eine interessante Alternative dar. 263

Die pauschaldotierte Unterstützungskasse unterliegt bis auf wenige Ausnahmen keinen Beschränkungen hinsichtlich der Kapitalanlage. Deshalb darf ihr auch während der Anwartschaftsphase nur ein relativ kleines Reservepolster zugewendet werden. Bei Beginn der Rentenphase kann das für einen Anwärter gebildete Reservepolster aber sofort auf den Barwert der Versorgungsverpflichtung aufgefüllt werden. Die Zusage kann zu diesem Zeitpunkt also voll ausfinanziert werden. Trotzdem gibt es auch weiterhin keine Beschränkungen hinsichtlich der Vermögensanlage. Zumindest ab Rentenbeginn kann die pauschaldotierte Unterstützungskasse somit hervorragend als „Pensionsfonds" genutzt werden.

Dem wird gelegentlich entgegengehalten, dass der Anlagehorizont ab Rentenbeginn nicht mehr langfristig genug ist, um die Freiheiten der Kapitalanlage auch genügend nutzen zu können. Das stimmt aber, wenn überhaupt, nur bei einer individualisierten Betrachtung. Die Unterstützungskasse verfügt eben nicht über ein gesondertes Vermögen pro Person, das bis zu deren Tod aufgebraucht wird. Die einzelne Person dient lediglich als Maßstab zur Berechnung des zulässigen Gesamtvermögens. In einem offenen Versorgungswerk eines Unternehmens werden ständig neue Rentner nachkommen, deren Deckungskapitaleinzahlungen zur Zahlung der laufenden Renten verwendet werden können. Das führt dazu, dass ein großer Teil des Deckungskapitals dauerhaft für die langfristige Anlage zur Verfügung steht und erst aufgebraucht wird, nachdem das Versorgungswerk viele Jahre zuvor geschlossen wurde. Der Anlagehorizont ist zumindest für einen Teilbetrag durchaus sehr langfristig. Aber selbst bei einer individualisierten Betrachtung ergeben sich auf Grund der gestiegenen Lebenserwartung durchaus ansehnliche Laufzeiten. So hat eine 60-jährige Frau (Mann) immerhin eine restliche Lebenserwartung von über 25 Jahren (über 20 Jahren). Bei Rentenbeginn im Alter von 65 Jahren sind es bei Frauen immerhin noch ca. 21 Jahre, bei Männern 16,6 Jahre.

264

Übersicht:
Zuwendungen zur pauschaldotierten Unterstützungskasse

Zuwendungsart	Zuwendung	Voraussetzung
Reservepolster-zuwendung	1. Möglichkeit: – für jeden Leistungsanwärter über 28 Jahren – pro Jahr 6 % bei Invalidenversorgung 6 % bei Hinterbliebenenversorgung 25 % bei Altersversorgung mit oder ohne Inv.-/Hinterbliebenenvers. – der zugesagten Leistungen 2. Möglichkeit: – für jeden Leistungsanwärter über 50 Jahren – pro Jahr 6 % bei Invalidenversorgung 6 % bei Hinterbliebenenversorgung 25 % bei Altersversorgung mit oder ohne Inv.-/Hinterbliebenenvers. – der durchschnittlichen laufenden Leistung	– schriftliche Zusage – tatsächliches Kassenvermögen maximales Deckungskapital für alle laufenden Leistungen zuzüglich Achtfachem der Reservepolsterzuwendung
Deckungskapital-zuwendung	– gem. Anlage 1 zum EStG – abhängig vom Alter bei Rentenbeginn – unabhängig von der Art der Leistung	– Versorgungsfall ist eingetreten – tatsächliches Kassenvermögen maximales Deckungskapital für alle laufenden Leistungen zuzüglich Achtfachem der Reservepolsterzuwendung

6.2.2 Zuwendungen an rückgedeckte Unterstützungskasse

Unterstützungskassen sind in der Anlage ihres Vermögens frei. Sie können 265
die erhaltenen Zuwendungen auch zum Abschluss von Rückdeckungsversicherungen verwenden, um die Leistungen an die Versorgungsberechtigten si-

cherzustellen. Die Rückdeckungsversicherung ist eine Lebensversicherung, die von der Unterstützungskasse auf das Leben eines Leistungsberechtigten abgeschlossen wird. Versicherungsnehmer und Bezugsberechtigter aus der Versicherung ist die Unterstützungskasse. Die Versicherung gehört zum Vermögen der Kasse. Weder das Trägerunternehmen noch der versicherte Versorgungsberechtigte haben einen Anspruch gegen die Versicherungsgesellschaft. Die Unterstützungskasse kann alleine entscheiden, bei welchem Versicherer die Versicherungen abgeschlossen werden. Neue Trägerunternehmen sollten daher vor Beitritt in eine Gruppenunterstützungskasse prüfen, ob sie mit der Wahl des Versicherers einverstanden sind.

Zuwendungen für Rückdeckungsversicherungen

266 Das Trägerunternehmen kann der Unterstützungskasse für jeden Leistungsanwärter den Betrag des Beitrages zuwenden, den die Kasse an einen Versicherer zahlt, soweit sie sich die Mittel für ihre Leistungen durch Abschluss einer Versicherung verschafft (§ 4 d Abs. 1 Nr. 1 c EStG). Der Abzug des Beitrages ist also nur möglich, soweit sich die Kasse mit der Versicherung die erforderlichen Mittel verschafft. Die Versicherung darf nicht in beliebiger Höhe abgeschlossen werden, sondern nur um die Leistungen der Kasse zu finanzieren.

Voraussetzungen für die Zuwendungen zur rückgedeckten Unterstützungskasse

- schriftliche Zusage
- Mindestalter 28 Jahre für Altersversorgung oder unverfallbarer Anspruch
- Endalter mindestens 55 Jahre
- keine abgekürzte Beitragszahlungsdauer
- gleich bleibende oder steigende Beiträge
- keine Beleihung
- kongruente Rückdeckung, d. h. keine Überfinanzierung
- zulässiges Kassenvermögen nicht überschritten, d. h. Verrechnung der Überschüsse mit den Beiträgen oder Umwandlung der Überschüsse in Deckungskapital

Wie bei der pauschaldotierten Unterstützungskasse ist auch bei Abschluss einer Rückdeckungsversicherung für einen Leistungsanwärter Voraussetzung, dass die Versorgungsleistungen schriftlich zugesagt worden sind und der Leistungsanwärter bis zum Ende des Jahres der Zuwendung das 28. Lebensjahr vollendet hat. Vor dem 28. Lebensjahr sind Zuwendungen nur möglich, zur Finanzierung von Invaliditäts- oder Hinterbliebenenleistungen. Für Altersversorgungsleistungen sind vor Alter 28 Jahre Zuwendungen nur möglich, wenn dem Leistungsberechtigten eine unverfallbare Anwartschaft eingeräumt wird. Hierdurch soll verhindert werden, dass gezielt für solche Mitarbeiter hohe Versorgungsversprechen finanziert werden, die voraussichtlich keinen gesetzlich unverfallbaren Anspruch erreichen werden.

Die Rückdeckungsversicherung muss darüber hinaus bis zum Beginn der Altersrente laufen, mindestens bis zum 55. Lebensjahr. Die Altersgrenze von 55 Jahren gilt auch für die Rückdeckung von Invaliditäts- oder Hinterbliebenenversorgung. Während der Versicherungsdauer müssen jährlich gleich bleibende oder steigende Prämien gezahlt werden. Eine gleich bleibende Prämie liegt auch vor, wenn die zu zahlende Prämie sich nur deshalb jährlich verringert, weil die Überschüsse aus der Rückdeckungsversicherung mit den Beiträgen verrechnet werden. Allerdings kann in diesem Fall nur noch der tatsächlich zu zahlende Beitrag der Kasse zugewendet werden.

Schließlich verlangt § 4 d Abs. 1 Nr. 1 c EStG auch, dass die Rückdeckungsversicherung nicht beliehen oder abgetreten wird. Ansonsten ist nämlich nicht sichergestellt, dass der Kasse bei Eintritt des Versorgungsfalles tatsächlich die benötigten Versorgungsleistungen zur Verfügung stehen. Die Kasse verschafft sich mit dieser Versicherung also nicht mehr die Mittel für ihre Versorgungsleistungen.

Exkurs: 267
Versicherungstarife zur Rückdeckung von Unterstützungskassen

Grundsätzlich kommen als Rückdeckungsversicherungen alle marktüblichen Kapital- und Rentenversicherungstarife in Frage. Allerdings ist darauf zu achten, dass die Versicherungsleistung die zugesagte Versorgung auch weitgehend kongruent abbildet, damit die Kasse sich durch den Abschluss der Versicherung nicht mehr verschafft, als sie zur Erfüllung ihrer Versorgungsverpflichtung benötigt. Insbesondere bei den folgenden Tarifvarianten kommt es immer wieder zu Problemen:

Rückdeckung mit fondsgebundener Lebensversicherung
In der Praxis taucht häufig der Wunsch auf, an Stelle herkömmlicher Kapitalversicherungen fondsgebundene Lebensversicherungen zur Rückdeckung zu verwenden, um hiermit höhere Renditen zu erzielen. Problematisch ist bei dieser Versicherungsart aber, dass es in der Regel keine garantierten Versicherungssummen gibt, anhand deren z. B. die Rückdeckungsquote bestimmt werden kann. Mit Schreiben vom 13. 5. 1998 hat das BMF hierzu Stellung genommen. Danach wird eine fondsgebundene Lebensversicherung dem Grunde nach als Rückdeckungsversicherung anerkannt. Sofern aber keine garantierte Versicherungsleis-

Fortsetzung nächste Seite

tung vereinbart ist, sind keine Zuwendungen in Höhe der Versicherungsbeiträge möglich, weil der in Aussicht gestellten Versorgungsleistung dann keine ausreichend konkret bestimmbare Versicherungsleistung gegenübersteht. Mit Schreiben vom 11. 12. 1998 hat das BMF diese Forderung noch konkretisiert. Es genügt nicht irgendeine garantierte Versorgungsleistung, sondern es muss zwingend auch eine Erlebensfallleistung garantiert werden. Sofern dies nicht der Fall ist, können Zuwendungen nur im Rahmen der Reservepolsterzuwendung geleistet werden. Selbst wenn aber eine garantierte Leistung vereinbart wurde, sind Zuwendungen nur so lange möglich, bis der Wert der Versicherung bzw. der Fondsanteile zum ersten Mal das Deckungskapital der garantierten Leistungen überschreitet. Das ist bei positiver Kursentwicklung bereits im zweiten Jahr der Fall. Deshalb scheidet die fondsgebundene Lebensversicherung in der Praxis als Rückdeckungsversicherung aus.

Besonderheiten bei Rentenversicherungen

Rentenversicherungen sind grundsätzlich sehr gut zur Rückdeckung von Unterstützungskassenleistungen geeignet, insbesondere weil sie nicht zwingend einen Todesfallschutz erfordern, der häufig gar nicht benötigt wird oder steuerlich nicht zulässig ist, weil es z. B. keine versorgungsberechtigten Hinterbliebenen gibt. Die Konsequenz hieraus ist allerdings, dass bei einem vorzeitigen Todesfall keine Leistungen fällig werden und die eingezahlten Beiträge zu Gunsten der Versichertengemeinschaft verfallen (wodurch im Übrigen die Rendite für die Überlebenden steigt). Um dieses Verfallen zu verhindern, wird häufig der Einschluss einer Beitragsrückgewähr bei Tod während der Anwartschaft und eine Rentengarantiezeit für einen vorzeitigen Tod während des Rentenbezuges gewünscht. Beide Leistungen sind aber steuerlich problematisch.

Eine Rückgewähr von gezahlten Beiträgen ist bei der Unterstützungskasse nicht möglich. Deshalb handelt es sich um eine steigende Todesfallleistung. Sofern der Versorgungsberechtigte nicht verheiratet ist und auch keine Kinder hat, werden durch die Beitragsrückgewähr sehr schnell die möglichen Höchstbeträge überschritten, die von der Unterstützungskasse im Todesfall an einen Lebensgefährten ausgezahlt werden können.

Die Vereinbarung einer Rentengarantiezeit bedeutet eine Zeitrente, die keine lebenslängliche Leistung ist und für die deshalb andere Zuwendungsregelungen gelten. Außerdem ist fraglich, ob es sich überhaupt um eine Versorgungsleistung im Sinne der betrieblichen Altersversorgung handelt. Sofern tatsächlich ein hinterbliebener Ehepartner zu versorgen ist, bietet sich ohnehin eher eine Hinterbliebenenrenten-Zusatzversicherung an.

Zuwendungen bei Eintritt des Versorgungsfalles

268 Grundsätzlich besteht auch die Möglichkeit, erst bei Eintritt des Versorgungsfalles für einen Leistungsempfänger eine Rückdeckungsversicherung abzuschließen. Die Beiträge hierfür kann der Arbeitgeber der Kasse sofort in vol-

ler Höhe zuwenden. Es werden keine weiteren Anforderungen an die Versicherung gestellt.

Diese Zuwendungsmöglichkeit ist insbesondere von Bedeutung, wenn eine bereits bestehende Versorgung auf eine Unterstützungskasse übertragen werden soll. Das kann z. B. der Fall sein, wenn ein Unternehmen seine Pensionszusagen zum Zwecke der externen Rentnerverwaltung auslagern möchte oder wenn die Zusage an einen Gesellschafter-Geschäftsführer im Zusammenhang mit dem Verkauf der Gesellschaft auf einen externen Träger ausgelagert werden soll.

Begrenzung durch das zulässige Kassenvermögen

Auch bei rückgedeckten Unterstützungskassen sind Zuwendungen nur mög- 269
lich, solange das zulässige Kassenvermögen nicht überschritten ist. Allerdings ist die Berechnung des zulässigen Vermögens wesentlich einfacher. Hat die Unterstützungskasse zur Finanzierung ihrer Versorgungsleistungen Rückdeckungsversicherungen abgeschlossen, die die Voraussetzungen für die Zuwendung der Prämien erfüllen, so entspricht das zulässige Kassenvermögen dem Wert der Rückdeckungsversicherungen. Erfüllen die Versicherungen die genannten Voraussetzungen nicht, werden sie nicht als Rückdeckungsversicherungen anerkannt. Es gelten dann die Vorschriften für die pauschaldotierte Unterstützungskasse.

Da sich bei einer rückgedeckten Unterstützungskasse auch das tatsächliche Kassenvermögen ausschließlich aus den Versicherungen zusammensetzt, dürfte es allerdings niemals zu einer Überschreitung des zulässigen Kassenvermögens kommen. Leider hat der Gesetzgeber eine weitere Hürde eingebaut. Rückdeckungsversicherungen werden nämlich für die Ermittlung des zulässigen Kassenvermögens mit ihrem Deckungskapital bewertet. Bereits angefallene Überschüsse werden nicht berücksichtigt. Sie erhöhen das zulässige Kassenvermögen also nicht. Für die Ermittlung des tatsächlichen Kassenvermögens sind dagegen alle Ansprüche aus Versicherungen einschließlich des Überschussguthabens anzusetzen. Durch diese unterschiedliche Bewertung kann es sehr leicht zu einer Überschreitung des zulässigen Kassenvermögens kommen und somit zu einer steuerlichen Nichtanerkennung der Zuwendungen des Arbeitgebers.

Verwendung der Überschüsse

Um eine Überschreitung des zulässigen Kassenvermögens zu vermeiden, muss die Bildung eines Überschussguthabens verhindert werden. Es besteht

z. B. die Möglichkeit, die anfallenden Überschüsse mit den laufenden Beiträgen zu verrechnen. Somit ist sichergestellt, dass bei den Versicherungen kein Überschussguthaben vorhanden ist, das zu einer unterschiedlichen Bewertung führt. Allerdings können dann vom Unternehmen nur entsprechend geringere Zuwendungen geleistet werden.

Eine weitere Möglichkeit ist die Verwendung der Überschussanteile zur Erhöhung der Versicherungsleistung, also eine Umwandlung von Überschussguthaben in Deckungskapital. Zahlreiche Versicherungsgesellschaften bieten diese Vorgehensweise unter der Bezeichnung Bonussystem. Jedes Jahr erhöht sich dabei die Versicherungsleistung auf Grund der Überschussbeteiligung um einen Bonus. Allerdings darf das bei zuwendungsfähigen Rückdeckungsversicherungen nicht dazu führen, dass sich die Kasse mit der Versicherung mehr als die Mittel für ihre Versorgungsleistungen verschafft.

Das Bonussystem ist deshalb nur möglich, solange die gesamte garantierte Versicherungsleistung nicht höher als die versprochene Versorgung ist. In der Praxis wird das häufig sichergestellt, indem die Versorgungszusage jedes Jahr um die Erhöhung der Versicherungssumme aus dem Bonus angepasst wird.

Ausschluss der Reservepolsterzuwendung

270 Jede Versicherung, die von der Unterstützungskasse auf das Leben eines Versorgungsberechtigten abgeschlossen wird und die genannten Voraussetzungen erfüllt, wird damit automatisch zu einer Rückdeckungsversicherung im Sinne des § 4 d EStG. Das Trägerunternehmen hat dann nur noch die Möglichkeit, der Kasse die Versicherungsbeiträge zuzuwenden. Die Zuwendungen zum Reservepolster entfallen. Es besteht also kein Wahlrecht zwischen den beiden Zuwendungsarten. Ist allerdings nur eine der genannten Voraussetzungen für die Rückdeckungsversicherung nicht erfüllt, so scheidet die Zuwendung der Versicherungsprämie aus und es können stattdessen nur Reservepolsterzuwendungen geleistet werden. In der Praxis hat das Trägerunternehmen auch bei Vorliegen einer Rückdeckungsversicherung die Wahl, indem es auf die Gestaltung der Versicherung entsprechend Einfluss nimmt.

Werden die zukünftigen Überschussanteile bei der Bestimmung der notwendigen Versicherungssumme berücksichtigt, führt dies zu einer anfänglichen Teilrückdeckung. Soweit die Versorgungsleistungen nicht vollständig rückgedeckt sind, können in diesem Fall zusätzlich zur Versicherungsprämie auch noch Reservepolsterzuwendungen geleistet werden. Deren Höhe richtet sich nach der Rückdeckungsquote. Die Rückdeckungsquote erhöht sich jedes Jahr entsprechend der Versicherungssumme aus der Überschussbeteiligung.

6.3 Steuerliche Behandlung beim Arbeitnehmer

6.3.1 Vor Eintritt des Versorgungsfalles

Für die Besteuerung von Versorgungsversprechen aus einer Unterstützungskasse gelten die gleichen Grundsätze wie bei unmittelbaren Pensionszusagen. Eine Steuerpflicht besteht nur, wenn dem Arbeitnehmer Leistungen zugeflossen sind. Die Zuwendungen des Arbeitgebers an die Unterstützungskasse orientieren sich zwar an den Leistungsanwärtern, sie gelangen aber nicht in deren Verfügungsbereich. Die Unterstützungskasse ist gegenüber dem einzelnen Versorgungsberechtigten nicht verpflichtet, die erhaltenen Zuwendungen auch für ihn zu verwenden. Es fehlt deshalb während der Anwartschaftsphase an den Grundlagen für eine Besteuerung. 271

Auch das Versorgungsversprechen der Kasse selbst an den Arbeitnehmer ist nicht lohnsteuerpflichtig. Die Kasse gewährt auf die zugesagten Leistungen weder einen Rechtsanspruch, noch legt sie ihre Mittel so an, dass von einem steuerlichen Zufluss beim Arbeitnehmer ausgegangen werden kann. Die Kapitalanlagen der Kasse gehören zu deren Vermögen und die Erträge daraus fließen ausschließlich der Kasse zu. Das gilt ebenso, wenn die Kasse ihr Vermögen in Rückdeckungsversicherungen anlegt. Der Versorgungsberechtigte ist lediglich versicherte Person. Versicherungsnehmer und Bezugsberechtigter ist die Kasse. Der Arbeitnehmer hat auch keinen Anspruch darauf, dass die Versicherung ausschließlich für ihn verwendet wird.

6.3.2 Bei Eintritt des Versorgungsfalles

Da der Arbeitnehmer während der Anwartschaftsphase keine Steuer für das Versorgungsversprechen gezahlt hat, muss er die erhaltenen Leistungen in voller Höhe versteuern. Wie bei einer unmittelbaren Pensionszusage handelt es sich um Einkünfte aus nichtselbstständiger Arbeit gemäß § 19 Abs. 1 EStG. Es gelten die gleichen Freibeträge und steuerlichen Vergünstigungen wie bei der Pensionszusage (siehe Kapitel 5.2.2), die dazu führen, dass häufig gar keine Steuer anfällt. 272

Die Pflicht zur Abführung der Lohnsteuer trifft auch bei der Unterstützungskasse formell den Arbeitgeber bzw. den ehemaligen Arbeitgeber. Allerdings bieten die meisten Gruppenunterstützungskassen den Arbeitgebern die Übernahme dieser Aufgabe gegen Zahlung einer Gebühr an.

6.3.3 Entgeltumwandlung

273 Auch über eine Gruppenunterstützungskasse ist es grundsätzlich möglich, Gehaltsteile zu Gunsten einer betrieblichen Altersversorgung umzuwandeln. Um die vom Arbeitnehmer selbst finanzierten Leistungen auch abzusichern, kommt für eine Entgeltumwandlung in der Regel nur die rückgedeckte Unterstützungskasse in Frage. Der Arbeitgeber leistet in Höhe der umgewandelten Gehaltsteile Zuwendungen an die Unterstützungskasse. Die Versorgungsleistungen des Arbeitnehmers entsprechen den Versicherungsleistungen, die sich aus diesen Zuwendungen finanzieren lassen.

Die Umwandlung kann aus laufendem Gehalt oder aus Sonderzahlungen erfolgen. Der regelmäßige Umwandlungsbetrag muss aber der Höhe nach eindeutig festgelegt sein. Nur so kann sichergestellt werden, dass die Voraussetzung der gleich bleibenden Beitragszahlung zur Rückdeckungsversicherung auf Dauer erfüllt wird. Variable Bezüge, z. B. gewinnabhängige Tantiemen, eignen sich deshalb nicht für die Entgeltumwandlung über eine Unterstützungskasse. Im Gegensatz zur Pensionszusage können über eine rückgedeckte Unterstützungskasse auch keine einmaligen Beträge umgewandelt werden.

6.4 Weitere Gestaltungsmöglichkeiten

Übernahme einer Unterstützungskassenversorgung durch einen Pensionsfonds

274 Nach § 4 d Abs. 1 Nr. 1 d EStG kann das Trägerunternehmen der Unterstützungskasse auch den Betrag zuwenden, den die Kasse als Einmalbeitrag an einen anderen Versorgungsträger für die Übernahme einer Versorgungsverpflichtung zahlt. Wird die Versorgungsverpflichtung der Kasse von einem Pensionsfonds übernommen, so muss das Trägerunternehmen die Zuwendung des Einmalbeitrages nicht zwingend in dem Wirtschaftsjahr, in dem sie geleistet wurde, als Betriebsausgabe geltend machen. Auf Antrag besteht die Möglichkeit, diese Zuwendung erst in den folgenden zehn Wirtschaftsjahren gleichmäßig verteilt als Betriebsausgaben abzuziehen. In der Praxis wird ein Trägerunternehmen wenig Interesse daran haben, Zahlungen, die bereits geleistet wurden, nicht als Betriebsausgaben geltend zu machen; mit einer Ausnahme: Die gezahlten Einmalbeiträge in den Pensionsfonds sind beim Arbeitnehmer nur dann steuerfrei, wenn der Arbeitgeber von dem Verteilungswahlrecht auf zehn Jahre Gebrauch macht (siehe hierzu auch Kapitel 8).

Pauschaldotierung plus Beleihung

275 Pauschaldotierte Unterstützungskassen können ihr Vermögen auch in Form von Darlehen bei ihren Trägerunternehmen anlegen. Diese Möglichkeit wird gelegentlich dazu genutzt, Unterstützungskassen als „Finanzierungsmodelle" anzupreisen. Bei diesen Modellen fließen sämtliche Zuwendungen des Trägerunternehmens sofort wieder als Darlehen an das Unternehmen zurück. Der Darlehenszins wird möglichst niedrig vereinbart, sodass es dem Unternehmen leicht gelingt, die gewonnene Liquidität höherverzinslich anzulegen. Bei einer genügend langen Laufzeit des Modells lässt sich dann leicht zeigen, dass aus der Zinsdifferenz nicht nur die Versorgung der Mitarbeiter finanziert werden kann, sondern auch noch ein erheblicher Liquiditätsgewinn für das Unternehmen übrig bleibt.

Beispiel:

Ein Unternehmen gewährt einem 30-jährigen Arbeitnehmer eine betriebliche Altersversorgung über eine pauschaldotierte Unterstützungskasse. Das Kassenvermögen wird in voller Höhe beliehen.

Zusage	100 000 € einmalige Kapitalzahlung im Alter 65 Jahre
Beleihungszins	7,2 %
Steuersatz des Unternehmens	38 %
Nettoverzinsung der Liquidität im Unternehmen	7 %
Reservepolsterzuwendung	2 500 € p. a.
max. Reservepolster	20 000 €
partielle Steuerpflicht der Unterstützungskasse ab	25 000 €

(1)	(2)	(3)	(4)	(5)	(6)
Jahresende	Zuwendung zum Reservepolster in Euro	Darlehensstand in Euro	Betriebsausgaben in Euro	Liquiditätsgewinn in Euro	kumulierter Liquiditätsgewinn in Euro
1	2 500	2 500	2 500	950	950
2	2 500	5 180	2 680	1 018	2 035
3	2 500	8 053	2 873	1 092	3 269
4	2 500	11 133	3 080	1 170	4 668
5	2 500	14 434	3 302	1 255	6 250
6	2 500	17 974	3 539	1 345	8 032

Fortsetzung nächste Seite

(1)	(2)	(3)	(4)	(5)	(6)
Jahres-ende	Zuwendung zum Reserve-polster in Euro	Darlehens-stand in Euro	Betriebs-ausgaben in Euro	Liquiditäts-gewinn in Euro	kumulierter Liquiditäts-gewinn in Euro
7	732	20 000	2 026	770	9 364
8	0	21 440	1 440	547	10 567
9	0	22 984	1 544	587	11 893
10	0	24 639	1 655	629	13 355
11	0	26 412	1 774	674	14 964
...	...	...	...	...	...
20	0	46 508	3 158	684	35 703
...	...	...	...	...	...
30	0	80 368	5 492	684	79 683
...	...	...	...	...	...
35	0	103 720	7 102	684	115 693

Erläuterungen zu den Spalten:

(2) Die Zuwendungen sind nur ca. sechs Jahre möglich, weil das Kassenvermögen durch die Darlehenszinsen bereits im siebten Jahr den zulässigen Wert erreicht.

(3) Der Darlehensstand entspricht dem Kassenvermögen. Er errechnet sich aus dem Darlehensstand des Vorjahres zuzüglich Zuwendung des laufenden Jahres zuzüglich Zinsen auf das Vorjahresdarlehen. Ab dem elften Jahr wird die Kasse partiell steuerpflichtig (Steuersatz der Kasse: 38 %), deshalb erhöht sich der Darlehensstand nicht mehr um die vollen 7,2 % Zinsen.

(4) Errechnet sich aus der Zuwendung zuzüglich Zinsaufwand.

(5) Der jährliche Liquiditätsgewinn ergibt sich aus dem erhaltenen Darlehen (= aktueller Darlehensstand abzüglich Vorjahresdarlehen) abzüglich der Nettobelastung aus Zuwendungen und Zinszahlungen (= Betriebsausgabe abzüglich Steuerersparnis hierauf).

(6) Der kumulierte Liquiditätsgewinn errechnet sich aus dem Vorjahreswert zuzüglich 7 % Verzinsung zuzüglich dem Liquiditätsgewinn des laufenden Jahres.

Ergebnis:

Bei Ausscheiden des Arbeitnehmers nach dem 35. Jahr verbleibt dem Unternehmen ein Liquiditätsgewinn von 14 279 €. Er errechnet sich aus dem kumulierten Liquiditätsgewinn (115 693 €) abzüglich Darlehensrückzahlung (103 720 €) zuzüglich Rückfluss des Kassenüberschusses (3 720 €) abzüglich Steuer auf den Rückfluss (1 414 €).

Das Unternehmen im oben genannten Beispiel konnte aus den erzielten Steuerstundungen nicht nur die Zusage an den Mitarbeiter in Höhe von 100 000 € voll finanzieren, sondern auch noch selbst einen Liquiditätsgewinn in Höhe von ca. 14 000 € erwirtschaften. Allerdings birgt dieses Modell nicht unerhebliche finanzielle Risiken für das Trägerunternehmen, von denen hier nur einige kurz angedeutet werden können.

Damit die Steuerfreiheit der Kasse nicht verloren geht, muss die Kasse vor Darlehensvergabe prüfen, ob die wirtschaftliche Leistungsfähigkeit des Betriebes in ausreichendem Maße für die Sicherheit der Mittel bürgt. Bei einer planmäßigen Beleihung, die von Anfang an zwischen Kasse und Trägerunternehmen vereinbart wird, ist es fraglich, ob diese Voraussetzung erfüllt ist. Es ist außerdem notwendig, dass das Darlehen angemessen verzinst wird. Der Darlehenszins kann also nicht beliebig niedrig vereinbart werden. Je höher aber der Darlehenszins ist, desto schneller steigt das Kassenvermögen an und verhindert weitere Zuwendungen. Im oben genannten Beispiel sind bereits ab dem achten Jahr keine Zuwendungen mehr möglich, ab dem elften Jahr wird die Kasse partiell steuerpflichtig.

Das Modell funktioniert außerdem nur, wenn die Anzahl der zu versorgenden Mitarbeiter nicht steigt. Wird z. B. im 20. Jahr ein neuer Mitarbeiter in die Unterstützungskasse aufgenommen, so sind für diesen keinerlei Zuwendungen möglich, weil das zulässige Kassenvermögen bereits weit überschritten ist.

Probleme können auch entstehen, wenn zwar kein zusätzlicher Mitarbeiter eingestellt wird, aber ein ausgeschiedener Arbeitnehmer durch einen älteren ersetzt wird. Die Liquidität steht dem Unternehmen dann nämlich nur bis zum Rentenbeginn des neuen Arbeitnehmers zur Verfügung. Würde im oben genannten Beispiel der Arbeitnehmer nach zehn Jahren durch einen zehn Jahre älteren ersetzt, so ergäbe sich statt eines Liquiditätsgewinnes von ca. 14 000 € ein Verlust in Höhe von ca. 55 500 €.

Das oben genannte Beispiel geht von einem Bruttodarlehenszins von 7,2 % und einer Nettoverzinsung der Liquidität von 7 % aus. Das entspricht bei einem Steuersatz von 38 % einer Bruttoverzinsung der Liquidität von 11,3 %. Die liquiditätsfördernde Zinsdifferenz beträgt fast 6 %. Es ist durchaus fraglich, ob es dem Unternehmen wirklich gelingen wird, über 35 Jahre eine Verzinsung von 11,3 % brutto zu erzielen. Würde im oben genannten Beispiel der Steuersatz auf 30 % sinken und die Nettoverzinsung auf 5 % (das entspricht immerhin 8,07 % brutto), so würde aus dem ursprünglichen Liquiditätsgewinn ein Verlust in Höhe von ca. 49 500 €.

6.5 Vor- und Nachteile der rückgedeckten Gruppenunterstützungskasse

Kein Bilanzausweis

276 Versorgungszusagen, die über eine Unterstützungskasse erteilt werden, müssen in der Bilanz des Trägerunternehmens nicht ausgewiesen werden. Das gilt sowohl für die Versorgungsverpflichtungen als auch für die abgeschlossenen Rückdeckungsversicherungen, die zum Vermögen der Kasse gehören. Die fehlende Bilanzierung ist für kleine und mittelständische Betriebe von Bedeutung, die durch einen Bilanzausweis eine Gefährdung ihrer Kreditwürdigkeit befürchten oder einfach den Verwaltungsaufwand aus der Rückstellungsbildung und Aktivierung scheuen. Auch Tochtergesellschaften ausländischer Unternehmen scheuen sich oftmals vor einem Bilanzausweis nach deutschem Recht.

Nachgelagerte Besteuerung

277 Genauso wie bei der Pensionszusage fällt während der Anwartschaftszeit weder beim Arbeitgeber noch beim Arbeitnehmer Lohnsteuer an. Nach Leistungsbeginn muss der Arbeitnehmer die erhalten Leistungen zwar grundsätzlich voll versteuern, in der Praxis fällt aber auf Grund hoher Freibeträge und insgesamt niedrigeren Einkommens oft gar keine Steuer an. Wie bei der Pensionszusage handelt es sich auch bei Unterstützungskassen-Leistungen um nachträgliche Einkünfte aus nichtselbstständiger Arbeit. Bei diesen fallen deutlich höhere Freibeträge an als bei der nachgelagerten Besteuerung der übrigen Durchführungswege.

Keine § 10 a-EStG-Förderung

Weil Unterstützungskassen auf ihre Leistungen keinen Rechtsanspruch gewähren, lässt es der Gesetzgeber nicht zu, hierfür die Förderung der Privatvorsorge nach § 10 a EStG in Anspruch zu nehmen. Allerdings wirkt sich dies nur bei Geringverdienern mit Kindern aus. In den meisten Fällen ist der Sonderausgabenabzug ohnehin günstiger als die Zulagenförderung. Und durch den Sonderausgabenabzug wird lediglich eine nachgelagerte Besteuerung erreicht, die für Unerstützungskassen (wie für Pensionszusagen) ohnehin gilt.

Keine Lohnsteuerpauschalierung

Die Lohnsteuerpauschalierung des § 40 b EStG ist bei Unterstützungskassen nicht möglich. Auch wenn dies in der Praxis selten als Nachteil gesehen wird, gibt es doch zahlreiche Fälle, in denen eine pauschale Besteuerung der Beiträge verbunden mit steuerfreien Leistungen deutlich günstiger ist als die nachgelagerte Besteuerung. Wird z. B. bei einem individuellen Steuersatz von 40 % eine Todesfallversicherung über 100 000 € abgeschlossen, so fließt die Versicherungsleistung im Todesfall steuerfrei zu. Um aus einer Unterstützungskasse die gleiche Nettoleistung zu erhalten, hätte man 167 000 € an Versicherungssumme abschließen müssen. Der Beitrag hierfür wäre um 67 % höher gewesen als für die Direktversicherung. Das ist deutlich mehr als die Pauschalsteuerbelastung des Beitrages.

Geringer Verwaltungsaufwand

Zu den Serviceleistungen einer Unterstützungskasse gehört in der Regel die weitgehende Übernahme von Verwaltungsarbeiten in Zusammenhang mit der betrieblichen Altersversorgung. So übernimmt die Unterstützungskasse z. B. den gesamten Schriftverkehr mit der Versicherungsgesellschaft, die jährliche Berechnung der PSV-Bemessungsgrundlage, zahlt die Leistungen an die Versorgungsberechtigten aus und kümmert sich auch um die Einbehaltung der Lohnsteuer. Allerdings kann die Kasse dem Trägerunternehmen nicht sämtliche Verwaltungsarbeiten abnehmen. Neben der Zahlung der Zuwendungen bleibt dem Unternehmen unter anderem noch die Zahlung der PSV-Beiträge, die Meldung von Versorgungsfällen an die Kasse sowie die Ermöglichung der Mitwirkungsrechte der Arbeitnehmer.

Recht auf Entgeltumwandlung nicht erfüllt

Wie bei der Pensionszusage kann der Arbeitgeber durch Angebote einer Ent- 278
geltumwandlung über eine Unterstützungskasse das diesbezügliche Recht der Arbeitnehmer nicht abgelten. Auf Verlangen der Arbeitnehmer muss der Arbeitgeber zusätzlich die Entgeltumwandlung über eine Pensionskasse, einen Pensionsfonds oder eine Direktversicherung anbieten.

Versorgung junger Mitarbeiter nur eingeschränkt möglich

Für Mitarbeiter, die jünger als 28 Jahre sind, kann das Trägerunternehmen mit steuerlicher Wirkung in der Regel keine Zuwendungen an die Kasse leisten. Für jüngere Mitarbeiter sind nur Zuwendungen möglich, wenn ihnen ausschließlich Berufsunfähigkeits- oder Hinterbliebenenversorgung zugesagt wird, wenn die Versorgung durch Entgeltumwandlung finanziert wird oder der Mitarbeiter einen vertraglich unverfallbaren Anspruch hat.

PSV-Beiträge, kein versicherungsvertragliches Verfahren

279 Die Unterstützungskasse übernimmt zwar in der Regel die Berechnung der PSV-Bemessungsgrundlagen für das Unternehmen, die Meldung und Zahlung der Beiträge muss aber das Trägerunternehmen selbst vornehmen. Scheidet ein Mitarbeiter mit unverfallbaren Ansprüchen aus dem Unternehmen aus, gibt es keine Möglichkeit ihm die bestehende Rückdeckungsversicherung zu übertragen. Anders als bei der Direktversicherung muss der unverfallbare Anspruch des Mitarbeiters bis zum Eintritt des Versorgungsfalles aufrechterhalten werden. Eine Abfindung unverfallbarer Ansprüche ist nur für geringe Zusageleistungen möglich und wird daher in der Praxis kaum anzuwenden sein.

Keine private Weiterführung möglich

280 Scheidet ein Mitarbeiter aus dem Trägerunternehmen aus, so ist bis auf die wenigen Fälle, in denen eine Abfindung möglich ist, eine Mitgabe und private Weiterführung der Versicherung nicht möglich. Die Versicherung gehört zum Vermögen der Unterstützungskasse und wird zumindest bei unverfallbaren Ansprüchen von dieser auch benötigt, um die unverfallbaren Ansprüche zu finanzieren.

Verwaltungsgebühren für Unterstützungskasse

Im Gegensatz zu den anderen Durchführungswegen fallen bei der Unterstützungskasse Gebühren bzw. Mitgliedsbeiträge an. Allerdings sind diese Beiträge meist nicht sehr hoch und werden wohl auch oft durch die Serviceleistungen der Kasse für das Trägerunternehmen wieder kompensiert.

Mangelnde Flexibilität

Ein großer Nachteil der Gruppenunterstützungskasse ist ihre mangelnde Flexibilität. Da zur Erhaltung der Steuerbefreiung der Kasse die Verhältnisse bei allen Trägerunternehmen maßgebend sind, bestehen in der Regel nur begrenzte Gestaltungsmöglichkeiten. Insbesondere ein späterer Wechsel des Durchführungsweges oder eine Rückübertragung von Kassenvermögen auf ein Trägerunternehmen sind mit erheblichen praktischen Problemen verbunden. Auch die steuerliche Begrenzung der Leistungshöhe schränkt die Gestaltungsmöglichkeiten ein.

Die strengen steuerlichen Anforderungen zur Anerkennung von Rückdeckungsversicherungen sorgen ebenfalls für eine mangelnde Flexibilität bei der Ausfinanzierung der Versorgungsleistungen. Sie erlauben es z. B. nicht, die Versorgung über Einmalbeiträge oder eine abgekürzte Beitragszahlung innerhalb einiger weniger Jahre auszufinanzieren.

Anders als beim Pensionsfonds sind bei der Unterstützungskasse aber wahlweise Kapital- oder Rentenleistungen möglich.

Keine Beitragszusagen

Über eine Unterstützungskasse sind nur reine Leistungszusagen oder bei- 281
tragsorientierte Leistungszusagen möglich. Beitragszusagen mit Mindestleistungen sind im BetrAVG für die Unterstützungskasse nicht vorgesehen.

Keine Beleihungsmöglichkeit

Die Rückdeckungsversicherungen gehören zum Vermögen der Kasse. Sie ist Versicherungsnehmerin und Bezugsberechtigte und hat das alleinige Verfügungsrecht über die abgeschlossenen Versicherungen. Selbst wenn die Kasse einverstanden ist, können die Rückdeckungsversicherungen nicht zu Gunsten des Trägerunternehmens beliehen werden. Solange nämlich eine Rückdeckungsversicherung als Sicherheit für ein Darlehen dient, sind die Zuwendungen des Trägerunternehmens in Höhe der Beiträge nicht mehr als Betriebsausgaben abzugsfähig.

Einschränkung der Leistungshöhe

Um die Steuerfreiheit der Kasse nicht zu gefährden, können Versorgungszu- 282
sagen nicht in beliebiger Höhe erteilt werden. In der Regel dürfen nicht mehr als 25 769 € an jährlicher Altersrente geleistet werden. Bei entsprechender Anzahl von Leistungsberechtigten kann dieser Betrag in einzelnen Fällen auch überschritten werden.

Keine steuerfreie Übernahme von Versorgungswerken

Die Übernahme einer bestehenden Versorgungszusage oder eines komplet- 283
ten Versorgungswerkes ist über eine Unterstützungskasse nicht möglich.

Zwar wäre die Übernahme wie bei der Pensionszusage für die betroffenen Arbeitnehmer nicht lohnsteuerpflichtig, jedoch die Zahlung des erforderlichen Einmalbeitrages ist beim Trägerunternehmen nicht als Betriebsausgabe abzugsfähig. Zumindest dann nicht, wenn es sich um Versorgungsanwartschaften handelt und nicht um bereits laufende Leistung. Möglich ist allerdings die Übernahme einer Versorgung von einer anderen Unterstützungskasse.

7 Die Pensionskasse

Die Pensionskasse ist eine rechtsfähige Versorgungseinrichtung, die den Versorgungsberechtigten einen Rechtsanspruch auf ihre Leistungen einräumt. Da die Pensionskasse gegen Zahlung von Beiträgen Versorgungsleistungen bietet und das damit verbundene Versorgungsrisiko übernimmt, handelt es sich rechtlich um ein Versicherungsunternehmen, das der Versicherungsaufsicht nach dem VAG unterliegt. 284

Geschäftsgrundlage für die Tätigkeit einer Pensionskasse ist der Geschäftsplan, in dem die Satzung, die Versicherungsbedingungen und die so genannten geschäftsplanmäßigen Erklärungen enthalten sind. Zur Finanzierung der Versorgungsleistungen erhebt die Kasse einen versicherungsmathematisch kalkulierten Beitrag. Dieser Beitrag kann vom Arbeitgeber oder auch vom Versorgungsberechtigten selbst gezahlt werden. In der Praxis ist die Beteiligung des Versorgungsberechtigten an der Beitragszahlung durchaus üblich. Scheidet ein Mitarbeiter vorzeitig aus dem Trägerunternehmen aus, so erhält er auf den selbst finanzierten Teil der Versorgung einen sofortigen unverfallbaren Anspruch oder seine Eigenbeiträge werden ihm zuzüglich Zinsen zurückgezahlt.

7.1 Steuerliche Behandlung der Pensionskasse

Pensionskassen unterliegen als Versicherungsunternehmen grundsätzlich der vollen Körperschaftsteuerpflicht. Unter bestimmten Voraussetzungen können sie aber von der Steuer befreit werden (§§ 5 und 6 KStG, 1 und 2 KStDV). Die Voraussetzungen für die Steuerbefreiung entsprechen weitgehend denjenigen der Unterstützungskasse: 285

Voraussetzungen für die Steuerbefreiung von Pensionskassen:

- Leistungen nur an Zugehörige des Trägerunternehmens
  (wie bei der Unterstützungskasse, siehe Kapitel 6.1)
- Mehrzahl der Leistungsempfänger ist nicht Unternehmer oder Gesellschafter
  (wie bei der Unterstützungskasse, siehe Kapitel 6.1)
- Beschränkung der Leistungshöhe
  (wie bei der Unterstützungskasse, siehe Kapitel 6.1)

- Verwendung des Kassenvermögens nur für satzungsgemäße Zwecke (wie bei der Unterstützungskasse, siehe Kapitel 6.1)
- zulässiges Kassenvermögen nicht überschritten

Die Steuerbefreiung einer Pensionskasse gilt nur, soweit das zulässige Kassenvermögen nicht überschritten wird. Bei Überschreitung wird die Kasse partiell steuerpflichtig. Allerdings entfällt für den übersteigenden Teil des Kassenvermögens die satzungsgemäße Zweckbindung des Vermögens. Einen Puffer bis zum Eintritt der partiellen Steuerpflicht – wie z. B. bei der Unterstützungskasse in Höhe von 25 % – gibt es bei der Pensionskasse nicht. Auch die Bewertung des Vermögens einer Pensionskasse unterscheidet sich maßgeblich von der Unterstützungskassenbewertung.

Das Vermögen einer Pensionskasse wird nach handelsrechtlichen Grundsätzen berechnet. Es darf nicht höher sein als die Verlustrücklage bei einem VVaG. Eine Rückstellung für Beitragsrückerstattung kann vom tatsächlichen Vermögen abgezogen werden, wenn die Leistungsempfänger einen Rechtsanspruch auf die Überschussbeteiligung haben.

7.2 Steuerliche Behandlung beim Arbeitgeber

Zuwendungen

286 Nach § 4 c EStG können Zuwendungen eines Arbeitgebers an eine Pensionskasse als Betriebsausgaben abgezogen werden, soweit sie der Finanzierung einer festgelegten Verpflichtung der Kasse dienen oder soweit sie zur Abdeckung von Fehlbeträgen bei der Kasse notwendig sind. Außerdem muss eine betriebliche Veranlassung vorliegen. Durch diese Regelungen soll sichergestellt werden, dass die Pensionskasse nur Zuwendungen erhält, die sie zur Finanzierung der Versorgungsverpflichtungen auch tatsächlich benötigt.

Die Höhe der Zuwendungen ergibt sich aus den versicherungstechnischen Rechnungsgrundlagen der Pensionskasse, die Bestandteil des Geschäftsplanes sind. Die Zuwendungen können sowohl als laufende Zahlungen oder in Form von Einmalbeiträgen geleistet werden. Wie bei der Direktversicherung erfolgt bei Einmalzahlungen keine Rechnungsabgrenzung. Denn es handelt sich nicht um Beitragszahlungen für einen festen Zeitraum, sondern um die notwendige Auffüllung des Deckungskapitals.

Durch die Zuwendungen muss sichergestellt werden, dass die Kasse jederzeit über das notwendige versicherungstechnische Deckungskapital verfügt, um ihre Versorgungsverpflichtungen zu erfüllen. Anders als bei der Unterstützungskasse ist die Abzugsfähigkeit der Zuwendungen auch nicht davon abhängig, ob die Pensionskasse überdotiert ist oder nicht.

Aktivierung

Da die Pensionskasse den Versorgungsberechtigten einen Rechtsanspruch auf die Leistungen gewährt, ist das entsprechende Deckungskapital auch den Versorgungsberechtigten steuerlich zuzurechnen. Es ist deshalb beim Arbeitgeber nicht zu aktivieren. Eine Aktivierungspflicht besteht lediglich dann, wenn dem Trägerunternehmen Leistungen zustehen. 287

Leistungen

Bei Eintritt des Versorgungsfalles werden die Leistungen in der Regel direkt von der Pensionskasse an die Versorgungsberechtigten ausgezahlt. Dies hat für den Arbeitgeber keine steuerlichen Auswirkungen. Da die Leistungen von den Arbeitnehmern, wenn überhaupt, als sonstige Einkünfte oder als Einkünfte aus Kapitalvermögen zu versteuern sind, trifft den Arbeitgeber auch keine Pflicht zur Abführung von Lohnsteuer. 288

7.3 Steuerliche Behandlung beim Arbeitnehmer

7.3.1 Vor Eintritt des Versorgungsfalles

In der Vergangenheit galten für Beitragszahlungen des Arbeitgebers an Pensionskassen und Leistungen der Kasse an den Arbeitnehmer die gleichen Regelungen wie für Direktversicherungen. Durch das AVmG wurde die Pensionskasse eigenständigen steuerlichen Regelungen unterworfen. 289

Steuerliche Behandlung der Beitragszahlungen

Grundsätzlich zählen Pensionskassenbeiträge des Arbeitgebers zum steuerpflichtigen Einkommen des Arbeitnehmers, da dieser auf die entsprechenden Versorgungsleistungen einen Rechtsanspruch hat. Eigenbeiträge des Arbeitnehmers müssen aus dem individuell versteuerten Einkommen geleistet werden. Die Steuer auf die Arbeitgeberbeiträge fällt an, sobald sie an die Kasse gezahlt werden. Das gilt sowohl für laufende als auch für einmalige Beitragszahlungen. Unter bestimmten Voraussetzungen kann der Arbeitnehmer aber die folgenden Steuervorteile nutzen: 290

- steuerfreie Beiträge nach § 3 Nr. 63 EStG
- Förderung der Privatvorsorge nach § 10 a EStG
- Lohnsteuerpauschalierung nach § 40 b EStG

Steuerfreie Beiträge nach § 3 Nr. 63 EStG

291 Seit dem 1. 1. 2002 bleiben Beitragszahlungen des Arbeitgebers in eine Pensionskasse bis zur Höhe von 4 % der BBG in der Rentenversicherung lohnsteuerfrei. Maßgeblich ist sowohl für die neuen als auch für die alten Bundesländer einheitlich die BBG West. Im Jahr 2002 bleiben somit bis zu 2 160 € steuerfrei. Das gilt allerdings nur, wenn die Beiträge im Rahmen des ersten Dienstverhältnisses des Arbeitnehmers gezahlt werden.

§ 3 Nr. 63 EStG: Steuerfreie Einnahmen

Steuerfrei sind . . .

63. Beiträge des Arbeitgebers aus dem ersten Dienstverhältnis an eine Pensionskasse oder einen Pensionsfonds, soweit sie insgesamt im Kalenderjahr 4 vom Hundert der Beitragsbemessungsgrenze in der Rentenversicherung der Arbeiter und Angestellten nicht übersteigen. Dies gilt nicht für Beiträge an eine Zusatzversorgungseinrichtung für eine betriebliche Altersversorgung im Sinne des § 10 a Abs. 1 Satz 4 oder soweit der Arbeitnehmer nach § 1 a Abs. 3 BetrAVG verlangt hat, dass die Voraussetzungen für eine Förderung nach § 10 a oder Abschnitt XI erfüllt werden;

Die Steuerfreiheit gilt nicht, wenn die Pensionskasse eine Zusatzversorgungseinrichtung darstellt, in der ein Arbeitnehmer pflichtversichert ist und die eine beamtenähnliche Gesamtversorgung erbringt.

292 Wenn der Arbeitnehmer im Rahmen seines Rechtes auf Entgeltumwandlung vom Arbeitgeber verlangt, die Entgeltumwandlung nach § 10 a EStG förderfähig zu gestalten, gilt die Steuerbefreiung des § 3 Nr. 63 EStG für den nach § 10 a EStG geförderten Betrag nicht.

293 Unklar ist bisher, inwieweit ein Wahlrecht besteht, auf die Steuerbefreiung des § 3 Nr. 63 EStG zu Gunsten einer individuellen Besteuerung mit anschließender Förderung nach § 10 a EStG zu verzichten. Nach dem Gesetzeswortlaut ist dies nur möglich, soweit der Arbeitnehmer im Rahmen seines Rechtes auf Entgeltumwandlung vom Arbeitgeber verlangt, ihm die Möglichkeit einer Förderung nach § 10 a EStG zu gewähren. Das BMF geht hingegen davon aus (BMF-Schreiben vom 5. 8. 2002), dass auch in allen anderen Fällen der Entgeltumwandlung bei Einigkeit zwischen Arbeitgeber und Arbeitnehmer eine individuelle Besteuerung möglich ist. Bei rein arbeitgeberfinanzierten Beiträgen soll dagegen keine Möglichkeit bestehen, auf die Steuerbefreiung zu verzichten. Eine „Abwahl“ der Steuerbefreiung zu Gunsten

der Besteuerung nach § 40 b EStG ist hingegen auch nach Meinung des BMF nicht möglich.

BMF-Schreiben vom 5. 8. 2002 – Auszug

B. Betriebliche Altersversorgung
II. Lohnsteuerliche Behandlung von Zusagen auf Leistungen der betrieblichen Altersversorgung

. . .

„4. b) Ausschluss der Steuerfreiheit nach § 3 Nr. 63 Satz 2 zweite Alternative EStG

aa) Personenkreis

Auf die Steuerfreiheit können grundsätzlich nur Arbeitnehmer verzichten, die in der gesetzlichen Rentenversicherung pflichtversichert sind (§§ 1 a, 17 Abs. 1 Satz 3 BetrAVG). Alle anderen Arbeitnehmer können von dieser Möglichkeit nur dann Gebrauch machen, wenn der Arbeitgeber zustimmt.

bb) Höhe und Zeitpunkt der Ausübung des Wahlrechts

Soweit der Arbeitnehmer einen Anspruch auf Entgeltumwandlung nach § 1 a BetrAVG hat, ist eine individuelle Besteuerung dieser Beiträge bereits auf Verlangen des Arbeitnehmers durchzuführen. In allen anderen Fällen der Entgeltumwandlung (z. B. Entgeltumwandlungsvereinbarung aus dem Jahr 2001 oder früher) ist die individuelle Besteuerung der Beiträge hingegen nur auf Grund einvernehmlicher Vereinbarungen zwischen Arbeitgeber und Arbeitnehmer möglich. Bei rein arbeitgeberfinanzierten Beiträgen kann auf die Steuerfreiheit nicht verzichtet werden (. . .).

Die Ausübung des Wahlrechts nach § 3 Nr. 63 Satz 2 zweite Alternative EStG muss bis zu dem Zeitpunkt erfolgen, zu dem die entsprechende Gehaltsänderungsvereinbarung steuerlich noch anzuerkennen ist (. . .).

Eine nachträgliche Änderung der steuerlichen Behandlung der im Wege der Entgeltumwandlung finanzierten Beiträge ist nicht zulässig.

Eine Pauschalbesteuerung der Beiträge nach § 40 b EStG ist erst möglich, wenn die Summe der nach § 3 Nr. 63 EStG steuerfreien Beiträge und der Beiträge, die wegen der Ausübung des Wahlrechts individuell versteuert werden, 4 % der Beitragsbemessungsgrenze in der gesetzlichen Rentenversicherung der Arbeiter und Angestellten übersteigt."

Der steuerfreie Höchstbetrag von 4 % der BBG ist ein Jahresbetrag. Er wird auch dann nicht zeitanteilig gekürzt, wenn das Arbeitsverhältnis nur einige Monate eines Jahres bestand.

Wird die Versorgung von Arbeitgeber und Arbeitnehmer gemeinsam finanziert, so ist der Höchstbetrag zunächst mit den Arbeitgeberbeiträgen auszuschöpfen. Sind die Arbeitgeberbeiträge niedriger als die 4 %-Grenze, sind für den verbleibenden Betrag die Arbeitnehmerbeiträge zu berücksichtigen.

Förderung der Privatvorsorge nach § 10 a EStG

294 Sofern die Beiträge zur Pensionskasse aus individuell versteuertem Einkommen geleistet werden, kann der Arbeitnehmer hierfür auch die Förderung der Privatvorsorge nach § 10 a EStG in Anspruch nehmen. Vorausgesetzt die späteren Leistungen werden als laufende Renten ausgezahlt. Die Förderung des § 10 a EStG ermöglicht den Abzug des Beitrages (bis zu den in § 10 a EStG genannten Grenzen) vom zu versteuernden Einkommen als Sonderausgabe. Hierdurch wird der ursprünglich steuerpflichtige Beitrag im Ergebnis doch wieder von der Steuer freigestellt.

Die Förderung nach § 10 a EStG kann nur in Anspruch genommen werden, soweit die Beiträge an die Pensionskasse nicht mehr der Steuerfreiheit nach § 3 Nr. 63 EStG unterliegen. Wenn der Arbeitnehmer im Rahmen seines Rechtes auf Entgeltumwandlung die Förderung des § 10 a EStG verlangt, kann er die Steuerfreiheit „abwählen“. Das wird er immer dann tun, wenn die Zulage nach § 10 a EStG größer ist als der Steuervorteil aus der Steuerbefreiung des Beitrages. Für Beiträge des Arbeitgebers besteht diese Wahlmöglichkeit nicht.

Lohnsteuerpauschalierung nach § 40 b EStG

295 Wenn der Pensionskassenbeitrag die Grenzen der Steuerbefreiung nach § 3 Nr. 63 EStG übersteigt, kann für den übersteigenden Beitrag die Lohnsteuerpauschalierung des § 40 b EStG in Anspruch genommen werden. Die Voraussetzungen für die Inanspruchnahme entsprechen denen bei der Direktversicherung (siehe hierzu Kapitel 4.2.2).

296 Anders als bei der Inanspruchnahme der Förderung nach § 10 a EStG besteht nicht die Möglichkeit, auf die Steuerfreiheit des § 3 Nr. 63 EStG zu verzichten, um stattdessen die Lohnsteuerpauschalierung in Anspruch zu nehmen.

Das ist ein großer Nachteil der Förderung nach § 3 Nr. 63 EStG. Denn insbesondere zur Absicherung vorzeitiger Versorgungsfälle ist die vorgelagerte pauschale Besteuerung des § 40 b EStG in der Regel günstiger. Auch eine Verteilung der Versorgung auf zwei Pensionskassen kann dieses Problem nicht lösen, da für die steuerliche Beurteilung alle Pensionskassen-Beiträge einheitlich betrachtet werden. Eine Lösung für die Praxis bietet allerdings die Kombination einer Pensionskasse mit einer Direktversicherung. Die Beiträge für die Direktversicherung können unabhängig von der Höhe des Pensionskassen-Beitrages auf jeden Fall nach § 40 b EStG versteuert werden.

7.3.2 Bei Eintritt des Versorgungsfalles

Die steuerliche Behandlung der Leistungen aus einer Pensionskasse richtet 297
sich nach der steuerlichen Förderung der Einzahlungen. Wurden die Einzahlungen steuerlich unterschiedlich gefördert, so müssen die Leistungen entsprechend aufgeteilt und ebenfalls unterschiedlich versteuert werden. Die Pensionskasse ist verpflichtet, ihren Leistungsempfängern diese anteiligen Beträge entsprechend mitzuteilen.

Beiträge nach § 3 Nr. 63 EStG oder nach § 10 a EStG gefördert

Wurden die Beitragszahlungen nach § 3 Nr. 63 EStG oder nach § 10 a EStG 298
gefördert, so müssen die Leistungen in voller Höhe als sonstige Einkünfte nach § 22 Nr. 5 Satz 1 EStG versteuert werden. Die volle Versteuerung gilt unabhängig davon, ob es sich um lebenslängliche Renten oder einmalige Kapitalzahlungen handelt. Wurde in der Einzahlungsphase allerdings die Förderung nach § 10 a EStG in Anspruch genommen, so stellt die Kapitalauszahlung eine schädliche Verwendung dar (siehe hierzu Kapitel 3.1.3).

Achtung: Die volle Steuerpflicht der Leistungen aus Pensionskassen unterscheidet sich deutlich von der vollen Steuerpflicht von Leistungen aus Pensionszusagen oder Unterstützungskassen. Bei Pensionskassen handelt es sich um sonstige Einkünfte, von denen *nicht* der Arbeitnehmer-Pauschbetrag in Höhe von 1 044 €, *nicht* der Versorgungsfreibetrag von bis zu 3 072 € und *nicht* die Vorsorgepauschale von bis zu 1 134 € abgezogen werden darf. Dafür kann allerdings unter Umständen der Altersentlastungsbetrag geltend gemacht werden.

Altersentlastungsbetrag

Nach § 24 a EStG können Steuerpflichtige, die das 64. Lebensjahr vollendet 299
haben, einen Altersentlastungsbetrag steuerlich geltend machen. Dieser beträgt 40 % der Einkünfte, maximal 1 908 €. Zu den zu berücksichtigenden

Einkünften gehört der Arbeitslohn des Arbeitnehmers zuzüglich der positiven Summe aller anderen Einkünfte. Nicht zu berücksichtigen sind allerdings Versorgungsbezüge im Sinne des § 19 Abs. 2 EStG (Pensionszusage und Unterstützungskasse) sowie sonstige Einkünfte im Sinne des § 22 Nr. 1 Satz 3 a EStG (Ertragsanteilbesteuerung). Der Altersentlastungsbetrag ist somit nur auf den voll zu versteuernden Teil der Leistungen aus der Pensionskasse anzuwenden. Für den Teil der Leistung, der nur mit dem Ertragsanteil zu versteuern ist, findet der Altersentlastungsbetrag keine Anwendung.

Beiträge nach § 40 b EStG gefördert oder individuell versteuert

300 Wurden die Beitragszahlungen bereits individuell oder pauschal versteuert, so gilt im Leistungsfall die gleiche Besteuerung wie bei der Direktversicherung. Lebenslängliche Renten sind nur nach § 22 Nr. 1 Satz 3 a EStG mit dem Ertragsanteil zu besteuern. Kapitalauszahlungen sind in aller Regel steuerfrei.

301 7.3.3 Entgeltumwandlung

In der Vergangenheit war die Pensionskasse vor allem bei Großunternehmen weit verbreitet, die ihren Arbeitnehmern hierüber eine arbeitgeberfinanzierte Altersversorgung gewährten. Aus diesem Grund war der steuerliche Rahmen für die pauschale Lohnversteuerung oft bereits durch die arbeitgeberfinanzierte Versorgung ausgeschöpft. Zusätzlich hatten die Arbeitnehmer häufig die Möglichkeit, private Eigenbeiträge aus individuell versteuertem Gehalt einzuzahlen, oder waren hierzu sogar verpflichtet. Die Notwendigkeit einer Entgeltumwandlung ergab sich deshalb nicht.

Durch die Neugestaltung der steuerlichen Förderung der Pensionskasse wird sich dies zukünftig sicherlich ändern. Die umfassenden Fördermöglichkeiten werden sicherlich von den wenigsten Arbeitgebern bereits voll ausgeschöpft, sodass der zusätzliche Bedarf an Entgeltumwandlung entstehen wird. Von Vorteil ist sicherlich auch, dass der Arbeitgeber bei Angebot einer Entgeltumwandlung über eine Pensionskasse keinen weiter gehenden Forderungen seiner Arbeitnehmer nach Entgeltumwandlung nachkommen muss.

Soweit die Entgeltumwandlung der Steuerbefreiung des § 3 Nr. 63 EStG unterliegt, kommt es beim Arbeitnehmer zu einer nachgelagerten Besteuerung. Das heißt, die Umwandlungsbeträge werden in voller Höhe aus unversteuertem Einkommen finanziert.

Bei Inanspruchnahme der Förderung nach § 10 a EStG oder der Lohnsteuerpauschalierung nach § 40 b EStG gelten die Ausführungen zur Direktversicherung.

7.4 Vor- und Nachteile der Pensionskasse

Die Vor- und Nachteile der Pensionskasse decken sich in weiten Teilen mit denjenigen der Direktversicherung: 302

- geringer Verwaltungsaufwand
- Recht auf Entgeltumwandlung erfüllt
- alle Zusagearten möglich
- kein Bilanzausweis beim Trägerunternehmen
- Versorgung junger Mitarbeiter möglich
- versicherungsvertragliches Verfahren bei Ausscheiden
- private Weiterführung nach Ausscheiden möglich
- Vermeidung der PSV-Beitragspflicht
- § 10 a-EStG-Förderung möglich
- Lohnsteuerpauschalierung
- keine Übernahme von Versorgungswerken

Allerdings reduzierte sich die Tätigkeit der Pensionskassen in der Vergangenheit nahezu ausschließlich auf einzelne Unternehmen oder Branchen. Deshalb beschränken sich die folgenden Ausführungen insbesondere auf die Vor- und Nachteile, die zukünftig an Bedeutung gewinnen könnten.

Umfassende steuerliche Förderung der Beitragszahlungen

Die Pensionskasse ist der einzige Durchführungsweg, der zukünftig die drei entscheidenden steuerlichen Fördermöglichkeiten vereint: die Steuerfreiheit nach § 3 Nr. 63 EStG, die Lohnsteuerpauschalierung nach § 40 b EStG und die Förderung der Privatvorsorge nach § 10 a EStG. Somit kann über einen einzigen Durchführungsweg die gesamte steuerliche Förderung der betrieblichen Altersversorgung in Anspruch genommen werden. Allerdings darf hierbei nicht übersehen werden, dass die verschiedenen steuerlichen Forderungen nicht beliebig angewendet werden können. So kommt z. B die Lohnsteuerpauschalierung erst dann in Betracht, wenn die Steuerfreiheit nach § 3 Nr. 63 EStG voll ausgeschöpft wurde, da diesbezüglich kein Wahlrecht besteht. 303

Steuerbegünstigte Leistungen

Auch bei der Besteuerung der späteren Versorgungsleistungen ist die Pensionskasse der Direktversicherung weitgehend gleichgestellt. Die volle Besteuerung der Leistungen tritt ein, soweit der Arbeitnehmer die § 10 a-EStG-Förderung oder die Steuerfreiheit nach § 3 Nr. 63 EStG in Anspruch genommen hat. Hat dieser die Beiträge individuell oder pauschal besteuert, so sind die Kapitalerträge während der Anwartschaft in der Regel steuerfrei. Bei lebenslänglichen Renten muss lediglich der Ertragsanteil versteuert werden.

Einschränkung der Leistungshöhe

Die Pensionskasse ermöglicht zwar alle steuerlichen Fördermöglichkeiten, kann diese aber ihren Versorgungsberechtigten auf Grund der Einschränkungen der Leistungshöhe unter Umständen gar nicht anbieten. Hierdurch verliert die Pensionskasse insbesondere bei der Versorgung von Führungskräften trotz der Fördermöglichkeiten an Bedeutung.

8 Der Pensionsfonds

Schon seit mehreren Jahren wurde in Deutschland intensiv über die Einführung von Pensionsfonds diskutiert. Als Vorbild für den deutschen Pensionsfonds wurden dabei immer wieder ausländische Produkte präsentiert, z. B. die amerikanischen 401K-Pläne oder die angelsächsischen „pension funds". Da es sowohl an einer international einheitlichen als auch an einer national verbindlichen Definition des Pensionsfonds fehlte, gab es auch hierüber häufig fachliche Auseinandersetzungen. So wurde z. B. lange Zeit darüber diskutiert, ob ein Pensionsfonds zwingend auch biometrische Risiken absichern muss oder ob auch reine Sparvorgänge als Pensionsfondsleistungen möglich sein sollen. Nachdem der deutsche Pensionsfonds helfen soll, die Lücken der gesetzlichen Rentenversicherung zu schließen, hat sich der Gesetzgeber dazu entschlossen, reine Sparvorgänge innerhalb von Pensionsfonds nicht zuzulassen. 304

Obwohl der Pensionsfonds ein weiterer Durchführungsweg der betrieblichen Altersversorgung ist, wird er nicht im Betriebsrentengesetz definiert, sondern im VAG. Allein hierdurch wird schon deutlich, dass es sich zumindest um einen versicherungsähnlichen Durchführungsweg handeln muss.

Definition

Der Pensionsfonds ist ein rechtlich selbstständiger Versorgungsträger, der den Arbeitnehmern seiner Trägerunternehmen Versorgungsleistungen mit Rechtsanspruch gewährt. Die Finanzierung der Leistungen erfolgt zwingend im Kapitaldeckungsverfahren. 305

Die Gründung eines Pensionsfonds erfordert zwingend eine Erlaubnis durch die BAFin, die auch die Vermögensanlage des Pensionsfonds überwacht. Denn der Pensionsfonds ist einem Versicherungsunternehmen sehr ähnlich.

Nur Arbeitnehmer als Versorgungsberechtigte

Nach der Definition in § 112 VAG ist der Pensionsfonds eine rechtsfähige Versorgungseinrichtung mit der ausschließlichen Aufgabe, Versorgungsleistungen an Arbeitnehmer zu erbringen. Die begünstigten Arbeitnehmer erhal- 306 ten auf die Versorgungsleistungen einen Rechtsanspruch gegenüber dem Pensionsfonds.

Bei Einführung des § 112 VAG durch das AVmG war die Beschränkung auf Arbeitnehmer als Begünstigte ausdrücklich aufgenommen. Mit dem HZvNG wurde der Kreis der möglichen Versorgungsberechtigten aber erweitert. Das Gesetz enthält nun ausdrücklich auch die Möglichkeit, ehemalige Arbeitnehmer als Anwärter aufzunehmen. Das ist wichtig, um die Übereinstimmung mit dem BetrAVG zu erreichen, wonach ausgeschiedene Arbeitnehmer das Recht zur Fortführung der Versorgung mit eigenen Beiträgen haben müssen. Außerdem können jetzt über einen Pensionsfonds auch Personen versorgt werden, die nicht Arbeitnehmer sind, wenn die betriebliche Altersversorgung aus Anlass ihrer Tätigkeit für das Unternehmen gewährt wird.

§ 112 VAG: Definition

(1) Ein Pensionsfonds ist eine rechtsfähige Versorgungseinrichtung, die

1. im Wege des Kapitaldeckungsverfahrens Leistungen der betrieblichen Altersversorgung für einen oder mehrere Arbeitgeber zu Gunsten von Arbeitnehmern erbringt,
2. die Höhe der Leistungen oder die Höhe der für diese Leistungen zu entrichtenden künftigen Beiträge nicht für alle vorgesehenen Leistungsfälle durch versicherungsförmige Garantien zusagen darf,
3. den Arbeitnehmern einen eigenen Anspruch auf Leistung gegen den Pensionsfonds einräumt und
4. verpflichtet ist, die Leistung als lebenslange Altersrente oder in Form eines Auszahlungsplanes mit unmittelbar anschließender Restverrentung gemäß § 1 Abs. 1 Satz 1 Nr. 5 des Altersvorsorgeverträge-Zertifizierungsgesetzes zu erbringen.

Pensionspläne sind die im Rahmen des Geschäftsplanes ausgestalteten Bedingungen zur planmäßigen Leistungserbringung im Versorgungsfall. Pensionspläne sind

1. beitragsbezogen, wenn mit ihnen eine Zusage des Arbeitgebers gemäß § 1 Abs. 2 Nr. 2 des Gesetzes zur Verbesserung der betrieblichen Altersversorgung durchgeführt wird,
2. leistungsbezogen, wenn mit ihnen eine Zusage des Arbeitgebers gemäß § 1 Abs. 1 Satz 1 oder Abs. 2 Nr. 1 des Gesetzes zur Verbesserung der betrieblichen Altersversorgung durchgeführt wird.

(2) Pensionsfonds bedürfen zum Geschäftsbetrieb der Erlaubnis der Aufsichtsbehörde.

(3) Als Arbeitnehmer im Sinne dieser Vorschrift gelten auch ehemalige Arbeitnehmer sowie die unter § 17 Abs. 1 Satz 2 des Gesetzes zur Verbesserung der betrieblichen Altersversorgung fallenden Personen.

Zusagearten

Wie auch im Betriebsrentengesetz bereits vorgesehen, kann der Pensions- 307
fonds Beitragszusagen mit Mindestleistungen oder Leistungszusagen erteilen. Bei Beitragszusagen erhält der Arbeitnehmer im Leistungsfall mindestens die bis dahin eingezahlten Beiträge abzüglich der Beitragsteile, die für einen Invaliditäts- und Hinterbliebenenschutz verbraucht wurden. Bei Leistungszusagen erhält der Arbeitnehmer die festgelegte Leistung.

Leistungsarten

In der ersten Fassung des § 112 VAG waren die möglichen Leistungen des 308
Pensionsfonds ausdrücklich auf lebenslängliche Altersversorgungsleistungen einschließlich Invaliditäts- und Hinterbliebenenleistungen beschränkt. In der neuen Fassung auf Grund des HZvNG wird stattdessen nur allgemein auf Leistungen der betrieblichen Altersversorgung verwiesen. Somit sind auch zukünftig Berufsunfähigkeits- und Hinterbliebenenleistungen möglich.

Unklar ist jedoch, in welcher Form Letztere ausgezahlt werden dürfen. Denn § 112 VAG legt nur fest, dass „… die Leistung als lebenslange Altersrente oder in Form eines Auszahlungsplans mit unmittelbar anschließender Restverrentung …“ gezahlt werden muss. Ob dies auch für Hinterbliebenen- und Invaliditätsleistungen gelten soll, lässt das Gesetz und auch die Gesetzesbegründung offen. Fest steht aber, dass Leistungen wegen Erreichens der Altersgrenze lebenslänglich gezahlt werden müssen.

Neu: Auszahlungspläne mit Teilkapitalisierung

In der ersten Fassung des Gesetzes war für die Altersleistung ausschließlich 309
eine lebenslängliche Altersrente möglich. Auf Grund erheblicher Akzeptanzprobleme in der Praxis wurde mit dem HZvNG die Möglichkeit geschaffen, stattdessen auch einen so genannten Auszahlungsplan mit anschließender Restverrentung zu vereinbaren. Hierfür gelten die gleichen Vorschriften wie für Auszahlungspläne im Rahmen zertifizierter privater Altersvorsorgeverträge nach § 1 Abs. 1 Nr. 5 AltZertG. Das heißt, die Auszahlung erfolgt bis zum Alter von 85 Jahren in Form eines Entnahmeplanes und geht anschließend in eine lebenslängliche Rente über. Der Entnahmeplan kann entweder fest vereinbarte Raten vorsehen oder gleich bleibende oder steigende Teilraten zuzüglich ertragsabhängiger variabler Teilraten. Von besonderer Bedeutung ist aber, dass zu Beginn der Auszahlungsphase bis zu 20 % des verfügbaren Kapitals als einmalige Kapitalzahlung geleistet werden kön-

nen. Hierdurch wird der entscheidende Nachteil des Pensionsfonds gegenüber allen anderen Durchführungswegen ein wenig abgefedert.

Unklar ist allerdings die Frage der Vererbbarkeit eines Auszahlungsplans während der Auszahlphase. Denn der Hauptunterschied zu einer lebenslänglichen Rente ist eigentlich, dass bei Tod während der Auszahlphase das Restkapital noch vorhanden ist. Sofern dieses Restkapital vererbbar ist, handelt es sich streng genommen aber steuerlich um keine betriebliche Altersversorgung.

Versicherungsaufsicht

310 Der Pensionsfonds unterliegt der Aufsicht durch die BAFin, die auch für die Erteilung der notwendigen Genehmigung zur Aufnahme des Geschäftsbetriebes zuständig ist. Die Aufsicht entspricht sehr weit gehend derjenigen von Versicherungsunternehmen. Bedeutende Abweichungen gibt es aber hinsichtlich Kapitalausstattung und Vermögensanlage, die für Pensionsfonds explizit geregelt sind. Die Bundesregierung ist darüber hinaus ermächtigt, zusätzlich Verordnungen zu erlassen, die z. B. den Höchstrechnungszins festlegen, quantitative oder qualitative Anlagevorschriften für das gebundene Vermögen regeln oder Grundlagen für die Berechnung der Deckungsrückstellung aufstellen.

Von diesem Recht hat die Bundesregierung im Dezember 2001 Gebrauch gemacht und die folgenden Verordnungen am 21. 12. 2001 erlassen:

- Pensionsfonds-Kapitalausstattungsverordnung
- Pensionsfonds-Kapitalanlagenverordnung
- Pensionsfonds-Deckungsrückstellungsverordnung

Auf die Inhalte dieser Verordnungen kann im Rahmen dieser Einführung nicht näher eingegangen werden. Wichtig ist aber, dass der Pensionsfonds auf Grund dieser Verordnungen mehr Freiheiten in der Kapitalanlage genießt als z. B. eine Pensionskasse oder ein Lebensversicherungsunternehmen. In der Praxis wird deshalb häufig davon ausgegangen, dass der Pensionsfonds mit hoher Wahrscheinlichkeit eine höhere Rendite erwirtschaften kann.

Informationspflichten

311 Der Gesetzgeber hat dem Pensionsfonds umfangreiche Informationspflichten gegenüber der Aufsichtsbehörde und gegenüber den Versorgungsberechtigten auferlegt. So muss ein Pensionsfonds dem Aufsichtsamt bei jeder wesentlichen Änderung der Anlagepolitik, mindestens aber einmal jährlich, Bericht erstatten.

Die Versorgungsempfänger sind unaufgefordert zu informieren

- über Name, Anschrift und Rechtsform des Pensionsfonds,
- über die Laufzeit und steuerliche Grundlagen des Vertrages,
- über die Versorgungsleistungen und Zahlungsmodalitäten,
- jährlich über die voraussichtliche Höhe der Leistungen.

Sofern der Versorgungsberechtigte das Anlagerisiko trägt, ist er zusätzlich jährlich unaufgefordert über die Anlagestruktur, das damit verbundene Risikopotenzial und die Kosten der Vermögensverwaltung zu informieren.

8.1 Steuerliche Behandlung des Pensionsfonds

Der Pensionsfonds unterliegt grundsätzlich der unbeschränkten Körper- 312
schaftsteuerpflicht. Anders als Unterstützungskassen und Pensionskassen hat er auch keine Möglichkeit, sich von der Steuerpflicht befreien zu lassen. Allerdings können die Verpflichtungen des Pensionsfonds über die Deckungsrückstellungen steuerlich geltend gemacht werden. Das gilt auch für die Überschussbeteiligung bzw. die Zuführung zur Rückstellung für Beitragsrückerstattung, sofern diese ausschließlich den Versorgungsberechtigten zusteht oder deren Verwendung für satzungsgemäße Zwecke sichergestellt ist.

Bei Aktienanlagen kann der Pensionsfonds zudem die Dividenden steuerfrei vereinnahmen. Die genannten Punkte führen dazu, dass der Pensionsfonds in der Praxis nahezu steuerfrei bleibt.

8.2 Steuerliche Behandlung beim Arbeitgeber

Zuwendungen

Nach § 4 e EStG darf ein Arbeitgeber seit 1. 1. 2002 Beiträge an einen Pen- 313
sionsfonds als Betriebsausgaben abziehen, soweit mit der Beitragszahlung festgelegte Versorgungsleistungen finanziert oder Fehlbeträge des Pensionsfonds ausgeglichen werden. Außerdem muss eine betriebliche Veranlassung vorliegen. Hierdurch wird sichergestellt, dass der Fonds tatsächlich nur Beiträge erhält, die er auch zur Finanzierung seiner Versorgungsleistungen benötigt.

Ein notwendiger Ausgleich von Fehlbeträgen kann dadurch entstehen, dass der Pensionsfonds nicht für alle Leistungsversprechen sowohl die Leistungen als auch die hierfür erforderlichen Beiträge garantieren darf. Erreicht der Pensionsfonds die in Aussicht gestellten Leistungen mit den kalkulierten Beiträgen nicht, so muss das Trägerunternehmen den Differenzbetrag zusätzlich aufbringen.

§ 4 e EStG: Beiträge an Pensionsfonds

(1) Beiträge an einen Pensionsfonds im Sinne des § 112 des Versicherungsaufsichtsgesetzes dürfen von dem Unternehmen, das die Beiträge leistet (Trägerunternehmen), als Betriebsausgabe abgezogen werden, soweit sie auf einer festgelegten Verpflichtung beruhen oder der Abdeckung von Fehlbeträgen bei dem Fonds dienen.

(2) Beiträge im Sinne des Absatzes 1 dürfen als Betriebsausgaben nicht abgezogen werden, soweit die Leistungen des Fonds, wenn sie vom Trägerunternehmen unmittelbar erbracht würden, bei diesem nicht betrieblich veranlasst wären.

...

Da es keine weiteren Vorschriften zur steuerlichen Behandlung der Zuwendungen gibt, ist es nicht notwendig, dass die Beitragszahlung an den Pensionsfonds in gleichmäßigen Jahresbeiträgen (wie z. B. bei der rückgedeckten Unterstützungskasse) erfolgt. Es können z. B. einmalige Beiträge oder jährlich schwankende Beiträge eingezahlt werden. Auch die vollständige Übernahme eines bestehenden Versorgungswerkes durch einen Pensionsfonds ist gegen Zahlung eines Einmalbeitrages möglich (siehe hierzu Kapitel 8.4).

Aktivierung

314 Da der Pensionsfonds den Versorgungsberechtigten einen Rechtsanspruch auf die Leistungen gewährt, ist das entsprechende Deckungskapital auch den Versorgungsberechtigten steuerlich zuzurechnen. Es ist deshalb beim Arbeitgeber nicht zu aktivieren.

Leistungen

315 Bei Eintritt des Versorgungsfalles werden die Leistungen in der Regel direkt vom Pensionsfonds an die Versorgungsberechtigten ausgezahlt. Dies hat für den Arbeitgeber keine steuerlichen Auswirkungen. Da die Leistungen von den Arbeitnehmern als sonstige Einkünfte zu versteuern sind, trifft den Arbeitgeber auch keine Pflicht zur Abführung von Lohnsteuer.

8.3 Steuerliche Behandlung beim Arbeitnehmer

Die steuerliche Behandlung des Pensionsfonds beim Arbeitnehmer entspricht zum Teil – aber eben nicht vollständig – derjenigen von Pensionskassen. Auf Grund der großen Bedeutung dieses neuen Durchführungsweges wird die steuerliche Behandlung beim Arbeitnehmer im Folgenden nochmals geschlossen dargestellt, auch wenn es hierdurch teilweise zu Wiederholungen kommt.

8.3.1 Vor Eintritt des Versorgungsfalles

Grundsätzlich zählen Zuwendungen des Arbeitgebers an einen Pensions- 316
fonds zum steuerpflichtigen Einkommen des Arbeitnehmers, da er auf die entsprechenden Versorgungsleistungen einen Rechtsanspruch hat. Das gilt sowohl für laufende als auch für einmalige Beitragszahlungen. Unter bestimmten Voraussetzungen kann der Arbeitnehmer aber die folgenden Steuervorteile nutzen:

- steuerfreie Beiträge nach § 3 Nr. 63 EStG
- Förderung der Privatvorsorge nach § 10 a EStG
- steuerfreie Übernahme eines Versorgungswerkes nach § 3 Nr. 66

Steuerfreie Beiträge nach § 3 Nr. 63 EStG

Seit dem 1. 1. 2002 bleiben Beitragszahlungen des Arbeitgebers in einen 317
Pensionsfonds bis zur Höhe von 4 % der BBG in der Rentenversicherung lohnsteuerfrei. Maßgeblich ist sowohl für die neuen als auch für die alten Bundesländer einheitlich die BBG West. Im Jahr 2002 bleiben somit bis zu 2 160 € steuerfrei. Das gilt allerdings nur, wenn die Beiträge im Rahmen des ersten Dienstverhältnisses des Arbeitnehmers gezahlt werden.

> *§ 3 Nr. 63 EStG: Steuerfreie Einnahmen*
>
> Steuerfrei sind . . .
>
> 63. Beiträge des Arbeitgebers aus dem ersten Dienstverhältnis an eine Pensionskasse oder einen Pensionsfonds, soweit sie insgesamt im Kalenderjahr 4 vom Hundert der Beitragsbemessungsgrenze in der Rentenversicherung der Arbeiter und Angestellten nicht übersteigen. Dies gilt nicht für Beiträge an eine Zusatzversorgungseinrichtung für eine betriebliche Altersversorgung im Sinne des § 10 a Abs. 1 Satz 4 oder soweit der Arbeitnehmer nach § 1 a Abs. 3 BetrAVG verlangt hat, dass die Voraussetzungen für eine Förderung nach § 10 a oder Abschnitt XI erfüllt werden;

318 Wenn der Arbeitnehmer im Rahmen seines Rechtes auf Entgeltumwandlung vom Arbeitgeber verlangt, die Entgeltumwandlung nach § 10 a EStG förderfähig zu gestalten, gilt die Steuerbefreiung des § 3 Nr. 63 EStG für den nach § 10 a EStG geförderten Betrag nicht. Das kann z. B. dann relevant sein, wenn auf Grund des niedrigen Einkommens ein Arbeitnehmer höhere Zulagen aus der Förderung der Privatvorsorge erhält, als er an Steuervorteil durch die Freistellung des Beitrages nach § 3 Nr. 63 EStG erzielen würde.

Unklar ist bisher, inwieweit ein Wahlrecht besteht, auf die Steuerbefreiung des § 3 Nr. 63 EStG zu Gunsten einer individuellen Besteuerung mit anschließender Förderung nach § 10 a EStG zu verzichten. Nach dem Gesetzeswortlaut ist dies nur möglich, soweit der Arbeitnehmer im Rahmen seines Rechtes auf Entgeltumwandlung vom Arbeitgeber verlangt, ihm die Möglichkeit einer Förderung nach § 10 a EStG zu gewähren. Das BMF geht hingegen davon aus (BMF-Schreiben vom 5. 8. 2002), dass auch in allen anderen Fällen der Entgeltumwandlung bei Einigkeit zwischen Arbeitgeber und Arbeitnehmer eine individuelle Besteuerung möglich ist. Bei rein arbeitgeberfinanzierten Beiträgen soll dagegen keine Möglichkeit bestehen, auf die Steuerbefreiung zu verzichten.

BMF-Schreiben vom 5. 8. 2002 – Auszug

B. Betriebliche Altersversorgung

II. Lohnsteuerliche Behandlung von Zusagen auf Leistungen der betrieblichen Altersversorgung

...

„4. b) Ausschluss der Steuerfreiheit nach § 3 Nr. 63 Satz 2 zweite Alternative EStG

aa) Personenkreis

Auf die Steuerfreiheit können grundsätzlich nur Arbeitnehmer verzichten, die in der gesetzlichen Rentenversicherung pflichtversichert sind (§§ 1 a, 17 Abs. 1 Satz 3 BetrAVG). Alle anderen Arbeitnehmer können von dieser Möglichkeit nur dann Gebrauch machen, wenn der Arbeitgeber zustimmt.

bb) Höhe und Zeitpunkt der Ausübung des Wahlrechts

Soweit der Arbeitnehmer einen Anspruch auf Entgeltumwandlung nach § 1 a BetrAVG hat, ist eine individuelle Besteuerung dieser Beiträge bereits auf Verlangen des Arbeitnehmers durchzuführen. In allen anderen Fällen der Entgeltumwandlung (z. B. Entgeltumwandlungsvereinbarung aus dem Jahr 2001 oder früher) ist die in-

Fortsetzung nächste Seite

dividuelle Besteuerung der Beiträge hingegen nur auf Grund einvernehmlicher Vereinbarungen zwischen Arbeitgeber und Arbeitnehmer möglich. Bei rein arbeitgeberfinanzierten Beiträgen kann auf die Steuerfreiheit nicht verzichtet werden (. . .).

Die Ausübung des Wahlrechts nach § 3 Nr. 63 Satz 2 zweite Alternative EStG muss bis zu dem Zeitpunkt erfolgen, zu dem die entsprechende Gehaltsänderungsvereinbarung steuerlich noch anzuerkennen ist (. . .).

Eine nachträgliche Änderung der steuerlichen Behandlung der im Wege der Entgeltumwandlung finanzierten Beiträge ist nicht zulässig.

Eine Pauschalbesteuerung der Beiträge nach § 40 b EStG ist erst möglich, wenn die Summe der nach § 3 Nr. 63 EStG steuerfreien Beiträge und der Beiträge, die wegen der Ausübung des Wahlrechts individuell versteuert werden, 4 % der Beitragsbemessungsgrenze in der gesetzlichen Rentenversicherung der Arbeiter und Angestellten übersteigt."

Der steuerfreie Höchstbetrag von 4 % der BBG ist ein Jahresbetrag. Er wird 319
auch dann nicht zeitanteilig gekürzt, wenn das Arbeitsverhältnis nur einige Monate eines Jahres bestand.

Wird die Versorgung von Arbeitgeber und Arbeitnehmer gemeinsam finanziert, so ist der Höchstbetrag zunächst mit den Arbeitgeberbeiträgen auszuschöpfen. Sind die Arbeitgeberbeiträge niedriger als die 4 %-Grenze, sind für den verbleibenden Betrag die Arbeitnehmerbeiträge zu berücksichtigen.

Förderung der Privatvorsorge nach § 10 a EStG

Sofern die Beiträge zum Pensionsfonds aus individuell versteuertem Einkom- 320
men geleistet werden, kann der Arbeitnehmer hierfür auch die Förderung der Privatvorsorge nach § 10 a EStG in Anspruch nehmen. Vorausgesetzt die späteren Leistungen werden als laufende Renten ausgezahlt. Die Förderung des § 10 a EStG ermöglicht den Abzug des Beitrages (bis zu den in § 10 a EStG genannten Grenzen) vom zu versteuernden Einkommen als Sonderausgabe. Hierdurch wird der ursprünglich steuerpflichtige Beitrag im Ergebnis doch wieder von der Steuer freigestellt.

Die Förderung nach § 10 a EStG kann nur in Anspruch genommen werden, soweit die Beiträge an den Pensionsfonds nicht mehr der Steuerfreiheit nach § 3 Nr. 63 EStG unterliegen. Wenn der Arbeitnehmer im Rahmen seines Rechtes auf Entgeltumwandlung die Förderung des § 10 a EStG verlangt, kann er die Steuerfreiheit „abwählen". Das wird er immer dann tun, wenn die Zulage nach § 10 a EStG größer ist als der Steuervorteil aus der Steuerbefreiung des Beitrages. Für Beiträge des Arbeitgebers besteht diese Wahlmöglichkeit nicht.

Steuerfreie Übernahme eines Versorgungswerkes nach § 3 Nr. 66 EStG

321 Der Gesetzgeber ging davon aus, dass nach der Einführung von Pensionsfonds in Deutschland vielfach auch der Wunsch besteht, ein existierendes Versorgungswerk auf einen Pensionsfonds zu übertragen. In der Praxis wird dieser Wunsch nur aufkommen, wenn die bisherige Versorgung über eine unmittelbare Pensionszusage oder eine Unterstützungskasse erfolgt, da nur bei diesen beiden Durchführungswegen das vorhandene Versorgungskapital nicht ohnehin schon dem Arbeitnehmer steuerlich zuzuordnen ist. Die Zahlung des für die Übernahme erforderlichen Einmalbeitrages durch den Arbeitgeber oder die Unterstützungskasse an den Pensionsfonds würde aber beim Arbeitnehmer sofort zu einem steuerpflichtigen Zufluss führen. Deshalb hat der Gesetzgeber in § 3 Nr. 66 EStG einen Ausnahmetatbestand geschaffen. Übernimmt ein Pensionsfonds eine Versorgungsverpflichtung von einem Arbeitgeber oder einer Unterstützungskasse, so sind die hierfür gezahlten Beiträge beim begünstigten Arbeitnehmer unter bestimmten Voraussetzungen steuerfrei (siehe hierzu ausführlich Kapitel 8.4).

8.3.2 Bei Eintritt des Versorgungsfalles

322 Die steuerliche Behandlung der Leistungen aus einem Pensionsfonds richtet sich nach der steuerlichen Förderung der Einzahlungen. Wurden die Einzahlungen nur zum Teil steuerlich gefördert, so müssen die Leistungen entsprechend aufgeteilt und unterschiedlich versteuert werden. Der Pensionsfonds ist verpflichtet, seinen Leistungsempfängern diese anteiligen Beträge entsprechend mitzuteilen.

Beiträge nach § 3 Nr. 63 oder Nr. 66 EStG oder nach § 10 a EStG gefördert

323 Wurden die Beitragszahlungen nach § 3 Nr. 63 oder Nr. 66 EStG oder nach § 10 a EStG gefördert, so müssen die Leistungen in voller Höhe als sonstige Einkünfte nach § 22 Nr. 5 Satz 1 EStG versteuert werden. Die volle Versteuerung gilt unabhängig davon, ob es sich ausschließlich um lebenslängliche Renten oder teilweise um einmalige Kapitalzahlungen handelt.

Beiträge individuell versteuert

Wurden die Beitragszahlungen bereits individuell versteuert, so sind die laufenden Renten nur mit dem Ertragsanteil nach § 22 Nr. 1 Satz 3 a EStG zu versteuern. Soweit eine Kapitalauszahlung erfolgt, sind nur die darin enthaltenen Zinsen (rechnungsmäßige und außerrechnungsmäßige) zu versteuern. Unklar ist bisher noch, ob für Kapitalauszahlungen eventuell auch eine Steuerfreiheit nach § 20 Abs. 1 Nr. 6 EStG in Frage kommt. Das wäre dann möglich, wenn die Kapitalzahlung als Versicherungsleistung zu beurteilen wäre. Auch die Besteuerung von Auszahlplänen ist noch unklar, soweit diese aus individuell versteuerten Beiträgen finanziert wurden. 324

Achtung: Die volle Steuerpflicht der Leistungen aus Pensionsfonds unterscheidet sich deutlich von der vollen Steuerpflicht von Leistungen aus Pensionszusagen oder Unterstützungskassen. Bei Pensionsfonds handelt es sich um sonstige Einkünfte, von denen *nicht* der Arbeitnehmer-Pauschbetrag in Höhe von 1 044 €, *nicht* der Versorgungsfreibetrag von bis zu 3 072 € und *nicht* die Vorsorgepauschale von bis zu 1 134 € abgezogen werden darf. Dafür kann unter Umständen der Altersentlastungsbetrag geltend gemacht werden.

Altersentlastungsbetrag

Nach § 24 a EStG können Steuerpflichtige, die das 64. Lebensjahr vollendet haben, einen Altersentlastungsbetrag steuerlich geltend machen. Dieser beträgt 40 % der Einkünfte, maximal 1 908 €. Zu den zu berücksichtigenden Einkünften gehört der Arbeitslohn des Arbeitnehmers zuzüglich der positiven Summe aller anderen Einkünfte. Nicht zu berücksichtigen sind allerdings Versorgungsbezüge im Sinne des § 19 Abs. 2 EStG (Pensionszusage und Unterstützungskasse) sowie sonstige Einkünfte im Sinne des § 22 Nr. 1 Satz 3 a EStG (Ertragsanteilbesteuerung). Der Altersentlastungsbetrag ist somit nur auf den voll zu versteuernden Teil der Leistungen aus dem Pensionsfonds anzuwenden. Für den Teil der Leistung, der nur mit dem Ertragsanteil zu versteuern ist, findet der Altersentlastungsbetrag keine Anwendung. 325

Besteuerung bei Übernahme von Versorgungswerken

Wurde ein bestehendes Versorgungswerk von einer Unterstützungskasse oder einer Pensionszusage auf einen Pensionsfonds übertragen, so ändert sich mit der Übertragung auch die Besteuerungsgrundlage für die Leistungen. Die Leistungen sind dann nicht mehr wie Einkünfte aus nichtselbstständiger Arbeit zu besteuern, sondern als sonstige Einkünfte aus dem Pensions- 326 fonds voll steuerpflichtig. Das gilt nicht, wenn die übernommene Versorgung vor dem 1. 1. 2002 bereits bestanden hat. In diesen Fällen kann bei Fälligkeit der Leistungen aus dem Pensionsfonds trotzdem der Versorgungsfreibetrag nach § 19 Abs. 2 EStG und der Arbeitnehmer-Pauschbetrag nach § 9 a Satz 1 Nr. 1 EStG geltend gemacht werden. Durch diese Übergangsregelung will der Gesetzgeber offensichtlich die Übernahme bestehender Versorgungswerke durch Pensionsfonds fördern (siehe hierzu auch Kapitel 8.4).

8.3.3 Entgeltumwandlung

327 Sofern die steuerlichen Fördermöglichkeiten nicht schon durch Arbeitgeberbeiträge vollständig ausgenutzt werden, bietet sich der Pensionsfonds auch für die Entgeltumwandlung an. Von Vorteil ist sicherlich, dass der Arbeitgeber bei Angebot einer Entgeltumwandlung über einen Pensionsfonds keinen weiter gehenden Forderungen seiner Arbeitnehmer nach Entgeltumwandlung nachkommen muss.

Soweit die Entgeltumwandlung der Steuerbefreiung des § 3 Nr. 63 EStG unterliegt, kommt es beim Arbeitnehmer zu einer nachgelagerten Besteuerung. Das heißt, die Umwandlungsbeträge werden in voller Höhe aus unversteuertem Einkommen finanziert. Die Inanspruchnahme der Förderung nach § 10 a EStG führt ebenfalls zu einer nachgelagerten Besteuerung oder sogar zu zusätzlichen Zuschüssen, falls die Gewährung der Zulage für den Arbeitnehmer vorteilhafter ist.

8.4 Übernahme bestehender Versorgungszusagen

328 Ein Pensionsfonds hat grundsätzlich nicht nur die Möglichkeit, neue Versorgungszusagen zu erteilen, sondern kann auch bestehende Zusagen von einem anderen Versorgungsträger gegen Zahlung eines Einmalbeitrages übernehmen. Allerdings werden hierdurch die Grenzen für die Steuerfreiheit der Zuwendungen beim Arbeitnehmer sehr schnell überschritten. Durch das AVmG hat der Gesetzgeber aber eine praktikable Möglichkeit geschaffen, bestehende Versorgungswerke von unmittelbaren Pensionszusagen oder Unterstützungskassen auf einen Pensionsfonds zu übertragen. Unter bestimmten Voraussetzungen bleiben nämlich die Zahlungen an den Pensionsfonds beim Arbeitnehmer steuerfrei.

§ 3 Nr. 66 EStG: Steuerfreie Einnahmen

Steuerfrei sind . . .

66. Leistungen eines Arbeitgebers oder einer Unterstützungskasse an einen Pensionsfonds zur Übernahme bestehender Versorgungsverpflichtungen oder Versorgungsanwartschaften durch den Pensionsfonds, wenn ein Antrag nach § 4 d Abs. 3 oder § 4 e Abs. 3 gestellt worden ist;

§ 4 d Abs. 3 EStG: Zuwendungen an Unterstützungskassen

(3) Abweichend von . . . können auf Antrag die insgesamt erforderlichen Zuwendungen an die Unterstützungskasse für den Betrag, den die Kasse an einen Pensionsfonds zahlt, der eine ihr obliegende Versorgungsverpflichtung ganz oder teilweise übernommen hat, nicht im Wirtschaftsjahr der Zuwendung, sondern erst in den dem Wirtschaftsjahr der Zuwendung folgenden zehn Wirtschaftsjahren gleichmäßig verteilt als Betriebsausgaben abgezogen werden. Der Antrag ist unwiderruflich; der jeweilige Rechtsnachfolger ist an den Antrag gebunden.

§ 4 e Abs. 3 EStG: Beiträge an den Pensionsfonds

(3) Der Steuerpflichtige kann auf Antrag die insgesamt erforderlichen Leistungen an einen Pensionsfonds zur teilweisen oder vollständigen Übernahme einer bestehenden Versorgungsverpflichtung oder Versorgungsanwartschaft durch den Pensionsfonds erst in den dem Wirtschaftsjahr der Übertragung folgenden zehn Wirtschaftsjahren gleichmäßig verteilt als Betriebsausgaben abziehen. Der Antrag ist unwiderruflich; der jeweilige Rechtsnachfolger ist an den Antrag gebunden. Ist eine Pensionsrückstellung nach § 6 a gewinnerhöhend aufzulösen, ist Satz 1 mit der Maßgabe anzuwenden, dass die Leistungen an Pensionsfonds im Wirtschaftsjahr der Übertragung in Höhe der aufgelösten Rückstellung als Betriebsausgaben abgezogen werden können; der die aufgelöste Rückstellung übersteigende Betrag ist in den dem Wirtschaftsjahr der Übertragung folgenden zehn Wirtschaftsjahren gleichmäßig verteilt als Betriebsausgaben abzuziehen. Satz 3 gilt entsprechend, wenn es im Zuge der Leistungen des Arbeitgebers an den Pensionsfonds zu Vermögensübertragungen einer Unterstützungskasse an den Arbeitgeber kommt.

Nach § 3 Nr. 66 EStG bleiben die Zahlungen in den Pensionsfonds nur dann 329
beim Arbeitnehmer steuerfrei:

- Wenn bei einer *Unterstützungskasse* der Arbeitgeber beantragt, die entsprechenden Zuwendungen an die Kasse nicht sofort, sondern über zehn Jahre verteilt als Betriebsausgaben geltend zu machen. Erhält der Arbeitgeber im Zuge der Übertragung allerdings „übriges" Vermögen von der Unterstützungskasse zurückerstattet, so kann er in Höhe dieses erhaltenen Vermögens sofort Betriebsausgaben geltend machen und nur den Rest der Zuwendung auf zehn Jahre verteilen. Hierdurch soll vermieden werden, dass es auf Grund der Übertragung der Versorgung beim Arbeitgeber zu steuerpflichtigen Einnahmen kommt, während gleichzeitig die Betriebsausgaben auf zehn Jahre verteilt werden.

- Wenn bei einer Pensionszusage der Arbeitgeber beantragt, dass nur in Höhe der aufzulösenden Rückstellungen eine sofortige Betriebsausgabe geltend gemacht wird. Der die aufzulösenden Rückstellungen übersteigende Teil der Zahlung an den Pensionsfonds für die Übernahme der Versorgung muss ebenfalls gleichmäßig auf die kommenden Jahre verteilt werden.

330 Durch den Wechsel von einer Pensionszusage oder einer Unterstützungskasse zum Pensionsfonds bleibt es somit bei der nachgelagerten Besteuerung für den Arbeitnehmer. Allerdings sind die späteren Leistungen nicht mehr Einkünfte aus nichtselbstständiger Arbeit, sondern sonstige Einkünfte. Um die Nachteile der geringeren Freibeträge bei Pensionsfonds etwas auszugleichen, hat der Gesetzgeber auch hierfür eine Übergangsregelung geschaffen (§ 52 Abs. 34 b EStG).

Wird eine Pensionszusage oder eine Unterstützungskassenversorgung, die am 31. 12. 2001 bereits bestand, auf einen Pensionsfonds übertragen, so kann der Arbeitnehmer bei Fälligkeit der Leistungen trotzdem den Versorgungsfreibetrag nach § 19 Abs. 2 EStG und den Arbeitnehmer-Pauschbetrag nach § 9 a Satz 1 Nr. 1 EStG geltend machen.

Eine weitere Übergangsregelung gibt es für den Fall, dass eine Versorgung über Direktversicherung oder über eine Pensionskasse, die bereits am 31. 12. 2001 bestanden hat, auf einen Pensionsfonds übertragen wird. Die aus den bis zum 31. 12. 2001 geleisteten Beiträgen resultierenden Leistungen unterliegen auch bei späterer Zahlung durch den Pensionsfonds der Besteuerung mit dem Ertragsanteil.

8.5 Vor- und Nachteile des Pensionsfonds

331 Auch die Vor- und Nachteile des Pensionsfonds decken sich in weiten Teilen mit denen der Pensionskasse und der Direktversicherung:

- Recht auf Entgeltumwandlung erfüllt
- alle Zusagearten möglich
- kein Bilanzausweis beim Trägerunternehmen
- Versorgung junger Mitarbeiter möglich
- private Weiterführung nach Ausscheiden möglich
- § 10 a-EStG-Förderung

Kein versicherungsvertragliches Verfahren

Anders als bei der Pensionskasse und der Direktversicherung ist beim Pensionsfonds das versicherungsvertragliche Verfahren beim vorzeitigen Ausscheiden von Mitarbeitern nicht möglich. Die Versorgung kann deshalb bei vorzeitigem Ausscheiden eines Mitarbeiters nicht mitgegeben werden, sondern muss innerhalb des Pensionsfonds weitergeführt werden. 332

PSV-Beitragspflicht

Bei der Versorgung durch einen Pensionsfonds sieht das Betriebsrentengesetz keine Möglichkeit vor, die Beitragspflicht zum PSVaG zu vermeiden. Allerdings stellt die Höhe der Beiträge keine echte finanzielle Belastung dar. Die Bemessungsgrundlage für die Höhe der Beiträge muss aber jährlich durch ein versicherungsmathematisches Gutachten nachgewiesen werden. 333

Nur Rentenleistungen mit maximal 20 % Kapitalauszahlung

Ein deutlicher Nachteil des Pensionsfonds gegenüber allen anderen Durchführungswegen ist die gesetzliche Auflage, dass Versorgungsleistungen nur als lebenslängliche Leistungen (bzw. maximal 20 % Kapitalleistung) ausgezahlt werden dürfen. 334

Steuerfreie Einzahlungen

Einzahlungen in einen Pensionsfonds sind innerhalb der Grenzen des § 3 Nr. 63 EStG lohnsteuerfrei.

Hohe Steuerbelastung der Leistungen

Ein Nachteil ist sicherlich die hohe Steuerbelastung der späteren Versorgungsleistungen. Das gilt zumindest so weit, wie die Steuerfreiheit nach § 3 Nr. 63 oder Nr. 66 oder nach § 10 a EStG in Anspruch genommen wurde. Denn dann sind die Rentenleistungen in voller Höhe als sonstige Einkünfte zu versteuern. Lediglich wenn die Beiträge aus individuell versteuertem Einkommen geleistet wurden, müssen die späteren Rentenleistungen nur mit dem Ertragsanteil versteuert werden.

Mangelnde Flexibilität

Bis auf die Forderung, dass Altersleistungen nur als lebenslängliche Leistung gezahlt werden dürfen, bietet der Pensionsfonds theoretisch durchaus flexible Gestaltungsmöglichkeiten. Allerdings dürfte in der Praxis häufig der Wunsch auftauchen auch die § 10 a-EStG-Förderung für Einzahlungen in Pensionsfonds in Anspruch zu nehmen. Deshalb wird das Produkt- bzw. Tarifangebot der Pensionsfonds zumindest in den ersten Jahren nur stark standardisierte Angebote enthalten.

Steuerfreie Übernahme von Versorgungswerken

Der Pensionsfonds ist der einzige externe Durchführungsweg, der eine lohnsteuerfreie betriebsausgabenwirksame Übernahme einer bestehenden Versorgung ermöglicht.

Keine Lohnsteuerpauschalierung

335 Einzahlungen in einen Pensionsfonds sind beim begünstigten Arbeitnehmer entweder steuerfrei (bzw. Sonderausgaben) oder aber individuell zu versteuern. Die Möglichkeit der Lohnsteuerpauschalierung, verbunden mit der günstigen Ertragsanteilbesteuerung der Leistungen, gibt es nicht. Eine Besteuerung mit dem Ertragsanteil gilt nur dann, wenn die Beiträge aus individuell versteuertem Gehalt gezahlt wurden.

Keine Einschränkung der Leistungshöhe

Anders als bei Unterstützungs- und Pensionskassen gibt es keine festgelegten Höchstgrenzen für Versorgungsleistungen. Allerdings erfolgt die Begrenzung in der Praxis durch die Obergrenzen der steuerlich geförderten Beträge.

Übersicht: Die Durchführungswege im Vergleich

	Pensions-zusage	Unterstüt-zungskasse	Direkt-versicherung	Pensions-kasse	Pensions-fonds
§ 10 a-EStG-Förderung möglich	Nein	Nein	Ja	Ja	Ja
Lohnsteuerpauschalierung nach § 40 b EStG möglich	Nein	Nein	Ja	Ja	Nein
Nachgelagerte Besteuerung	Immer	Immer	Bei § 10 a-EStG-Förderung	Bei § 10 a-EStG-Förderung oder bis 4 % der BBG	Bei § 10 a-EStG-Förderung oder bis 4 % der BBG
Lohnsteuerfreie Übernahme von Versorgungswerken gegen Einmalbeitrag	Möglich	Nur für Rentner	Nicht möglich	Nicht möglich	Möglich
Pflicht zum Bilanzausweis	Ja	Nein	Nein	Nein	Nein
Lohnsteuerliche Begrenzung der Beitragshöhe	Nein	Nein	Ja	Ja	Ja
Steuerliche Begrenzung der Leistungshöhe	Nein	Ja	Nein	Ja	Nein
Beitragszusage mit Mindestleistung möglich	Nein	Nein	Ja	Ja	Ja
Recht auf Entgeltumwandlung erfüllbar	Nein	Nein	Ja	Ja	Ja
Finanzierung durch Arbeitnehmerbeiträge möglich	Nein	Nein	Ja	Ja	Ja
Beliebige Hinterbliebene möglich	Nein	Nein	Ja	Nein	Nein
Versorgung junger Mitarbeiter möglich	Ab 28 Jahre oder Entgeltumwandlung	Ab 28 Jahre oder Entgeltumwandlung	Ja	Ja	Ja
Art der Leistung	Kapital oder Rente	Kapital oder Rente	Kapital oder Rente	Kapital oder Rente	Rente oder Auszahlungsplan
PSV-Beitragspflicht vermeidbar	Nein	Nein	Ja	Ja	Nein
Anlagevorschriften	Keine	Keine	VAG	VAG	VAG, aber liberal
Versicherungsvertragliches Verfahren bei Ausscheiden	Nein	Nein	Ja	Nein	Nein
Private Weiterführung bei Ausscheiden möglich	Nein	Nein	Ja	Ja	Ja
Sozialversicherungsfreiheit bei Arbeitgeber-Finanzierung	Ja	Ja	Im Rahmen des § 40 b EStG	Bis 4 % der BBG oder im Rahmen des § 40 b EStG	Bis 4 % der BBG
Sozialversicherungsfreiheit bei Entgeltumwandlung bis 2008	Bis 4 % der BBG	Bis 4 % der BBG	Im Rahmen des § 40 b EStG	Bis 4 % der BBG oder im Rahmen des § 40 b EStG	Bis 4 % der BBG

9 Betriebliche Altersversorgung für Gesellschafter-Geschäftsführer

Die betriebliche Altersversorgung hat für leitende Angestellte, z. B. Geschäftsführer, eine besondere Bedeutung. Denn gemessen am Nettoeinkommen vor der Pensionierung ist dieser Personenkreis durch die gesetzliche Rentenversicherung nur unzureichend versorgt. Je weiter das Einkommen über der BBG liegt, desto tiefer klafft die Versorgungslücke. Geschäftsführer, die maßgeblich als Gesellschafter am Unternehmen beteiligt sind, haben unter Umständen sogar gar keine Ansprüche aus der gesetzlichen Rentenversicherung. Aus diesem Grund sind die so genannten beherrschenden Gesellschafter-Geschäftsführer (im Folgenden: GGF) eine besonders wichtige Zielgruppe für die betriebliche Altersversorgung. In der Praxis hat sich für diesen Personenkreis eine zweistufige Versorgung aus Direktversicherung und Pensionszusage etabliert. 337

Die Gestaltung der Versorgung hängt sehr stark davon ab, in welchem Ausmaß der Geschäftsführer an der Gesellschaft beteiligt ist, d. h., ob er als beherrschend, nicht beherrschend oder als Fremdgeschäftsführer einzuordnen ist. Die Frage, wann ein GGF als beherrschend oder nicht beherrschend gilt, wird in Arbeits-, Sozial- und Steuerrecht unterschiedlich beurteilt.

9.1 Arbeitsrechtliche Besonderheiten

9.1.1 Anwendbarkeit des BetrAVG

Arbeitsrechtlich ist zunächst die Frage zu klären, ob das BetrAVG auf die Versorgung des GGF anzuwenden ist. Das BetrAVG ist ein Arbeitnehmer-Schutzgesetz, das grundsätzlich nur für Arbeitnehmer gilt. Deshalb sind auch nur Pensionszusagen an einen Fremdgeschäftsführer oder einen nicht beherrschenden GGF geschützt. Hat der GGF kraft seiner Beteiligung eine beherrschende Stellung, ist er nicht als Arbeitnehmer, sondern als Unternehmer zu betrachten. Das BetrAVG kommt für ihn nicht zur Anwendung. 338

Nach der Rechtsprechung des BGH und des BAG ist ein GGF in folgenden Fällen als beherrschend anzusehen:

- Der GGF hält mindestens 50 % (oder mehr) der Kapital- und Stimmrechtsanteile.

- Der GGF hält zwar nur eine Minderheitsbeteiligung von mindestens 10 %,
  - er kann jedoch auf Grund einer im Gesellschaftsvertrag oder in anderer Weise festgelegten Stimmrechtsverteilung einen beherrschenden Einfluss ausüben oder
  - er verfügt zusammen mit anderen Minderheits-GGF über eine Mehrheit der Kapital- und/oder Stimmrechtsanteile.

9.1.2 Folgen für beherrschende GGF

339 Beherrschende GGF fallen als Unternehmer nicht in den Anwendungsbereich des BetrAVG. Sollen für sie die Schutzrechte des BetrAVG trotzdem gelten, ist es erforderlich, alle wesentlichen Eckpunkte schriftlich zu regeln. Von besonderer Bedeutung sind insbesondere Regelungen zur Unverfallbarkeit, zur Anpassung laufender Leistungen und zur Insolvenzsicherung.

Unverfallbarkeit

340 Üblicherweise wird die Unverfallbarkeit bei beherrschenden GGF vertraglich so geregelt, wie sie auch für nicht beherrschende GGF gilt. Dies geschieht am einfachsten durch eine Anlehnung an die Vorschriften des BetrAVG. In der Praxis wird häufig die Gewährung einer vertraglichen Unverfallbarkeit ab Beginn oder die Gewährung des vollen Rentenanspruchs bei unverfallbarem Ausscheiden gewünscht. Derartige Regelungen sind arbeitsrechtlich durchaus möglich. Sie führen allerdings bei beherrschenden GGF zu steuerlichen Problemen, sofern nicht nachgewiesen werden kann, dass auch fremde Geschäftsführer üblicherweise in den Genuss derartiger Besserstellungen gelangen.

Anpassung laufender Leistungen

341 Ohne ausdrückliche vertragliche Vereinbarung hat der GGF als späterer Rentner keinen Anspruch auf regelmäßige Anpassung seiner laufenden Rentenbezüge. Eine vorher nicht vereinbarte, aber trotzdem vorgenommene Anpassung führt wiederum zu steuerlichen Problemen. Deshalb ist es wichtig, in die Versorgungszusage eine entsprechende Regelung aufzunehmen. Dies kann z. B. durch Bezugnahme auf § 16 BetrAVG erfolgen. Aus steuerlichen Gründen ist es aber in der Regel günstiger, eine feste jährliche Rentensteigerung zu vereinbaren. Eine jährliche Steigerung von z. B. 1 bis 2 % wird auch steuerlich als üblich anerkannt.

Insolvenzschutz

Der gesetzliche Insolvenzschutz durch den PSVaG kann für den beherrschenden GGF auch nicht durch vertragliche Vereinbarung erreicht werden. Selbst wenn ein beherrschender GGF regelmäßig Beiträge an den PSVaG abführt, kann er daraus im Insolvenzfall keine Ansprüche gegen den PSVaG ableiten. Denn der PSVaG kommt ausschließlich für gesetzlich unverfallbare Anwartschaften auf. Um die Versorgung des GGF dennoch für den Fall der Insolvenz der Gesellschaft abzusichern, sind anderweitige vertragliche Regelungen notwendig. 342

Die in der Praxis am weitesten verbreitete Möglichkeit eines vertraglichen Insolvenzschutzes ist die Verpfändung von Rückdeckungsversicherungen oder Investmentdepots zu Gunsten des GGF und seiner Hinterbliebenen. Durch die Verpfändung erhält der GGF gegenwärtig keine Rechte, was insbesondere aus steuerlicher Sicht wichtig ist. Er kann aber sicher sein, dass seine Versorgungsansprüche im Insolvenzfall vorrangig befriedigt werden und der Insolvenzverwalter bzw. die Gläubiger bis zur Höhe des vertraglichen Versorgungsanspruches keinen Zugriff auf das verpfändete Vermögen haben.

9.2 Sozialversicherungsrechtliche Besonderheiten

Abhängiges Beschäftigungsverhältnis

Die Frage, unter welchen Voraussetzungen ein Geschäftsführer von der Sozialversicherungspflicht in der gesetzlichen Rentenversicherung der Arbeiter und Angestellten befreit ist, ist nach den Abgrenzungskriterien der sozialgerichtlichen Rechtsprechung zu entscheiden. Im Einzelfall ist zu prüfen, ob der GGF im Rahmen einer selbstständigen Tätigkeit für die Gesellschaft tätig wird oder ob ein sozialversicherungspflichtiges, abhängiges Beschäftigungsverhältnis vorliegt. 343

Ein GGF ist abhängig beschäftigt, wenn er insbesondere in Bezug auf Zeit, Dauer und Ort der Arbeitsausführungen dem Weisungsrecht des Arbeitgebers weitgehend unterworfen ist und wenn er vollständig in den Betrieb eingegliedert ist. Ist dies nicht der Fall und trägt der GGF zusätzlich auch noch ein unternehmerisches Risiko, so spricht einiges für eine selbstständige und somit sozialversicherungsfreie Beschäftigung. Denn in diesem Fall handelt der GGF offensichtlich nicht für ein fremdes, sondern sein eigenes Unternehmen und ist auch in der Lage, einen maßgeblichen Einfluss auf die Willensbildung der Gesellschaft auszuüben.

Bedeutung der Kapitalbeteiligung

344 Für die Beurteilung der persönlichen Abhängigkeit ist der Umfang der Kapitalbeteiligung des GGF am Unternehmen von großer Bedeutung. Bei einer Beteiligung von mindestens 50 % geht die Rechtsprechung im Allgemeinen davon aus, dass eine sozialversicherungsfreie Beschäftigung vorliegt.

Bei einer Beteiligung von weniger als 50 % liegt nicht automatisch ein abhängiges Beschäftigungsverhältnis vor. Vielmehr ist in diesen Fällen das Gesamtbild der Tätigkeit des GGF zu überprüfen. Für eine derartige Überprüfung ziehen die Gerichte und Sozialversicherungsträger in der Regel folgende Kriterien heran:

- Vorliegen einer Sperrminorität
- Einzelvertretungsbefugnis
- Befreiung vom Selbstkontrahierungsverbot
- tatsächlicher Einfluss auf die Willensbildung der Gesellschaft

Vorliegen einer Sperrminorität

Bei einer Kapitalbeteiligung von unter 50 % ist eine abhängige Beschäftigung grundsätzlich dann zu verneinen, wenn der GGF über eine Sperrminorität verfügt und damit ihm unliebsame Entscheidungen der Gesellschaft verhindern kann.

Ein solcher Fall liegt beispielsweise vor, wenn der GGF nach dem Gesellschaftsvertrag zwar nur über 45 % der Anteile am Stammkapital verfügt, die Gesellschafterbeschlüsse aber nur einstimmig oder mit Mehrheit von ¾ aller abgegebenen Stimmen zu fassen sind. Es kann dann nämlich in der Gesellschaft keine Entscheidung ohne den GGF getroffen werden.

Einzelvertretungsbefugnis

345 Ein weiteres Indiz für eine versicherungsfreie Beschäftigung liegt in der Einräumung der Einzelvertretungsbefugnis für den GGF. Die Einzelvertretungsbefugnis dokumentiert eine unabhängige Stellung, die der eines Unternehmers nahe steht.

Das Vorliegen einer Gesamtvertretungsbefugnis hingegen, sei es gemeinsam mit einem anderen Geschäftsführer oder einem Prokuristen, zeigt, dass noch eine zusätzliche, die Rechtsmacht des Geschäftsführers einschränkende „Kontrollinstanz“ außerhalb der Gesellschafterversammlung vorhanden ist, mit der die jeweiligen Rechtshandlungen abzustimmen sind.

Befreiung vom Selbstkontrahierungsverbot

Die Befreiung vom Selbstkontrahierungsverbot des § 181 BGB ist ein weiteres Indiz für eine versicherungsfreie Tätigkeit. Denn hierdurch kann der GGF mit sich selbst in eigenem Namen oder als Vertreter eines Dritten (z. B. einer vom ihm geführten GmbH) ein Rechtsgeschäft abschließen. Eine solche Rechtsposition übertrifft die übliche Stellung eines fremden Geschäftsführers bei weitem. 346

Tatsächlicher Einfluss auf die Willensbildung der Gesellschaft

Ein GGF ist als selbstständiger Unternehmer anzusehen, wenn es ihm sein tatsächlicher Einfluss auf die Willensbildung der Gesellschaft gestattet, nicht genehme Weisungen zu verhindern. Dies kann z. B. der Fall sein, wenn zwar nicht er selbst, jedoch seine Familie über die Kapitalmehrheit der Gesellschaft verfügt und ihm von dieser freie Hand bei der Erfüllung seiner Geschäftsführerpflichten gelassen wird oder wenn er als früherer Alleininhaber des in eine GmbH umgewandelten Einzelunternehmens „Kopf und Seele" des Betriebes geblieben ist. Eine selbstständige Tätigkeit kann aber nicht allein daraus abgeleitet werden, dass der GGF als Einziger spezielle Fachkenntnisse besitzt. Denn es ist durchaus üblich, dass Geschäftsführer in ihrer Position spezielle Fachkenntnisse aufweisen, die vielfach Voraussetzung für die Ausübung ihrer Tätigkeit sind. In diesen Fällen müssen dann noch weitere Indizien hinzukommen. 347

Exkurs: steuerliche Folgen für einen sozialversicherungsfreien GGF

Arbeitnehmer, also auch Geschäftsführer einer Kapitalgesellschaft, haben nach § 10 Abs. 3 Nr. 2 EStG die Möglichkeit, einen Vorwegabzug für Vorsorgeaufwendungen in Höhe von derzeit 3 068 € pro Jahr als Sonderausgaben geltend zu machen. Der Vorwegabzug wird bei sozialversicherungspflichtigen Arbeitnehmern allerdings um 16 % des Bruttolohns gekürzt. Dadurch entfällt der Vorwegabzug in der Regel vollständig. Sozialversicherungsfreie GGF können den Vorwegabzug dagegen in voller Höhe steuerlich geltend machen. Die Kürzung des Vorwegabzuges erfolgt bei diesem Personenkreis jedoch auch, wenn ein GGF auf Grund vertraglicher Vereinbarung Anwartschaftsrechte auf eine Altersversorgung ohne eigene Beitragsleistung erwirbt. Das ist z. B. bei Gewährung einer Pensionszusage der Fall. Die Erteilung einer Pensionszusage führt demnach beim sozialversicherungsfreien GGF zum Wegfall des Vorwegabzuges, und zwar unabhängig von der Höhe der zugesagten Versorgung. 348

Die Gewährung einer Pensionszusage an sozialversicherungsfreie GGF lohnt sich danach aus steuerlicher Sicht nur dann, wenn die Steuervorteile aus der Pensionszusage den Wegfall des Vorwegabzuges mehr als ausgleichen.

9.3 Steuerliche Besonderheiten

9.3.1 Abhängigkeit von der Gesellschaftsform

349 Ob ein Unternehmen die Aufwendungen für eine betriebliche Altersversorgung ihres GGF steuerlich geltend machen kann, hängt in erster Linie von der Gesellschaftsform des Unternehmens ab.

Personengesellschaften

350 Bei Einzelunternehmen und Personengesellschaften (OHG, KG, BGB-Gesellschaft) steht der mitarbeitende Gesellschafter nicht in einem Arbeitsverhältnis, sondern ist Geschäftsführer auf Grund gesellschaftsrechtlicher Bestimmungen. Vergütungen an den Geschäftsführer sind Einkünfte aus Gewerbebetrieb. Die Versorgungsaufwendungen haben somit keine steuerliche Auswirkung.

Besonderheiten gelten bei der GmbH & Co. KG, die eine Sonderform der KG darstellt. Persönlich haftender Gesellschafter (Komplementär) ist in der Regel die GmbH. Kommanditist ist eine natürliche Person. Wird dem GGF der Komplementär-GmbH eine Pensionszusage erteilt, kommt es für deren steuerliche Anerkennung auf das Beteiligungsverhältnis des GGF an der GmbH und der GmbH & Co. KG an. Ist er nur an der GmbH und nicht an der KG beteiligt, ist die Zusage steuerlich wirksam. Ist er allerdings auch an der KG (z. B. als Kommanditist) beteiligt, wird er in steuerlicher Sicht insgesamt auf Grund seines Gesellschaftsverhältnisses und nicht mehr auf Grund eines Dienstverhältnisses bei der KG tätig. Eine steuerliche Anerkennung kann dann nicht erfolgen. Etwas anderes gilt, wenn die GmbH einen klar abgrenzbaren Geschäftsbereich gegenüber der KG hat, dann kann sie ihrem GGF für den Teil der abgegrenzten Geschäftstätigkeit eine steuerlich anerkannte Pensionszusage geben, auch wenn er gleichzeitig Kommanditist der KG ist.

Kapitalgesellschaften

351 Anders verhält es sich bei Kapitalgesellschaften (z. B. GmbH, AG). Die Kapitalgesellschaft ist eine juristische Person und somit Träger von Rechten und Pflichten. Sie benötigt zur Handlungsfähigkeit einen Geschäftsführer mit dem

sie einen Anstellungsvertrag abschließt. Der Geschäftsführer kann Gesellschafter der GmbH oder ein Dritter sein. Sofern die Pensionszusage auf dem Anstellungsverhältnis zwischen der GmbH und dem Geschäftsführer basiert und nicht aus seiner gesellschaftsrechtlichen Stellung, kann die GmbH Aufwendungen für eine betriebliche Altersversorgung des GGF steuerlich geltend machen.

In der Praxis ist es häufig sehr schwer festzustellen, ob die Versorgung des GGF, insbesondere die Höhe der Versorgung, tatsächlich auf Grund des Anstellungsverhältnisses erfolgt oder ob sie nicht vielmehr auf Grund der Beteiligung des GGF am Unternehmen und im Hinblick auf eventuelle steuerliche Vorteile erteilt wurde. Deshalb nennt die Finanzverwaltung zahlreiche besondere Anforderungen und Voraussetzungen für die steuerliche Anerkennung von Versorgungszusagen an GGF.

9.3.2 Allgemeine Voraussetzungen für die steuerliche Anerkennung

Für die steuerliche Anerkennung einer Pensionszusage müssen im ersten 352
Schritt die allgemeinen Voraussetzungen für die Bildung von Pensionsrückstellungen nach § 6 a EStG erfüllt sein. Die Wichtigsten hiervon sind:

- schriftliche Zusage
- Beschluss der Gesellschafterversammlung
- Befreiung vom Selbstkontrahierungsverbot
- kein schädlicher Widerrufsvorbehalt

Schriftliche Zusage

Pensionsrückstellungen dürfen in der Steuerbilanz nur dann gebildet werden, 353
wenn die Pensionszusage schriftlich erteilt worden ist. Die Zusage muss neben dem Zusagezeitpunkt eindeutige und präzise Angaben zu Art, Form, Voraussetzungen und Höhe der in Aussicht gestellten Leistungen enthalten. Soweit erforderlich, sind auch Angaben für die versicherungsmathematische Ermittlung der Höhe der Versorgungsverpflichtung (z. B. anzurechnender Rechnungszins oder anzuwendende biometrische Ausscheidewahrscheinlichkeiten) schriftlich festzulegen.

Beschluss der Gesellschafterversammlung

Die Pensionszusage muss zivilrechtlich wirksam erteilt worden sein, d. h., es 354
muss eine rechtsverbindliche Vereinbarung zwischen der Gesellschaft und dem Geschäftsführer geben. Dies wiederum setzt die Mitwirkung der Gesell-

schafterversammlung voraus. Denn die Gesellschafterversammlung ist nicht nur für Abschluss und Aufhebung, sondern auch für jede Änderung des Dienstvertrages eines Geschäftsführers zuständig.

Ein Beschluss der Gesellschafterversammlung ist nicht nur für GGF, sondern auch für die Versorgung fremder Geschäftsführer notwendig.

Befreiung vom Selbstkontrahierungsverbot

Pensionszusagen, die ein Geschäftsführer als Vertreter der Gesellschaft sich selbst erteilt, unterliegen dem so genannten Selbstkontrahierungsverbot. Sie sind zivilrechtlich nur dann wirksam und werden nur dann steuerlich anerkannt, wenn der Geschäftsführer zuvor vom Selbstkontrahierungsverbot befreit wurde.

Damit die Befreiung eines Geschäftsführers vom Selbstkontrahierungsverbot steuerlich und zivilrechtlich wirksam ist, muss diese in der Satzung geregelt und in das Handelsregister eingetragen werden.

Kein schädlicher Widerrufsvorbehalt

355 Eine Pensionsrückstellung darf nur dann gebildet werden, wenn die Zusage entweder keinen Widerrufsvorbehalt enthält oder nur einen Vorbehalt, der einen Widerruf lediglich nach billigem Ermessen zulässt, d. h. nur unter Abwägung der berechtigten Interessen des Geschäftsführers und des Unternehmens.

Die EStR 2001 erläutern in Abschnitt R 41 Abs. 3 bis 6 die Begriffe „Widerruf nach freiem Belieben“ und „Widerruf nach billigem Ermessen“ und bringen Beispiele für schädliche und unschädliche Vorbehalte. Bei der Formulierung eines Zusagetextes werden die vorgeschlagenen Formulierungen für einen unschädlichen Vorbehalt in der Regel wörtlich übernommen.

R 41 Abs. 4 EStR: unschädlicher Vorbehalt

(4) . . . Danach sind z. B. die folgenden Vorbehalte als unschädlich anzusehen:

1. als allgemeiner Vorbehalt:

   „Die Firma behält sich vor, die Leistungen zu kürzen oder einzustellen, wenn die bei Erteilung der Pensionszusage maßgebenden Verhältnisse sich nachhaltig so wesentlich verändert haben, dass der Firma die Aufrechterhaltung der zugesagten Leistungen auch unter objektiver Beachtung der Belange des Pensionsberechtigten nicht mehr zugemutet werden kann";

2. als spezielle Vorbehalte:

   „Die Firma behält sich vor, die zugesagten Leistungen zu kürzen oder einzustellen, wenn

   a) die wirtschaftliche Lage des Unternehmens sich nachhaltig so wesentlich verschlechtert hat, dass ihm eine Aufrechterhaltung der zugesagten Leistungen nicht mehr zugemutet werden kann, oder

   b) der Personenkreis, die Beiträge, die Leistungen oder das Pensionierungsalter bei der gesetzlichen Sozialversicherung oder anderen Versorgungseinrichtungen mit Rechtsanspruch sich wesentlich ändern, oder

   c) die rechtliche insbesondere die steuerrechtliche Behandlung der Aufwendungen, die zur planmäßigen Firnanzierung der Versorgungsleistungen von der Firma gemacht werden oder gemacht worden sind, sich so wesentlich ändert, dass der Firma die Aufrechterhaltung der zugesagten Leistungen nicht mehr zugemutet werden kann, oder

   d) der Pensionsberechtigte Handlungen begeht, die in grober Weise gegen Treu und Glauben verstoßen oder zu einer fristlosen Entlassung berechtigen würden",

   oder inhaltlich ähnliche Formulierungen.

9.3.3 Betriebliche Veranlassung

Versorgungsaufwendungen werden nur dann steuerlich anerkannt, wenn sie betrieblich und nicht durch das Gesellschaftsverhältnis veranlasst sind. Je höher die Beteiligung eines Geschäftsführers an der Gesellschaft ist, desto näher liegt die Vermutung, dass die Versorgung auf Grund des Gesellschafter-Verhältnisses erteilt wurde. Deshalb gelten für beherrschende GGF zum Teil besonders strenge Kriterien. Der Maßstab für die Prüfung der betrieblichen Veranlassung ist der so genannte Fremdvergleich. Die Pensionszusage ist unter anderem dann betrieblich veranlasst, wenn ein ordentlicher und gewissenhafter Geschäftsführer dieselbe Zusage auch einer anderen Person, die nicht Gesellschafter ist, unter sonst gleichen Umständen gewährt hätte. 356

Fehlt es an der betrieblichen Veranlassung, liegt bei der Gesellschaft eine verdeckte Gewinnausschüttung vor. Eventuell gebildete Pensionsrückstellungen sind dann ganz oder teilweise aufzulösen. Spätere Zahlungen auf Grund der Versorgungszusage können von der Gesellschaft nicht als Betriebsausgaben abgezogen werden und sind vom Versorgungsberechtigten als Gewinnausschüttungen zu versteuern.

357 Bei der Prüfung der betrieblichen Veranlassung sind folgende Kriterien von Bedeutung:

- wirksamer Anstellungsvertrag
- Klarheit
- Nachzahlungsverbot
- Ernsthaftigkeit
- Finanzierbarkeit
- Erdienbarkeit
- Angemessenheit
- Üblichkeit

Wirksamer Anstellungsvertrag

Zwischen Gesellschaft und Geschäftsführer muss ein steuerlich wirksamer Anstellungsvertrag bestehen und von beiden Seiten auch tatsächlich durchgeführt werden. Der Arbeitnehmer muss seine vereinbarten Dienste erbringen und der Arbeitgeber das vereinbarte Gehalt zahlen. Diese Voraussetzungen gelten unabhängig vom Ausmaß der Beteiligung am Unternehmen, also auch für fremde Geschäftsführer.

Klarheit

Der Gesamtinhalt der Pensionszusage muss klar, eindeutig und vollständig sein. Es müssen sämtliche leistungsbestimmenden Merkmale (z. B. Leistungsarten, Leistungshöhe) ausdrücklich geregelt sein.

Die Voraussetzungen, unter denen die Leistungen gewährt werden, müssen zudem klar und eindeutig formuliert sein und dürfen nicht nach Belieben veränderbar sein, um eine gezielte Gewinnsteuerung der Gesellschaft zu verhindern.

Soweit die Versorgungsleistungen einer Pensionszusage z. B. von der Höhe der Bezüge des GGF abhängig sind, muss klar und eindeutig erkennbar sein, welche Bezüge damit gemeint sind.

Nachzahlungsverbot

Pensionszusagen an beherrschende GGF unterliegen dem so genannten Nachzahlungsverbot. Danach sind rückwirkend vereinbarte Vergütungen zwischen der Gesellschaft und dem beherrschenden GGF steuerlich unwirksam und als verdeckte Gewinnausschüttung zu behandeln. 358

Eine Pensionszusage darf deshalb nicht für eine in der Vergangenheit ausgeübte Tätigkeit erteilt oder verbessert werden und auch nicht zu einem Zeitpunkt, zu dem der beherrschende GGF bereits ein Alter erreicht hat, in dem andere Arbeitnehmer normalerweise keine Versorgungszusage mehr erhalten.

Die Rechtsprechung lässt aber unter bestimmte Voraussetzungen folgende Ausnahmen vom Nachzahlungsverbot zu:

- Erhöhungen auf Grund von Wertsicherungsklauseln und rechtzeitig vereinbarter garantierter Steigerungsraten
- Erhöhungen bei entscheidender Änderung der Lebenshaltungskosten, wenn auch die Versorgung der übrigen Arbeitnehmer angepasst wird,
- Anpassungen der Versorgungsleistungen, die auch für andere Arbeitnehmer des Unternehmens gelten,
- nachträgliche Erteilung, Erweiterung oder Verbesserung der Pensionszusage aus sozialen Gründen, um z. B. einen bescheidenen Lebensunterhalt zu ermöglichen,
- nachträgliche Anpassung der Zusage an geänderte steuerliche Erfordernisse

Ernsthaftigkeit

Eine Pensionszusage an nicht beherrschende und beherrschende GGF kann steuerlich nur dann anerkannt werden, wenn sie nicht nur zum Schein erteilt wird. Ein Indiz für mangelnde Ernsthaftigkeit einer Pensionszusage wird z. B. darin gesehen, wenn auf die Zusage später ohne triftigen Grund verzichtet wird. Der Verzicht auf die wirksam erteilte und steuerlich anerkannte Pensionszusage wird deshalb nach der Rechtsprechung des BFH in der Regel wie eine Abfindung mit anschließender steuerlich neutraler Einlage in das Vermögen der Gesellschaft behandelt. Der GGF selbst muss den Einlagewert wie Einkünfte aus nichtselbstständiger Arbeit nach § 19 EStG versteuern. 359

Eine Ausnahme gilt allerdings bei wesentlich verschlechterter wirtschaftlicher Lage der Gesellschaft. In diesem Fall ist ein Verzicht nach Zusageerteilung ohne die Gefahr steuerlicher Sanktionen möglich.

Das Kriterium der Ernsthaftigkeit ist auch in Bezug auf das vereinbarte Pensionsalter von Bedeutung. Für die Berechnung der Pensionsrückstellung ist für beherrschende GGF als frühestes Pensionsalter das 65. Lebensjahr zu Grunde zu legen. Eine vertragliche Altersgrenze zwischen 60 und 65 Jahren kann bei der Berechnung der Pensionsrückstellungen nur dann berücksichtigt werden, wenn dies besondere Umstände rechtfertigen. So kann beispielsweise bei anerkannten Schwerbehinderten eine vertragliche Altersgrenze von mindestens 60 Jahren zu Grunde gelegt werden. Die Pflicht zur Bildung der Pensionsrückstellungen auf das 65. Lebensjahr bedeutet aber nicht, dass die Zusage nicht auf ein früheres Endalter, z. B. das 60. Lebensjahr erteilt werden kann.

Finanzierbarkeit

360 Eine Pensionszusage an nicht beherrschende oder beherrschende GGF muss für die Gesellschaft finanzierbar sein. Dahinter steckt die Überlegung, dass das Unternehmen einem nicht beteiligten Geschäftsführer im Zweifel keine Pensionszusage geben würde, mit deren Erfüllung sie sich wirtschaftlich überfordern würde.

Nach der aktuellen Rechtsprechung des BFH gilt eine Versorgungszusage als nicht finanzierbar, wenn die Passivierung des Barwertes der Pensionsverpflichtung zu einer Überschuldung des Unternehmens im insolvenzrechtlichen Sinne führen würde. Bei der Ermittlung des Verpflichtungsumfanges für die Überschuldungsprüfung ist somit entgegen der bisherigen Auffassung der Finanzverwaltung nicht von einem theoretischen Eintritt des Versorgungsfalles auszugehen. Stattdessen kommt es nur auf den Barwert der Anwartschaft zum Bilanzstichtag an. Die Prüfung der Finanzierbarkeit hat außerdem grundsätzlich nur im Zeitpunkt der Zusageerteilung oder einer wesentlichen Zusageänderung zu erfolgen.

Erdienbarkeit

361 Eine Pensionszusage an einen nicht beherrschenden oder beherrschenden GGF muss nach Ansicht der Finanzverwaltung oder des BFH zum Zeitpunkt der Zusageerteilung noch durch die bis zur Pensionierung verbleibende Dienstzeit erdienbar sein. Dies gilt auch für nachträgliche Erhöhungen und Verbesserungen.

Unabhängig von der Restdienstzeit ab Erteilung der Pensionszusage fehlt es stets an der Erdienbarkeit, wenn der GGF bei Erteilung bereits das 60. Lebensjahr überschritten hat. Die steuerliche Anerkennung ist in diesem Fall zu versagen.

Nach der Rechtsprechung des BFH ist eine Versorgung für beherrschende GGF noch erdienbar, wenn der Zeitraum zwischen Erteilung der Pensionszusage und dem Erreichen der ernsthaft vereinbarten Altersgrenze mindestens zehn Jahre beträgt. Für eine zugleich eingeräumte Invaliditäts- oder Hinterbliebenenversorgung gilt die Frist grundsätzlich nicht.

Auch für nicht beherrschende GGF fordert der BFH für die Anerkennung der Erdienbarkeit eine Mindestrestdienstzeit. Hier genügen aber drei Jahre, vorausgesetzt die Betriebszugehörigkeit des nicht beherrschenden GGF beträgt bis zum vereinbarten Altersrentenbeginn mindestens zwölf Jahre.

Angemessenheit

Eine Pensionszusage für einen GGF wird steuerlich nur anerkannt, wenn sie 362
dem Grunde und der Höhe nach angemessen ist. Eine Angemessenheit dem Grunde nach ist gegeben, wenn die Gesamtvergütung des GGF unter Einbeziehung des Wertes der Pensionszusage nicht zu hoch ist. Der Wert der Pensionszusage wird mithilfe der fiktiven Jahresnettoprämie ermittelt. Das ist der Beitrag, den der GGF entsprechend seinem Alter bei Zusageerteilung jährlich an eine Versicherung zahlen müsste, um von dieser die zugesagten Leistungen zu erhalten. Bei der Berechnung sind die Rechnungsgrundlagen anzuwenden, die auch für die Berechnung der Pensionsrückstellung verwendet werden. Etwaige Abschluss- und Verwaltungskosten sind außer Ansatz zu lassen.

Zur Feststellung der Angemessenheit ist zu prüfen, ob die ermittelte Gesamtvergütung auch einem nicht beteiligten Geschäftsführer der Gesellschaft gewährt worden wäre (betriebsinterner Vergleich). Beschäftigt die Gesellschaft keine vergleichbaren Personen, hilft der betriebsexterne Vergleich mit Vergütungen, die gleichartige Unternehmen vergleichbaren Geschäftsführern zahlen.

Eine verdeckte Gewinnausschüttung ist nach der Rechtsprechung dann anzunehmen, wenn die vom Gericht ermittelte Angemessenheitsgrenze um mehr als 20 % überschritten wird. Abzustellen ist dabei auf die Verhältnisse im Zeitpunkt des Vertragsabschlusses.

363

Exkurs: steuerliche Anerkennung von Tantiemezusagen an GGF

Die Finanzverwaltung hat zuletzt mit Schreiben vom 1. 2. 2002 einige wichtige Grundsätze zur steuerlichen Anerkennung von Tantiemenzusagen an GGF aufgestellt:

- Tantiemeversprechen für einen oder mehrere GGF dürfen insgesamt nicht mehr als 50 % des Jahresüberschusses übersteigen. Ansonsten könnte eine verdeckte Gewinnausschüttung vorliegen.
- Bei Tantiemezusagen an GGF müssen sich die Bezüge im Allgemeinen mindestens zu 75 % aus festen und höchsten zu 25 % aus erfolgsabhängigen Bestandteilen (Tantieme) zusammensetzen.
- Die Vereinbarung einer Nur-Tantieme ist grundsätzlich steuerlich nicht anzuerkennen. Ausnahmen hiervon können während der Gründungsphase einer Gesellschaft oder während vorübergehender Phasen wirtschaftlicher Schwierigkeiten anerkannt werden.

Neben der Angemessenheit der Gesamtvergütung muss auch die Höhe der Versorgung selbst angemessen sein. Dies ist der Fall, wenn die Relation zwischen derzeitigem Aktivgehalt und Ruhestandsbezügen angemessen ist, d. h., wenn keine Überversorgung vorliegt.

Eine betriebliche Altersversorgung gilt der Höhe nach als angemessen, wenn ausgehend von den Verhältnissen am Bilanzstichtag die gesamten Altersversorgungsleistungen (inklusive gesetzlicher Rentenversicherung) nicht höher als 75 % der Aktivbezüge des Berechtigten zum Bilanzstichtag sind.

Daneben gilt eine Vereinfachungsregel, wonach ausgehend von den Verhältnissen am Bilanzstichtag die gesamten Aufwendungen des Arbeitgebers für die Altersversorgung 30 % der Aktivbezüge des Versorgungsberechtigten zum Bilanzstichtag nicht übersteigen dürfen, damit keine Überversorgung eintritt. Da die 30 %-Grenze einfacher zu handhaben ist, wird sie regelmäßig zuerst geprüft. Erst bei Überschreiten der 30 %-Grenze sollte zur Sicherheit die Einhaltung der 75 %-Grenze geprüft werden. Wird die Überversorgungsgrenze von 75 % überschritten, gilt der übersteigende Betrag als nicht betrieblich veranlasst. Die Pensionsrückstellung – soweit sie die Überversorgung betrifft – ist gewinnerhöhend aufzulösen.

Üblichkeit

Bei nicht beherrschenden und beherrschenden GGF prüfen Finanzverwaltung und Rechtsprechung auch, ob die erteilte Pensionszusage üblich ist. Hierzu wird primär ein Fremdvergleich mit einem nicht an der GmbH beteiligten Geschäftsführer des gleichen Unternehmens vorgenommen. Nachrangig wird gefragt, ob eine Zusage für eine gewisse Zahl von Fremdgeschäftsführern vergleichbarer Unternehmen unter gleichen Voraussetzungen erteilt worden wäre. 364

Mit Hinweis auf die Üblichkeit verlangt die Finanzverwaltung z. B. bei einem neu eingestellten GGF das Abwarten einer Probezeit bis zur Erteilung einer Pensionszusage. Denn ein ordentlicher Geschäftsleiter würde einem Geschäftsführer ohne Erprobung oder andere Nachweise ausreichender Eignung, Befähigung und Fachkenntnis für seine Aufgabe keine Pensionszusage erteilen. Das BMF betrachtet eine Probezeit von zwei bis drei Jahren als ausreichend. Ein kürzerer Zeitraum kann in Ausnahmefällen gelten, wenn die Gesellschaft aus eigener Erfahrung Kenntnisse über die Eignung und Befähigung des GGF hat. Das kann z. B. bei Umwandlung eines Einzelunternehmens in eine GmbH mit dem ehemaligen Unternehmer als GGF der Fall sein.

Bei Firmenneugründungen muss zusätzlich ein Mindestzeitraum zur Beurteilung der künftigen wirtschaftlichen Entwicklung und Leistungsfähigkeit des Unternehmens von regelmäßig fünf Jahren eingehalten werden. Im Einzelfall kann sich der Zeitraum verkürzen, wenn eine günstige wirtschaftliche Entwicklung des Unternehmens bereits bei Zusageerteilung hinreichend deutlich abgeschätzt werden kann, wie z. B. in Fällen der Betriebsaufspaltung und Umwandlung eines Einzelunternehmens in eine GmbH.

Ein weiterer – im Rahmen der Üblichkeit – wichtiger Aspekt ist die Regelung der Unverfallbarkeit der Versorgungszusage. In der Praxis wünschen GGF häufig die Vereinbarung einer sofortigen vertraglichen Unverfallbarkeit. Diese Besserstellung im Vergleich zur gesetzlichen Regelung wird aber gelegentlich von der Finanzverwaltung als unüblich angesehen. Allerdings hat der BFH bereits 1992 in einem Urteil (vom 16. 12. 1992) ausgeführt, dass unter dem Gesichtspunkt der Üblichkeit nicht allein aus dem Fehlen einer Unverfallbarkeitsfrist der Schluss gezogen werden kann, dass die Pensionszusage nicht betrieblich veranlasst ist. Gleiches gilt für die Abkürzung der Frist. Denn häufig werden bei Geschäftsführern einer GmbH oder Vorständen von AG die Unverfallbarkeitsfristen abgekürzt oder bei besonderer Erfahrung wird auch völlig darauf verzichtet.

Schlussbemerkung

Die Versorgung von beherrschenden GGF scheint angesichts der vorstehenden Ausführungen ein sehr kompliziertes Betätigungsfeld zu sein. Das ist aber in der Praxis nur dann der Fall, wenn die Voraussetzungen für die Erteilung, die Vertragsbedingungen sowie die Höhe der Versorgung offensichtlich das übliche Maß überschreiten. Orientiert man sich bei der Gestaltung der Versorgung daran, was im betreffenden Unternehmen vernünftigerweise auch einem fremden Geschäftsführer gewährt würde, so gibt es in der Praxis wohl kaum Probleme mit der steuerlichen Anerkennung.

Anhang

Auszüge aus wichtigen Gesetzen

1. Gesetz zur Verbesserung der betrieblichen Altersversorgung (BetrAVG)

– Auszug, Stand: Juli 2002 –

Erster Teil. Arbeitsrechtliche Vorschriften

Erster Abschnitt. Durchführung der betrieblichen Altersversorgung

§ 1 Zusage des Arbeitgebers auf betriebliche Altersversorgung

(1) Werden einem Arbeitnehmer Leistungen der Alters-, Invaliditäts- oder Hinterbliebenenversorgung aus Anlass seines Arbeitsverhältnisses vom Arbeitgeber zugesagt (betriebliche Altersversorgung), gelten die Vorschriften dieses Gesetzes. Die Durchführung der betrieblichen Altersversorgung kann unmittelbar über den Arbeitgeber oder über einen der in § 1 b Abs. 2 bis 4 genannte Versorgungsträger erfolgen. Der Arbeitgeber steht für die Erfüllung der von ihm zugesagten Leistungen auch dann ein, wenn die Durchführung nicht unmittelbar über ihn erfolgt.

(2) Betriebliche Altersversorgung liegt auch vor, wenn

1. der Arbeitgeber sich verpflichtet, bestimmte Beiträge in eine Anwartschaft auf Alters-, Invaliditäts- oder Hinterbliebenenversorgung umzuwandeln (beitragsorientierte Leistungszusage),
2. der Arbeitgeber sich verpflichtet, Beiträge zur Finanzierung von Leistungen der betrieblichen Altersversorgung an einen Pensionsfonds, eine Pensionskasse oder eine Direktversicherung zu zahlen und für Leistungen zur Altersversorgung das planmäßig zuzurechnende Versorgungskapital auf der Grundlage der gezahlten Beiträge (Beiträge und die daraus erzielten Erträge), mindestens die Summe der zugesagten Beiträge, soweit sie nicht rechnungsmäßig für einen biometrischen Risikoausgleich verbraucht wurden, hierfür zur Verfügung zu stellen (Beitragszusage mit Mindestleistung) oder
3. künftige Entgeltansprüche in eine wertgleiche Anwartschaft auf Versorgungsleistungen umgewandelt werden (Entgeltumwandlung) oder
4. der Arbeitnehmer Beiträge aus seinem Arbeitsentgelt zur Finanzierung von Leistungen der betrieblichen Altersversorgung an einem Pensionsfonds, eine Pensionskasse oder eine Direktversicherung leistet und die Zusage des Arbeitgebers auch die Leistungen aus diesen Beiträgen umfasst; die Regelungen für Entgeltumwandlung sind hierbei entsprechend anzuwenden, soweit die zugesagten Leistungen aus diesen Beiträgen im Wege der Kapitaldeckung finanziert werden.

§ 1 a Anspruch auf betriebliche Altersversorgung durch Entgeltumwandlung

(1) Der Arbeitnehmer kann vom Arbeitgeber verlangen, dass von seinen künftigen Entgeltansprüchen bis zu 4 vom Hundert der jeweiligen Beitragsbemessungsgrenze in der Rentenversicherung der Arbeiter und Angestellten durch Entgeltumwandlung für seine

betriebliche Altersversorgung verwendet werden. Die Durchführung des Anspruchs des Arbeitnehmers wird durch Vereinbarung geregelt. Ist der Arbeitgeber zu einer Durchführung über einen Pensionsfonds oder eine Pensionskasse (§ 1 b Abs. 3) bereit, ist die betriebliche Altersversorgung dort durchzuführen; andernfalls kann der Arbeitnehmer verlangen, dass der Arbeitgeber für ihn eine Direktversicherung (§ 1 b Abs. 2) abschließt. Soweit der Anspruch geltend gemacht wird, muss der Arbeitnehmer jährlich einen Betrag in Höhe von mindestens einem Hundertsechzigstel der Bezugsgröße nach § 18 Abs. 1 des Vierten Buches Sozialgesetzbuch für seine betriebliche Altersversorgung verwenden. Soweit der Arbeitnehmer Teile seines regelmäßigen Entgelts für betriebliche Altersversorgung verwendet, kann der Arbeitgeber verlangen, dass während eines laufenden Kalenderjahres gleich bleibende monatliche Beträge verwendet werden.

(2) Soweit eine durch Entgeltumwandlung finanzierte betriebliche Altersversorgung besteht, ist der Anspruch des Arbeitnehmers auf Entgeltumwandlung ausgeschlossen.

(3) Soweit der Arbeitnehmer einen Anspruch auf Entgeltumwandlung für betriebliche Altersversorgung nach Absatz 1 hat, kann er verlangen, dass die Voraussetzungen für eine Förderung nach §§ 10 a, 82 Abs. 2 des Einkommensteuergesetzes erfüllt werden, wenn die betriebliche Altersversorgung über einen Pensionsfonds, eine Pensionskasse oder eine Direktversicherung durchgeführt wird.

§ 1 b Unverfallbarkeit und Durchführung der betrieblichen Altersversorgung

(1) Einem Arbeitnehmer, dem Leistungen aus der betrieblichen Altersversorgung zugesagt worden sind, bleibt die Anwartschaft erhalten, wenn das Arbeitsverhältnis vor Eintritt des Versorgungsfalls, jedoch nach Vollendung des 30. Lebensjahres endet und die Versorgungszusage zu diesem Zeitpunkt mindestens fünf Jahre bestanden hat (unverfallbare Anwartschaft). Ein Arbeitnehmer behält seine Anwartschaft auch dann, wenn er auf Grund einer Vorruhestandsregelung ausscheidet und ohne das vorherige Ausscheiden die Wartezeit und die sonstigen Voraussetzungen für den Bezug von Leistungen der betrieblichen Altersversorgung hätte erfüllen können. Eine Änderung der Versorgungszusage oder ihre Übernahme durch eine andere Person unterbricht nicht den Ablauf der Fristen nach Satz 1. Der Verpflichtung aus einer Versorgungszusage stehen Versorgungsverpflichtungen gleich, die auf betrieblicher Übung oder dem Grundsatz der Gleichbehandlung beruhen. Der Ablauf einer vorgesehenen Wartezeit wird durch die Beendigung des Arbeitsverhältnisses nach Erfüllung der Voraussetzungen der Sätze 1 und 2 nicht berührt. Wechselt ein Arbeitnehmer vom Geltungsbereich dieses Gesetzes in einen anderen Mitgliedstaat der Europäischen Union, bleibt die Anwartschaft in gleichem Umfange wie für Personen erhalten, die auch nach Beendigung eines Arbeitsverhältnisses innerhalb des Geltungsbereichs dieses Gesetzes verbleiben.

(2) Wird für die betriebliche Altersversorgung eine Lebensversicherung auf das Leben des Arbeitnehmers durch den Arbeitgeber abgeschlossen und sind der Arbeitnehmer oder seine Hinterbliebenen hinsichtlich der Leistungen des Versicherers ganz oder teilweise bezugsberechtigt (Direktversicherung), so ist der Arbeitgeber verpflichtet, wegen Beendigung des Arbeitsverhältnisses nach Erfüllung der in Absatz 1 Satz 1 und 2 genannten Voraussetzungen das Bezugsrecht nicht mehr zu widerrufen. Eine Vereinbarung, nach der das Bezugsrecht durch die Beendigung des Arbeitsverhältnisses nach Erfüllung der in Absatz 1 Satz 1 und 2 genannten Voraussetzungen auflösend bedingt ist, ist unwirksam. Hat der Arbeitgeber die Ansprüche aus dem Versicherungsvertrag abgetreten oder beliehen, so ist er verpflichtet, den Arbeitnehmer, dessen Arbeitsverhältnis nach Erfüllung der in Absatz 1 Satz 1 und 2 genannten Voraussetzungen geendet hat, bei Eintritt des Versiche-

rungsfalles so zu stellen, als ob die Abtretung oder Beleihung nicht erfolgt wäre. Als Zeitpunkt der Erteilung der Versorgungszusage im Sinne des Absatzes 1 gilt der Versicherungsbeginn, frühestens jedoch der Beginn der Betriebszugehörigkeit.

(3) Wird die betriebliche Altersversorgung von einer rechtsfähigen Versorgungseinrichtung durchgeführt, die dem Arbeitnehmer oder seinen Hinterbliebenen auf ihre Leistungen einen Rechtsanspruch gewährt (Pensionskasse und Pensionsfonds), so gilt Absatz 1 entsprechend. Als Zeitpunkt der Erteilung der Versorgungszusage im Sinne des Absatzes 1 gilt der Versicherungsbeginn, frühestens jedoch der Beginn der Betriebszugehörigkeit.

(4) Wird die betriebliche Altersversorgung von einer rechtsfähigen Versorgungseinrichtung durchgeführt, die auf ihre Leistungen keinen Rechtsanspruch gewährt (Unterstützungskasse), so sind die nach Erfüllung der in Absatz 1 Satz 1 und 2 genannten Voraussetzungen und vor Eintritt des Versorgungsfalles aus dem Unternehmen ausgeschiedenen Arbeitnehmer und ihre Hinterbliebenen den bis zum Eintritt des Versorgungsfalles dem Unternehmen angehörenden Arbeitnehmern und deren Hinterbliebenen gleichgestellt. Die Versorgungszusage gilt in dem Zeitpunkt als erteilt im Sinne des Absatzes 1, von dem an der Arbeitnehmer zum Kreis der Begünstigten der Unterstützungskasse gehört.

(5) Soweit betriebliche Altersversorgung durch Entgeltumwandlung erfolgt, behält der Arbeitnehmer seine Anwartschaft, wenn sein Arbeitsverhältnis vor Eintritt des Versorgungsfalles endet; in den Fällen der Absätze 2 und 3

1. dürfen die Überschussanteile nur zur Verbesserung der Leistung verwendet werden,
2. muss dem ausgeschiedenen Arbeitnehmer das Recht zur Fortsetzung der Versicherung oder Versorgung mit eigenen Beiträgen eingeräumt und
3. muss das Recht zur Verpfändung, Abtretung oder Beleihung durch den Arbeitgeber ausgeschlossen werden.

Im Fall einer Direktversicherung ist dem Arbeitnehmer darüber hinaus mit Beginn der Entgeltumwandlung ein unwiderrufliches Bezugsrecht einzuräumen.

§ 2 Höhe der unverfallbaren Anwartschaft

(1) Bei Eintritt des Versorgungsfalles wegen Erreichens der Altersgrenze, wegen Invalidität oder Tod haben ein vorher ausgeschiedener Arbeitnehmer, dessen Anwartschaft nach § 1 b fortbesteht, und seine Hinterbliebenen einen Anspruch mindestens in Höhe des Teiles der ohne das vorherige Ausscheiden zustehenden Leistung, der dem Verhältnis der Dauer der Betriebszugehörigkeit zu der Zeit vom Beginn der Betriebszugehörigkeit bis zur Vollendung des 65. Lebensjahres entspricht; an die Stelle des 65. Lebensjahres tritt ein früherer Zeitpunkt, wenn dieser in der Versorgungsregelung als feste Altersgrenze vorgesehen ist. Der Mindestanspruch auf Leistungen wegen Invalidität oder Tod vor Erreichen der Altersgrenze ist jedoch nicht höher als der Betrag, den der Arbeitnehmer oder seine Hinterbliebenen erhalten hätten, wenn im Zeitpunkt des Ausscheidens der Versorgungsfall eingetreten wäre und die sonstigen Leistungsvoraussetzungen erfüllt gewesen wären.

(2) Ist bei einer Direktversicherung der Arbeitnehmer nach Erfüllung der Voraussetzungen des § 1 b Abs. 1 und 5 vor Eintritt des Versorgungsfalles ausgeschieden, so gilt Absatz 1 mit der Maßgabe, dass sich der vom Arbeitgeber zu finanzierende Teilanspruch nach Absatz 1, soweit er über die von dem Versicherer nach dem Versicherungsvertrag auf Grund der Beiträge des Arbeitgebers zu erbringende Versicherungsleistung hinausgeht, gegen den Arbeitgeber richtet. An die Stelle der Ansprüche nach Satz 1 tritt auf

Verlangen des Arbeitgebers die von dem Versicherer auf Grund des Versicherungsvertrages zu erbringende Versicherungsleistung, wenn

1. spätestens nach 3 Monaten seit dem Ausscheiden des Arbeitnehmers das Bezugsrecht unwiderruflich ist und eine Abtretung oder Beleihung des Rechts aus dem Versicherungsvertrag durch den Arbeitgeber und Beitragsrückstände nicht vorhanden sind,
2. vom Beginn der Versicherung, frühestens jedoch vom Beginn der Betriebszugehörigkeit an, nach dem Versicherungsvertrag die Überschussanteile nur zur Verbesserung der Versicherungsleistung zu verwenden sind und
3. der ausgeschiedene Arbeitnehmer nach dem Versicherungsvertrag das Recht zur Fortsetzung der Versicherung mit eigenen Beiträgen hat.

Der Arbeitgeber kann sein Verlangen nach Satz 2 nur innerhalb von drei Monaten seit dem Ausscheiden des Arbeitnehmers diesem und dem Versicherer mitteilen. Der ausgeschiedene Arbeitnehmer darf die Ansprüche aus dem Versicherungsvertrag in Höhe des durch Beitragszahlungen des Arbeitgebers gebildeten geschäftsplanmäßigen Deckungskapitals oder, soweit die Berechnung des Deckungskapitals nicht zum Geschäftsplan gehört, das nach § 176 Abs. 3 des Gesetzes über den Versicherungsvertrag berechneten Zeitwerts weder abtreten noch beleihen. In dieser Höhe darf der Rückkaufswert auf Grund einer Kündigung des Versicherungsvertrages nicht in Anspruch genommen werden; im Falle einer Kündigung wird die Versicherung in eine prämienfreie Versicherung umgewandelt. § 176 Abs. 1 des Gesetzes über den Versicherungsvertrag findet insoweit keine Anwendung.

(3) Für Pensionskassen gilt Absatz 1 mit der Maßgabe, dass sich der vom Arbeitgeber zu finanzierende Teilanspruch nach Absatz 1, soweit er über die von der Pensionskasse nach dem aufsichtsbehördlich genehmigten Geschäftsplan oder, soweit eine aufsichtsbehördliche Genehmigung nicht vorgeschrieben ist, nach den allgemeinen Versicherungsbedingungen und den fachlichen Geschäftsunterlagen im Sinne des § 5 Abs. 3 Nr. 2 Halbsatz 2 des Versicherungsaufsichtsgesetzes (Geschäftsunterlagen) auf Grund der Beiträge des Arbeitgebers zu erbringende Leistung hinausgeht, gegen den Arbeitgeber richtet. An die Stelle der Ansprüche nach Satz 1 tritt auf Verlangen des Arbeitgebers die von der Pensionskasse auf Grund des Geschäftsplanes oder der Geschäftsunterlagen zu erbringende Leistung, wenn nach dem aufsichtsbehördlich genehmigten Geschäftsplan oder den Geschäftsunterlagen

1. vom Beginn der Versicherung, frühestens jedoch vom Beginn der Betriebszugehörigkeit an, Überschussanteile, die auf Grund des Finanzierungsverfahrens regelmäßig entstehen, nur zur Verbesserung der Versicherungsleistung zu verwenden sind oder die Steigerung der Versorgungsanwartschaften des Arbeitnehmers der Entwicklung seines Arbeitsentgeltes, soweit es unter den jeweiligen Beitragsbemessungsgrenzen der gesetzlichen Rentenversicherungen liegt, entspricht und
2. der ausgeschiedene Arbeitnehmer das Recht zur Fortsetzung der Versicherung mit eigenen Beiträgen hat.
3. Der Absatz 2 Satz 3 bis 6 gilt entsprechend.

(3 a) Für Pensionsfonds gilt Absatz 1 mit der Maßgabe, dass sich der vom Arbeitgeber zu finanzierende Teilanspruch, soweit er über die vom Pensionsfonds auf der Grundlage der nach dem geltenden Pensionsplan im Sinne des § 112 Abs. 1 Satz 2 in Verbindung mit § 113 Abs. 2 Nr. 5 des Versicherungsaufsichtsgesetzes berechnete Deckungsrückstellung hinausgeht, gegen den Arbeitgeber richtet.

(4) Eine Unterstützungskasse hat bei Eintritt des Versorgungsfalles einem vorzeitig ausgeschiedenen Arbeitnehmer, der nach § 1 b Abs. 4 gleichgestellt ist, und seinen Hinterbliebenen mindestens den nach Absatz 1 berechneten Teil der Versorgung zu gewähren.

(5) Bei der Berechnung des Teilanspruchs nach Absatz 1 bleiben Veränderungen der Versorgungsregelung und der Bemessungsgrundlagen für die Leistung der betrieblichen Altersversorgung, soweit sie nach dem Ausscheiden des Arbeitnehmers eintreten, außer Betracht; dies gilt auch für die Bemessungsgrundlagen anderer Versorgungsbezüge, die bei der Berechnung der Leistung der betrieblichen Altersversorgung zu berücksichtigen sind. Ist eine Rente der gesetzlichen Rentenversicherung zu berücksichtigen, so kann das bei der Berechnung von Pensionsrückstellungen allgemein zulässige Verfahren zu Grunde gelegt werden, wenn nicht der ausgeschiedene Arbeitnehmer die Anzahl der im Zeitpunkt des Ausscheidens erreichten Entgeltpunkte nachweist; bei Pensionskassen sind der aufsichtsbehördlich genehmigte Geschäftsplan oder die Geschäftsunterlagen maßgebend. Bei Pensionsfonds sind der Pensionsplan und die sonstigen Geschäftsunterlagen maßgebend. Versorgungsanwartschaften, die der Arbeitnehmer nach seinem Ausscheiden erwirbt, dürfen zu keiner Kürzung des Teilanspruchs nach Absatz 1 führen.

(5 a) Bei einer unverfallbaren Anwartschaft aus Entgeltumwandlung tritt an die Stelle der Ansprüche nach den Absätzen 1, 3 a oder 4 die vom Zeitpunkt der Zusage auf betriebliche Altersversorgung bis zum Ausscheiden des Arbeitnehmers erreichte Anwartschaft auf Leistungen aus den bis dahin umgewandelten Entgeltbestandteilen; dies gilt entsprechend für eine unverfallbare Anwartschaft aus Beiträgen im Rahmen einer beitragsorientierten Leistungszusage.

(5 b) An die Stelle der Ansprüche nach den Absätzen 2, 3, 3 a und 5 a tritt bei einer Beitragszusage mit Mindestleistung das dem Arbeitnehmer planmäßig zuzurechnende Versorgungskapital auf der Grundlage der bis zu seinem Ausscheiden geleisteten Beiträge (Beiträge und die bis zum Eintritt des Versorgungsfalls erzielten Erträge), mindestens die Summe der bis dahin zugesagten Beiträge, soweit sie nicht rechnungsmäßig für einen biometrischen Risikoausgleich verbraucht wurden.

(6) Der Arbeitgeber oder der sonstige Versorgungsträger hat dem ausgeschiedenen Arbeitnehmer Auskunft darüber zu erteilen, ob für ihn die Voraussetzungen einer unverfallbaren betrieblichen Altersversorgung erfüllt sind und in welcher Höhe er Versorgungsleistungen bei Erreichen der in der Versorgungsregelung vorgesehenen Altersgrenze beanspruchen kann.

§ 3 Abfindung

(1) Eine nach § 1 b Abs. 1 bis 3 und 5 unverfallbare Anwartschaft kann im Falle der Beendigung des Arbeitsverhältnisses nur nach den Sätzen 2 bis 6 abgefunden werden. Die Anwartschaft ist auf Verlangen des Arbeitgebers oder des Arbeitnehmers abzufinden, wenn der bei Erreichen der vorgesehenen Altersgrenze maßgebliche Monatsbetrag der laufenden Versorgungsleistung eins vom Hundert der monatlichen Bezugsgröße (§ 18 Viertes Buch Sozialgesetzbuch), bei Kapitalleistungen zwölf Zehntel der monatlichen Bezugsgröße nicht übersteigt. Die Anwartschaft kann nur mit Zustimmung des Arbeitnehmers abgefunden werden, wenn

1. ihr monatlicher Wert zwei vom Hundert der monatlichen Bezugsgröße, bei Kapitalleistungen vierundzwanzig Zehntel der monatlichen Bezugsgröße nicht übersteigt,
2. ihr monatlicher Wert vier vom Hundert der monatlichen Bezugsgröße, bei Kapitalleistungen achtundvierzig Zehntel der monatlichen Bezugsgröße nicht übersteigt und der

Abfindungsbetrag vom Arbeitgeber unmittelbar zur Zahlung von Beiträgen zur gesetzlichen Rentenversicherung oder zum Aufbau einer Versorgungsleistung bei einer Direktversicherung, Pensionskasse oder einem Pensionsfonds verwendet wird,
3. die Beiträge zur gesetzlichen Rentenversicherung erstattet worden sind oder
4. sie auf einer Entgeltumwandlung beruht und die Grenzwerte nach den Nummern 1 oder 2 nicht überschritten werden.

Der Teil einer Anwartschaft, der während eines Insolvenzverfahrens erdient worden ist, kann ohne Zustimmung des Arbeitnehmers abgefunden werden, wenn die Betriebstätigkeit vollständig eingestellt und das Unternehmen liquidiert wird. Die Abfindung ist gesondert auszuweisen und einmalig zu zahlen. Für Versorgungsleistungen, die gemäß § 2 Abs. 4 von einer Unterstützungskasse zu erbringen sind, gelten die Sätze 1 bis 5 entsprechend.

(2) Die Abfindung wird nach dem Barwert der nach § 2 bemessenen künftigen Versorgungsleistungen im Zeitpunkt der Beendigung des Arbeitsverhältnisses berechnet. Soweit sich der Anspruch auf die künftigen Versorgungsleistungen gegen ein Unternehmen der Lebensversicherung, einen Pensionsfonds oder eine Pensionskasse richtet, berechnet sich die Abfindung nach dem geschäftsplanmäßigen Deckungskapital im Zeitpunkt der Beendigung des Arbeitsverhältnisses oder, soweit die Berechnung des Deckungskapitals nicht zum Geschäftsplan gehört, nach dem Zeitwert gemäß § 176 Abs. 3 des Gesetzes über den Versicherungsvertrag. Hierbei sind der bei der jeweiligen Form der betrieblichen Altersversorgung vorgeschriebene Rechnungszinsfuß und die Rechnungsgrundlagen sowie die anerkannten Regeln der Versicherungsmathematik, bei Direktversicherungen und Pensionskassen deren Geschäftsplan oder Geschäftsunterlagen, maßgebend.

§ 4 Übernahme

(1) Die Verpflichtung, bei Eintritt des Versorgungsfalles Versorgungsleistungen nach § 2 Abs. 1 bis 3 a zu gewähren, kann von jedem Unternehmen, bei dem der ausgeschiedene Arbeitnehmer beschäftigt wird, von einer Pensionskasse, von einem Unternehmen der Lebensversicherung oder einem öffentlich-rechtlichen Versorgungsträger mit Zustimmung des Arbeitnehmers übernommen werden. Eine vertragliche Schuldübernahme durch andere Versorgungsträger ist dem Arbeitnehmer gegenüber unwirksam. Bei einer Schuldübernahme durch ein Unternehmen der Lebensversicherung gilt § 2 Abs. 2 Satz 4 bis 6 entsprechend.

(2) Hat eine Unterstützungskasse einem vorzeitig ausgeschiedenen Arbeitnehmer Versorgungsleistungen nach § 2 Abs. 4 zu gewähren, kann diese Verpflichtung mit Zustimmung des Arbeitnehmers von den in Absatz 1 genannten Trägern oder von einer anderen Unterstützungskasse übernommen werden.

(3) Wird die Betriebstätigkeit eingestellt und das Unternehmen liquidiert, kann eine Versorgungsleistung auf Grund einer Zusage oder einer unverfallbaren Anwartschaft nach § 1 b Abs. 1 oder eine Versorgungsleistung, die gemäß § 1 b Abs. 4 von einer Unterstützungskasse oder gemäß § 1 b Abs. 3 von einem Pensionsfonds erbracht wird oder zu erbringen ist, von einer Pensionskasse oder von einem Unternehmen der Lebensversicherung ohne Zustimmung des Versorgungsempfängers oder Arbeitnehmers übernommen werden, wenn sichergestellt ist, dass die Überschussanteile ab Rentenbeginn entsprechend § 16 Abs. 3 Nr. 2 verwendet werden. § 2 Abs. 2 Satz 4 bis 6 gilt entsprechend.

(4) Der Arbeitgeber ist verpflichtet, auf Verlangen des Arbeitnehmers frühestens ab Beendigung des Arbeitsverhältnisses den Barwert der nach § 1 b Abs. 5 unverfallbaren An-

wartschaft auf einen neuen Arbeitgeber, bei dem der ausgeschiedene Arbeitnehmer beschäftigt ist, oder einen Versorgungsträger des neuen Arbeitgebers zu übertragen, wenn der neue Arbeitgeber dem Arbeitnehmer eine dem übertragenden Barwert wertmäßig entsprechende Zusage erteilt. Für die Höhe des Barwertes gilt § 3 Abs. 2 entsprechend mit der Maßgabe, dass an die Stelle des Zeitpunktes der Beendigung des Arbeitsverhältnisses der Zeitpunkt der Übertragung tritt. Mit der Erteilung der Zusage durch den neuen Arbeitgeber erlischt die Verpflichtung des alten Arbeitgebers.

Zweiter Abschnitt. Auszehrungsverbot

§ 5 Auszehrung und Anrechnung

(1) Die bei Eintritt des Versorgungsfalles festgesetzten Leistungen der betrieblichen Altersversorgung dürfen nicht mehr dadurch gemindert oder entzogen werden, dass Beträge, um die sich andere Versorgungsbezüge nach diesem Zeitpunkt durch Anpassung an die wirtschaftliche Entwicklung erhöhen, angerechnet oder bei der Begrenzung der Gesamtversorgung auf einen Höchstbetrag berücksichtigt werden.

(2) Leistungen der betrieblichen Altersversorgung dürfen durch Anrechnung oder Berücksichtigung anderer Versorgungsbezüge, soweit sie auf eigenen Beiträgen des Versorgungsempfängers beruhen, nicht gekürzt werden. Dies gilt nicht für Renten aus den gesetzlichen Rentenversicherungen, soweit sie auf Pflichtbeiträgen beruhen, sowie für sonstige Versorgungsbezüge, die mindestens zur Hälfte auf Beiträgen oder Zuschüssen des Arbeitgebers beruhen.

Dritter Abschnitt. Altersgrenze

§ 6 Vorzeitige Altersleistung

Einem Arbeitnehmer, der die Altersrente aus der gesetzlichen Rentenversicherung vor Vollendung des 65. Lebensjahres als Vollrente in Anspruch nimmt, sind auf sein Verlangen nach Erfüllung der Wartezeit und sonstiger Leistungsvoraussetzungen Leistungen der betrieblichen Altersversorgung zu gewähren. Fällt die Altersrente aus der gesetzlichen Rentenversicherung wieder weg oder wird sie auf einen Teilbetrag beschränkt, so können auch die Leistungen der betrieblichen Altersversorgung eingestellt werden. Der ausgeschiedene Arbeitnehmer ist verpflichtet, die Aufnahme oder Ausübung einer Beschäftigung oder Erwerbstätigkeit, die zu einem Wegfall oder zu einer Beschränkung der Altersrente aus der gesetzlichen Rentenversicherung führt, dem Arbeitgeber oder sonstigen Versorgungsträger unverzüglich anzuzeigen.

Vierter Abschnitt. Insolvenzsicherung

§ 7 Umfang des Versicherungsschutzes

(1) Versorgungsempfänger, deren Ansprüche aus einer unmittelbaren Versorgungszusage des Arbeitgebers nicht erfüllt werden, weil über das Vermögen des Arbeitgebers oder über seinen Nachlass das Insolvenzverfahren eröffnet worden ist, und ihre Hinterbliebenen haben gegen den Träger der Insolvenzsicherung einen Anspruch in Höhe der Leistung, die der Arbeitgeber auf Grund der Versorgungszusage zu erbringen hätte, wenn das Insolvenzverfahren nicht eröffnet worden wäre. Satz 1 gilt entsprechend,

1. wenn Leistungen aus einer Direktversicherung auf Grund der in § 1 b Abs. 2 Satz 3 genannten Tatbestände nicht gezahlt werden und der Arbeitgeber seiner Verpflichtung nach § 1 b Abs. 2 Satz 3 wegen der Eröffnung des Insolvenzverfahrens nicht nachkommt,
2. wenn eine Unterstützungskasse oder ein Pensionsfonds die nach ihrer Versorgungsregelung vorgesehene Versorgung nicht erbringt, weil über das Vermögen oder den Nachlass eines Arbeitgebers, der der Unterstützungskasse oder dem Pensionsfonds Zuwendungen leistet (Trägerunternehmen), das Insolvenzverfahren eröffnet worden ist.

§ 11 des Versicherungsvertragsgesetzes findet entsprechende Anwendung. Der Eröffnung des Insolvenzverfahrens stehen bei der Anwendung der Sätze 1 bis 3 gleich

1. die Abweisung des Antrags auf Eröffnung des Insolvenzverfahren mangels Masse,
2. der außergerichtliche Vergleich (Stundungs-, Quoten- oder Liquidationsvergleich) des Arbeitgebers mit seinen Gläubigern zur Abwendung eines Insolvenzverfahrens, wenn ihm der Träger der Insolvenzsicherung zustimmt,
3. die vollständige Beendigung der Betriebstätigkeit im Geltungsbereich dieses Gesetzes, wenn ein Antrag auf Eröffnung des Konkursverfahrens nicht gestellt worden ist und ein Insolvenzverfahren offensichtlich mangels Masse nicht in Betracht kommt,

(1 a) Der Anspruch gegen den Träger der Insolvenzsicherung entsteht mit dem Beginn des Kalendermonats, der auf den Eintritt des Sicherungsfalles folgt. Der Anspruch endet mit Ablauf des Sterbemonats des Begünstigten, soweit in der Versorgungszusage des Arbeitgebers nicht etwas anderes bestimmt ist. In den Fällen des Absatzes 1 Satz 1 und 4 Nr. 1 und 3 umfasst der Anspruch auch rückständige Versorgungsleistungen, soweit diese bis zu sechs Monaten vor Entstehen der Leistungspflicht des Trägers der Insolvenzsicherung entstanden sind.

(2) Personen, die bei Eröffnung des Insolvenzverfahrens oder bei Eintritt der nach Absatz 1 Satz 4 gleichstehenden Voraussetzungen (Sicherungsfall) eine nach § 1 b unverfallbare Versorgungsanwartschaft haben, und ihre Hinterbliebenen haben bei Eintritt des Versorgungsfalls einen Anspruch gegen den Träger der Insolvenzsicherung, wenn die Anwartschaft beruht

1. auf einer unmittelbaren Versorgungszusage des Arbeitgebers oder
2. auf einer Direktversicherung und der Arbeitnehmer hinsichtlich der Leistungen des Versicherers widerruflich bezugsberechtigt ist oder die Leistungen auf Grund der in § 1 b Abs. 2 Satz 3 genannten Tatbestände nicht gezahlt werden und der Arbeitgeber seiner Verpflichtung aus § 1 b Abs. 2 Satz 3 wegen der Eröffnung des Insolvenzverfahrens nicht nachkommt.

Satz 1 gilt entsprechend für Personen, die zum Kreis der Begünstigten einer Unterstützungskasse oder eines Pensionsfonds gehören, wenn der Sicherungsfall bei einem Trägerunternehmen eingetreten ist. Die Höhe des Anspruchs richtet sich nach der Höhe der Leistungen gemäß § 2 Abs. 1, 2 Satz 2 und Abs. 5, bei Unterstützungskassen nach dem Teil der nach der Versorgungsregelung vorgesehenen Versorgung, der dem Verhältnis der Dauer der Betriebszugehörigkeit zu der Zeit vom Beginn der Betriebszugehörigkeit bis zum Erreichen der in der Versorgungsregelung vorgesehenen festen Altersgrenze entspricht, es sei denn, § 2 Abs. 5 a ist anwendbar. Für die Berechnung der Höhe des Anspruchs nach Satz 3 wird die Betriebszugehörigkeit bis zum Eintritt des Sicherungsfalles berücksichtigt. Bei Pensionsfonds mit Leistungszusagen gelten für die Höhe des Anspruches die Bestimmungen für unmittelbare Versorgungszusagen entsprechend, bei Beitragszusagen mit Mindestleistung gilt für die Höhe des Anspruchs § 2 Abs. 5 b.

(3) Ein Anspruch auf laufende Leistungen gegen den Träger der Insolvenzsicherung beträgt im Monat höchstens das Dreifache der im Zeitpunkt der ersten Fälligkeit maßgebenden monatlichen Bezugsgröße gemäß § 18 des Vierten Buches Sozialgesetzbuch. Satz 1 gilt entsprechend bei einem Anspruch auf Kapitalleistungen mit der Maßgabe, dass zehn vom Hundert der Leistung als Jahresbetrag einer laufenden Leistung anzusetzen sind.

(4) Ein Anspruch auf Leistungen gegen den Träger der Insolvenzsicherung vermindert sich in dem Umfang, in dem der Arbeitgeber oder sonstige Träger der Versorgung die Leistungen der betrieblichen Altersversorgung erbringt. Wird im Insolvenzverfahren ein Insolvenzplan bestätigt, vermindert sich der Anspruch auf Leistungen gegen den Träger der Insolvenzsicherung insoweit, als nach dem Insolvenzplan der Arbeitgeber oder sonstige Träger der Versorgung einen Teil der Leistungen selbst zu erbringen hat. Sieht der Insolvenzplan vor, dass der Arbeitgeber oder sonstige Träger der Versorgung einen die Leistungen von einem bestimmten Zeitpunkt an selbst zu erbringen hat, entfällt der Anspruch auf Leistungen gegen den Träger der Insolvenzsicherung von diesem Zeitpunkt an. Die Sätze 2 und 3 sind für den außergerichtlichen Vergleich nach Absatz 1 Satz 4 Nr. 2 entsprechend anzuwenden. Im Insolvenzplan soll vorgesehen werden, dass bei einer nachhaltigen Besserung der wirtschaftlichen Lage des Arbeitgebers die vom Träger der Insolvenzsicherung zu erbringenden Leistungen ganz oder zum Teil vom Arbeitgeber oder sonstigen Träger der Versorgung wieder übernommen werden.

(5) Ein Anspruch gegen den Träger der Insolvenzsicherung besteht nicht, soweit nach den Umständen des Falles die Annahme gerechtfertigt ist, dass es der alleinige oder überwiegende Zweck der Versorgungszusage oder ihre Verbesserung oder der für die Direktversicherung in § 1 b Abs. 2 Satz 3 genannten Tatbestände gewesen ist, den Träger der Insolvenzsicherung in Anspruch zu nehmen. Diese Annahme ist insbesondere dann gerechtfertigt, wenn bei Erteilung oder Verbesserung der Versorgungszusage wegen der wirtschaftlichen Lage des Arbeitgebers zu erwarten war, dass die Zusage nicht erfüllt werde. Verbesserungen der Versorgungszusagen werden bei der Bemessung der Leistungen des Trägers der Insolvenzsicherung nicht berücksichtigt, soweit sie in den beiden letzten Jahren vor dem Eintritt des Sicherungsfalles vereinbart worden sind; dies gilt nicht für ab 1. Januar 2002 gegebene Zusagen, soweit bei Entgeltumwandlung Beträge von bis zu 4 vom Hundert der Beitragsbemessungsgrenze in der Rentenversicherung der Arbeiter und Angestellten für eine betriebliche Altersversorgung verwendet werden.

(6) Ist der Sicherungsfall durch kriegerische Ereignisse, innere Unruhen, Naturkatastrophen oder Kernenergie verursacht worden, kann der Träger der Insolvenzsicherung mit Zustimmung des Bundesaufsichtsamtes für das Versicherungswesen die Leistungen nach billigem Ermessen abweichend von den Absätzen 1 bis 5 festsetzen.

§ 8 Übertragung der Leistungspflicht und Abfindung

(1) Ein Anspruch gegen den Träger der Insolvenzsicherung auf Leistungen nach § 7 besteht nicht, wenn eine Pensionskasse oder ein Unternehmen der Lebensversicherung sich dem Träger der Insolvenzsicherung gegenüber verpflichtet, diese Leistungen zu erbringen, und die nach § 7 Berechtigten ein unmittelbares Recht erwerben, die Leistungen zu fordern.

(1 a) Der Träger der Insolvenzsicherung hat die gegen ihn gerichteten Ansprüche auf den Pensionsfonds, dessen Trägerunternehmen die Eintrittspflicht nach § 7 ausgelöst hat, im Sinne von Absatz 1 zu übertragen, wenn die zuständige Aufsichtsbehörde hierzu die Genehmigung erteilt. Die Genehmigung kann nur erteilt werden, wenn durch Auflagen der

Aufsichtsbehörde die dauernde Erfüllbarkeit der Leistungen aus dem Pensionsplan sichergestellt werden kann. Die Genehmigung der Aufsichtsbehörde kann der Pensionsfonds nur innerhalb eines Monats nach Eintritt des Sicherungsfalles beantragen.

(2) Eine Abfindung von Anwartschaften ist ohne Zustimmung des Arbeitnehmers möglich, wenn die Voraussetzungen nach § 3 Abs. 1 Satz 2 oder 3 erfüllt sind. Die Abfindung ist über die nach § 3 Abs. 1 bestimmten Beträge hinaus möglich, wenn sie an ein Unternehmen der Lebensversicherungswirtschaft oder Pensionskassen gezahlt wird, bei dem der Versorgungsberechtigte im Rahmen eines Versicherungsvertrages nach § 1 b Abs. 2 oder 3 versichert ist. § 2 Abs. 2 Satz 4 bis 6 und § 3 Abs. 2 gelten entsprechend.

§ 9 Mitteilungspflichten

(1) Der Träger der Insolvenzsicherung teilt dem Berechtigten die ihm nach § 7 oder § 8 zustehenden Ansprüche oder Anwartschaften schriftlich mit. Unterbleibt die Mitteilung, so ist der Anspruch oder die Anwartschaft spätestens ein Jahr nach dem Sicherungsfall bei dem Träger der Insolvenzsicherung anzumelden; erfolgt die Anmeldung später, so beginnen die Leistungen frühestens mit dem Ersten des Monats der Anmeldung, es sei denn, dass der Berechtigte an der rechtzeitigen Anmeldung ohne sein Verschulden verhindert war.

(2) Ansprüche oder Anwartschaften des Berechtigten gegen den Arbeitgeber auf Leistungen der betrieblichen Altersversorgung, die den Anspruch gegen den Träger der Insolvenzsicherung begründen, gehen im Falle eines Insolvenzverfahrens mit dessen Eröffnung, in den übrigen Sicherungsfällen dann auf den Träger der Insolvenzsicherung über, wenn dieser nach Absatz 1 Satz 1 dem Berechtigten die ihm zustehenden Ansprüche oder Anwartschaften mitteilt. Der Übergang kann nicht zum Nachteil des Berechtigten geltend gemacht werden. Die mit der Eröffnung des Insolvenzverfahrens übergegangenen Anwartschaften werden im Insolvenzverfahren als unbedingte Forderungen nach § 45 der Insolvenzordnung geltend gemacht.

(3) Ist der Träger der Insolvenzsicherung zu Leistungen verpflichtet, die ohne den Eintritt des Sicherungsfalles eine Unterstützungskasse erbringen würde, geht deren Vermögen einschließlich der Verbindlichkeiten auf ihn über; die Haftung für die Verbindlichkeiten beschränkt sich auf das übergegangene Vermögen. Wenn die übergegangenen Vermögenswerte den Barwert der Ansprüche und Anwartschaften gegen den Träger der Insolvenzsicherung übersteigen, hat dieser den übersteigenden Teil entsprechend der Satzung der Unterstützungskasse zu verwenden. Bei einer Unterstützungskasse mit mehreren Trägerunternehmen hat der Träger der Insolvenzsicherung einen Anspruch gegen die Unterstützungskasse auf einen Betrag, der dem Teil des Vermögens der Kasse entspricht, der auf das Unternehmen entfällt, bei dem der Sicherungsfall eingetreten ist. Die Sätze 1 bis 3 gelten nicht, wenn der Sicherungsfall auf den in § 7 Abs. 1 Satz 4 Nr. 2 genannten Gründen beruht, es sei denn, dass das Trägerunternehmen seine Betriebstätigkeit nach Eintritt des Sicherungsfalls nicht fortsetzt und aufgelöst wird (Liquidationsvergleich).

(3 a) Absatz 3 findet entsprechende Anwendung auf einen Pensionsfonds, wenn die zuständige Aufsichtsbehörde die Genehmigung für die Übertragung der Leistungspflicht durch den Träger der Insolvenzsicherung nach § 8 Abs. 1 a nicht erteilt.

(4) In einem Insolvenzplan, der die Fortführung des Unternehmens oder seines Betriebes vorsieht, kann für den Träger der Insolvenzsicherung eine besondere Gruppe gebildet werden. Sofern im Insolvenzplan nichts anderes vorgesehen ist, kann der Träger der Insolvenzsicherung, wenn innerhalb von drei Jahren nach der Aufhebung des Insolvenzver-

fahrens ein Antrag auf Eröffnung eines neuen Insolvenzverfahrens über das Vermögen des Arbeitgebers gestellt wird, in diesem Verfahren als Insolvenzgläubiger Erstattung der von ihm erbrachten Leistungen verlangen.

(5) Dem Träger der Insolvenzsicherung steht gegen den Beschluss, durch den das Insolvenzverfahren eröffnet wird, die sofortige Beschwerde zu.

§ 10 Beitragspflicht und Beitragsbemessung

(1) Die Mittel für die Durchführung der Insolvenzsicherung werden auf Grund öffentlich-rechtlicher Verpflichtung durch Beiträge aller Arbeitgeber aufgebracht, die Leistungen der betrieblichen Altersversorgung unmittelbar zugesagt haben oder eine betriebliche Altersversorgung über eine Unterstützungskasse, eine Direktversicherung der in § 7 Abs. 1 Satz 2 und Abs. 2 Satz 1 Nr. 2 bezeichneten Art oder einen Pensionsfonds durchführen.

(2) Die Beiträge müssen den Barwert der im laufenden Kalenderjahr entstehenden Ansprüche auf Leistungen der Insolvenzsicherung, die im gleichen Zeitraum entstehenden Verwaltungskosten und sonstigen Kosten, die mit der Gewährung der Leistungen zusammenhängen, und die Zuführung zu einem vom Bundesaufsichtsamt für das Versicherungswesen festgesetzten Ausgleichsfonds decken; § 37 des Gesetzes über die Beaufsichtigung der privaten Versicherungsunternehmungen bleibt unberührt. Der Rechnungszinsfuß bei der Berechnung des Barwertes bestimmt sich nach § 65 des Versicherungsaufsichtsgesetzes. Auf die am Ende des Kalenderjahres fälligen Beiträge können Vorschüsse erhoben werden; reichen die Vorschüsse zur Deckung der Aufwendungen nach Satz 1 nicht aus, so kann der Ausgleichsfonds in einem vom Bundesaufsichtsamt für das Versicherungswesen zu genehmigenden Umfang zur Ermäßigung der Beiträge herangezogen werden.

(3) Die nach Absatz 2 erforderlichen Beiträge werden auf die Arbeitgeber nach Maßgabe der nachfolgenden Beträge umgelegt, soweit sie sich auf die laufenden Versorgungsleistungen und die nach § 1 b unverfallbaren Versorgungsanwartschaften beziehen (Beitragsbemessungsgrundlage); diese Beträge sind festzustellen auf den Schluss des Wirtschaftsjahres des Arbeitgebers, das im abgelaufenen Kalenderjahr geendet hat:

1. Bei Arbeitgebern, die Leistungen der betrieblichen Altersversorgung unmittelbar zugesagt haben, ist Beitragsbemessungsgrundlage der Teilwert der Pensionsverpflichtung (§ 6 a Abs. 3 EStG).
2. Bei Arbeitgebern, die eine betriebliche Altersversorgung über eine Direktversicherung mit widerruflichem Bezugsrecht durchführen, ist Beitragsbemessungsgrundlage das geschäftsplanmäßige Deckungskapital oder, soweit die Berechnung des Deckungskapitals nicht zum Geschäftsplan gehört, die Deckungsrückstellung. Für Versicherungen, bei denen der Versicherungsfall bereits eingetreten ist, und für Versicherungsanwartschaften, für die ein unwiderrufliches Bezugsrecht eingeräumt ist, ist das Deckungskapital oder die Deckungsrückstellung nur insoweit zu berücksichtigen, als die Versicherungen abgetreten oder beliehen sind.
3. Bei Arbeitgebern, die eine betriebliche Altersversorgung über eine Unterstützungskasse durchführen, ist Beitragsbemessungsgrundlage das Deckungskapital für die laufenden Leistungen (§ 4 d Abs. 1 Nr. 1 a EStG) zuzüglich des Zwanzigfachen der nach § 4 d Abs. 1 Nr. 1 b Satz 1 EStG errechneten jährlichen Zuwendungen für Leistungsanwärter im Sinne von § 4 d Abs. 1 Nr. 1 b Satz 2 EStG.
4. Bei Arbeitgebern, soweit sie betriebliche Altersversorgung über einen Pensionsfonds durchführen, ist für die Beitragsbemessungsgrundlage die Nummer 1 entsprechend anzuwenden.

(4) Aus den Beitragsbescheiden des Trägers der Insolvenzsicherung findet die Zwangsvollstreckung in entsprechender Anwendung der Vorschriften der Zivilprozessordnung statt. Die vollstreckbare Ausfertigung erteilt der Träger der Insolvenzsicherung.

§ 10 a Säumniszuschläge; Zinsen; Verjährung

(1) Beiträge, die wegen Verstoßes des Arbeitgebers gegen die Meldepflicht erst nach Fälligkeit erhoben werden, kann der Träger der Insolvenzsicherung für jeden angefangenen Monat vom Zeitpunkt der Fälligkeit an einen Säumniszuschlag in Höhe von bis zu eins vom Hundert der nacherhobenen Beiträge erheben.

(2) Für festgesetzte Beiträge und Vorschüsse, die der Arbeitgeber nach Fälligkeit zahlt, erhebt der Träger der Insolvenzsicherung für jeden Monat Verzugszinsen in Höhe von 0,5 vom Hundert der rückständigen Beiträge. Angefangene Monate bleiben außer Ansatz.

(3) Vom Träger der Insolvenzsicherung zu erstattende Beiträge werden vom Tag der Fälligkeit oder bei Feststellung des Erstattungsanspruchs durch gerichtliche Entscheidung vom Tage der Rechtshängigkeit an für jeden Monat mit 0,5 vom Hundert verzinst. Angefangene Monate bleiben außer Ansatz.

(4) Ansprüche auf Zahlung der Beiträge zur Insolvenzsicherung gemäß § 10 sowie Erstattungsansprüche nach Zahlung nicht geschuldeter Beiträge zur Insolvenzsicherung verjähren in sechs Jahren. Die Verjährungsfrist beginnt mit Ablauf des Kalenderjahres, in dem die Beitragspflicht entstanden oder der Erstattungsanspruch fällig geworden ist. Auf die Verjährung sind die Vorschriften des Bürgerlichen Gesetzbuches anzuwenden.

§ 11 Melde-, Auskunfts- und Mitteilungspflichten

(1) Der Arbeitgeber hat dem Träger der Insolvenzsicherung eine betriebliche Altersversorgung nach § 1 b Abs. 1 bis 4 für seine Arbeitnehmer innerhalb von drei Monaten nach Inkrafttreten des Gesetzes oder innerhalb von drei Monaten nach Erteilung der unmittelbaren Versorgungszusage, dem Abschluss einer Direktversicherung oder der Errichtung einer Unterstützungskasse oder eines Pensionsfonds mitzuteilen. Der Arbeitgeber, der sonstige Träger der Versorgung, der Insolvenzverwalter und die nach § 7 Berechtigten sind verpflichtet, dem Träger der Insolvenzsicherung alle Auskünfte zu erteilen, die zur Durchführung der Vorschriften dieses Abschnittes erforderlich sind, sowie Unterlagen vorzulegen, aus denen die erforderlichen Angaben ersichtlich sind.

(2) Ein beitragspflichtiger Arbeitgeber hat dem Träger der Insolvenzsicherung spätestens bis zum 30. September eines jeden Kalenderjahres die Höhe des nach § 10 Abs. 3 für die Bemessung des Beitrages maßgebenden Betrages bei unmittelbaren Versorgungszusagen und Pensionsfonds auf Grund eines versicherungsmathematischen Gutachtens, bei Direktversicherungen auf Grund einer Bescheinigung des Versicherers und bei Unterstützungskassen auf Grund einer nachprüfbaren Berechnung mitzuteilen. Der Arbeitgeber hat die in Satz 1 bezeichneten Unterlagen mindestens sechs Jahre aufzubewahren.

(3) Der Insolvenzverwalter hat dem Träger der Insolvenzsicherung die Eröffnung des Insolvenzverfahrens, Namen und Anschriften der Versorgungsempfänger und die Höhe ihrer Versorgung nach § 7 unverzüglich mitzuteilen. Er hat zugleich Namen und Anschriften der Personen, die bei Eröffnung des Insolvenzverfahrens eine nach § 1 unverfallbare Versorgungsanwartschaft haben, sowie die Höhe ihrer Anwartschaft nach § 7 mitzuteilen.

(4) Der Arbeitgeber, der sonstige Träger der Versorgung und die nach § 7 Berechtigten sind verpflichtet, dem Insolvenzverwalter Auskünfte über alle Tatsachen zu erteilen, auf die sich die Mitteilungspflicht nach Absatz 3 bezieht.

(5) In den Fällen, in denen ein Insolvenzverfahren nicht eröffnet wird (§ 7 Abs. 1 Satz 4) oder nach § 207 der Insolvenzordnung eingestellt worden ist, sind die Pflichten des Insolvenzverwalters nach Absatz 3 vom Arbeitgeber oder dem sonstigen Träger der Versorgung zu erfüllen.

(6) Kammern und andere Zusammenschlüsse von Unternehmern oder anderen selbstständigen Berufstätigen, die als Körperschaften des öffentlichen Rechts errichtet sind, ferner Verbände und andere Zusammenschlüsse, denen Unternehmer oder andere selbstständige Berufstätige kraft Gesetzes angehören oder anzugehören haben, haben den Träger der Insolvenzsicherung bei der Ermittlung der nach § 10 beitragspflichtigen Arbeitgeber zu unterstützen.

(7) Die nach den Absätzen 1 bis 3 und 5 zu Mitteilungen und Auskünften und die nach Absatz 6 zur Unterstützung Verpflichteten haben die vom Träger der Insolvenzsicherung vorgesehenen Vordrucke zu verwenden.

(8) Zur Sicherung der vollständigen Erfassung der nach § 10 beitragspflichtigen Arbeitgeber können die Finanzämter dem Träger der Insolvenzsicherung mitteilen, welche Arbeitgeber für die Beitragspflicht in Betracht kommen. Die Bundesregierung wird ermächtigt, durch Rechtsverordnung mit Zustimmung des Bundesrates das Nähere zu bestimmen und Einzelheiten des Verfahrens zu regeln.

§ 12 Ordnungswidrigkeiten

(1) Ordnungswidrig handelt, wer vorsätzlich oder fahrlässig

1. entgegen § 11 Abs. 1 Satz 1, Abs. 2 Satz 1, Abs. 3 oder Abs. 5 eine Mitteilung nicht, nicht richtig, nicht vollständig oder nicht rechtzeitig vornimmt,
2. entgegen § 11 Abs. 1 Satz 2 oder Abs. 4 eine Auskunft nicht, nicht richtig, nicht vollständig oder nicht rechtzeitig erteilt oder
3. entgegen § 11 Abs. 1 Satz 2 Unterlagen nicht, nicht richtig, nicht vollständig oder nicht rechtzeitig vorlegt oder entgegen § 11 Abs. 2 Satz 2 Unterlagen nicht aufbewahrt.

(2) Die Ordnungswidrigkeit kann mit einer Geldbuße bis zu 5 000 Deutsche Mark (ab 1. 1. 2002: zweitausendfünfhundert Euro) geahndet werden.

(3) Verwaltungsbehörde im Sinne des § 36 Abs. 1 Nr. 1 des Gesetzes über Ordnungswidrigkeiten ist das Bundesaufsichtsamt für das Versicherungswesen.

§ 13 (aufgehoben)

§ 14 Träger der Insolvenzsicherung

(1) Träger der Insolvenzsicherung ist der Pensions-Sicherungs-Verein Versicherungsverein auf Gegenseitigkeit; er unterliegt der Aufsicht durch das Bundesaufsichtsamt für das Versicherungswesen. Die Vorschriften des Versicherungsaufsichtsgesetzes gelten soweit dieses Gesetz nichts anderes bestimmt.

(2) Der Bundesminister für Arbeit und Sozialordnung weist durch Rechtsverordnung mit Zustimmung des Bundesrates die Stellung des Trägers der Insolvenzsicherung der Deutschen Ausgleichsbank zu, bei der ein Fonds zur Insolvenzsicherung der betrieblichen Altersversorgung gebildet wird, wenn

1. bis zum 31. Dezember 1974 nicht nachgewiesen worden ist, dass der in Absatz 1 genannte Träger die Erlaubnis der Aufsichtsbehörde zum Geschäftsbetrieb erhalten hat,
2. der in Absatz 1 genannte Träger aufgelöst worden ist oder
3. die Aufsichtsbehörde den Geschäftsbetrieb des in Absatz 1 genannten Trägers untersagt oder die Erlaubnis zum Geschäftsbetrieb widerruft.

In den Fällen der Nummern 2 und 3 geht das Vermögen des in Absatz 1 genannten Trägers einschließlich der Verbindlichkeiten auf die Deutsche Ausgleichsbank über, die es dem Fonds zur Insolvenzsicherung der betrieblichen Altersversorgung zuweist.

(3) Wird die Insolvenzsicherung von der Deutschen Ausgleichsbank durchgeführt, gelten die Vorschriften dieses Abschnittes mit folgenden Abweichungen:

1. In § 7 Abs. 6 entfällt die Zustimmung des Bundesaufsichtsamtes für das Versicherungswesen.
2. § 10 Abs. 2 findet keine Anwendung. Die von der Deutschen Ausgleichsbank zu erhebenden Beiträge müssen den Bedarf für die laufenden Leistungen der Insolvenzsicherung im laufenden Kalenderjahr und die im gleichen Zeitraum entstehenden Verwaltungskosten und sonstigen Kosten, die mit der Gewährung der Leistungen zusammenhängen, decken. Bei einer Zuweisung nach Absatz 2 Nr. 1 beträgt der Beitrag für die ersten drei Jahre mindestens 0,1 vom Hundert der Beitragsbemessungsgrundlage gemäß § 10 Abs. 3; der nicht benötigte Teil dieses Beitragsaufkommens wird einer Betriebsmittelreserve zugeführt. Bei einer Zuweisung nach Absatz 2 Nr. 2 oder 3 wird in den ersten drei Jahren zu dem Beitrag nach Nummer 2 Satz 2 ein Zuschlag von 0,08 vom Hundert der Beitragsbemessungsgrundlage gemäß § 10 Abs. 3 zur Bildung einer Betriebsmittelreserve erhoben. Auf die Beiträge können Vorschüsse erhoben werden.
3. In § 12 Abs. 3 tritt an die Stelle des Bundesaufsichtsamtes für das Versicherungswesen die Deutsche Ausgleichsbank.

Die Deutsche Ausgleichsbank verwaltet den Fonds im eigenen Namen. Für Verbindlichkeiten des Fonds haftet sie nur mit dem Vermögen des Fonds. Dieser haftet nicht für die sonstigen Verbindlichkeiten der Bank. § 14 Abs. 1 Satz 1 des Gesetzes über die Lastenausgleichsbank vom 28. Oktober 1954 (Bundesgesetzbl. I S. 293), geändert durch das Einundzwanzigste Gesetz zur Änderung des Lastenausgleichsgesetzes vom 18. August 1969 (Bundesgesetzbl. I S. 1232), gilt auch für den Fonds.

§ 15 Verschwiegenheitspflicht

Personen, die bei dem Träger der Insolvenzsicherung beschäftigt oder für ihn tätig sind, dürfen fremde Geheimnisse, insbesondere Betriebs- oder Geschäftsgeheimnisse, nicht unbefugt offenbaren oder verwerten. Sie sind nach dem Gesetz über die förmliche Verpflichtung nichtbeamteter Personen vom 2. März 1974 (Bundesgesetzbl. I S. 469, 547) vom Bundesaufsichtsamt für das Versicherungswesen auf die gewissenhafte Erfüllung ihrer Obliegenheiten zu verpflichten.

Fünfter Abschnitt. Anpassung

§ 16 Anpassungsprüfungspflicht

(1) Der Arbeitgeber hat alle drei Jahre eine Anpassung der laufenden Leistungen der betrieblichen Altersversorgung zu prüfen und hierüber nach billigem Ermessen zu entscheiden; dabei sind insbesondere die Belange des Versorgungsempfängers und die wirtschaftliche Lage des Arbeitgebers zu berücksichtigen.

(2) Die Verpflichtung nach Absatz 1 gilt als erfüllt, wenn die Anpassung nicht geringer ist als der Anstieg

1. des Preisindexes für die Lebenshaltung von 4-Personen-Haushalten von Arbeitern und Angestellten mit mittlerem Einkommen oder
2. der Nettolöhne vergleichbarer Arbeitnehmergruppen des Unternehmens

im Prüfungszeitraum.

(3) Die Verpflichtung nach Absatz 1 entfällt, wenn

1. der Arbeitgeber sich verpflichtet, die laufenden Leistungen jährlich um wenigstens eins vom Hundert anzupassen,
2. die betriebliche Altersversorgung über eine Direktversicherung im Sinne von § 1 b Abs. 2 oder über eine Pensionskasse im Sinne von § 1 b Abs. 3 durchgeführt wird, ab Rentenbeginn sämtliche auf den Rentenbestand entfallende Überschussanteile zur Erhöhung der laufenden Leistungen verwendet werden und zur Berechnung der garantierten Leistung der nach § 65 Abs. 1 Nr. 1 Buchstabe a des Versicherungsaufsichtsgesetzes festgesetzte Höchstzinssatz zur Berechnung der Deckungsrückstellung nicht überschritten wird oder
3. eine Beitragszusage mit Mindestleistungen erteilt wurde; Absatz 5 findet insoweit keine Anwendung.

(4) Sind laufende Leistungen nach Absatz 1 nicht oder nicht in vollem Umfang anzupassen (zu Recht unterbliebene Anpassung), ist der Arbeitgeber nicht verpflichtet, die Anpassung zu einem späteren Zeitpunkt nachzuholen. Eine Anpassung gilt als zu Recht unterblieben, wenn der Arbeitgeber dem Versorgungsempfänger die wirtschaftliche Lage des Unternehmens schriftlich dargelegt, der Versorgungsempfänger nicht binnen drei Kalendermonaten nach Zugang der Mitteilung schriftlich widersprochen hat und er auf die Rechtsfolgen eines nicht fristgemäßen Widerspruchs hingewiesen wurde.

(5) Soweit betriebliche Altersversorgung durch Entgeltumwandlung finanziert wird, ist der Arbeitgeber verpflichtet, die Leistungen mindestens entsprechend Absatz 3 Nr. 1 anzupassen oder im Falle der Durchführung über eine Direktversicherung oder eine Pensionskasse sämtliche Überschussanteile entsprechend Absatz 3 Nr. 2 zu verwenden.

(6) Eine Verpflichtung zur Anpassung besteht nicht für monatliche Raten im Rahmen eines Auszahlungsplans sowie für Renten ab Vollendung des 85. Lebensjahres im Anschluss an einen Auszahlungsplan.

Sechster Abschnitt. Geltungsbereich

§ 17 Persönlicher Geltungsbereich und Tariföffnungsklausel

(1) Arbeitnehmer im Sinne der §§ 1 bis 16 sind Arbeiter und Angestellte einschließlich der zu ihrer Berufsausbildung Beschäftigten; ein Berufsausbildungsverhältnis steht einem Arbeitsverhältnis gleich. Die §§ 1 bis 16 gelten entsprechend für Personen, die nicht Arbeit-

nehmer sind, wenn ihnen Leistungen der Alters-, Invaliditäts- oder Hinterbliebenenversorgung aus Anlass ihrer Tätigkeit für ein Unternehmen zugesagt worden sind. Arbeitnehmer im Sinne von § 1a Abs. 1 sind nur Personen nach den Sätzen 1 und 2, soweit sie auf Grund der Beschäftigung oder Tätigkeit bei dem Arbeitgeber, gegen den sich der Anspruch nach § 1 a richten würde, in der gesetzlichen Rentenversicherung pflichtversichert sind.

(2) Die §§ 7 bis 15 gelten nicht für den Bund, die Länder, die Gemeinden sowie die Körperschaften, Stiftungen und Anstalten des öffentlichen Rechts, bei denen das Insolvenzverfahren nicht zulässig ist, und solche juristische Personen des öffentlichen Rechts, bei denen der Bund, ein Land oder eine Gemeinde kraft Gesetzes die Zahlungsfähigkeit sichert.

(3) Von den §§ 1 a, 2 bis 5, 16, 18 a Satz 1, 27 und 28 kann in Tarifverträgen abgewichen werden. Die abweichenden Bestimmungen haben zwischen nicht tarifgebundenen Arbeitgebern und Arbeitnehmern Geltung, wenn zwischen diesen die Anwendung der einschlägigen tariflichen Regelung vereinbart ist. Im Übrigen kann von den Bestimmungen dieses Gesetzes nicht zu Ungunsten des Arbeitnehmers abgewichen werden.

(4) Gesetzliche Regelungen über Leistungen der betrieblichen Altersversorgung werden unbeschadet des § 18 durch die §§ 1 bis 16 und 26 bis 30 nicht berührt.

(5) Soweit Entgeltansprüche auf einen Tarifvertrag beruhen, kann für diese eine Entgeltumwandlung nur vorgenommen werden, soweit dies durch Tarifvertrag vorgesehen oder durch Tarifvertrag zugelassen ist.

§ 18 Sonderregelungen für den öffentlichen Dienst

(1) Für Personen, die

1. bei der Versorgungsanstalt des Bundes und der Länder (VBL) oder bei einer kommunalen oder kirchlichen Zusatzversorgungseinrichtung pflichtversichert sind, oder
2. bei einer anderen Zusatzversorgungseinrichtung pflichtversichert sind, die mit einer Zusatzversorgungseinrichtung nach Nummer 1 ein Überleitungsabkomrnen abgeschlossen hat oder auf Grund satzungsrechtlicher Vorschriften der Zusatzversorgungseinrichtungen nach Nummer 1 ein solches Abkommen abschließen kann, oder
3. unter das Gesetz über die zusätzliche Alters- und Hinterbliebenenversorgung für Angestellte und Arbeiter der Freien und Hansestadt Hamburg (Erstes Ruhegeldgesetz – 1. RGG), das Gesetz zur Neuregelung der zusätzlichen Alters- und Hinterbliebenenversorgung für Angestellte und Arbeiter der Freien und Hansestadt Hamburg (Zweites Ruhegeldgesetz – 2. RGG) oder unter das Bremische Ruhelohngesetz in ihren jeweiligen Fassungen fallen oder auf die diese Gesetze sonst Anwendung finden,

gelten die §§ 2, 5, 16, 27 und 28 nicht, soweit sich aus den nachfolgenden Regelungen nichts Abweichendes ergibt.

(2) Bei Eintritt des Versorgungsfalles erhalten die in Absatz 1 Satz 1 Nr. 1 und 2 bezeichneten Personen, deren Anwartschaft nach § 1 b fortbesteht und deren Arbeitsverhältnis vor Eintritt des Versorgungsfalles geendet hat, von der Zusatzversorgungseinrichtung eine Zusatzrente nach folgenden Maßgaben:

1. Der monatliche Betrag der Zusatzrente beträgt für jedes Jahr der auf Grund des Arbeitsverhältnisses bestehenden Pflichtversicherung bei einer Zusatzversorgungseinrichtung 2,25 vom Hundert, höchstens jedoch 100 vom Hundert der Leistung, die bei dem höchstmöglichen Versorgungssatz zugestanden hätte (Voll-Leistung). Für die Berechnung der Voll-Leistung
   a) ist der Versicherungsfall der Regelaltersrente maßgebend,

b) ist das Arbeitsentgelt maßgebend, das nach der Versorgungsregelung für die Leistungsbemessung maßgebend wäre, wenn im Zeitpunkt des Ausscheidens der Versicherungsfall im Sinne der Versorgungsregelung eingetreten wäre,
c) finden § 2 Abs. 5 Satz 1 und § 2 Abs. 6 entsprechend Anwendung,
d) ist im Rahmen einer Gesamtversorgung der im Falle einer Teilzeitbeschäftigung oder Beurlaubung nach der Versorgungsregelung für die gesamte Dauer des Arbeitsverhältnisses maßgebliche Beschäftigungsquotient nach der Versorgungsregelung als Beschäftigungsquotient auch für die übrige Zeit maßgebend,
e) finden die Vorschriften der Versorgungsregelung über eine Mindestleistung keine Anwendung und
f) ist eine anzurechnende Grundversorgung nach dem bei der Berechnung von Pensionsrückstellungen für die Berücksichtigung von Renten aus der gesetzlichen Rentenversicherung allgemein zulässigen Verfahren zu ermitteln. Hierbei ist das Arbeitsentgelt nach Buchstabe b zu Grunde zu legen und – soweit während der Pflichtversicherung Teilzeitbeschäftigung bestand – diese nach Maßgabe der Versorgungsregelung zu berücksichtigen.

2. Die Zusatzrente vermindert sich um 0,3 vom Hundert für jeden vollen Kalendermonat, den der Versorgungsfall vor Vollendung des 65. Lebensjahres eintritt, höchstens jedoch um den in der Versorgungsregelung für die Voll-Leistung vorgesehenen Vomhundertsatz.
3. Übersteigt die Summe der Vomhundertsätze nach Nummer 1 aus unterschiedlichen Arbeitsverhältnissen 100, sind die einzelnen Leistungen im gleichen Verhältnis zu kürzen.
4. Die Zusatzrente muss monatlich mindestens den Betrag erreichen, der sich auf Grund des Arbeitsverhältnisses nach der Versorgungsregelung als Versicherungsrente aus den jeweils maßgeblichen Vomhundertsätzen der zusatzversorgungspflichtigen Entgelte oder der gezahlten Beiträge und Erhöhungsbeträge ergibt.
5. Die Vorschriften der Versorgungsregelung über das Erlöschen, das Ruhen und die Nichtleistung der Versorgungsrente gelten entsprechend. Soweit die Versorgungsregelung eine Mindestleistung in Ruhensfällen vorsieht, gilt dies nur, wenn die Mindestleistung der Leistung im Sinne der Nummer 4 entspricht.
6. Verstirbt die in Absatz 1 genannte Person, erhält eine Witwe oder ein Witwer 60 vom Hundert, eine Witwe oder ein Witwer im Sinne des § 46 Abs. 1 des Sechsten Buches Sozialgesetzbuch 42 vom Hundert, eine Halbwaise 12 vom Hundert und eine Vollwaise 20 vom Hundert der unter Berücksichtigung der in diesem Absatz genannten Maßgaben zu berechnenden Zusatzrente; die §§ 46, 48, 103 bis 105 des Sechsten Buches Sozialgesetzbuch sind entsprechend anzuwenden. Die Leistungen an mehrere Hinterbliebene dürfen den Betrag der Zusatzrente nicht übersteigen; gegebenenfalls sind die Leistungen im gleichen Verhältnis zu kürzen.
7. Versorgungsfall ist der Versicherungsfall im Sinne der Versorgungsregelung.

(3) Personen, auf die bis zur Beendigung ihres Arbeitsverhältnisses die Regelungen des Ersten Ruhegeldgesetzes, des Zweiten Ruhegeldgesetzes oder des Bremischen Ruhelohngesetzes in ihren jeweiligen Fassungen Anwendung gefunden haben, haben Anspruch gegenüber ihrem ehemaligen Arbeitgeber auf Leistungen in sinngemäßer Anwendung des Absatzes 2 mit Ausnahme von Absatz 2 Nr. 3 und 4 sowie Nr. 5 Satz 2; bei Anwendung des Zweiten Ruhegeldgesetzes bestimmt sich der monatliche Betrag der Zusatzrente abweichend von Absatz 2 nach der nach dem Zweiten Ruhegeldgesetz maßgebenden Berechnungsweise.

(4) Die Leistungen nach den Absätzen 2 und 3 werden, mit Ausnahme der Leistungen nach Absatz 2 Nr. 4, jährlich zum 1. Juli um 1 vom Hundert erhöht, soweit in diesem Jahr eine allgemeine Erhöhung der Versorgungsrenten erfolgt.

(5) Besteht bei Eintritt des Versorgungsfalles neben dem Anspruch auf Zusatzrente oder auf die in Absatz 3 oder Absatz 7 bezeichneten Leistungen auch Anspruch auf eine Versorgungsrente oder Versicherungsrente der in Absatz 1 Satz 1 Nr. 1 und 2 bezeichneten Zusatzversorgungseinrichtungen oder Anspruch auf entsprechende Versorgungsleistungen der Versorgungsanstalt der deutschen Kulturorchester oder der Versorgungsanstalt der deutschen Bühnen oder nach den Regelungen des Ersten Ruhegeldgesetzes, des Zweiten Ruhegeldgesetzes oder des Bremischen Ruhelohngesetzes, in deren Berechnung auch die der Zusatzrente zu Grunde liegenden Zeiten berücksichtigt sind, ist nur die im Zahlbetrag höhere Rente zu leisten.

(6) Eine Anwartschaft auf Zusatzrente nach Absatz 2 oder auf Leistungen nach Absatz 3 kann bei Übertritt der anwartschaftsberechtigten Person in ein Versorgungssystem bei einer überstaatlichen Einrichtung in das Versorgungssystem dieser Einrichtung übertragen werden, wenn ein entsprechendes Abkommen zwischen der Zusatzversorgungseinrichtung oder der Freien und Hansestadt Hamburg oder der Freien Hansestadt Bremen und der überstaatlichen Einrichtung besteht.

(7) Für Personen, die bei der Versorgungsanstalt der deutschen Kulturorchester oder der Versorgungsanstalt der deutschen Bühnen pflichtversichert sind, gelten die §§ 2 bis 5, 16, 27 und 28 nicht. Bei Eintritt des Versorgungsfalles treten an die Stelle der Zusatzrente und der Leistungen an Hinterbliebene nach Absatz 2 und an die Stelle der Regelung in Absatz 4 die satzungsgemäß vorgesehenen Leistungen; Absatz 2 Nr. 5 findet entsprechend Anwendung. Die Höhe der Leistungen kann nach dem Ausscheiden aus dem Beschäftigungsverhältnis nicht mehr geändert werden. Als pflichtversichert gelten auch die freiwillig Versicherten der Versorgungsanstalt der deutschen Kulturorchester und der Versorgungsanstalt der deutschen Bühnen.

(8) Gegen Entscheidungen der Zusatzversorgungseinrichtungen über Ansprüche nach diesem Gesetz ist der Rechtsweg gegeben, der für Versicherte der Einrichtung gilt.

(9) Bei Personen, die aus einem Arbeitsverhältnis ausscheiden, in dem sie nach § 5 Abs. 1 Satz 1 Nr. 2 des Sechsten Buches Sozialgesetzbuch versicherungsfrei waren, dürfen die Ansprüche nach § 2 Abs. 1 Satz 1 und 2 nicht hinter dem Rentenanspruch zurückbleiben, der sich ergeben hätte, wenn der Arbeitnehmer für die Zeit der versicherungsfreien Beschäftigung in der gesetzlichen Rentenversicherung nachversichert worden wäre; die Vergleichsberechnung ist im Versorgungsfall auf Grund einer Auskunft der Bundesversicherungsanstalt für Angestellte vorzunehmen.

§ 18 a [Verjährung]

Der Anspruch auf Leistungen aus der betrieblichen Altersversorgung verjährt in 30 Jahren. Ansprüche auf regelmäßig wiederkehrende Leistungen unterliegen der regelmäßigen Verjährungsfrist nach den Vorschriften des Bürgerlichen Gesetzbuchs.

Zweiter Teil. Steuerrechtliche Vorschriften

§§ 19 bis 25

Dritter Teil. Übergangs- und Schlussvorschriften

§§ 26 bis 30 b

§ 30 c [Übergangsregelung für Ausnahmen von der Anpassungsprüfungspflicht]

(1) § 16 Abs. 3 Nr. 1 gilt nur für laufende Leistungen, die auf Zusagen beruhen, die nach dem 31. Dezember 1998 erteilt werden.

(2) § 16 Abs. 4 gilt nicht für vor dem 1. Januar 1999 zu Recht unterbliebene Anpassungen.

(3) § 16 Abs. 5 gilt nur für laufende Leistungen, die auf Zusagen beruhen, die nach dem 31. Dezember 2000 erteilt werden.

§ 30 d [Übergangsregelung zu § 18]

(1) Ist der Versorgungsfall vor dem 1. Januar 2001 eingetreten oder ist der Arbeitnehmer vor dem 1. Januar 2001 aus dem Beschäftigungsverhältnis bei einem öffentlichen Arbeitgeber ausgeschieden und der Versicherungsfall nach dem 31. Dezember 2000 eingetreten, sind für die Berechnung der Voll-Leistung die Regelungen der Zusatzversorgungseinrichtungen nach § 18 Abs. 1 Satz 1 Nr. 1 und 2 oder die Gesetze im Sinne des § 18 Abs. 1 Satz 1 Nr. 3 sowie die weiteren Berechnungsfaktoren jeweils in der am 31. Dezember 2000 geltenden Fassung maßgebend; § 18 Abs. 2 Nr. 1 Buchstabe b bleibt unberührt. Die Steuerklasse III/O ist zu Grunde zu legen. Ist der Versorgungsfall vor dem 1. Januar 2001 eingetreten, besteht der Anspruch auf die Zusatzrente mindestens in der Höhe, wie er sich aus § 18 in der Fassung vom 16. Dezember 1997 (BGBl. I S. 2998) ergibt.

(2) Die Anwendung des § 18 ist in den Fällen des Absatzes 1 ausgeschlossen, soweit eine Versorgungsrente der in § 18 Abs. 1 Satz 1 Nr. 1 und 2 bezeichneten Zusatzversorgungseinrichtungen oder eine entsprechende Leistung auf Grund der Regelungen des Ersten Ruhegeldgesetzes, des Zweiten Ruhegeldgesetzes oder des Bremischen Ruhelohngesetzes bezogen wird, oder eine Versicherungsrente abgefunden wurde.

(3) Für Arbeitnehmer im Sinne des § 18 Abs. 1 Satz 1 Nr. 4, 5 und 6 in der bis zum 31. Dezember 1998 geltenden Fassung, für die bis zum 31. Dezember 1998 ein Anspruch auf Nachversicherung nach § 18 Abs. 6 entstanden ist, gilt Absatz 1 Satz 1 für die auf Grund der Nachversicherung zu ermittelnde Voll-Leistung entsprechend mit der Maßgabe, dass sich der nach § 2 zu ermittelnde Anspruch gegen den ehemaligen Arbeitgeber richtet. Für den nach § 2 zu ermittelnden Anspruch gilt § 18 Abs. 2 Nr. 1 Buchstabe b entsprechend; für die übrigen Bemessungsfaktoren ist auf die Rechtslage am 31. Dezember 2000 abzustellen. Leistungen der gesetzlichen Rentenversicherung, die auf einer Nachversicherung wegen Ausscheidens aus einem Dienstordnungsverhältnis beruhen, und Leistungen, die die zuständige Versorgungseinrichtung auf Grund von Nachversicherungen im Sinne des § 18 Abs. 6 in der am 31. Dezember 1998 geltenden Fassung gewährt, werden auf den Anspruch nach § 2 angerechnet. Hat das Arbeitsverhältnis im Sinne des § 18 Abs. 9 bereits am 31. Dezember 1998 bestanden, ist in die Vergleichsberechnung nach § 18 Abs. 9 auch die Zusatzrente nach § 18 in der bis zum 31. Dezember 1998 geltenden Fassung einzubeziehen.

§ 30 e [Übergangsregelung zu § 1 Abs. 2]

(1) § 1 Abs. 2 Nr. 4 zweiter Halbsatz gilt für Zusagen, die nach dem 31. Dezember 2002 erteilt werden.

(2) § 1 Abs. 2 Nr. 4 zweiter Halbsatz findet auf Pensionskassen, deren Leistungen der betrieblichen Altersversorgung durch Beiträge der Arbeitnehmer und Arbeitgeber gemeinsam finanziert und die als beitragsorientierte Leistungszusage oder als Leistungszusage durchgeführt werden, mit der Maßgabe Anwendung, dass dem ausgeschiedenen Arbeitnehmer das Recht zur Fortführung mit eigenen Beiträgen nicht eingeräumt werden und eine Überschussverwendung gemäß § 1 b Abs. 5 Nr. 1 nicht erfolgen muss. Für die Anpassung laufender Leistungen gelten die Regelungen nach § 16 Abs. 1 bis 4. Die Regelung in Absatz 1 bleibt unberührt.

§ 30 f [Übergangsregelung für die Unverfallbarkeit]

Soweit Leistungen der betrieblichen Altersversorgung vor dem 1. Januar 2001 zugesagt worden sind, ist § 1 b Abs. 1 mit der Maßgabe anzuwenden, dass die Anwartschaft erhalten bleibt, wenn das Arbeitsverhältnis vor Eintritt des Versorgungsfalles, jedoch nach Vollendung des 35. Lebensjahres endet und die Versorgungszusage zu diesem Zeitpunkt

1. mindestens zehn Jahre oder
2. bei mindestens 12-jähriger Betriebszugehörigkeit mindestens drei Jahre

bestanden hat (unverfallbare Anwartschaft); in diesen Fällen bleibt die Anwartschaft auch erhalten, wenn die Zusage ab dem 1. Januar 2001 fünf Jahre bestanden hat und bei Beendigung des Arbeitsverhältnisses das 30. Lebensjahr vollendet ist. § 1 b Abs. 5 findet für Anwartschaften aus diesen Zusagen keine Anwendung.

§ 30 g [Übergangsregelung für die Entgeltumwandlung]

(1) § 2 Abs. 5 a gilt nur für Anwartschaften, die auf Zusagen beruhen, die nach dem 31. Dezember 2000 erteilt worden sind. Im Einvernehmen zwischen Arbeitgeber und Arbeitnehmer kann § 2 Abs. 5 a auch auf Anwartschaften angewendet werden, die auf Zusagen beruhen, die vor dem 1. Januar 2001 erteilt worden sind.

(2) § 4 Abs. 4 und § 3 Abs. 1 Satz 3 Nr. 4 gelten nicht für Anwartschaften, die auf Zusagen beruhen, die vor dem 1. Januar 2001 erteilt worden sind.

§ 30 h

§ 17 Abs. 5 gilt für Entgeltumwandlungen, die auf Zusagen beruhen, die nach dem (einsetzen: Tag der Verkündung) erteilt werden.

§ 31 [Übergangsregelung für den Insolvenzschutz]

Auf Sicherungsfälle, die vor dem 1. Januar 1999 eingetreten sind, ist dieses Gesetz in der bis zu diesem Zeitpunkt geltenden Fassung anzuwenden.

§ 32 [Inkrafttreten]

Dieses Gesetz tritt vorbehaltlich des Satzes 2 am Tage nach seiner Verkündung in Kraft. Die §§ 7 bis 15 treten am 1. Januar 1975 in Kraft.

2. Einkommensteuergesetz (EStG)

– Auszug, Stand: Juli 2002 –

§ 3 Steuerfreie Einnahmen

Steuerfrei sind . . .

63. Beiträge des Arbeitgebers aus dem ersten Dienstverhältnis an eine Pensionskasse oder einen Pensionsfonds, soweit sie insgesamt im Kalenderjahr 4 vom Hundert der Beitragsbemessungsgrenze in der Rentenversicherung der Arbeiter und Angestellten nicht übersteigen. Dies gilt nicht für Beiträge an eine Zusatzversorgungseinrichtung für eine betriebliche Altersversorgung im Sinne des § 10 a Abs. 1 Satz 4 oder soweit der Arbeitnehmer nach § 1 a Abs. 3 BetrAVG verlangt hat, dass die Voraussetzungen für eine Förderung nach § 10 a oder Abschnitt XI erfüllt werden;

66. Leistungen eines Arbeitgebers oder einer Unterstützungskasse an einen Pensionsfonds zur Übernahme bestehender Versorgungsverpflichtungen oder Versorgungsanwartschaften durch den Pensionsfonds, wenn ein Antrag nach § 4 d Abs. 3 oder § 4 e Abs. 3 gestellt worden ist;

§ 4 b Direktversicherung

Der Versicherungsanspruch aus einer Direktversicherung, die von einem Steuerpflichtigen aus betrieblichem Anlass abgeschlossen wird, ist dem Betriebsvermögen des Steuerpflichtigen nicht zuzurechnen, soweit am Schluss des Wirtschaftsjahrs hinsichtlich der Leistungen des Versicherers die Person, auf deren Leben die Lebensversicherung abgeschlossen ist, oder ihre Hinterbliebenen bezugsberechtigt sind. Das gilt auch, wenn der Steuerpflichtige die Ansprüche aus dem Versicherungsvertrag abgetreten oder beliehen hat, sofern er sich der bezugsberechtigten Person gegenüber schriftlich verpflichtet, sie bei Eintritt des Versicherungsfalls so zu stellen, als ob die Abtretung oder Beleihung nicht erfolgt wäre.

§ 4 c Zuwendungen an Pensionskassen

(1) Zuwendungen an eine Pensionskasse dürfen von dem Unternehmen, das die Zuwendungen leistet (Trägerunternehmen), als Betriebsausgaben abgezogen werden, soweit sie auf einer in der Satzung oder im Geschäftsplan der Kasse festgelegten Verpflichtung oder auf einer Anordnung der Versicherungsaufsichtsbehörde beruhen oder der Abdeckung von Fehlbeträgen bei der Kasse dienen. Soweit die allgemeinen Versicherungsbedingungen und die fachlichen Geschäftsunterlagen im Sinne des § 5 Abs. 3 Nr. 2 Halbsatz 2 des Versicherungsaufsichtsgesetzes nicht zum Geschäftsplan gehören, gelten diese als Teil des Geschäftsplans.

(2) Zuwendungen im Sinne des Absatzes 1 dürfen als Betriebsausgaben nicht abgezogen werden, soweit die Leistungen der Kasse, wenn die vom Trägerunternehmen unmittelbar erbracht würden, bei diesem nicht betrieblich veranlasst wären.

§ 4 d Zuwendungen an Unterstützungskassen

(1) Zuwendungen an eine Unterstützungskasse dürfen von dem Unternehmen, das die Zuwendungen leistet (Trägerunternehmen), als Betriebsausgaben abgezogen werden, soweit die Leistungen der Kasse, wenn sie vom Trägerunternehmen unmittelbar erbracht würden, bei diesem betrieblich veranlasst wären und sie die folgenden Beträge nicht übersteigen:

1. bei Unterstützungskassen, die lebenslänglich laufende Leistungen gewähren:
   a) das Deckungskapital für die laufenden Leistungen nach der dem Gesetz als Anlage 1 beigefügten Tabelle. Leistungsempfänger ist jeder ehemalige Arbeitnehmer des Trägerunternehmens, der von der Unterstützungskasse Leistungen erhält; soweit die Kasse Hinterbliebenenversorgung gewährt, ist Leistungsempfänger der Hinterbliebene eines ehemaligen Arbeitnehmers des Trägerunternehmens, der von der Kasse Leistungen erhält. Dem ehemaligen Arbeitnehmer stehen andere Personen gleich, denen Leistungen der Alters-, Invaliditäts- oder Hinterbliebenenversorgung aus Anlass ihrer ehemaligen Tätigkeit für das Trägerunternehmen zugesagt worden sind;
   b) in jedem Wirtschaftsjahr für jeden Leistungsanwärter,
      aa) wenn die Kasse nur Invaliditätsversorgung oder nur Hinterbliebenenversorgung gewährt, jeweils 6 vom Hundert,
      bb) wenn die Kasse Altersversorgung mit oder ohne Einschluss von Invaliditätsversorgung oder Hinterbliebenenversorgung gewährt, 25 vom Hundert

      der jährlichen Versorgungsleistungen, die der Leistungsanwärter oder, wenn nur Hinterbliebenenversorgung gewährt wird, dessen Hinterbliebene nach den Verhältnissen am Schluss des Wirtschaftsjahrs der Zuwendung im letzten Zeitpunkt der Anwartschaft, spätestens im Zeitpunkt der Vollendung des 65. Lebensjahrs erhalten können. Leistungsanwärter ist jeder Arbeitnehmer oder ehemalige Arbeitnehmer des Trägerunternehmens, der von der Unterstützungskasse schriftlich zugesagte Leistungen erhalten kann und am Schluss des Wirtschaftsjahrs, in dem die Zuwendung erfolgt, das 28. Lebensjahr vollendet hat; soweit die Kasse nur Hinterbliebenenversorgung gewährt, gilt als Leistungsanwärter jeder Arbeitnehmer oder ehemalige Arbeitnehmer des Trägerunternehmens, der am Schluss des Wirtschaftsjahrs, in dem die Zuwendung erfolgt, das 28. Lebensjahr vollendet hat und dessen Hinterbliebene die Hinterbliebenenversorgung erhalten können. Das Trägerunternehmen kann bei der Berechnung nach Satz 1 statt des dort maßgebenden Betrags den Durchschnittsbetrag der von der Kasse im Wirtschaftsjahr an Leistungsempfänger im Sinne des Buchstabens a Satz 2 gewährten Leistungen zu Grunde legen. In diesem Fall sind Leistungsanwärter im Sinne des Satzes 2 nur die Arbeitnehmer oder ehemaligen Arbeitnehmer des Trägerunternehmens, die am Schluss des Wirtschaftsjahrs, in dem die Zuwendung erfolgt, das 50. Lebensjahr vollendet haben. Dem Arbeitnehmer oder ehemaligen Arbeitnehmer als Leistungsanwärter stehen andere Personen gleich, denen schriftlich Leistungen der Alters,- Invaliditäts- oder Hinterbliebenenversorgung aus Anlass ihrer Tätigkeit für das Trägerunternehmen zugesagt worden sind;
   c) den Betrag des Beitrags, den die Kasse an einen Versicherer zahlt, soweit sie sich die Mittel für ihre Versorgungsleistungen, die der Leistungsanwärter oder Leistungsempfänger nach den Verhältnissen am Schluss des Wirtschaftsjahrs der Zuwendung erhalten kann, durch Abschluss einer Versicherung verschafft. Bei Versicherungen für einen Leistungsanwärter ist der Abzug des Beitrags nur zulässig, wenn der Leistungsanwärter die Buchstabe b Satz 2 und 5 genannten Voraussetzungen erfüllt, die Versicherung für die Dauer bis zu dem Zeitpunkt abgeschlossen ist, für den erstmals Leistungen der Altersversorgung vorgesehen sind, mindestens jedoch bis zu dem

Zeitpunkt, an dem der Leistungsanwärter das 55. Lebensjahr vollendet hat, und während dieser Zeit jährliche Beiträge gezahlt werden, die der Höhe nach gleich bleiben oder steigen. Das Gleiche gilt für Leistungsanwärter, die das 28. Lebensjahr noch nicht vollendet haben, für Leistungen der Invaliditäts- oder Hinterbliebenenversorgung, für Leistungen der Altersversorgung unter der Voraussetzung, dass die Leistungsanwartschaft bereits unverfallbar ist. Ein Abzug ist ausgeschlossen, wenn die Ansprüche aus der Versicherung der Sicherung eines Darlehens dienen. Liegen die Voraussetzungen der Sätze 1 bis 4 vor, sind die Zuwendungen nach den Buchstaben a und b in dem Verhältnis zu vermindern, in dem die Leistungen der Kasse durch die Versicherung gedeckt sind;

d) den Betrag, den die Kasse einem Leistungsanwärter im Sinne des Buchstabens b Satz 2 und 5 vor Eintritt des Versorgungsfalls als Abfindung für künftige Versorgungsleistungen gewährt oder den sie an einen anderen Versorgungsträger zahlt, der eine ihr obliegende Versorgungsverpflichtung übernommen hat.

Zuwendungen dürfen nicht als Betriebsausgaben abgezogen werden, wenn das Vermögen der Kasse ohne Berücksichtigung künftiger Versorgungsleistungen am Schluss des Wirtschaftsjahrs das zulässige Kassenvermögen übersteigt. Bei der Ermittlung des Vermögens der Kasse ist am Schluss des Wirtschaftsjahrs vorhandener Grundbesitz mit 200 vom Hundert der Einheitswerte anzusetzen, die zu dem Feststellungszeitpunkt maßgebend sind, der dem Schluss des Wirtschaftsjahrs folgt; Ansprüche aus einer Versicherung sind mit dem Wert des geschäftsplanmäßigen Deckungskapitals zuzüglich der Guthaben aus Beitragsrückerstattungen am Schluss des Wirtschaftsjahrs anzusetzen, und das übrige Vermögen ist mit dem gemeinen Wert am Schluss des Wirtschaftsjahrs zu bewerten. Zulässiges Kassenvermögen ist die Summe aus dem Deckungskapital für alle am Schluss des Wirtschaftsjahrs laufenden Leistungen nach der dem Gesetz als Anlage 1 beigefügten Tabelle für Leistungsempfänger im Sinne des Satzes 1 Buchstabe a und dem Achtfachen der nach Satz 1 Buchstabe b abzugsfähigen Zuwendungen. Soweit sich die Kasse die Mittel für ihre Leistungen durch Abschluss einer Versicherung verschafft, ist, wenn die Voraussetzungen für den Abzug des Beitrages nach Satz 1 Buchstabe c erfüllt sind, zulässiges Kassenvermögen der Wert des geschäftsplanmäßigen Deckungskapitals aus der Versicherung am Schluss des Wirtschaftsjahrs; in diesem Fall ist das zulässige Kassenvermögen nach Satz 4 in dem Verhältnis zu vermindern, in dem die Leistungen der Kasse durch die Versicherung gedeckt sind. Soweit die Berechnung des Deckungskapitals nicht zum Geschäftsplan gehört, tritt an die Stelle des geschäftsplanmäßigen Deckungskapitals der nach § 176 Abs. 3 des Gesetzes über den Versicherungsvertrag berechnete Zeitwert, beim zulässigen Kassenvermögen ohne Berücksichtigung des Guthabens aus Beitragsrückerstattung. Gewährt eine Unterstützungskasse an Stelle von lebenslänglich laufenden Leistungen eine einmalige Kapitalleistung, so gelten 10 vom Hundert der Kapitalleistung als Jahresbetrag einer lebenslänglichen laufenden Leistung;

2. bei Kassen, die keine lebenslänglich laufenden Leistungen gewähren, für jedes Wirtschaftsjahr 0,2 vom Hundert der Lohn- und Gehaltssumme des Trägerunternehmens, mindestens jedoch den Betrag der von der Kasse in einem Wirtschaftsjahr erbrachten Leistungen, soweit dieser Betrag höher ist als die in den vorangegangenen fünf Wirtschaftsjahren vorgenommenen Zuwendungen abzüglich der in dem gleichen Zeitraum erbrachten Leistungen. Diese Zuwendungen dürfen nicht als Betriebsausgaben abgezogen werden, wenn das Vermögen der Kasse am Schluss des Wirtschaftsjahrs das zulässige Kassenvermögen übersteigt. Als zulässiges Kassenvermögen kann 1 vom Hundert der durchschnittlichen Lohn- und Gehaltssumme der letzten drei Jahre angesetzt werden. Hat die Kasse bereits zehn Wirtschaftsjahre bestanden, darf das zulässige Kassenvermögen zusätzlich die Summe der in den letzten zehn Wirtschaftsjahren gewährten

Leistungen nicht übersteigen. Für die Bewertung des Vermögens der Kasse gilt Nummer 1 Satz 3 entsprechend. Bei der Berechnung der Lohn- und Gehaltssumme des Trägerunternehmens sind Löhne und Gehälter von Personen, die von der Kasse keine nicht lebenslänglich laufenden Leistungen erhalten können, auszuschneiden.

Gewährt eine Kasse lebenslänglich laufende und nicht lebenslänglich laufende Leistungen, so gilt Satz 1 Nr. 1 und 2 nebeneinander. Leistet ein Trägerunternehmen Zuwendungen an mehrere Unterstützungskassen, so sind diese Kassen bei der Anwendung der Nummern 1 und 2 als Einheit zu behandeln.

(2) Zuwendungen im Sinne des Absatzes 1 sind von dem Trägerunternehmen in dem Wirtschafsjahr als Betriebsausgaben abzuziehen, in dem sie geleistet werden. Zuwendungen, die bis zum Ablauf eines Monats nach Aufstellung oder Feststellung der Bilanz des Trägerunternehmens für den Schluss eines Wirtschaftsjahrs geleistet werden, können von dem Trägerunternehmen noch für das abgelaufene Wirtschaftsjahr durch eine Rückstellung gewinnmindernd berücksichtigt werden. Übersteigen die in einem Wirtschaftsjahr geleisteten Zuwendungen die nach Absatz 1 abzugsfähigen Beträge, so können die übersteigenden Beträge im Wege der Rechnungsabgrenzung auf die folgenden drei Wirtschaftsjahre vorgetragen und im Rahmen der für diese Wirtschaftsjahre abzugsfähigen Beträge als Betriebsausgaben behandelt werden. § 5 Abs. 1 Satz 2 ist nicht anzuwenden.

(3) Abweichend von Absatz 1 Satz 1 Nr. 1 Satz 1 Buchstabe d und Absatz 2 können auf Antrag die insgesamt erforderlichen Zuwendungen an die Unterstützungskasse für den Betrag, den die Kasse an einen Pensionsfonds zahlt, der eine ihr obliegende Versorgungsverpflichtung ganz oder teilweise übernommen hat, nicht im Wirtschaftsjahr der Zuwendung, sondern erst in den dem Wirtschaftsjahr der Zuwendung folgenden zehn Wirtschaftsjahren gleichmäßig verteilt als Betriebsausgaben abgezogen werden. Der Antrag ist unwiderruflich; der jeweilige Rechtsnachfolger ist an den Antrag gebunden.

§ 4 e Beiträge an Pensionsfonds

(1) Beiträge an einen Pensionsfonds im Sinne des § 112 des Versicherungsaufsichtsgesetzes dürfen von dem Unternehmen, das die Beiträge leistet (Trägerunternehmen), als Betriebsausgabe abgezogen werden, soweit sie auf einer festgelegten Verpflichtung beruhen oder der Abdeckung von Fehlbeträgen bei dem Fonds dienen.

(2) Beiträge im Sinne des Absatzes 1 dürfen als Betriebsausgaben nicht abgezogen werden, soweit die Leistungen des Fonds, wenn sie vom Trägerunternehmen unmittelbar erbracht würden, bei diesem nicht betrieblich veranlasst wären.

(3) Der Steuerpflichtige kann auf Antrag die insgesamt erforderlichen Leistungen an einen Pensionsfonds zur teilweisen oder vollständigen Übernahme einer bestehenden Versorgungsverpflichtung oder Versorgungsanwartschaft durch den Pensionsfonds erst in den dem Wirtschaftsjahr der Übertragung folgenden zehn Wirtschaftsjahren gleichmäßig verteilt als Betriebsausgaben abziehen. Der Antrag ist unwiderruflich; der jeweilige Rechtsnachfolger ist an den Antrag gebunden. Ist eine Pensionsrückstellung nach § 6 a gewinnerhöhend aufzulösen, ist Satz 1 mit der Maßgabe anzuwenden, dass die Leistungen an den Pensionsfonds im Wirtschaftsjahr der Übertragung in Höhe der aufgelösten Rückstellung als Betriebsausgaben abgezogen werden können; der die aufgelöste Rückstellung übersteigende Betrag ist in den dem Wirtschaftsjahr der Übertragung folgenden zehn Wirtschaftsjahren gleichmäßig verteilt als Betriebsausgaben abzuziehen. Satz 3 gilt entsprechend, wenn es im Zuge der Leistungen des Arbeitgebers an den Pensionsfonds zu Vermögensübertragungen einer Unterstützungskasse an den Arbeitgeber kommt.

§ 6 a Pensionsrückstellungen

(1) Für eine Pensionsverpflichtung darf eine Rückstellung (Pensionsrückstellung) nur gebildet werden, wenn und soweit

1. der Pensionsberechtigte einen Rechtsanspruch auf einmalige oder laufende Pensionsleistungen hat,
2. die Pensionszusage keine Pensionsleistungen in Abhängigkeit von künftigen gewinnabhängigen Bezügen vorsieht und keinen Vorbehalt enthält, dass die Pensionsanwartschaft oder die Pensionsleistung gemindert oder entzogen werden kann, oder ein solcher Vorbehalt sich nur auf Tatbestände erstreckt, bei deren Vorliegen nach allgemeinen Rechtsgrundsätzen unter Beachtung billigen Ermessens eine Minderung oder ein Entzug der Pensionsanwartschaft oder der Pensionsleistung zulässig ist, und
3. die Pensionszusage schriftlich erteilt ist; die Pensionszusage muss eindeutige Angaben zu Art, Form, Voraussetzungen und Höhe der in Aussicht gestellten künftigen Leistungen enthalten.

(2) Eine Pensionsrückstellung darf erstmals gebildet werden

1. vor Eintritt des Versorgungsfalls für das Wirtschaftsjahr, in dem die Pensionszusage erteilt wird, frühestens jedoch für das Wirtschaftsjahr, bis zu dessen Mitte der Pensionsberechtigte das 28. Lebensjahr vollendet, oder für das Wirtschaftsjahr, in dessen Verlauf die Pensionsanwartschaft gemäß den Vorschriften des Gesetzes zur Verbesserung der betrieblichen Altersversorgung unverfallbar wird,
2. nach Eintritt des Versorgungsfalls für das Wirtschaftsjahr, in dem der Versorgungsfall eintritt.

(3) Eine Pensionsrückstellung darf höchstens mit dem Teilwert der Pensionsverpflichtung angesetzt werden. Als Teilwert einer Pensionsverpflichtung gilt

1. vor Beendigung des Dienstverhältnisses des Pensionsberechtigten der Barwert der künftigen Pensionsleistungen am Schluss des Wirtschaftsjahrs abzüglich des sich auf denselben Zeitpunkt ergebenden Barwerts betragsmäßig gleich bleibender Jahresbeträge, bei einer Entgeltumwandlung im Sinne von § 1 Abs. 2 des Gesetzes zur Verbesserung der betrieblichen Altersversorgung mindestens jedoch der Barwert der gemäß der Vorschriften des Gesetzes zur Verbesserung der betrieblichen Altersversorgung unverfallbaren künftigen Pensionsleistungen am Schluss des Wirtschaftsjahrs. Die Jahresbeträge sind so zu bemessen, dass am Beginn des Wirtschaftjahrs, in dem das Dienstverhältnis begonnen hat, ihr Barwert gleich dem Barwert der künftigen Pensionsleistungen ist; die künftigen Pensionsleistungen sind dabei mit dem Betrag anzusetzen, der sich nach den Verhältnissen am Bilanzstichtag ergibt. Es sind die Jahresbeiträge zu Grunde zu legen, die vom Beginn des Wirtschaftsjahrs, in dem das Dienstverhältnis begonnen hat, bis zu dem in der Pensionszusage vorgesehenen Zeitpunkt des Eintritts des Versorgungsfalls rechnungsmäßig aufzubringen sind. Erhöhungen oder Verminderungen der Pensionsleistungen nach dem Schluss des Wirtschaftsjahrs, die hinsichtlich des Zeitpunkts ihres Wirksamwerdens oder ihres Umfangs ungewiss sind, sind bei der Berechnung des Barwerts der künftigen Pensionsleistungen und der Jahresbeträge erst zu berücksichtigen, wenn die eingetreten sind. Wird die Pensionszusage erst nach dem Beginn des Dienstverhältnisses erteilt, so ist die Zwischenzeit für die Berechnung der Jahresbeträge nur insoweit als Wartezeit zu behandeln, als sie in der Pensionszusage als solche bestimmt ist. Hat das Dienstverhältnis schon vor der Vollendung des 28. Lebensjahres des Pensionsberechtigten bestanden, so gilt es als zu Beginn des Wirtschaftsjahrs begonnen, bis zu dessen Mitte der Pensionsberechtigte das 28. Lebensjahr vollendet; in diesem Fall gilt für davor liegende Wirtschaftsjahre als Teilwert der Barwert der gemäß der Vorschriften

des Gesetzes zur Verbesserung der betrieblichen Altersversorgung unverfallbaren künftigen Pensionsleistungen am Schluss des Wirtschaftsjahrs,

2. nach Beendigung des Dienstverhältnisses des Pensionsberechtigten unter der Aufrechterhaltung seiner Pensionsanwartschaft oder nach Eintritt des Versorgungsfalls der Barwert der künftigen Pensionsleistungen am Schluss des Wirtschaftsjahrs; Nummer 1 Satz 4 gilt sinngemäß.

Bei der Berechnung des Teilwerts der Pensionsverpflichtung sind ein Rechnungszinsfuß von 6 vom Hundert und die anerkannten Regeln der Versicherungsmathematik anzuwenden.

(4) Eine Pensionsrückstellung darf in einem Wirtschaftsjahr höchstens um den Unterschied zwischen dem Teilwert der Pensionsverpflichtung am Schluss des Wirtschaftsjahrs und am Schluss des vorangegangenen Wirtschaftsjahrs erhöht werden. Soweit der Unterschiedsbetrag auf der erstmaligen Anwendung neuer oder geänderter biometrischer Rechnungsgrundlagen beruht, kann er nur auf mindestens drei Wirtschaftsjahre gleichmäßig verteilt der Pensionsrückstellung zugeführt werden; entsprechendes gilt beim Wechsel auf andere biometrische Rechnungsgrundlagen. In dem Wirtschaftsjahr, in dem mit der Bildung einer Pensionsrückstellung frühestens begonnen werden darf (Erstjahr), darf die Rückstellung bis zur Höhe des Teilwerts der Pensionsverpflichtung am Schluss des Wirtschaftsjahrs gebildet werden; diese Rückstellung kann auf das Erstjahr und die beiden folgenden Wirtschaftsjahre gleichmäßig verteilt werden. Erhöht sich in einem Wirtschaftsjahr gegenüber dem vorangegangenen Wirtschaftsjahr der Barwert der künftigen Pensionsleistungen um mehr als 25 vom Hundert, so kann die für dieses Wirtschaftsjahr zulässige Erhöhung der Pensionsrückstellung auf dieses Wirtschaftsjahr und die beiden folgenden Wirtschaftsjahre gleichmäßig verteilt werden. Am Schluss des Wirtschaftsjahrs, in dem das Dienstverhältnis des Pensionsberechtigten unter Aufrechterhaltung seiner Pensionsanwartschaft endet oder der Versorgungsfall eintritt, darf die Pensionsrückstellung stets bis zur Höhe des Teilwerts der Pensionsverpflichtung gebildet werden; die für dieses Wirtschaftsjahr zulässige Erhöhung der Pensionsrückstellung kann auf dieses Wirtschaftsjahr und die beiden folgenden Wirtschaftsjahre gleichmäßig verteilt werden. Satz 2 gilt in den Fällen der Sätze 3 bis 5 entsprechend.

(5) Die Absätze 3 und 4 gelten entsprechend, wenn der Pensionsberechtigte zu dem Pensionsverpflichteten in einem anderen Rechtsverhältnis als einem Dienstverhältnis steht.

§ 10 a Zusätzliche Altersvorsorge

(1) In der gesetzlichen Rentenversicherung Pflichtversicherte können Altersvorsorgebeiträge (§ 82) zuzüglich der dafür nach Abschnitt XI zustehenden Zulage

in den Veranlagungszeiträumen 2002 und 2003
bis zu 525 Euro,

in den Veranlagungszeiträumen 2004 und 2005
bis zu 1 050 Euro,

in den Veranlagungszeiträumen 2006 und 2007
bis zu 1 575 Euro,

ab dem Veranlagungszeitraum 2008 jährlich
bis zu 2 100 Euro

als Sonderausgaben abziehen; das Gleiche gilt für

1. Empfänger von Besoldung nach dem Bundesbesoldungsgesetz,
2. Empfänger von Amtsbezügen aus einem Amtsverhältnis, deren Versorgungsrecht die entsprechende Anwendung des § 69 e Abs. 3 und 4 des Beamtenversorgungsgesetzes vorsieht, und
3. die nach § 5 Abs. 1 Satz 1 Nr. 2 und 3 des Sechsten Buches Sozialgesetzbuch versicherungsfrei Beschäftigten und die nach § 6 Abs. 1 Satz 1 Nr. 2 des Sechsten Buches Sozialgesetzbuch von der Versicherungspflicht befreiten Beschäftigten, deren Versorgungsrecht die entsprechende Anwendung des § 69 e Abs. 3 und 4 des Beamtenversorgungsgesetzes vorsieht,

wenn sie die nach Absatz 1 a erforderlichen Erklärungen abgegeben und nicht widerrufen haben. Für Steuerpflichtige im Sinne des Satzes 1 Halbsatz 2, die Elternzeit nach § 1 Abs. 1 der Elternzeitverordnung in Verbindung mit § 15 Abs. 1 des Bundeserziehungsgeldgesetzes in Anspruch nehmen, gilt dies nur während des Zeitraums nach § 50 a des Beamtenversorgungsgesetzes. Versicherungspflichtige nach dem Gesetz über die Alterssicherung der Landwirte sowie Personen, die wegen Arbeitslosigkeit bei einem inländischen Arbeitsamt als Arbeitsuchende gemeldet sind und der Versicherungspflicht in der Rentenversicherung nicht unterliegen, weil sie eine Leistung nach dem Dritten Buch Sozialgesetzbuch nur wegen des zu berücksichtigenden Einkommens oder Vermögens nicht beziehen, stehen Pflichtversicherten gleich. Satz 1 gilt nicht für Pflichtversicherte, die kraft zusätzlicher Versorgungsregelung in einer Zusatzversorgung pflichtversichert sind und bei denen eine der Versorgung der Beamten ähnliche Gesamtversorgung aus der Summe der Leistungen der gesetzlichen Rentenversicherung und der Zusatzversorgung gewährleistet ist.

(1 a) Sofern eine Zulagenummer durch die zentrale Stelle (§ 81) oder eine Versicherungsnummer nach § 147 des Sechsten Buches Sozialgesetzbuch noch nicht vergeben ist, hat der in Absatz 1 Satz 1 Nr. 1 oder Nr. 2 genannte Steuerpflichtige über die für seine Besoldung oder seine Amtsbezüge zuständige Stelle oder in den Fällen des Absatzes 1 Satz 1 Nr. 3 über den seine Versorgung gewährleistenden Arbeitgeber seiner rentenversicherungsfreien Beschäftigung eine Zulagenummer (§ 90 Abs. 1 Satz 2 und 3) bei der zentralen Stelle zu beantragen. Gegenüber der für seine Besoldung oder Amtsbezüge zuständigen Stelle oder in den Fällen des Absatzes 1 Satz 1 Nr. 3 gegenüber dem seine Versorgung gewährleistenden Arbeitgeber der rentenversicherungsfreien Beschäftigung hat er sein Einverständnis zu erklären, dass

1. diese jährlich die für die Ermittlung des Mindesteigenbeitrags (§ 86) und die für die Gewährung der Kinderzulage (§ 85) erforderlichen Daten der zentralen Stelle mitteilt,
2. die zentrale Stelle diese Daten für das Zulageverfahren verarbeiten und nutzen kann und
3. in den Fällen des Absatzes 1 Satz 1 Nr. 3 von dem seine Versorgung gewährleistenden Arbeitgeber der zentralen Stelle bestätigt wird, dass das Versorgungsrecht des Steuerpflichtigen eine entsprechende Anwendung des § 69 e Abs. 3 und 4 des Beamtenversorgungsgesetzes vorsieht.

Die Einverständniserklärung ist bis zum Widerruf wirksam. Der Widerruf ist vor Beginn des Veranlagungszeitraums, für den das Einverständnis erstmals nicht mehr gelten soll, gegenüber der für die Besoldung oder Amtsbezüge zuständigen Stelle oder in den Fällen des Absatzes 1 Satz 1 Nr. 3 gegenüber dem seine Versorgung gewährleistenden Arbeitgeber der rentenversicherungsfreien Beschäftigung zu erklären.

(2) Ist der Sonderausgabenabzug nach Absatz 1 für den Steuerpflichtigen günstiger als der Anspruch auf die Zulage nach Abschnitt XI, erhöht sich die unter Berücksichtigung des Sonderausgabenabzugs ermittelte tarifliche Einkommensteuer um den Anspruch auf Zulage. In den anderen Fällen scheidet der Sonderausgabenabzug aus. Die Günstigerprüfung wird von Amts wegen vorgenommen; hierbei sind zur Berücksichtigung eines Kindes immer die Freibeträge nach § 32 Abs. 6 abzuziehen.

(3) Der Abzugsbetrag nach Absatz 1 steht im Falle der Veranlagung von Ehegatten nach § 26 Abs. 1 jedem Ehegatten unter den Voraussetzungen des Absatzes 1 gesondert zu. Gehört nur ein Ehegatte zu dem nach Absatz 1 begünstigten Personenkreis und ist der andere Ehegatte nach § 79 Satz 2 zulageberechtigt, sind bei dem nach Absatz 1 abzugsberechtigten Ehegatten die von beiden Ehegatten geleisteten Altersvorsorgebeiträge und die dafür zustehenden Zulagen bei der Anwendung der Absätze 1 und 2 zu berücksichtigen.

(4) Im Falle des Absatzes 2 Satz 1 stellt das Finanzamt die über den Zulageanspruch nach Abschnitt XI hinausgehende Steuerermäßigung gesondert fest und teilt diese der zentralen Stelle (§ 81) mit; § 10 d Abs. 4 Satz 3 bis 5 gilt entsprechend. Sind Altersvorsorgebeiträge zu Gunsten von mehreren Verträgen geleistet worden, erfolgt die Zurechnung im Verhältnis der nach Absatz 1 berücksichtigten Altersvorsorgebeiträge. Ehegatten ist der nach Satz 1 festzustellende Betrag auch im Falle der Zusammenveranlagung jeweils getrennt zuzurechnen; die Zurechnung erfolgt im Verhältnis der nach Absatz 1 berücksichtigten Altersvorsorgebeiträge. Die Übermittlung an die zentrale Stelle erfolgt unter Angabe der Vertrags- und Steuernummer.

(5) Der Steuerpflichtige hat die zu berücksichtigenden Altersvorsorgebeiträge durch eine vom Anbieter auszustellende Bescheinigung nach amtlich vorgeschriebenem Vordruck nachzuweisen. Die übrigen Voraussetzungen für den Sonderausgabenabzug nach den Absätzen 1 bis 3 werden im Wege des automatisierten Datenabgleichs nach § 91 überprüft.

§ 22 Arten der sonstigen Einkünfte

Sonstige Einkünfte sind . . .

5. Leistungen aus Altersvorsorgeverträgen (§ 1 Abs. 1 des Altersvorsorgeverträge-Zertifizierungsgesetzes), auch wenn sie von inländischen Sondervermögen oder ausländischen Investmentgesellschaften erbracht werden, sowie aus Direktversicherungen, Pensionsfonds und Pensionskassen mit Ausnahme der Leistungen aus einer Zusatzversorgungseinrichtung für eine betriebliche Altersversorgung im Sinne des § 10 a Abs. 1 Satz 4, soweit die Leistungen auf Altersvorsorgebeiträgen im Sinne des § 82, auf die § 3 Nr. 63, § 10 a oder Abschnitt XI angewendet wurden, auf Zulagen im Sinne des Abschnitts XI oder auf steuerfreien Leistungen im Sinne des § 3 Nr. 66 beruhen. Auf Leistungen aus Lebensversicherungsverträgen einschließlich der Direktversicherungen, Pensionsfonds und Pensionskassen mit Ausnahme der Leistungen aus einer Zusatzversorgungseinrichtung für eine betriebliche Altersversorgung im Sinne des § 10 a Abs. 1 Satz 4, die auf Kapital beruhen, das nicht aus nach § 3 Nr. 63 oder 66 von der Einkommensteuer befreiten oder nicht nach § 10 a oder Abschnitt XI geförderten Beiträgen gebildet wurde, ist Nummer 1 Satz 3 Buchstabe a anzuwenden. Bei allen anderen Altersvorsorgeverträgen gehören zu den Leistungen im Sinne des Satzes 1 auch Erträge, soweit sie auf Kapital beruhen, das nicht aus nach § 3 Nr. 63 von der Einkommensteuer befreiten oder nicht nach § 10 a oder Abschnitt XI geförderten Beiträgen

gebildet wurde. In den Fällen des § 93 Abs. 1 Satz 1 bis 5 und § 95 gilt als Leistung im Sinne des Satzes 1 das ausgezahlte geförderte Altersvorsorgevermögen nach Abzug der Eigenbeiträge und der Beträge der steuerlichen Förderung nach Abschnitt XI. Dies gilt auch in den Fällen des § 92 a Abs. 3 und 4 Satz 1 und 2; darüber hinaus gilt in diesen Fällen als Leistung im Sinne des Satzes 1 der Betrag, der sich aus der Verzinsung (Zins und Zinseszins) des nicht zurückgezahlten Altersvorsorge-Eigenheimbetrags mit 5 vom Hundert für jedes volle Kalenderjahr zwischen dem Zeitpunkt der Verwendung des Altersvorsorge-Eigenheimbetrags (§ 92 a Abs. 2) und dem Eintritt des Zahlungsrückstandes oder dem Zeitpunkt ergibt, ab dem die Wohnung auf Dauer nicht mehr zu eigenen Wohnzwecken dient. Zu den Leistungen im Sinne des Satzes 1 gehören in den Fällen des § 93 Abs. 1 Satz 1 bis 5 und § 95 auch die Erträge aus Versicherungen auf den Erlebens- oder Todesfall, wenn vor dem Zeitpunkt der schädlichen Verwendung die Laufzeit des Versicherungsvertrages insgesamt weniger als zwölf Jahre betragen hatte oder Ansprüche aus dem Versicherungsvertrag entgeltlich erworben worden waren, und bei anderen Verträgen angesammelte, noch nicht besteuerte Erträge. Bei erstmaligem Bezug von Leistungen, in den Fällen des § 93 Abs. 1 Satz 1 bis 6 und § 95 sowie bei Änderung der im Kalenderjahr auszuzahlenden Leistung hat der Anbieter (§ 80), der Pensionsfonds oder die Pensionskasse mit Ausnahme einer Zusatzversorgungseinrichtung für eine betriebliche Altersversorgung im Sinne des § 10 a Abs. 1 Satz 4 nach Ablauf des Kalenderjahrs dem Steuerpflichtigen nach amtlich vorgeschriebenem Vordruck den Betrag der im abgelaufenen Kalenderjahr zugeflossenen Leistungen im Sinne der Sätze 1 bis 6 je gesondert mitzuteilen.

§ 40 b Pauschalierung der Lohnsteuer bei bestimmten Zukunftssicherungsleistungen

(1) Der Arbeitgeber kann die Lohnsteuer von den Beiträgen für eine Direktversicherung des Arbeitnehmers und von den Zuwendungen an eine Pensionskasse mit einem Pauschsteuersatz von 20 vom Hundert der Beiträge und Zuwendungen erheben. Die pauschale Erhebung der Lohnsteuer von Beiträgen für eine Direktversicherung ist nur zulässig, wenn die Versicherung nicht auf den Erlebensfall eines früheren als des 60. Lebensjahrs abgeschlossen und eine vorzeitige Kündigung des Versicherungsvertrags durch den Arbeitnehmer ausgeschlossen worden ist.

(2) Absatz 1 gilt nicht, soweit die zu besteuernden Beiträge und Zuwendungen des Arbeitgebers für den Arbeitnehmer 3 408 Deutsche Mark im Kalenderjahr übersteigen oder nicht aus seinem ersten Dienstverhältnis bezogen werden. Sind mehrere Arbeitnehmer gemeinsam in einem Direktversicherungsvertrag oder in einer Pensionskasse versichert, so gilt als Beitrag oder Zuwendung für den einzelnen Arbeitnehmer der Teilbetrag, der sich bei einer Aufteilung der gesamten Beiträge oder der gesamten Zuwendungen durch die Zahl der begünstigten Arbeitnehmer ergibt, wenn dieser Teilbetrag 3 408 Deutsche Mark nicht übersteigt; hierbei sind Arbeitnehmer, für die Beiträge und Zuwendungen von mehr als 4 200 Deutsche Mark im Kalenderjahr geleistet werden, nicht einzubeziehen. Für Beiträge und Zuwendungen, die der Arbeitgeber für den Arbeitnehmer aus Anlass der Beendigung des Dienstverhältnisses erbracht hat, vervielfältigt sich der Betrag von 3 408 Deutsche Mark mit der Anzahl der Kalenderjahre, in denen das Dienstverhältnis des Arbeitnehmers zu dem Arbeitgeber bestanden hat; in diesem Fall ist Satz 2 nicht anzuwenden. Der vervielfältigte Betrag vermindert sich um die nach Absatz 1 pauschal besteuerten Beiträge und Zuwendungen, die der Arbeitgeber in dem Kalenderjahr, in dem das Dienstverhältnis beendet wird, und in den sechs vorangegangenen Kalenderjahren erbracht hat.

(3) Von den Beiträgen für eine Unfallversicherung des Arbeitnehmers kann der Arbeitgeber die Lohnsteuer mit einem Pauschsteuersatz von 20 vom Hundert der Beiträge erheben, wenn mehrere Arbeitnehmer gemeinsam in einem Unfallversicherungsvertrag versichert sind und der Teilbetrag, der sich bei einer Aufteilung der gesamten Beiträge nach Abzug der Versicherungsteuer durch die Zahl der begünstigten Arbeitnehmer ergibt, 120 Deutsche Mark im Kalenderjahr nicht übersteigt.

(4) § 40 Abs. 3 ist anzuwenden. Die Anwendung des § 40 Abs. 1 Satz 1 Nr. 1 auf Bezüge im Sinne des Absatzes 1 Satz 1 und des Absatzes 3 ist ausgeschlossen.

§ 52 Anwendungsvorschriften . . .

(12 a) § 4 d Abs. 1 Satz 1 Nr. 1 Satz 1 Buchstabe b Satz 2 und Buchstabe c Satz 3 (. . .) ist bei Begünstigten anzuwenden, denen das Trägerunternehmen erstmals nach dem 31. Dezember 2000 Leistungen der betrieblichen Altersversorgung zugesagt hat.

(12 b) § 4 e (. . .) ist erstmals für das Wirtschaftsjahr anzuwenden, das nach dem 31. Dezember 2001 endet.

(16 b) § 6 a Abs. 2 Nr. 1 erste Alternative und Abs. 3 Satz 2 Nr. 1 Satz 6 erster Halbsatz (. . .) ist bei Pensionsverpflichtungen gegenüber Berechtigten anzuwenden, denen der Pensionsverpflichtete erstmals eine Pensionszusage nach dem 31. Dezember 2000 erteilt hat; § 6 a Abs. 2 Nr. 1 zweite Alternative sowie § 6 a Abs. 3 Satz 2 Nr. 1 Satz 1 und § 6 a Abs. 3 Satz 2 Nr. 1 Satz 6 zweiter Halbsatz sind bei Pensionsverpflichtungen anzuwenden, die auf einer nach dem 31. Dezember 2000 vereinbarten Entgeltumwandlung im Sinne von § 1 Abs. 2 des Gesetzes zur Verbesserung der betrieblichen Altersversorgung beruhen.

(34 b) Bezieht ein Steuerpflichtiger Einnahmen im Sinne des § 22 Nr. 5 aus einem Pensionsfonds infolge einer Versorgungsverpflichtung oder einer Versorgungsanwartschaft, die bereits vor dem 1. Januar 2002 zu entsprechenden Leistungen auf Grund einer Versorgungszusage im Sinne des § 1 b Abs. 1 des Gesetzes zur Verbesserung der betrieblichen Altersversorgung oder durch eine Unterstützungskasse im Sinne des § 1 b Abs. 4 des Gesetzes zur Verbesserung der betrieblichen Altersversorgung geführt hatten, sind hierauf § 9 a Satz 1 Nr. 1 und § 19 Abs. 2 anzuwenden. Bezieht ein Steuerpflichtiger Einnahmen im Sinne des § 22 Nr. 5 auf Grund eines Rechtsanspruchs im Sinne des § 1 b Abs. 2 oder 3 des Gesetzes zur Verbesserung der betrieblichen Altersversorgung, der bereits vor dem 1. Januar 2002 zu entsprechenden Leistungen geführt hat, ist hierauf § 22 Nr. 1 Satz 3 Buchstabe a weiter anzuwenden, auch wenn der Rechtsanspruch auf einen Pensionsfonds übertragen worden ist.

§ 82 Altersvorsorgebeiträge

(1) Nach diesem Abschnitt geförderte Altersvorsorgebeiträge sind im Rahmen der in § 10 a genannten Grenzen Beiträge, die der Zulageberechtigte (§ 79) zu Gunsten eines auf seinen Namen lautenden Vertrags leistet, der nach § 5 des Altersvorsorgeverträge-Zertifizierungsgesetzes zertifiziert ist (Altersvorsorgevertrag). Die Zertifizierung ist Grundlagenbescheid im Sinne des § 171 Abs. 10 der Abgabenordnung.

(2) Zu den Altersvorsorgebeiträgen gehören auch die aus dem individuell versteuerten Arbeitslohn des Arbeitnehmers geleisteten Zahlungen in einen Pensionsfonds, eine Pensionskasse oder eine Direktversicherung, wenn diese Einrichtungen für den Zulageberech-

tigten eine lebenslange Altersversorgung im Sinne des § 1 Abs. 1 Nr. 4 und 5 des Altersvorsorgeverträge-Zertifizierungsgesetzes gewährleisten. § 3 des Gesetzes zur Verbesserung der betrieblichen Altersversorgung steht dem vorbehaltlich des § 93 nicht entgegen.

(3) Zu den Altersvorsorgebeiträgen gehören auch die Beitragsanteile, die zur Absicherung der verminderten Erwerbsfähigkeit des Zulageberechtigten und zur Hinterbliebenenversorgung verwendet werden, wenn in der Leistungsphase die Auszahlung in Form einer Rente erfolgt.

(4) Nicht zu den Altersvorsorgebeiträgen zählen

1. Aufwendungen, für die eine Arbeitnehmer-Sparzulage nach dem Fünften Vermögensbildungsgesetz gewährt wird,
2. Aufwendungen, für die eine Wohnungsbauprämie nach dem Wohnungsbau-Prämiengesetz gewährt wird,
3. Aufwendungen, die im Rahmen des § 10 als Sonderausgaben geltend gemacht werden, oder
4. Rückzahlungsbeträge nach § 92 a Abs. 2.

3. Körperschaftsteuergesetz (KStG)

– Auszug, Stand: Juli 2002 –

§ 5 Befreiungen

(1) Von der Körperschaftsteuer sind befreit

...

3. rechtsfähige Pensions-, Sterbe- und Krankenkassen, die den Personen, denen die Leistungen der Kasse zugute kommen oder zugute kommen sollen (Leistungsempfängern), einen Rechtsanspruch gewähren, und rechtsfähige Unterstützungskassen, die den Leistungsempfängern keinen Rechtsanspruch gewähren,
   a) wenn sich die Kasse beschränkt
   aa) auf Zugehörige oder frühere Zugehörige einzelner oder mehrerer wirtschaftlicher Geschäftsbetriebe oder
   bb) auf Zugehörige oder frühere Zugehörige der Spitzenverbände der freien Wohlfahrtspflege (Arbeiterwohlfahrt-Bundesverband e.V., Deutscher Caritasverband e.V., Deutsches Rotes Kreuz, Diakonisches Werk – Innere Mission und Hilfswerk der Evangelischen Kirche in Deutschland sowie Zentralwohlfahrtsstelle der Juden in Deutschland e.V.) einschließlich ihrer Untergliederungen, Einrichtungen und Anstalten und sonstiger gemeinnütziger Wohlfahrtsverbände oder
   cc) auf Arbeitnehmer sonstiger Körperschaften, Personenvereinigungen und Vermögensmassen im Sinne der §§ 1 und 2; den Arbeitnehmern stehen Personen, die sich in einem arbeitnehmerähnlichen Verhältnis befinden, gleich;

   zu den Zugehörigen oder Arbeitnehmern rechnen jeweils auch deren Angehörige;

   b) wenn sichergestellt ist, dass der Betrieb der Kasse nach dem Geschäftsplan und nach der Art und Höhe der Leistungen eine soziale Einrichtung darstellt. Diese Voraussetzung ist bei Unterstützungskassen, die Leistungen von Fall zu Fall gewähren, nur gegeben, wenn sich diese Leistungen mit Ausnahme des Sterbegeldes auf Fälle der Not oder Arbeitslosigkeit beschränken;
   c) wenn vorbehaltlich des § 6 die ausschließliche und unmittelbare Verwendung des Vermögens und der Einkünfte der Kasse nach der Satzung und der tatsächlichen Geschäftsführung für die Zwecke der Kasse dauernd gesichert ist;
   d) wenn bei Pensions-, Sterbe- und Krankenkassen am Schluss des Wirtschaftsjahrs, zu dem der Wert der Deckungsrückstellung versicherungsmathematisch zu berechnen ist, das nach den handelsrechtlichen Grundsätzen ordnungsmäßiger Buchführung unter Berücksichtigung des Geschäftsplans sowie der allgemeinen Versicherungsbedingungen und der fachlichen Geschäftsunterlagen im Sinne des § 5 Abs. 3 Nr. 2 Halbsatz 2 des Versicherungsaufsichtsgesetzes auszuweisende Vermögen nicht höher ist als bei einem Versicherungsverein auf Gegenseitigkeit die Verlustrücklage und bei einer Kasse anderer Rechtsform der diese Rücklage entsprechende Teil des Vermögens. Bei der Ermittlung des Vermögens ist eine Rückstellung für Beitragsrückerstattung nur insoweit abziehbar, als den Leistungsempfängern ein Anspruch

auf die Überschussbeteiligung zusteht. Übersteigt das Vermögen der Kasse den bezeichneten Betrag, so ist die Kasse nach Maßgabe des § 6 Abs. 1 bis 4 steuerpflichtig; und

e) wenn bei Unterstützungskassen am Schluss des Wirtschaftsjahrs das Vermögen ohne Berücksichtigung künftiger Versorgungsleistungen nicht höher ist als das um 25 vom Hundert erhöhte zulässige Kassenvermögen. Für die Ermittlung des tatsächlichen und des zulässigen Kassenvermögens gilt § 4 d des Einkommensteuergesetzes. Übersteigt das Vermögen der Kasse den in Satz 1 bezeichneten Betrag, so ist die Kasse nach Maßgabe des § 6 Abs. 5 steuerpflichtig.

4. . . .

§ 6 Einschränkung der Befreiung von Pensions-, Sterbe-, Kranken- und Unterstützungskassen

(1) Übersteigt am Schluss des Wirtschaftsjahrs, zu dem der Wert der Deckungsrückstellung versicherungsmathematisch zu berechnen ist, das Vermögen einer Pensions-, Sterbe- oder Krankenkasse im Sinne des § 5 Abs. 1 Nr. 3 den in Buchstabe d dieser Vorschrift bezeichneten Betrag, so ist die Kasse steuerpflichtig, soweit ihr Einkommen anteilig auf das übersteigende Vermögen entfällt.

(2) Die Steuerpflicht entfällt mit Wirkung für die Vergangenheit, soweit das übersteigende Vermögen innerhalb von achtzehn Monaten nach dem Schluss des Wirtschaftsjahrs, für das es festgestellt worden ist, mit Zustimmung der Versicherungsaufsichtsbehörde zur Leistungserhöhung, zur Auszahlung an das Trägerunternehmen, zur Verrechnung mit Zuwendungen des Trägerunternehmens, zur gleichmäßigen Herabsetzung künftiger Zuwendungen des Trägerunternehmens oder zur Verminderung der Beiträge der Leistungsempfänger verwendet wird.

(3) Wird das übersteigende Vermögen nicht in der in Absatz 2 bezeichneten Weise verwendet, so erstreckt sich die Steuerpflicht auch auf die folgenden Kalenderjahre, für die der Wert der Deckungsrückstellung nicht versicherungsmathematisch zu berechnen ist.

(4) Bei der Ermittlung des Einkommens der Kasse sind Beitragsrückerstattungen oder sonstige Vermögensübertragungen an das Trägerunternehmen außer in den Fällen des Absatzes 2 nicht abziehbar. Das Gleiche gilt für Zuführungen zu einer Rückstellung für Beitragsrückerstattungen, soweit den Leistungsempfängern ein Anspruch auf die Überschussbeteiligung nicht zusteht.

(5) Übersteigt am Schluss des Wirtschaftsjahrs das Vermögen einer Unterstützungskasse im Sinne des § 5 Abs. 1 Nr. 3 den in Buchstabe e dieser Vorschrift bezeichneten Betrag, so ist die Kasse steuerpflichtig, soweit ihr Einkommen anteilig auf das übersteigende Vermögen entfällt. Bei der Ermittlung des Einkommens sind Vermögensübertragungen an das Trägerunternehmen nicht abziehbar.

(6) Auf den Teil des Vermögens einer Pension-, Sterbe-, Kranken- oder Unterstützungskasse, der am Schluss des Wirtschaftsjahrs den in § 5 Abs. 1 Nr. 3 Buchstabe d oder e bezeichneten Betrag übersteigt, ist Buchstabe c dieser Vorschrift nicht anzuwenden. Bei Unterstützungskassen gilt dies auch, soweit das Vermögen vor dem Schluss des Wirtschaftsjahrs den in § 5 Abs. 1 Nr. 3 Buchstabe e bezeichneten Betrag übersteigt.

4. Körperschaftsteuer-Durchführungsverordnung (KStDV)

– Auszug, Stand: Juli 2002–

Zu § 5 Abs. 1 Nr. 3 des Gesetzes

§ 1 Allgemeines

Rechtsfähige Pensions-, Sterbe-, Kranken- und Unterstützungskassen sind nur dann eine soziale Einrichtung im Sinne des § 5 Abs. 1 Nr. 3 Buchstabe b des Gesetzes, wenn sie die folgenden Voraussetzungen erfüllen:

1. Die Leistungsempfänger dürfen sich in der Mehrzahl nicht aus dem Unternehmer oder dessen Angehörigen und bei Gesellschaften in der Mehrzahl nicht aus den Gesellschaftern oder deren Angehörigen zusammensetzen.
2. Bei Auflösung der Kasse darf ihr Vermögen vorbehaltlich der Regelung in § 6 des Gesetzes satzungsmäßig nur den Leistungsempfängern oder deren Angehörigen zugute kommen oder für ausschließlich gemeinnützige oder mildtätige Zwecke verwendet werden.
3. Außerdem müssen bei Kassen mit Rechtsanspruch der Leistungsempfänger die Voraussetzungen des § 2, bei Kassen ohne Rechtsanspruch der Leistungsempfänger die Voraussetzungen des § 3 erfüllt sein.

§ 2 Kassen mit Rechtsanspruch der Leistungsempfänger

(1) Bei rechtsfähigen Pensions- oder Sterbekassen, die den Leistungsempfängern einen Rechtsanspruch gewähren, dürfen die jeweils erreichten Rechtsansprüche der Leistungsempfänger vorbehaltlich des Absatzes 2 die folgenden Beträge nicht übersteigen:

als Pension	25 769 € jährlich
als Witwengeld	17 179 € jährlich
als Waisengeld	5 154 € jährlich für jede Halbwaise, 10 308 € jährlich für jede Vollwaise
als Sterbegeld	7 669 € als Gesamtleistung

(2) Die jeweils erreichten Rechtsansprüche, mit Ausnahme des Anspruchs auf Sterbegeld, dürfen in nicht mehr als 12 vom Hundert aller Fälle auf höhere als die in Absatz 1 bezeichneten Beträge gerichtet sein. Dies gilt nicht mehr als 4 vom Hundert aller Fälle uneingeschränkt. Im Übrigen dürfen die jeweils erreichten Rechtsansprüche die folgenden Beträge nicht übersteigen:

als Pension	38 654 € jährlich
als Witwengeld	25 769 € jährlich
als Waisengeld	7 731 € jährlich für jede Halbwaise, 15 461 € jährlich für jede Vollwaise

§ 3 Kassen ohne Rechtsanspruch der Leistungsempfänger

Rechtsfähige Unterstützungskassen, die den Leistungsempfängern keinen Rechtsanspruch gewähren, müssen die folgenden Voraussetzungen erfüllen:

1. Die Leistungsempfänger dürfen zu laufenden Beiträgen oder zu sonstigen Zuschüssen nicht verpflichtet sein.
2. Den Leistungsempfängern oder den Arbeitnehmervertretungen des Betriebs oder der Dienststelle muss satzungsmäßig und tatsächlich das Recht zustehen, an der Verwaltung sämtlicher Beträge, die der Kasse zufließen, beratend mitzuwirken.
3. Die laufenden Leistungen und das Sterbegeld dürfen die in § 2 bezeichneten Beträge nicht übersteigen.

5. Versicherungsaufsichtsgesetz (VAG)

– Auszug, Stand: Juli 2002 –

VII. Pensionsfonds

§ 112 Definition

(1) Ein Pensionsfonds ist eine rechtsfähige Versorgungseinrichtung, die

1. im Wege des Kapitaldeckungsverfahrens Leistungen der betrieblichen Altersversorgung für einen oder mehrere Arbeitgeber zu Gunsten von Arbeitnehmern erbringt,
2. die Höhe der Leistungen oder die Höhe der für diese Leistungen zu entrichtenden künftigen Beiträge nicht für alle vorgesehenen Leistungsfälle durch versicherungsförmige Garantien zusagen darf,
3. den Arbeitnehmern einen eigenen Anspruch auf Leistung gegen den Pensionsfonds einräumt und
4. verpflichtet ist, die Leistung als lebenslange Altersrente oder in Form eines Auszahlungsplanes mit unmittelbar anschließender Restverrentung gemäß § 1 Abs. 1 Satz 1 Nr. 5 des Altersvorsorgeverträge-Zertifizierungsgesetzes zu erbringen.

Pensionspläne sind die im Rahmen des Geschäftsplanes ausgestalteten Bedingungen zur planmäßigen Leistungserbringung im Versorgungsfall. Pensionspläne sind

1. beitragsbezogen, wenn mit ihnen eine Zusage des Arbeitgebers gemäß § 1 Abs. 2 Nr. 2 des Gesetzes zur Verbesserung der betrieblichen Altersversorgung durchgeführt wird,
2. leistungsbezogen, wenn mit ihnen eine Zusage des Arbeitgebers gemäß § 1 Abs. 1 Satz 1 oder Abs. 2 Nr. 1 des Gesetzes zur Verbesserung der betrieblichen Altersversorgung durchgeführt wird.

(2) Pensionsfonds bedürfen zum Geschäftsbetrieb der Erlaubnis der Aufsichtsbehörde.

(3) Als Arbeitnehmer im Sinne dieser Vorschrift gelten auch ehemalige Arbeitnehmer sowie die unter § 17 Abs. 1 Satz 2 des Gesetzes zur Verbesserung der betrieblichen Altersversorgung fallenden Personen.

Stichwortverzeichnis

Der Autor

Andreas Buttler war von 1989 bis 2001 bei verschiedenen Versicherungsunternehmen für die Beratung von Arbeitgebern, für fachliche Fragen, Vertriebsunterstützung und Produktentwicklung in der betrieblichen Altersversorgung tätig.

Seit vielen Jahren ist er Fachautor zahlreicher Veröffentlichungen zur betrieblichen Altersversorgung. Seine Vorträge auf Fachkonferenzen und Kongressen stehen für inhaltliche Kompetenz und neue Denkansätze. Seine Seminare sind dafür bekannt, die komplizierte Materie der betrieblichen Altersversorgung auf einfache und anschauliche Weise zu vermitteln.

Seit 1. 8. 2001 ist Buttler Mitglied der Geschäftsleitung bei der febs AG, einem unabhängigen Beratungs- und Dienstleistungsunternehmen.

Im Geschäftsfeld der betrieblichen Altersversorgung konzentriert sich febs AG auf zwei Kernbereiche:

- Beratung und Unterstützung von Arbeitgebern bei der Einrichtung neuer oder der Optimierung bestehender Versorgungswerke,
- Unterstützung von Produktanbietern (z. B. Versicherungsunternehmen oder Kapitalanlagegesellschaften) bei der Marktpositionierung, Produktentwicklung und Vertriebsunterstützung im Markt der betrieblichen Altersversorgung.

Kontakt:
febs AG
Andreas Buttler
Richard-Reitzner Allee 1
85540 Haar bei München
andreas.buttler@febs.biz